DIALOGUE ENTRE ISRAËL ET LA PALESTINE

IBRAHIM SOUSS – ZVI ELPELEG

DIALOGUE ENTRE ISRAËL ET LA PALESTINE

Avec la participation
d'ÉRIC ROULEAU

PLON
76, rue Bonaparte
PARIS

ISBN 2.259.02644-3

PRÉFACE
D'ÉRIC ROULEAU

Le dialogue qu'on lira, dans les pages qui suivent, est singulier à plus d'un titre. Il s'agit du premier, sauf erreur, qui mette face à face un Israélien et un Palestinien occupant des positions officielles et acceptant de rendre publics leurs entretiens.

Signe des temps, sans doute, qui érodent les dogmes et les fictions. Il y a belle lurette que les Israéliens ne qualifient plus les Palestiniens de « Syriens du Sud » (*dixit* Mme Golda Meïr) et que ces derniers ne désignent plus Israël comme des « bandes sionistes ». Bien avant la formelle reconnaissance réciproque de l'État juif et de l'OLP, le 9 septembre 1993, l'organisation de Yasser Arafat avait dès 1988 reconnu *de facto* l'État d'Israël, alors que celui-ci admettait la représentativité de la centrale palestinienne en négociant avec ses représentants, dûment mandatés, aux pourparlers de paix de Madrid, en octobre 1991.

Certains ne manqueront pas de faire remarquer qu'Israël a tardé à franchir le Rubicon. Il faut savoir, cependant, que dans tout conflit le plus fort des belligérants en présence est généralement peu porté à la conciliation et au compromis. Israël, confiant en sa puissance militaire, face à un monde arabe divisé et démobilisé, à des Palestiniens sans grandes ressources, conforté par le soutien amical des États-Unis, a tout naturellement pris du temps à réaliser qu'il n'y avait pas de solution militaire à un problème éminemment politique, surtout si l'ennemi était déterminé à ne pas céder à la force.

L'Intifada, la « guerre des pierres », que l'on croyait pouvoir mater en quelques mois, durait depuis six ans et risquait de se poursuivre indéfiniment ; le flambeau de la lutte armée, virtuellement abandonnée par l'OLP, avait été repris par les islamistes de Palestine et du Liban ; les raids punitifs ou de représailles contre les francs-tireurs du Hezbollah dans le sud-Liban restaient sans effet. De jeunes soldats ou colons israéliens tombaient sous les obus ou étaient assassinés à coups de poignard au tournant d'une rue mal éclairée. Et tandis que les islamistes gagnaient du terrain dans l'opinion palestinienne, les négociations de Madrid s'enlisaient, entre autres parce que les plénipotentiaires palestiniens, télécommandés par l'OLP à partir de Tunis, ne disposaient d'aucun pouvoir de décision.

C'est ainsi que le gouvernement de M. Rabin, M. Shimon Peres en tête, a décidé de mettre un terme à une fiction et, du coup, à une stérile politique. A l'instar du général de Gaulle lors de la guerre d'Algérie, il a eu le courage de prendre le pari de la paix en tendant la main à l'OLP puisque celle-ci paraissait décidée à tourner la page de la guerre. Y avait-il seulement une autre alternative ? L'expérience des accords de Camp David est là pour témoigner que ce pari pouvait être gagné. Le président Sadate a pu surmonter l'opposition quasi unanime du monde arabe, de fortes contestations dans son propre pays, avant d'être assassiné par des islamistes. Mais la paix israélo-égyptienne lui a survécu parce que, en définitive, les peuples, quels qu'ils soient, tiennent la guerre en horreur.

Il est vrai que les chimères ont la vie dure quand elles servent à conforter, volontairement ou non, des positions idéologiques ou politiques indéfendables sur le plan de la stricte rationalité. Le refus, ces dernières décennies, de se reconnaître réciproquement découlait de postulats irréconciliables. Les Palestiniens ont eu du mal à admettre que l'État d'Israël, illégitime à leurs yeux, était une réalité irréversible, à partir de quoi ils devaient renoncer à la majeure partie d'une patrie qui fut la leur jusqu'en 1948.

Les Israéliens, de même, ne pouvaient pas psychologiquement accepter qu'un peuple, autre que le leur, ait des droits inaliénables sur la terre devenue la leur. Les admettre, pensaient-ils, serait remettre en cause leur propre existence. D'où la triste originalité du conflit israélo-palestinien qui, un siècle durant, excluait reconnaissance réciproque et indispensable dialogue. Heureusement, il s'est trouvé de part et d'autre des femmes et des hommes lucides et courageux qui ont osé s'élever contre ce schématisme suicidaire. En se dressant contre le consensus dominant dans leur propre camp, ils prenaient le risque d'être rejetés de leur société ici, de payer de leur vie là-bas, où un système démocratique ne pourrait les protéger. Accusés d'être des « traîtres », ces dissidents ont pourtant contribué à frayer la voie menant d'abord à un début de compréhension mutuelle. Leur credo selon lequel l'ennemi n'a pas toujours tort et que, même si cela était le cas, il n'y avait pas d'autre alternative que la négociation, de préférence avec ceux qui se battent, les « terroristes » compris, ce credo-là a gagné ses titres de noblesse au sein d'une partie non négligeable de l'opinion publique.

En attendant que leurs compatriotes, et surtout leurs autorités respectives, ne se rangent à cet avis, ces Israéliens et ces Palestiniens hors du commun ont initié contacts et échanges discrets, parfois dans le plus grand secret, en terrain neutre et grâce à des amis communs, souvent des Juifs de la diaspora qui avaient le privilège de percevoir le conflit sans passions.

Il arrivait aussi que les belligérants assistaient à des colloques ou à des conférences de caractère international où ils pouvaient se voir, s'exprimer, s'écouter l'un l'autre, sans jamais s'adresser la parole directement. Quitte, pour certains d'entre eux, à se rencontrer à l'abri de regards indiscrets dans leurs chambres d'hôtel. Il en allait de même à la télévision quand ils refusaient jusqu'à occuper le même studio et menaient en apparence un double monologue, avant de nouer de discrètes relations.

Parallèlement à ces contacts, il y eut de sérieuses tentatives d'ouvrir un dialogue, tout autant secret que périlleux. La première de haut niveau que l'on connaisse a été initiée par Yasser Arafat, le président de l'OLP, dans la deuxième moitié des années soixante-dix. A l'insu de sa propre organisation, dont il craignait les foudres de l'aile jusqu'au-boutiste, il désigna au moins deux de ses fidèles pour sonder les intentions d'Israël. Saïd Hammami, représentant de l'OLP à Londres, et Issam Sartaoui, son « ambassadeur » officieux, engagèrent des conversations avec des Israéliens favorables à un compromis avec l'OLP, faute de pouvoir s'adresser directement aux dirigeants de l'État hébreu. Une quinzaine d'années avant la reconnaissance d'Israël par l'OLP, par décision du Conseil national palestinien, en 1988, Arafat était parvenu à la conclusion qu'il lui fallait composer avec l'État hébreu. Vaincus en Jordanie par l'armée du roi Hussein, à l'automne de 1970, les fedayin avaient trouvé un refuge aléatoire au Liban. De vifs débats agitèrent l'OLP sur la stratégie appliquée jusque-là, sur la validité même de la lutte armée comme unique instrument de libération. Les notions de négociation, de réconciliation avec l'État d'Israël commencèrent à perdre de leur caractère « obscène », selon le mot d'un grand publiciste égyptien, Ahmed Baha'a Eddine. Les partisans d'une révision déchirante de la politique de l'OLP firent valoir que toutes les guerres de libération nationale, y compris celles du Viêt-nam et d'Algérie, modèles pour les combattants de l'OLP, avaient abouti à des négociations de paix. Les Palestiniens devaient donc s'engager sur cette voie avec ou sans l'assentiment des États arabes, ajoutaient ces réalistes après 1973 quand il leur est apparu que l'Égypte s'orientait vers une paix séparée avec Israël.

C'est donc dans un climat orageux suscité par une polarisation politique au sein de l'OLP que Yasser Arafat prit le risque, dès 1976, de mandater Issam Sartaoui à explorer des possibilités d'un règlement avec trois Israéliens : le général Matti Peled, l'un des héros de la guerre des Six jours, le journaliste Uri Avnery, et Yaacov Arnon, ancien directeur général du ministère des Finances. Le compromis proposé, révolutionnaire à l'époque, consistait en substance à échanger la reconnaissance d'Israël contre la fondation d'un État palestinien en Cisjordanie et Gaza. L'OLP renoncerait à ses prétentions sur le reste de la Palestine et la paix entre les deux États serait définitive. Les interlocuteurs israéliens, impressionnés par de tels propos conciliants, les transmirent à Itzhak Rabin, à l'époque Premier ministre, celui-là même qui préside actuellement aux destinées d'Israël. Rabin décida, cependant, de ne pas en tenir compte.

L'affaire n'a pas eu de suites, mais elle a eu des conséquences dramatiques. Saïd Hammami et Issam Sartaoui ont été, l'un après l'autre, abattus par les tueurs d'Abou Nidal, un dissident de l'OLP. D'autres Palestiniens impliqués dans des contacts secrets destinés à déboucher sur des négociations ont connu le même sort. Le plus illustre d'entre eux, Salah Khalaf, dit Abou Iyad, l'un des chefs historiques du mouvement palestinien, est tombé sous les balles d'un mercenaire du même Abou Nidal en janvier 1991.

Si les « colombes » palestiniennes ont été téméraires en jouant leur vie, les « pacifistes » israéliens ont fait preuve d'un courage remarquable, d'abord en se heurtant à l'incompréhension et à la réprobation de leurs compatriotes, enfermés dans une logique de guerre, et ultérieurement, en bravant les tribunaux de leur pays. Plusieurs d'entre eux ont été traduits en justice, certains condamnés à des peines de prison, pour avoir violé la loi de juillet 1986 assimilant tout contact avec un membre de l'OLP au crime d'intelligence avec l'ennemi.

En acceptant de s'entretenir avec Ibrahim Souss, Zvi Elpeleg prenait délibérément ce risque. Heureusement pour lui, la nouvelle majorité travailliste au Parlement israélien amenda la loi en janvier 1993 rendant licite de telles rencontres. Ibrahim Souss prenait d'autres risques, mais il bénéficiait de la bénédiction tacite de l'OLP favorable depuis des années aux contacts israélo-palestiniens, à tous les niveaux y compris officiels. Yasser Arafat en avait donné l'exemple dès 1982 en recevant, au fil des années, diverses personnalités israéliennes qui le lui demandaient. Il avait offert avec insistance de rencontrer Itzhak Rabin pour conclure « la paix des braves », sans succès jusqu'à leur poignée de main historique à Washington le 13 septembre.

Ce recueil d'entretiens – mis en chantier avant les négociations secrètes d'Oslo – est, donc, le fruit de deux volontés conjuguées pour en finir avec un tabou tenace. Les deux interlocuteurs ne s'étaient jamais rencontrés mais ils se connaissaient de réputation. Ibrahim Souss avait pris connaissance, par ouï-dire, des qualités humaines et de l'ouverture d'esprit de Zvi Elpeleg, apprécié par les Palestiniens de la région de Ramallah, en Cisjordanie, dont il fut le premier gouverneur militaire en 1967. Élu à l'exécutif du Comité central du Parti travailliste, au pouvoir depuis juin 1992, l'ex-colonel Elpeleg fait partie de la délégation de son pays aux négociations israélo-arabes. Qualités qui, aux yeux du représentant de l'OLP, ajoutaient une dimension supplémentaire à la stature de l'ancien gouverneur militaire.

Zvi Elpeleg, quant à lui, connaissait la carrière du délégué général de la Palestine en France et avait lu certaines de ses œuvres. Tout en sachant d'avance que leurs opinions divergeaient sensiblement, chacun appréciait chez l'autre le sens du réalisme, le patriotisme et la conviction que seule la négociation conduirait à la paix. Ils décidèrent d'engager le débat avant de demander à l'auteur de ces lignes de le conduire.

L'entreprise n'a pas été aisée tant les deux personnages, atypiques et contrastés, sont différents par leurs expériences, leur formation et leurs origines respectives.

L'Israélien, émigré de Pologne en 1934 à l'âge de huit ans, fils de menuisier, est issu d'une famille plus que modeste. Faute de moyens il n'a pu entreprendre des études secondaires et universitaires qu'à l'âge adulte alors qu'il était marié et père de famille.

Le Palestinien, fils d'un homme d'affaires aisé, descendant de familles bourgeoises et chrétiennes qui ont donné d'illustres écrivains au monde arabe, est pétri de culture occidentale. Il est diplômé de l'École supérieure des sciences politiques, de grandes écoles de musique à Munich, Londres, Paris. Artiste précoce, il jouait du piano à cinq ans, donnait des récitals depuis l'âge de dix ans. Romancier et poète (il vient de publier son troisième recueil en français), il ne s'engage dans la lutte politique, moins par goût que par nécessité, qu'après la guerre de 1967.

Le cursus de Zvi Elpeleg est tout autre. Il a été successivement ouvrier manutentionnaire, agriculteur, prospère industriel, avant de se consacrer bénévolement aux recherches universitaires portant sur l'histoire du Moyen-Orient, en particulier sur la Palestine. Il est l'auteur d'une monumentale biographie de Haj Amin El Husseini, fondateur et premier chef du mouvement national palestinien, qu'Elpeleg compare volontiers à Theodor Herzl, fondateur et idéologue du mouvement sioniste.

Les traumatismes qu'ont subis les deux hommes, du fait du conflit israélo-arabe, ne contribuèrent pas à la sérénité de leur dialogue. Les deux ont dû quitter, contraints, leur pays natal pour subir l'épreuve de l'exil. L'Israélien a retrouvé une patrie, celle-là même que le Palestinien a perdue. Zvi Elpeleg a dû fuir à l'âge de seize ans la cabane qu'occupaient ses parents à Jaffa, incendiée par les insurgés palestiniens, pour se réfugier à Tel-Aviv. La famille d'Ibrahim Souss a connu l'exode en 1948 et l'occupation à partir de 1967; le futur représentant de l'OLP se souvient de la terreur qui l'étreignit lorsque, enfant, il vit des soldats israéliens expulser, à la pointe des fusils, ses proches de la demeure familiale. Les deux hommes sont viscéralement attachés à la terre que chacun des deux revendique comme étant la sienne de plein droit.

Les paradoxes brouillaient la communication entre eux. La durée de l'enracinement de l'Israélien l'a

« orientalisé » au point d'apprécier la musique et la cuisine arabes davantage que le Palestinien « occidentalisé » par un séjour d'une trentaine d'années en Europe. Ibrahim Souss nourrit une grande estime pour les Juifs de la diaspora qu'il a fréquentés, mais n'appréhende les Israéliens que d'une manière livresque ; Zvi Elpeleg, à l'inverse, est plus à l'aise avec les Palestiniens de l'intérieur, avec lesquels il a frayé et travaillé, qu'avec ceux de l'exil. S'il apprécie globalement son interlocuteur palestinien, il juge « exécrables » ses écrits politiques, en particulier son œuvre *Lettre à un ami juif*, et ne se priva pas de le lui dire avant même le début des entretiens enregistrés. Ce à quoi Ibrahim Souss rétorqua qu'il ne pensait pas que le poste de gouverneur militaire dans les territoires occupés était une fonction glorieuse...

Le dialogue s'engagea comme une partie d'escrime à ses débuts, chacun des partenaires cherchant à jauger l'adversaire, à mesurer le degré de sa combativité, de sa résistance, à déterminer ses points vulnérables. L'échange courtois et ferme ne tarda pas à s'animer, à prendre un tour plus vif, plus incisif, pour déboucher sur des colères mal contenues. Elles étaient, pour certaines, d'autant plus violentes qu'elles relevaient tout à la fois de l'irrationnel et de convictions ancrées dans la réalité, la même, mais vécue autrement. A force de chercher à concilier l'inconciliable, le débat tournait parfois à l'altercation qui risqua, à plus d'une occasion, de se solder par une rupture. L'arbitre devait alors se métamorphoser, au choix, en gendarme ou en thérapeute, décréter une suspension de séance ou, au contraire, laisser les deux interlocuteurs donner libre cours à leurs rancœurs, avant de pouvoir s'apaiser. Les regrets et les excuses qui suivaient permettaient au dialogue de reprendre un cours normal.

Des préoccupations de sécurité, la peur d'attentats, ne contribuèrent pas à la détente. Ibrahim Souss se rendait et quittait le lieu de la rencontre sous forte protection policière. Suivi à la trace une nuit par une voiture suspecte, occupée par plusieurs hommes, il ne put s'en soustraire que grâce à un embouteillage inespéré. Les soupçons s'étoffèrent peu après par des renseignements indiquant qu'une équipe de tueurs cherchait à l'atteindre. Il dut quitter Paris provisoirement en compagnie de son épouse et de ses enfants.

Faisant fi des menaces, les deux interlocuteurs ont progressivement appris à mieux se connaître. S'observant mutuellement, partageant des repas et des plages de détente au cours desquels ils s'éloignèrent de la politique pour ne parler que de sujets de la vie quotidienne, riant de concert aux histoires drôles qui raillaient les mentalités et les mœurs de leurs peuples respectifs, ils finirent par découvrir des affinités qui les rapprochaient sur le plan humain.

Invités dans un foyer juif où se célébrait l'avènement du shabbat un vendredi soir, Zvi Elpeleg vit, non sans surprise, Ibrahim Souss tirer de sa poche une kippa, le couvre-chef juif traditionnel, et la poser sur sa tête, pour se recueillir respectueusement tandis que le chef de famille récitait les prières rituelles. Pris de court, l'Israélien dut emprunter une kippa en avouant qu'il n'avait virtuellement jamais mis les pieds dans une synagogue. L'athéisme de l'un rejoignait l'agnosticisme de l'autre pour se confondre dans l'aspiration commune à la démocratie et à la laïcité. La soirée se termina par un récital de piano d'Ibrahim Souss que les convives n'oublieront pas de sitôt.

Les ressemblances ne s'arrêtaient pas là. Au fil des échanges, les deux hommes constatèrent d'autres traits communs. Ibrahim Souss, dans son enfance, communiquait avec des voisins juifs originaires d'Europe centrale, en... yiddish et en hébreu ; Zvi Elpeleg s'était familiarisé avec la langue arabe en fréquentant des garçons de son âge, avant de l'apprendre dans le texte à l'université. Jeunes gens, ils avaient tous les deux milité dans des organisations d'extrême gauche, à Paris pour l'un, à Jaffa pour l'autre. Ils croyaient alors pouvoir substituer aux passions nationalistes la solidarité des classes laborieuses.

Détestant la violence sous toutes ses formes, aucun des deux n'a eu à participer activement à une quelconque action militaire. Partageant la même répugnance pour les méandres de la politique politicienne, ils ne nourrissent aucune ambition d'ordre personnel. Leurs échanges ont ainsi gagné en sincérité bien qu'ils aient visiblement tenu compte du degré de compréhension dont ils pourraient bénéficier auprès de leurs opinions publiques respectives.

Leurs regards croisés sur l'histoire du conflit israélo-arabe, de la colonisation sioniste au début du siècle jusqu'aux négociations en cours, en passant par les cinq guerres qui ont ensanglanté la région, l'occupation des territoires arabes, la résistance, en particulier celle de l'Intifada, et la répression, permettent de mesurer les rancœurs accumulées, la profondeur du fossé que les belligérants sont aujourd'hui décidés à combler en faisant table rase du passé.

Aussi méritoires que puissent être ces intentions, bien inspirées puisqu'il serait vain de tenter la réparation de l'irréparable, elles ne suffiront sans doute pas pour obtenir aisément un règlement définitif. Il faudrait avoir aussi la volonté de surmonter ou de contourner des obstacles dont l'un d'eux, de taille, est d'ordre psychologique. On ne mobilise pas, sans conséquence, des peuples à la guerre pendant des décennies, en suscitant ou en cultivant des préjugés et des stéréotypes négatifs diabolisant l'ennemi. Le mépris et la peur ne prédisposent pas les peuples à la réconciliation et à la fraternisation. Sur ce chapitre, nos deux interlocuteurs sont suffisamment avertis pour estimer qu'il faudra tuer les mythes qui tuent.

Le désaccord surgit à nouveau sur le terrain concret des termes d'un règlement. La paix serait-elle « juste », comme l'exige le Palestinien, ou « réaliste » selon les vœux de l'Israélien ? Les arguments avancés de part et d'autre ne sont pas nécessairement irréconciliables. Il est vrai que la justice, dans le domaine des relations internationales, ne sert le plus souvent que de paravent transparent à l'implacable réalisme que pratiquent diplomates et hommes politiques. Les États, ou leurs équivalents, tout un chacun le sait, ne sont pas des adeptes de la philanthropie. Ils prennent en compte leurs intérêts propres, du moins tels qu'ils les perçoivent. Et c'est le rapport de forces réel – militaire, économique, politique, démographique – qui finit par trancher les litiges.

Il est vrai encore qu'Israël détient la plupart des atouts – dont le soutien américain n'est pas le moindre – qui lui permettraient, théoriquement, de dicter ses conditions, en fin de compte : aux Arabes, davantage affaiblis par la disparition de l'Union soviétique et de l'accentuation de leurs divisions ; aux Palestiniens, plus ou moins abandonnés à leur sort, qui n'ont d'autre pouvoir de nuisance que le recours aux pierres. Mais est-ce bien l'intérêt d'Israël d'imposer un règlement qui alimenterait rancœurs et esprit de revanche ? Le « diktat » que redoutent les Palestiniens ne risque-t-il pas d'atteindre l'État hébreu par l'effet du boomerang ? Si une réflexion sereine devait conduire à la conclusion que le temps ne travaille pas en faveur d'Israël, « réalisme » et « justice » devraient pouvoir se conjuguer pour engendrer une paix durable. Le rêve en politique n'est pas proscrit, bien au contraire. Il a parfois comme effet d'inciter les décideurs au quotidien à se transformer en visionnaires. Celui auquel se sont abandonnés Zvi Elpeleg et Ibrahim Souss surprendra plus d'un lecteur. Mais l'accord d'Oslo a été suffisamment encourageant pour que le rêve puisse se métamorphoser en réalité.

1

À QUI LA TERRE ?

IBRAHIM SOUSS : Je vous ai proposé ce dialogue public pour des raisons multiples, politiques mais aussi personnelles. Vous avez été connu en Cisjordanie occupée pour votre capacité de gouverneur militaire. Vous vous distinguiez par votre humanisme, votre souci de venir en aide aux populations sinistrées par la guerre. Vous n'avez pas ménagé vos efforts pour assurer leur ravitaillement, pour remettre en marche des services publics. D'autre part, je respecte en vous l'homme de convictions, même s'il est vrai que beaucoup d'entre elles ne correspondent pas aux miennes. Je sais néanmoins que nous sommes d'accord sur l'essentiel, sur la nécessité de la coexistence et la coopération entre nos deux peuples, chacun d'entre eux vivant au sein de son propre État. Vous avez le courage de défendre vos opinions dans un environnement qui ne leur est pas toujours favorable. Il m'est agréable, enfin, d'engager le dialogue avec un membre de la direction du parti travailliste qui, de surcroît, participe activement aux négociations de paix israélo-arabes.

Zvi Elpeleg : Je suis un fervent partisan du dialogue parce qu'il n'y a pas d'autre moyen pour mettre un terme au cortège de drames, de conflits, d'entreprises sanglantes, voire de crimes qui ont marqué la confrontation entre nos deux peuples depuis une centaine d'années. Le dialogue, de bonne foi, est aussi le seul moyen de se comprendre avant de s'entendre. Je ne vous ai jamais rencontré auparavant mais je vous connais de réputation comme étant un homme de bonne volonté appartenant au courant réaliste et pragmatique de l'OLP. Vous êtes partisan d'un État palestinien aux côtés et non à la place de l'État d'Israël. Cela est pour moi une qualité fondamentale, sans laquelle le dialogue n'aurait pas été possible. J'ajoute à cela que, n'étant mandaté par personne, je ne suis pas ici pour négocier mais pour débattre, franchement et sans arrière-pensées, de nos divergences et, éventuellement, relever nos convergences.

Ibrahim Souss : Bien que je sois le délégué général de la Palestine en France *, je ne suis pas non plus chargé d'une mission ponctuelle. Je n'ai pas eu besoin de demander l'autorisation de l'OLP pour entreprendre cet échange. En effet, la direction de mon organisation est, par principe, favorable à tout dialogue qui pourrait contribuer à la « paix des braves », selon la formule de Yasser Arafat, lequel s'est déclaré prêt à maintes reprises

* Ces entretiens se sont déroulés avant que M. Ibrahim Souss ne quitte ses fonctions de délégué général de la Palestine en France. *(N.D.L.R.)*

à rencontrer vos dirigeants, quels qu'ils soient, d'abord l'ultranationaliste Itzhak Shamir, quand il était Premier ministre, ensuite son successeur, le travailliste Itzhak Rabin. Pour ma part, je n'ai aucune prévention à l'égard des Israéliens, malgré mon aversion pour le sionisme et ma colère devant le comportement des responsables de l'État d'Israël à l'égard de mon peuple. Je n'ai jamais ressenti, pour autant, de la haine pour les Juifs. Bien au contraire, les relations harmonieuses, imprégnées de respect et d'estime réciproques, que ma famille entretenait avec des Juifs de Jérusalem, avant 1948, m'ont conduit, dès ma prime enfance, à comprendre l'hébreu, ainsi que le yiddish, langue de prédilection de nos voisins askhénazes. Le nom de l'un d'eux, M. Layrer, originaire de Pologne, restera gravé à jamais dans ma mémoire. Prenant la route de l'exil pour nous réfugier provisoirement au Liban, mon père lui avait confié, outre nos meubles, l'objet auquel il tenait le plus : un magnifique piano à queue, portant la marque prestigieuse de Bechstein. Jérusalem-Ouest ayant été intégré à l'État d'Israël, nous avons perdu la trace de M. Layrer. Vingt ans plus tard, après la conquête de Jérusalem-Est par l'armée israélienne, quelle fut notre surprise de recevoir le Bechstein des mains du consul général des États-Unis! Nous apprîmes, par la même occasion, que M. Layrer avait chargé, peu avant sa mort en 1958, un diplomate américain de rechercher mon père pour lui restituer son bien. Je viens de récupérer à mon tour l'instrument avec lequel mon père avait enchanté mon enfance en jouant ses morceaux favoris de Bach, Beethoven, Brahms, entre autres, l'instrument qui me fit aussi découvrir ma vocation de pianiste. L'émotion que j'ai ressentie en prenant possession du piano a été d'autant plus vive que j'ai pu constater, grâce à des inscriptions sur le revers du clavier, que M. Layrer avait tenu à faire accorder le piano, tous les ans, par Kovalski, le plus grand spécialiste de Jérusalem. J'ai connu et fréquenté beaucoup de Juifs à l'âge adulte, le plus souvent des Juifs de la diaspora que j'ai admirés et estimés, et dont je parlerai ultérieurement. Mais le conflit politique qui oppose nos deux peuples n'a pas simplifié les choses. A l'image idyllique du Juif compréhensif ou compatissant est venue se juxtaposer celle du colon, du conquérant, de l'occupant...

Zvi Elpeleg : Les souvenirs que je conserve de mon enfance et de mon adolescence ne sont pas moins contradictoires que les vôtres. Ma famille, émigrée de Pologne pour échapper aux mesures discriminatoires, aux humiliations que l'on infligeait aux Juifs, s'était installée à Jaffa, agglomération presque exclusivement arabe à l'époque. Nous avons été adoptés d'emblée par la population autochtone. Nous avions des relations amicales avec nos voisins, nous échangions visites et cadeaux aux fêtes juives et musulmanes. Nous avions pris l'habitude de consommer des mets arabes. A force de fréquenter les enfants de mon âge, j'ai fini par m'exprimer tant bien que mal dans leur langue, avant de l'apprendre dans le texte à l'âge adulte.

Je ne me souviens d'aucune dispute, d'aucune tension d'ordre politique. Quand il nous arrivait de parler de l'avenir de la Palestine, mes camarades arabes et moi-même utilisions le pronom personnel « nous », tant il était admis implicitement que nous étions voués à coexister sur la même terre, malgré ce que nous considérions être les « intrigues » de l'occupant anglais pour nous diviser et nous opposer les uns aux autres.

Cette vision des choses m'a conduit, à l'âge de l'adolescence, à m'engager dans un mouvement marxisant, Poalei Zion (les travailleurs de Zion), dans lequel se mêlaient militants juifs et arabes. Nous étions persuadés que la « question nationale » serait transcendée par la fraternité des classes laborieuses.

Pour mes parents, c'était vraiment la terre promise! Ils n'étaient pas sionistes. Plutôt apolitiques, ils avaient choisi d'émigrer en Palestine faute de moyens pour s'installer aux États-Unis ou en Australie comme l'ont fait des Juifs fortunés. Nous étions pauvres, très pauvres. Nous habitions une sorte de cabane dont les plafonds étaient si bas que nous pouvions le toucher du doigt. Nous nous nourrissions avec parcimonie, achetant chez le boulanger du pain rassis, car moins onéreux. Mon père, modeste menuisier, n'avait pas de quoi nous inscrire, mes trois frères, ma sœur et moi-même, à l'école secondaire et c'est à l'âge de treize ans que j'ai dû commencer à gagner ma vie. Notre train de vie était bien plus élevé en Pologne. Malgré tout, mes parents étaient heureux, tant ils appréciaient notre environnement accueillant et amical. Je me souviens de ma mère se réveillant brusquement en pleine nuit, poussant des cris d'horreur, ruisselant de sueurs. Le cauchemar, qui agitait souvent son sommeil, la conduisait en Pologne. L'enfer ! A moitié éveillée, encore paniquée, elle cherchait à toucher le plafond de notre bicoque qui la ramenait à la réalité, à la Palestine hospitalière. « Que le Seigneur soit béni ! », marmonnait-elle avant de se rendormir.

L'utopie commença à s'évanouir en 1936, lors des premiers coups de feu tirés par les insurgés palestiniens. Le soulèvement, qui dura trois ans, visait les occupants anglais, jugés complices des « colons sionistes ». L'attitude des Arabes à l'égard des Juifs changea du tout au tout. Nos amis du moins, ceux que nous considérions comme tels, prirent leurs distances ; les voisins cessèrent de nous adresser la parole, nous manifestèrent leur hostilité ; les chefs d'entreprise arabes se séparèrent de leurs associés juifs ; les murs d'un nouveau ghetto s'élevaient à vue d'œil, le fossé se creusait entre les deux communautés ; l'organisation judéo-arabe à laquelle j'appartenais se désintégra au début de la Deuxième Guerre mondiale. Nous apprenions ainsi, à nos dépens, que les Arabes savaient distinguer les relations personnelles de la politique aussi longtemps que celles-ci ne prenaient pas le pas sur celle-là. L'explosion nationaliste dissipa nos illusions. Notre cabane ayant été incendiée lors des affrontements de 1948, nous quittâmes Jaffa pour nous installer à Tel-Aviv. Dès 1940, à l'âge de quatorze ans, je m'étais mis au service de la Haganah, l'armée juive qui, huit ans plus tard, devait gagner la guerre d'indépendance.

Progressivement, on ne parlait plus dans ma famille que des « bons Juifs » luttant pour leur survie contre les « mauvais Arabes ». Une image chassant l'autre, l'Arabe a incarné désormais le mal absolu aux yeux de mon vieux père qui, jusqu'à ce jour, me recommande la prudence, toutes les fois que je quitte Israël pour me rendre à l'étranger, en me demandant de garder à l'esprit que « le monde est peuplé d'Arabes, ne l'oublions pas ! ».

IBRAHIM SOUSS : Vos désillusions d'antan, tout comme votre comportement ultérieur à l'égard de mes compatriotes, trouvent leur source dans votre volonté – consciente ou non – de gommer le fait palestinien, d'ignorer les droits et les aspirations d'un peuple qui était destiné, comme toutes les autres nations de la région, à accéder à l'indépendance et à la souveraineté sur l'ensemble de son territoire.

Or, ce processus naturel a été obstrué puis annihilé par la colonisation rampante de la Palestine, par l'appropriation ou l'expropriation de nos terres, lambeau après lambeau. Vous ne voulez pas admettre que les Palestiniens ont souffert dans leur chair, pour avoir été spoliés d'une patrie. Les sionistes ont appliqué systématiquement une politique multiforme qui consistait à s'emparer d'un territoire qui ne leur appartenait pas.

ZVI ELPELEG : Les Juifs ne sont pas venus en Palestine pour chasser ses habitants arabes. Ils n'ont fait que réintégrer leur patrie ancestrale de laquelle ils avaient été chassés, après avoir été vaincus par les

Romains à l'issue d'une longue et farouche résistance. Tout au long des siècles, ils aspirèrent à rejoindre Israël et l'exprimaient dans leurs prières par la formule « l'an prochain à Jérusalem ».

IBRAHIM SOUSS : Avancer des arguments d'ordre biblique ou racial pour revendiquer un territoire, puis un État, est une démarche de caractère obscurantiste. Si je devais vous emboîter le pas, je dirais que ma famille, par exemple, descendante des Philistins, qui a vécu en Palestine depuis les temps immémoriaux, bénéficie d'un droit d'antériorité sur la vôtre, laquelle décide de faire souche, après une absence de 2000 ans. A supposer encore que vous êtes vraiment des descendants des Hébreux et que nombre d'Arabes palestiniens ne soient pas des Juifs christianisés puis islamisés...

Le droit du sol (et non du sang), auquel j'adhère, ne bénéficie qu'à ceux qui sont nés dans le pays, ou mieux encore qui y sont attachés par la résidence continue et prolongée de leurs ascendants. Ce n'est pas encore le cas des Juifs qui, avant leur immigration massive en Palestine sous l'impulsion du mouvement sioniste, représentaient à peine 2 % de la population totale de mon pays en 1841, 8 % en 1917 lors de la déclaration Balfour qui promettaient à vos coreligionnaires un « foyer national ».

ZVI ELPELEG : Les Juifs n'ont jamais rompu le lien avec leur patrie ancestrale. Ils y ont résidé, il est vrai, en nombre et dans des proportions variables, pendant ces vingt derniers siècles. Le flux migratoire vers la Palestine, au gré des persécutions subies dans la diaspora, a été constant. Les Juifs pratiquants y venaient en pèlerinage ou pour finir leurs jours en Terre sainte. Quant à savoir s'ils étaient ou non d'authentiques descendants des Hébreux, la question ne m'intéresse guère puisque je ne suis pas un adepte de la pureté raciale. Je suis né Juif, donc je le suis.

IBRAHIM SOUSS : Fallait-il pour autant que la formule d'inspiration spirituelle « l'an prochain à Jérusalem » soit reprise par les sionistes pour en faire un slogan politique, le cheval de bataille de leur conquête de la Palestine ? Pour créer un courant d'immigration fondé sur une stratégie, tour à tour insidieuse et brutale, visant à exproprier la population de ses terres, avant d'ériger sur celles-ci un État exclusivement juif ?

ZVI ELPELEG : Vous présentez le projet sioniste comme une entreprise machiavélique. La réalité est tout autre. Les immigrants juifs ont acquis des terres, avant 1948, avec leurs propres deniers ou, le plus souvent, grâce à l'aide de fonds recueillis à travers le monde par des associations juives de bienfaisance. Ces terres ont été achetées d'une manière on ne peut plus régulière, de gré à gré, à de grands propriétaires fonciers, le plus souvent des absentéistes, vivant à Beyrouth, au Caire ou dans telle ou telle autre capitale européenne. Ceux-ci exigeaient le prix fort, et ils l'obtenaient. En quoi cela serait-il répréhensible ?

IBRAHIM SOUSS : Vous omettez de rappeler que les ouvriers agricoles qui travaillaient sur ces terres étaient aussitôt licenciés par les nouveaux propriétaires qui les remplaçaient par des Juifs conformément à la doctrine sioniste selon laquelle la création d'une main-d'œuvre juive était indispensable à la constitution d'une société autarcique. Des milliers et des milliers d'ouvriers palestiniens étaient ainsi mis au chômage, déracinés, aliénés à leur environnement naturel. L'ultime objectif du mouvement sioniste était, grâce au flot ininterrompu d'émigrants, d'ériger un État exclusivement juif. Bref, de confisquer la Palestine aux Palestiniens. Dès lors est-ce étonnant que les tensions politiques, économiques, et sociales que vous avez suscitées aient provoqué des jacqueries en 1920, 1921, 1929 avant de culminer dans le soulèvement populaire de 1936 à 1939 ?

ZVI ELPELEG : Vous avez une vision déformée des choses. Certes, l'achat massif de terres, et ses conséquences fâcheuses ainsi que l'ampleur de l'immigration sans parler des aspects politiques, ont frustré et terrifié les Arabes. Mais il n'est pas moins vrai que les dirigeants sionistes croyaient sincèrement que l'injection de capitaux et de main-d'œuvre juive allait apporter prospérité et progrès à l'ensemble de la population. Ils ne s'attendaient nullement à ce que l'entreprise enrichisse les seigneurs de la terre et plonge dans la misère les travailleurs, les couches défavorisées.

Quant à l'immigration massive, vous avez le tort de l'attribuer exclusivement à l'idéologie sioniste.

Mes parents non seulement n'étaient pas sionistes mais ils ignoraient jusqu'au sens du terme. Ils ont quitté leur Pologne natale un an après l'accession de Hitler au pouvoir, et se sont réfugiés en Palestine parce qu'ils ne pouvaient aller nulle part ailleurs. Les autres membres de ma famille sont restés sur place parce qu'ils n'avaient pas réussi à obtenir le précieux visa d'entrée que délivraient avec parcimonie les autorités britanniques, investies d'un mandat sur la Palestine. Ainsi, tous mes oncles, toutes mes tantes (à une exception près), tous mes cousins et cousines – plusieurs dizaines au total – ont quitté ce monde dans la fumée des fours crématoires.

Ce n'est pas le sionisme, mais la nécessité de survivre qui a motivé de nombreux Juifs à émigrer en Palestine, souvent faute de mieux. D'ailleurs, il y avait des Juifs qui étaient antisionistes. Il y en a encore aujourd'hui dans la diaspora et en Israël où ils bénéficient de toutes les libertés, y compris celle de soutenir l'OLP même quand celle-ci appelait à la destruction de notre État.

IBRAHIM SOUSS : Ayant fréquenté vos coreligionnaires dès mon enfance, ayant aussi lu d'innombrables œuvres d'histoire, je connais trop bien le calvaire qu'ont connu les Juifs en Europe pour ne pas être indigné par les discriminations, les persécutions, les pogroms subis. La monstrueuse entreprise d'extermination menée par les nazis ne devrait jamais être pardonnée ou oubliée. J'ai écrit et je me suis souvent exprimé publiquement à ce sujet pour conclure que le devoir de la communauté internationale est de veiller à ce qu'il n'y ait « plus jamais ça ».

Quant à mes compatriotes, ils ne peuvent admettre de payer pour les crimes qu'ils n'ont pas commis, de renoncer à leur patrie pour la laisser à ceux qui ont perdu la leur. Vous évoquiez le droit à la survie. Mais fallait-il que vous l'exerciez aux dépens des Palestiniens ? Tant d'autres pays avaient le devoir moral, impérieux, d'accueillir les Juifs persécutés qu'ils avaient abandonnés à leur sort alors qu'ils avaient les moyens de les sauver. Ils ont préféré fermer les yeux ou favoriser la réalisation du projet sioniste. Qu'aurait-on dit si, par l'absurde, des milliardaires arabes se mettaient à acheter une portion du territoire français pour l'offrir en guise de patrie, d'entité souveraine, aux millions de musulmans résidant en France ou susceptibles d'y émigrer par nécessité ?

ZVI ELPELEG : Le problème ne se pose pas dans ces termes. Certes, il y a peu de pays qui n'ont pas claqué leurs portes au nez des Juifs ou qui n'ont pas réglementé strictement l'accueil d'émigrés en faisant valoir leur capacité limitée d'absorption. Mais l'essentiel, qui vous échappe, est que la Palestine est le seul pays où un Juif peut se sentir chez lui, où son identité peut s'affirmer et s'épanouir.

N'oubliez pas que les fondateurs du mouvement sioniste, Herzl, Weizmann, Max Nordau et bien d'autres étaient des Juifs assimilés et faisaient partie des élites de leur patrie d'origine, mais ils étaient parvenus à la conclusion que les Juifs ne seront jamais pleinement acceptés, jamais à l'abri d'explosions antisémites. C'est pourquoi le sionisme n'a pas perdu aujourd'hui de son actualité et de ses attraits. Un Juif américain, par exemple, bien que vivant dans une société démocratique et prospère, perçoit l'État d'Israël comme un refuge potentiel, une patrie de rechange au cas où il serait rejeté par ses compatriotes américains. Les pionniers sionistes n'avaient pas le sentiment de priver les Palestiniens d'une patrie parce qu'ils étaient convaincus, comme je l'ai été moi-même à partir d'une abondante littérature, que les Arabes « du Golfe à l'Atlantique » constituaient une nation. Ne clament-ils pas qu'issus d'une ethnie commune, parlant la même langue, enracinés dans la même culture, pratiquant l'Islam dans leur grande majorité, ils étaient voués à s'unir ? Si tel était le cas, soutenaient de nombreux sionistes, pourquoi serait-il injuste de doter l'État juif de quelques kilomètres carrés alors que les Palestiniens pourraient rejoindre leurs frères arabes sur un territoire qui s'étend sur 13 millions de kilomètres carrés ?

L'expérience, cependant, a démontré que la cohésion des peuples arabes n'était qu'un mythe, un mirage. Pour ma part, j'ai fini par comprendre que les Palestiniens non seulement constituent un peuple ayant sa spécificité et sa propre identité, mais qu'ils sont rejetés par les autres peuples arabes, auxquels ils ne peuvent pas non plus s'intégrer. C'est ainsi que je suis parvenu à la conclusion que le peuple palestinien devrait bénéficier du droit à l'autodétermination, de disposer d'un ÉTAT souverain aux côtés – je dis bien aux côtés – de l'État d'Israël.

Ibrahim Souss : Merci de nous reconnaître, enfin, ce droit alors que votre gouvernement et sans doute la plupart de vos concitoyens continuent de nous traiter en sous-hommes. Mais laissons ce sujet pour la suite de notre dialogue.

Ce que vous omettez d'indiquer, dans la question que nous débattons aujourd'hui, concerne les moyens que vous avez utilisés pour créer l'État d'Israël contre la volonté de la population palestinienne. Le mouvement sioniste, tout en ayant tour à tour recours à la ruse et à la force brutale, s'est toujours abrité derrière de grandes puissances, s'associant à leurs stratégies coloniales. Les dirigeants sionistes s'étaient d'abord adressés au Kaiser d'Allemagne, au sultan de l'Empire ottoman, aux Jeunes Turcs qui avaient pris le pouvoir à Constantinople au début de ce siècle avant de se mettre au service de la Grande-Bretagne pour obtenir, en échange, aide et soutien dans la mise en œuvre de leur projet.

La déclaration Balfour – du nom du ministre anglais des Affaires étrangères – en novembre 1917 fut une initiative proprement scandaleuse. En échange du soutien des communautés juives à l'effort de guerre des Alliés pendant la Première Guerre mondiale, le chef de la diplomatie britannique promettait à la fédération sioniste mondiale de favoriser « l'établissement en Palestine d'un foyer national pour le peuple juif ».

J'ai dit que cette initiative était scandaleuse. Elle était également immorale. Voici une puissance qui n'avait aucun droit, aucune tutelle (pas encore) sur la

Palestine qui s'engageait auprès d'un mouvement politique, qu'il désignait arbitrairement comme étant le représentant légitime du peuple juif, à lui céder un pays qui appartenait à des tiers...

Je précise que la Palestine comptait à l'époque une cinquantaine de milliers de Juifs et plus de 800 000 Arabes...

ZVI ELPELEG : Vous dénaturez la déclaration Balfour. Celle-ci ne cédait pas la Palestine aux Juifs. Elle leur proposait seulement d'y établir un foyer national, ce qui est loin du compte. Balfour ajoutait une réserve de taille : « Ce foyer, précisait-il, ne pourra en rien porter préjudice aux droits civiques et religieux des communautés non juives existant en Palestine. »

IBRAHIM SOUSS : Oui, je le sais, mais cet engagement resta lettre morte puisque les autorités britanniques, après avoir obtenu un mandat de tutelle sur la Palestine à l'issue de la guerre mondiale, ont été les complices des sionistes en intensifiant l'immigration juive, modifiant ainsi radicalement les proportions démographiques, au détriment des « communautés non juives »; en utilisant les forces anglaises pour chasser les ouvriers agricoles arabes des terres achetées par les Juifs, pour réprimer encore dans le sang la série des révoltes arabes s'échelonnant de 1921 à 1939.

Vous me parlez de la sincérité des pionniers sionistes dans leur intention d'apporter prospérité et bien-être à la population autochtone de Palestine. Je veux bien leur accorder le bénéfice du doute. Mais force est de constater que les bienfaiteurs se sont métamorphosés en oppresseurs dès lors que les Arabes n'avaient pas compris le caractère « bénéfique » de l'entreprise sioniste.

Vous n'avez pas été tendres non plus avec les Anglais. Après avoir bénéficié largement de leur soutien politique, militaire, diplomatique, pendant près de trois décennies, vous vous êtes retournés contre eux au lendemain de la Deuxième Guerre mondiale, détruisant leurs installations, tuant leurs soldats, parce que le gouvernement de Londres, contraint par les événements, avait tenté de modérer les appétits et les ambitions de vos dirigeants. Avouez que la gratitude occupe peu de place dans la stratégie de conquête sioniste.

Zvi Elpeleg : Je ne vois pas les raisons pour lesquelles nous aurions dû être éternellement reconnaissants envers la Grande-Bretagne. La déclaration Balfour répondait autant à ses intérêts qu'aux nôtres. Son soutien au mouvement national juif entre les deux guerres n'a pas été aussi total et permanent que vous le suggériez. Il y avait au sein de l'administration britannique autant d'adversaires que de partisans de la mise en œuvre de la déclaration Balfour. D'une manière plus générale, les Anglais affrontaient un dilemme de taille : il leur fallait concilier l'inconciliable, favoriser le foyer national juif et ne pas indisposer les communautés non juives, en d'autres termes ménager le chou et la chèvre. Et ce n'est pas l'effet du hasard si Haj Amin El Husseini, le chef du mouvement national palestinien, entretenait avec certains des hauts commissaires britanniques des relations confiantes, parfois amicales.

La politique britannique s'était infléchie nettement en faveur des Arabes à l'issue du soulèvement palestinien en 1936-1939 et surtout pendant la Deuxième Guerre mondiale quand il fallait rallier les États du Moyen-Orient à la guerre contre les puissances de l'Axe. Après la guerre, Londres se sentit obligé de courtiser les États de la Ligue arabe créée de fraîche date, afin de les conserver au sein de sa zone d'influence. Nous avons donc eu recours à la guérilla juive – vous la qualifierez sans doute de terrorisme – contre les forces britanniques.

Vous nous accusez d'être des ingrats. Si tel est le cas, vous l'êtes également. C'est nous, et pas vous, qui avons chassé l'occupant britannique de Palestine. Nous n'attendions pas pour autant des marques de votre gratitude...

IBRAHIM SOUSS : Vous avez contribué à chasser les Anglais parce que vous avez décidé de passer à la vitesse supérieure, du foyer national à la création d'un État exclusivement juif, ce qui n'était pas prévu dans le mandat que la Société des Nations (SDN) avait confié en 1922 à l'Angleterre. Bien au contraire. En effet, l'article 22 de la charte de la SDN stipulait que la Palestine, entre autres pays arabes, était destinée à accéder à l'indépendance, ce à quoi le gouvernement britannique s'était explicitement et officiellement rallié en 1939 en promettant au peuple palestinien sa souveraineté dans un délai de dix ans. En violation de l'engagement pris par la SDN mais aussi de sa propre charte, l'assemblée générale des Nations unies adopta une résolution, en novembre 1947, décrétant le partage de la Palestine en deux États, l'un juif, l'autre arabe. La décision était arbitraire et illégale à un double titre. *Primo*, elle allait à l'encontre du principe fondamental que tout peuple a le droit à l'autodétermination. Or, le peuple palestinien qui constituait à l'époque les deux tiers des habitants de la Palestine n'a pas été consulté, ce qui aurait pu être accompli par l'organisation d'un référendum. *Secundo*, l'ONU n'a ni l'autorité ni la vocation d'assurer, encore moins de disposer de la souveraineté d'une nation, vouée de surcroît, dans le cas d'espèce, à l'indépendance.

ZVI ELPELEG : Illégale ou pas, la résolution de l'assemblée générale a été démocratiquement débattue et adoptée par la grande majorité des États membres. Les pays arabes ont implicitement reconnu la légitimité du verdict puisqu'ils ont participé tant aux séances de l'assemblée qu'aux scrutins. En tout cas, quel autre organisme que l'ONU aurait eu l'autorité morale d'arbitrer le conflit judéo-arabe ? Certes, l'organisation internationale aurait pu organiser un référendum. Elle a sans doute estimé qu'une telle démarche serait contre-productive.

IBRAHIM SOUSS : Sans doute que les États membres, cherchant à compenser les Juifs, victimes de l'holocauste nazi, ont-ils voulu éviter une procédure démocratique qui aurait privilégié, à coup sûr, les Arabes. Un référendum, en effet, se serait soldé par un vote largement majoritaire en faveur de l'unité et de l'intégrité territoriale de la Palestine. Or, les amis des sionistes au sein de l'ONU souhaitaient non seulement partager le pays mais aussi attribuer aux Juifs – 30 % de l'ensemble de la population – 57 % du territoire de la Palestine, y compris le littoral et les régions fertiles. Les sionistes avaient de quoi jubiler : ils avaient réussi, au cours des décennies, à acheter 6 % du territoire, et voilà que l'organisation internationale leur offrait, gratuitement, une superficie neuf à dix fois plus étendue...

Zvi Elpeleg : A supposer que vous ayez raison d'avancer le chiffre de 6 % – selon mes propres sources, les Juifs auraient fait l'acquisition de 7 à 8 % de la Palestine – il n'en reste pas moins que le reliquat du territoire n'appartenait pas aux Arabes. Sur les vingt mille kilomètres carrés attribués par l'ONU aux Juifs, plus de douze mille recouvraient le désert du Néguev, des terres n'appartenant ni aux Juifs ni aux Arabes, mais bien à l'État.

Ibrahim Souss : Vous plaisantez ! De quel État s'agit-il ? La Palestine, destinée à devenir indépendante, appartenait de plein droit à ses habitants, même si la majeure partie du territoire ne relevait pas du secteur privé, même si le pays était soumis à un joug colonial...

Zvi Elpeleg : Vous vous trompez lourdement ! La Palestine faisait partie intégrante de l'Empire ottoman avant d'être prise en charge par les Britanniques. Dans les deux cas, c'est la puissance publique qui disposait souverainement de la terre...

IBRAHIM SOUSS : Si je vous comprends bien, les Palestiniens n'avaient ni patrie ni territoire. C'est commode. Du coup, le partage, la répartition inique de la terre au détriment des Arabes devient légitime. Voici la source du conflit qui nous oppose ! Nous l'aurions évité si vous aviez choisi, comme nos dirigeants vous le proposaient, de vivre au sein d'un même État, démocratique, dans lequel les Palestiniens, musulmans ou chrétiens, et les Juifs auraient bénéficié des droits, égalitaires, de citoyen. Vous auriez pu, à la rigueur, opter pour un État binational que prônaient nombre de sionistes modérés, comme le regretté Dr Magnes, à l'époque président de l'Université hébraïque de Jérusalem...

ZVI ELPELEG : Je relève dans votre propos une contrevérité. Ce sont vos dirigeants qui, d'emblée, rejettent toute formule d'État binational, en partant du postulat que les Juifs de Palestine étaient des étrangers qui, de surcroît, ne pouvaient prétendre constituer une nation et encore moins une entité étatique. Quant à la perspective d'un État unifié dans lequel les Juifs seraient traités sur un pied d'égalité avec leurs concitoyens arabes, permettez-moi d'en sourire. L'histoire nous a appris que l'Islam considère les non-musulmans comme étant des sujets de deuxième classe. Mais sans remonter aux siècles écoulés, dites-moi lequel de la vingtaine d'États arabes contemporains applique les principes démocratiques, n'exerce aucune discrimination à l'égard de leurs citoyens de confession non musulmane.

D'ailleurs, nous ne pourrions pas admettre d'être catalogués comme étant une communauté religieuse. En tant que Juif, j'estime que j'appartiens à un peuple qui, comme tout autre, a le droit à l'autodétermination. Nous avons dès lors opté pour l'indépendance et nous nous sommes battus contre ceux qui nous la refusaient. Certes, nous étions minoritaires en Palestine. Mais n'y a-t-il pas, encore aujourd'hui, maintes et maintes minorités à travers le monde qui revendiquent et qui luttent pour accéder à la souveraineté ?

IBRAHIM SOUSS : Ce n'est pas une raison suffisante pour balkaniser la planète. Pourquoi une minorité aurait-elle le droit d'être indépendante, au prix de faire éclater les États et infliger de graves torts à la communauté majoritaire ? Il y a surtout d'autres moyens de garantir les droits des uns et des autres, de favoriser une coexistence harmonieuse dans l'intérêt commun.

ZVI ELPELEG : Ces hypothèses et ces spéculations sont depuis longtemps anachroniques. Ne pensez-vous pas, aujourd'hui, que si vous aviez accepté, comme nous, le plan de partage de l'ONU, malgré ses lacunes et ses imperfections, vous auriez épargné au peuple palestinien de nombreuses et cruelles épreuves, sans parler des guerres successives qui ont ensanglanté l'ensemble du Moyen-Orient ? Pour ma part, je réponds à cette question sans ambages : ayant pratiqué avec obstination la politique du tout ou rien, vous êtes forcément des perdants.

IBRAHIM SOUSS : Vous n'êtes ni le seul ni le premier à dénaturer la position qui fut celle des Palestiniens il y a près d'un demi-siècle. Vous nous accusez d'intransigeance, d'aveuglement, sans tenir compte des enjeux et du contexte de l'époque. Comme j'ai eu l'occasion de l'écrire, nos censeurs nous reprochent, en fait, d'avoir cherché à conserver la totalité de notre patrimoine et couvrent les Juifs de louanges parce qu'ils ont eu la « clairvoyance » de s'être résignés à accepter la moitié... du bien d'autrui.

En tout cas, vous ne nous avez pas poussé à la conciliation, c'est le moins que l'on puisse dire. Vous vouliez un État bien à vous, une base de départ pour la conquête de nouvelles étendues de la Palestine. C'est cela qui expliquait votre soi-disant modération.

2

AGRESSEURS ET AGRESSÉS

ZVI ELPELEG : Qui, des Juifs ou des Arabes, ont été modérés ? L'histoire est là pour témoigner. Le 15 mai 1948, le jour de la proclamation de l'État d'Israël, sept armées ont envahi la Palestine, ont agressé le peuple israélien. Voici un fait au sujet duquel tous les historiens sont d'accord. L'objectif premier de vos alliés était d'empêcher les Israéliens de mettre en œuvre la résolution des Nations unies instaurant deux États, un juif, un palestinien.

IBRAHIM SOUSS : Les historiens n'endossent pas tous cette version de la guerre de 1948, il est vrai très répandue, que vous présentez. Vous passez sous silence volontairement les événements qui ont précédé l'entrée des armées arabes en Palestine, la guerre non déclarée déclenchée contre les Palestiniens par les organisations paramilitaires ou terroristes juives. La Haganah, mais aussi les extrémistes de l'Irgoun et de la bande Stern avaient pris d'assaut des villes et des centaines de villages, tous situés en dehors du périmètre alloué aux Juifs par l'ONU, tuant leurs habitants et détruisant leurs logements.

Leur but : refouler les Arabes dans le désert pour préparer l'expansion de l'État juif.

Les témoignages, y compris ceux publiés ultérieurement par les chroniqueurs israéliens, sont nombreux pour confirmer ce que je soutiens. Mais permettez-moi de vous livrer les miens propres. Je me souviens qu'au printemps de 1948 j'étais terrorisé par les explosions, par les cris et les pleurs qui s'ensuivaient, lesquels me réveillaient en pleine nuit. Je souffre encore aujourd'hui des séquelles du traumatisme que j'ai subi enfant. Mon père parlait d'attentats commis par les extrémistes juifs, de maisons détruites à la dynamite, pour nous contraindre à quitter la ville. D'ailleurs, peu avant la proclamation de l'État juif, des hommes en civil juchés sur des jeeps sommaient les Arabes à l'aide de haut-parleurs de quitter leurs demeures sans tarder. C'est ainsi que ma famille s'est réfugiée au Liban avant même que les armées arabes ne viennent au secours des Palestiniens.

Zvi Elpeleg : Il n'est pas faux que la guerre de 1948 a été précédée par de sérieux troubles, mais ceux-ci n'ont pas été provoqués par les Juifs. La grève générale décrétée par les Palestiniens, au lendemain de la résolution de l'ONU en novembre 1947, afin de protester conte la partition du pays, a été suivie d'émeutes au cours desquelles des centaines de personnes juives ou palestiniennes ont perdu la vie.

Quant aux soldats arabes, ils étaient sur place avant la déclaration formelle de la guerre. Deux formations paramilitaires, le Jihad Al-Moukadass (la guerre sainte), créé par le chef du mouvement national palestinien, Haj Amin El Husseini, et Jaych Al Inqaz (l'armée du secours), mise sur pied par la Ligue arabe, s'étaient infiltrées en Palestine et sont passées à l'action dès mars 1948, plus de deux mois avant la guerre.

IBRAHIM SOUSS : Ce fut une guerre d'opérette et non la « tentative de jeter les Juifs à la mer » comme le présente la propagande officielle israélienne depuis près d'un demi-siècle. Les Palestiniens en ont été les principales victimes. Maintes fois agressés par la colonisation, dépossédés de leurs terres et de leur patrie par la répression et par le diktat de l'ONU, ils manquaient de tout pour se défendre : d'une organisation ou d'un parti digne de ce nom, de dirigeants, pour la plupart invertébrés et divisés, d'une autonomie suffisante à l'égard des États arabes, qui leur avaient confisqué le droit de décision et les manipulaient d'une manière éhontée. La plupart des dirigeants palestiniens, façonnés par cinq siècles de domination ottomane, tout autant absolutiste qu'obscurantiste, inexpérimentés qu'ils étaient, n'avaient même pas été capables de former des cadres supérieurs, civils ou militaires, de constituer – comme ils auraient dû le faire au lendemain de la résolution de l'ONU – un gouvernement provisoire, lequel aurait eu l'autorité de traiter, au nom du peuple palestinien, d'égal à égal avec les États arabes, leur interdire éventuellement de se lancer dans une aventure guerrière, manifestement vouée à l'échec.

Quant aux États arabes, tout indiquait qu'ils se souciaient peu de venir en aide aux Palestiniens ou d'empêcher les Juifs d'établir leur propre État. Pour la plupart inféodés aux Anglais, qui cherchaient à conserver leur hégémonie au Proche-Orient, divisés et corrompus, ils n'avaient strictement aucune chance de gagner la guerre à supposer qu'ils le souhaitaient. Les sept armées qui envahirent la Palestine le 15 mai – celles de l'Égypte, de la Syrie, de l'Irak, de l'Arabie Saoudite, et du Liban – comptaient en tout et pour tout 30 000 hommes, mal entraînés et insuffisamment équipés. L'armée égyptienne, par exemple, avait été dotée d'armements et de munitions avariés par des dirigeants corrompus ; ce trafic provoqua d'ailleurs ultérieurement un scandale en Égypte qui fut l'une des causes de la révolution nassérienne en 1952. Ces 30 000 soldats, donc, constituaient une force symbolique puisqu'ils devaient affronter 80 000 combattants juifs de la Haganah et une dizaine de milliers d'extrémistes, aguerris et bien armés.

Comment pourrait-on croire un instant que tous ces pays arabes souhaitaient contribuer à la fondation d'un État palestinien indépendant ?

ZVI ELPELEG : La question est parfaitement légitime à la lumière des informations qui ont filtré après la guerre de 1948. Ainsi a-t-on appris que durant l'hiver 1947-1948, peu après la résolution de l'ONU, Mme Golda Meir, mandatée par les dirigeants juifs, avait rencontré dans le plus grand secret l'émir Abdallah, alors souverain de la Transjordanie. Se référant à Haj Amin El Husseini comme étant « notre ennemi commun », l'émir proposa à son interlocutrice de coordonner les efforts juifs et transjordaniens pour empêcher les Palestiniens de se doter d'un État sur le territoire que l'ONU leur avait attribué. Le compte rendu détaillé de cet entretien n'a pas été révélé, mais tout laisse croire que l'émir n'a pas eu trop de mal à convaincre Mme Golda Meir. Il y a eu vraisemblablement un accord de principe, ou implicite, que la Transjordanie pourrait annexer les parties du territoire palestinien qu'Israël n'aurait pas rattachées au sien.

Il est vrai que le commandant en chef de l'armée transjordanienne, Glubb Pacha, était anglais, que l'Irak, sur lequel régnait un frère de l'émir Abdallah, le roi Fayçal, était également favorable à l'expansion de l'émirat de Transjordanie, que les deux souverains visaient à créer ce qu'on appelait « le grand royaume du croissant fertile » englobant la Transjordanie, la Palestine, l'Irak, la Syrie et le Liban, mais de là à dire que les Anglais appelaient de leurs vœux une guerre israélo-arabe, il y a un pas que je ne franchirai pas. La plupart des autres pays arabes n'étaient pas sous l'influence de Londres, contrairement à ce que vous soutenez, et se sont déterminés selon les impératifs de leur intérêt national. Or, leur intérêt les incitait précisément à empêcher la Transjordanie et l'Irak de parvenir à leurs fins, de créer une sorte de superpuissance qui porterait ombrage aux autres États arabes, en particulier à l'Égypte et à la famille saoudienne régnante, rivale de la dynastie hachémite au pouvoir à Amman et à Bagdad.

Les États arabes non hachémites ne voulaient pas, dès lors, être impliqués dans une guerre, apparemment dirigée contre Israël mais en réalité destinée à aggrandir la Transjordanie. S'appuyant sur Haj Amin El Husseini, qui lui non plus n'était pas dupe du projet d'intervention de l'émir Abdallah, la plupart des États arabes avaient tenté de dissuader ce dernier avant de se sentir contraints de s'engager dans la guerre. En effet, l'émir Abdallah avait fait savoir qu'avec ou sans le soutien des autres États arabes, il était déterminé à envahir la Palestine.

C'est pourquoi le commandant du corps expéditionnaire égyptien en Palestine avait reçu comme directive d'entraver l'avance de l'armée transjordanienne, de veiller à ce qu'elle occupe le moins possible de territoire. La guerre de 1948 fut aussi et surtout, en dernière analyse, un conflit interarabe opposant les partisans et les adversaires d'un État palestinien. Ces derniers finirent par l'emporter, à la suite de multiples manœuvres diplomatiques qui ont suivi la guerre, et c'est ainsi qu'une partie de la Palestine a été formellement annexée au royaume jordanien.

Ibrahim Souss : Votre exposé est d'autant plus intéressant qu'il est fondé sur vos propres recherches, dont vous avez fait d'ailleurs état dans un livre que vous avez publié sur la question. Il confirme les suspicions des Palestiniens qui, n'étant pas dans le secret des dieux, s'étaient étonnés de la manière avec laquelle se déroulèrent les combats. Ils avaient relevé, par exemple, que les forces juives occupaient aisément telle ou telle ville mais s'arrêtaient aux portes d'agglomérations qu'elles auraient pu conquérir avec autant de facilité. Personne n'avait compris à l'époque pourquoi vos soldats s'étaient contentés de s'emparer de Jérusalem-Ouest, laissant la partie orientale de la ville à l'armée transjordanienne.

Le mystère s'est, depuis, dissipé. Il est désormais clair que Mme Golda Meir et l'émir Abdallah s'étaient mis d'accord pour empêcher les palestiniens d'établir, même provisoirement, leur État sur le territoire que l'ONU leur avait attribué. Clair encore que, loin de menacer l'existence du jeune État juif, cette parodie de guerre a été mise en scène conjointement par Israël et la Transjordanie pour leur permettre de se partager les dépouilles de l'État palestinien avant même sa naissance présumée...

ZVI ELPELEG : Vous vous trompez lourdement sur ce point. Ce que vous désignez comme étant une parodie ou une opérette montée par Israël et la Transjordanie a été une guerre d'une rare violence et qui a coûté cher, très cher, au peuple israélien ! 5 800 tués (dont 1 200 civils) et quelques 40 000 handicapés à vie. La population juive, à l'époque, était de quelque 600 000 âmes.

Israël avait tenté d'éviter la confrontation. Vous l'ignorez peut-être, mais trois jours seulement avant l'invasion arabe, Mme Golda Meir eut un ultime entretien avec le roi Abdallah. Les comptes rendus de ces conversations secrètes ont été depuis rendus publics et tout un chacun peut les consulter. Il en ressort que Mme Golda Meir a tenté, mais en vain, de convaincre le souverain transjordanien de renoncer à son projet. Il lui répondit qu'il était trop tard, que la décision d'entrer en guerre avait été prise collectivement par les ÉTATS membres de la Ligue, lesquels l'avaient nommé chef suprême des armées coalisées, et qu'il n'avait plus dès lors le pouvoir de prendre une décision autonome. Il mentait, bien entendu, car il savait qu'il avait forcé la main de ses partenaires en les soumettant à un chantage.

3

EXPANSION ET EXODE

Ibrahim Souss : A supposer que vous ne cherchiez pas à provoquer la confrontation militaire, les résultats témoignent malgré tout d'une collusion, pour le moins tacite, avec la Transjordanie. Vous avez tiré profit de la guerre en réalisant l'un de vos objectifs, celui d'agrandir le territoire de l'État d'Israël, mais jusqu'à un certain point puisque vous avez laissé l'armée de l'émir Abdallah occuper la Cisjordanie et une partie de Jérusalem. Pourtant, M. Ben Gourion – et non un extrémiste comme M. Begin – n'avait pas fait mystère des ambitions du mouvement sioniste. Après avoir accepté le plan de partage décrété par l'ONU, il avait déclaré publiquement, et répété à d'autres occasions, qu'un compromis territorial ne signifiait pas que le peuple juif n'avait pas droit à sa terre ancestrale, dans ses frontières historiques, s'étendant de la Méditerranée au fleuve Jourdain.

Avant d'étendre l'État d'Israël jusqu'à ses « frontières historiques », à l'issue de la guerre de juin 1967, l'armée israélienne avait bien fait avancer les choses en occupant, puis en annexant, une bonne partie du territoire destiné aux Palestiniens : la

Galilée de l'Ouest, plusieurs villes dont Jaffa, Saint-Jean-d'Acre, Ramleh et des centaines de villages. Vous vous êtes ainsi emparés, au total, de 20 850 kilomètres carrés sur les 26 323 kilomètres carrés disponibles, soit plus de 80 % du territoire palestinien.

Si vous n'aviez pas d'intentions expansionnistes, si vous teniez sincèrement à respecter la résolution de l'ONU, si vous ne vouliez pas priver les Palestiniens d'un territoire et d'une patrie, si encore vous aviez la volonté de ménager l'avenir, vous auriez pu, vous auriez dû offrir la restitution des territoires conquis en 1948. Pourquoi n'avez-vous pas fait ce geste qui aurait épargné à nos deux peuples une série de guerres et de lourdes pertes humaines ?

Zvi Elpeleg : Peut-être que nos dirigeants n'ont pas mesuré les conséquences à long terme de leur politique. Mais il faut essayer de comprendre la mentalité des acteurs du drame et le contexte historique de leurs décisions.

M. Ben Gourion estimait, et il l'a dit publiquement, que ce qui a été acquis avec du sang juif restera la propriété du peuple juif. Il n'était pas question pour lui de revenir au statu quo antérieur. Sa conviction ne manquait pas, dans l'absolu, de logique. Dans toute guerre, le vaincu subit les conséquences de sa défaite; pourquoi dès lors refuser au vainqueur les fruits de sa victoire, surtout s'il a été victime d'une agression ?

Israël, en outre, n'avait aucune raison d'être conciliant avec des ennemis qui manifestaient une intransigeance provocatrice. Les Arabes refusaient d'admettre leur défaite, n'offraient pas de négocier un traité de paix ; ils ne reconnaissaient même pas l'existence de l'État d'Israël, illégitime à leurs yeux, et refusaient le plan de partage adopté par l'ONU.

Aurait-on pu, malgré tout, éviter de nouvelles guerres, parvenir à une paix de compromis, en proposant de restituer les territoires conquis ? Répondre à cette question nous entraînerait dans de futiles spéculations...

IBRAHIM SOUSS : Vaines spéculations, sans doute, si je devais accepter votre thèse selon laquelle les dirigeants israéliens auraient commis une erreur d'appréciation. A mon avis, il s'agissait d'une politique mûrement élaborée et délibérément mise en œuvre. On peut distinguer deux volets indissociables : annexer de nouveaux territoires, les vider autant que possible de leurs habitants arabes.

La guerre de 1948 s'est soldée, selon les statistiques de l'ONU, par l'exode d'un million de Palestiniens, pour la plupart chassés par les forces juives ; le conflit de 1967 a engendré, lui, près d'un demi-million de réfugiés.

Les expulsions *manu militari* ou la terreur répandue par vos forces armées procédaient d'une certaine logique : étendre le territoire de l'État d'Israël serait un non-sens, voire une entreprise périlleuse, si elle devait comporter l'augmentation de sa population arabe au point de conduire à la transformation de la majorité juive en minorité. Ce serait mettre en cause la raison d'être de l'État sioniste.

Zvi Elpeleg : Je me dois de rectifier deux de vos postulats qui ne correspondent pas à la réalité. Tout d'abord, les chiffres que vous avancez concernant le nombre de réfugiés sont exagérés. Mes recherches d'historien m'ont conduit à consulter nombre d'archives tout autant officielles qu'irréfutables, à Londres, à Washington, à Jérusalem, entre autres. Le nombre de réfugiés qui ont quitté la Palestine en 1948 n'excède pas 680 000 personnes.

Quant aux causes de leur exode, elles sont de caractère multiple. Il y a ceux qui se sont exilés avant même le début du conflit, comme votre propre famille. Ce sont les élites qui ont donné le signal : dirigeants politiques, maires, hauts fonctionnaires, chefs d'entreprise, médecins, avocats – après avoir incité la population à rester sur place pour se battre – ont voulu se mettre à l'abri en attendant la victoire des armées arabes. Ces élites ont été évaluées à environ 30 000 personnes.

Un nombre indéterminé de Palestiniens a quitté volontairement le pays avant et pendant la guerre ; par peur d'en subir les conséquences, tout en étant persuadés pour la plupart qu'ils ne tarderaient pas à rentrer dans leurs foyers après une victoire arabe ou, si défaite il y avait, après un second round défavorable aux Juifs.

Certes, il y a ceux qui sont partis contre leur gré, à la suite d'exactions commises par des combattants juifs incontrôlés, mais aussi parfois par des forces paramilitaires arabes. Je vous citerai un cas, celui de Jaffa où une unité des Jaych Al Inqaz a pillé la population arabe de la ville sur l'ordre de son commandant, un certain Abdel Aousai, provoquant ainsi la fuite de nombre d'habitants.

Je ne nie pas que beaucoup de Palestiniens – évalués à quelque 250 000 personnes – ont été expulsés *manu militari* par des combattants juifs. En revanche, dans certaines localités – à Haifa notamment – les autorités juives ont lancé des appels aux Arabes les incitant à ne pas quitter leurs foyers. Il y a eu quand même des émigrations à la suite de conseils reçus d'exilés vivant au Liban...

IBRAHIM SOUSS : C'est faux, et vous le savez. Il n'y a eu ni conseils ni ordre venant des dirigeants palestiniens ou des gouvernements arabes, incitant les Arabes à quitter la Palestine. Au contraire !

ZVI ELPELEG : Vous avez raison d'une manière générale, mais il y a eu quelques exceptions. En consultant les archives de la BBC, j'ai constaté qu'aucune radio arabe n'a jamais diffusé un quelconque appel à l'émigration. Contrairement à ce qui a pu être écrit à ce sujet. Le leader palestinien Haj Amin El Husseini ne cessait d'exhorter ses compatriotes à ne pas s'exiler, avant même le début des hostilités. Quand un flot de réfugiés commença à se déverser dans les pays voisins, Haj Amin demanda aux divers gouvernants arabes d'instruire leurs consulats de ne pas délivrer de visas aux Palestiniens qui les sollicitaient.

Les réfugiés ont compris, mais trop tard, que Haj Amin avait eu raison et qu'ils n'auraient jamais dû quitter leur pays. C'est pourquoi il y a eu, lors de la guerre de 1967, beaucoup moins de départs.

Pour ma part, je condamne tout ce qui a été commis pendant les guerres qui soit contraire aux droits de l'homme. Je n'admets pas les expulsions, les déportations, car elles privent les victimes d'un foyer et d'une patrie. Je ne pense pas que celles qui se sont produites soient le fruit d'une politique délibérée. Mais il n'est pas impossible que certains de mes concitoyens se soient réjouis, après coup, de l'exode des Arabes qui préservait ainsi la majorité juive.

Si tel a été le cas, je pense qu'il s'agissait d'une grave erreur politique. Si nous avions conservé les Palestiniens qui vivaient sur les territoires annexés en 1948, si nous avions fait d'eux de loyaux citoyens de notre État, le cours des événements aurait pu être changé radicalement, nous nous serions engagés sur la voie de l'apaisement et de l'entente. Il est indéniable que le problème des réfugiés a envenimé nos relations tant avec les Palestiniens qu'avec les États arabes, qui refusent toujours de les intégrer...

IBRAHIM SOUSS : Vous avez raison de dire que le problème des réfugiés demeure un immense obstacle à la paix entre nos deux peuples. Mais je persiste à penser que l'État d'Israël n'a jamais cherché à le résoudre, n'a jamais fait un geste de conciliation. Vous auriez pu, après la guerre de 1948 ou celle de 1967, les inviter à rentrer chez eux. Après tout, c'est leur droit quelles que fussent les raisons de leur départ. L'exode de populations pendant les conflits armés – et les exemples ne manquent pas sous d'autres cieux – ne leur interdit pas, le danger passé, de réintégrer leur pays d'origine. L'attitude d'Israël, dans le cas d'espèce, est d'autant plus impensable que vos lois autorisent les Juifs à revenir sur leur terre ancestrale, comme vous dites, après une absence de 2000 ans, mais interdisent à des Palestiniens de retrouver leur patrie à l'issue d'un exil forcé de quelques semaines ou quelques années.

Vos dirigeants ont conduit une politique délibérée d'exclusion, pour ne pas dire de purification ethnique. J'en veux pour preuve que vous n'avez pas cessé de défier à ce sujet les Nations unies depuis près d'un demi-siècle. En effet, aux termes de la résolution du 11 décembre 1948 adoptée par l'Assemblée générale de l'ONU, Israël devait donner aux réfugiés la possibilité de choisir entre le retour chez eux et des compensations. Vous avez refusé de mettre en œuvre cette résolution malgré d'innombrables rappels à l'ordre de l'ONU, mais aussi des États-Unis qui avaient voté le texte en 1948.

ZVI ELPELEG : Je ne peux pas me substituer aux gouvernants israéliens qui se sont succédé depuis 1948. Mais je peux avancer quelques arguments qui pourraient expliquer leur attitude. Outre le fait que les Arabes devaient assumer la responsabilité de leur agression, l'État d'Israël a le droit de décider souverainement – et non l'ONU – s'il est en mesure d'accueillir un million de réfugiés. N'oubliez pas qu'à la même époque, des centaines de milliers de Juifs ont dû fuir les pays arabes pour se réfugier en Israël. Ils avaient, eux aussi, perdu foyers et biens, et il fallait bien les intégrer.

Malgré cela, Israël a offert d'indemniser les réfugiés palestiniens. Entre 1948 et 1956, des émissaires s'étaient rendus dans les camps pour leur faire des propositions. Elles ont été rejetées. La réponse unanime fut : « Nous voulons rentrer chez nous. » A l'époque, d'autre part, aucun État arabe n'était près à négocier avec nous, voire même nous adresser la parole.

IBRAHIM SOUSS : Nous n'avons pas entendu un responsable israélien, même pas une fois en un demi-siècle, proclamer que vous étiez disposés à indemniser les réfugiés. L'auriez-vous annoncé solennellement, vous auriez pu vérifier le sérieux de votre postulat selon lequel aucun Palestinien ne souhaite être indemnisé.

Mais il y a plus grave : dès le lendemain de la guerre de 1948 vous avez procédé à des expropriations massives de terres, de maisons, d'immeubles, de comptes bancaires, non seulement des réfugiés mais aussi de ceux que vous avez désignés comme étant des « absentéistes ». Vous avez rangé sous ce vocable tous ceux qui ne se trouveraient pas sur leur lieu de résidence le jour du cessez-le-feu. Y compris ceux qui n'avaient pas quitté la Palestine mais qui, pour échapper à des combats particulièrement violents, s'étaient déplacés dans un village ou une ville voisine, parfois à quelques kilomètres de leur foyer. Vous leur avez interdit de rentrer chez eux tout en leur confisquant leurs biens. Ce fut une procédure de spoliation pure et simple ! Prenez mon cas en exemple : je possède une maison à Jérusalem, dont je détiens le titre de propriété et les clefs. Mais votre gouvernement refuse de me la restituer...

ZVI ELPELEG : Vous avez le droit, comme tout autre Palestinien, de faire une réclamation. D'ailleurs, c'est l'un des thèmes qui figurent à l'ordre du jour des négociations de paix initiées à Madrid. J'espère que tous les litiges qui nous séparent, y compris celui portant sur la confiscation des biens de Juifs ayant été contraints de quitter des pays arabes pour se réfugier en Israël, seront réglés.

4

L'EXPÉDITION DE SUEZ

IBRAHIM SOUSS : Sept ans après la guerre de 1948, vos dirigeants n'avaient pas levé le petit doigt pour apaiser les esprits, pour ouvrir la voie à un règlement, quel qu'il soit. Vous aviez conquis des territoires au-delà des limites que l'ONU avait fixées à l'État juif. Vous auriez pu très bien, si ce n'est que par un geste, même platonique, de bonne volonté, proposer la restitution aux Palestiniens des terres confisquées, afin que soit mise en œuvre la résolution des Nations unies à laquelle vous vous êtes ralliés joyeusement et bruyamment en 1947. Croyez-vous que les Palestiniens, dispersés dans de misérables camps de réfugiés, sans patrie et sans ressources, n'auraient pas été sensibles à votre geste ? Vous auriez ainsi démenti concrètement les déclarations de Ben Gourion selon lesquelles Israël n'avait pas encore atteint les frontières historiques de sa patrie ancestrale.

Vous auriez pu encore proposer de régler le problème des réfugiés en appliquant la résolution de l'ONU du 11 décembre 1948, en offrant de négocier, non pas à titre individuel et quasiment confidentiel, l'indemnisation de tous ceux qui avaient été les victimes de l'exode. En ouvrant une négociation formelle, publique, sous l'égide de l'ONU, vous auriez démontré d'une manière éclatante que vous étiez sérieusement intéressés à vider au moins cet abcès, que vous étiez déterminés à humaniser le visage d'Israël, à le rendre acceptable, même à terme, aux Palestiniens et, au-delà, aux Arabes.

D'évidence telle n'était pas votre préoccupation. Vous aviez décidé non seulement d'empocher *ad vitam aeternam* le butin de guerre mais aussi d'étendre davantage le territoire d'Israël. Votre comportement en 1956 en apporta la preuve irréfutable. Vos armées envahirent l'Égypte en octobre de la même année, occupèrent le Sinaï ainsi que l'enclave de Gaza qui, selon le plan de partage de l'ONU, devait faire partie de l'État palestinien. Vous donniez par la même occasion le prétexte aux forces françaises et britanniques de débarquer sur le canal de Suez, leur objectif étant d'annuler la décision du président Gamal Abdel Nasser de nationaliser la compagnie qui gérait le passage des bateaux par cette voie d'eau.

Cette agression tripartite avait été au préalable minutieusement préparée et coordonnée. Il est vrai que chacun des partenaires poursuivait son propre objectif. Londres cherchait à récupérer la propriété de la Compagnie du canal de Suez et ses bénéfices mirifiques. Paris en voulait autant et, de surcroît, croyait pouvoir donner le coup de grâce au régime de Nasser pour son soutien actif à la guérilla algérienne contre la France. Le gouvernement israélien, lui, visait à se rendre maître de l'enclave de Gaza, un lambeau de la Palestine, peuplé de milliers de réfugiés, devenu un centre d'agitation et de subversion, entretenu selon vous par les Égyptiens qui l'occupaient à titre provisoire. Vous cherchiez à supprimer l'un des derniers vestiges de l'identité palestinienne.

ZVI ELPELEG : Je suis d'autant plus à l'aise pour réagir aux propos que vous venez de tenir que je considère comme étant une erreur la participation d'Israël à l'expédition de 1956. Elle a projeté une image négative de mon pays tout en étant parfaitement inutile.

Sans prétendre le justifier, je me dois d'expliquer le comportement de nos dirigeants, sur lequel l'opinion israélienne a eu une influence non négligeable. Nous pensions tous à l'époque que les Égyptiens manipulaient les Palestiniens de Gaza, facilitaient leur infiltration en territoire israélien pour voler les récoltes et les machines agricoles, pour commettre des attentats meurtriers.

La réalité m'est apparue tout autre quand je me suis mis à examiner, en tant qu'historien, les documents que j'ai réussi à obtenir, après avoir effectué mes propres enquêtes sur le terrain quand je fus nommé gouverneur militaire de Gaza. Je suis parvenu ainsi à la conclusion que les Égyptiens étaient parfaitement innocents de collusion avec les fedayin palestiniens jusqu'en mars 1955. Bien au contraire. Ils avaient multiplié les mesures – législatives et policières – pour empêcher les habitants de Gaza de s'infiltrer en Israël pour quelque raison que ce soit. Le chef des services de renseignements égyptiens, le lieutenant-colonel Moustapha Hafez, sévissait avec une brutale sévérité contre les fedayin que les mouvements nationalistes palestiniens entraînaient et armaient. La tension était des plus vives entre le gouvernement de Gamal Abdel Nasser, partisan de l'apaisement, et Haj Amin El Husseini, le principal dirigeant palestinien.

L'opinion publique israélienne ignorait – hélas – l'existence de ce conflit. En outre, elle souffrait de claustrophobie, Israël étant entouré d'ennemis, de revanchards, qui attendaient leur heure pour effacer la honte de la défaite de 1948. Gamal Abdel Nasser avait très mauvaise réputation, et il était craint. Personne n'avait oublié qu'en prenant le pouvoir quatre ans plus tôt, en 1952, il avait juré de libérer la Palestine. Depuis, il s'était élevé à la stature d'un homme d'État panarabe, sa popularité s'était étendue bien au-delà des frontières égyptiennes. La nationalisation de la Compagnie du canal de Suez – témoin et symbole de la puissance coloniale – avait étendu son prestige dans l'ensemble du tiers-monde. Tout cela le désignait comme étant l'ennemi public numéro un d'Israël. D'autant que l'on pouvait craindre légitimement que Nasser, désormais maître du canal de Suez, interdise aux bâtiments israéliens de le franchir.

Ce contexte psychologique a sans doute incité certains de nos dirigeants, militaires ou civils, à profiter de l'occasion pour briser la machine de guerre égyptienne et, pourquoi pas, éliminer Nasser lui-même.

L'expédition triomphante, disais-je, a projeté une

image négative de mon pays et de ses motivations. Notre intégration dans la stratégie politico-économico-guerrière de l'Angleterre et de la France nous a infligé un tort énorme en nous présentant aux Arabes comme les alliés de deux puissances réputées coloniales. Celles-ci devaient, en tout cas, se retirer un jour ou l'autre, alors qu'Israël est condamné à s'intégrer au Moyen-Orient.

IBRAHIM SOUSS : Vous pourriez ajouter que la guerre de 1956 a été l'un des tournants majeurs du conflit israélo-arabe. Pour ceux qui ne connaissent pas l'histoire du mouvement sioniste, vous n'étiez plus seulement un peuple, en manque de patrie, qui usurpait un territoire qui n'était pas le sien, mais aussi l'instrument de puissances impérialistes qui tentaient d'atteindre des objectifs inavouables : rétablir leur hégémonie dans un pays qui aspirait à la pleine souveraineté, éliminer le champion de l'indépendance et l'unité du monde arabe.

Les historiens, pour leur part, savaient déjà que le mouvement sioniste a toujours été et depuis sa naissance entièrement lié, imbriqué, aux forces coloniales et impériales. C'est Disraeli qui, en 1878, propose la création d'un État juif en Palestine sous protection britannique. Après le congrès sioniste de Bâle, Herzl s'adresse successivement au Kaiser et au sultan ottoman pour obtenir leur parrainage à l'établissement d'un État juif. Chaïm Weizmann, lui, pactise avec la Grande-Bretagne pour obtenir la déclaration Balfour et après la brouille intervenue lors de la Deuxième Guerre mondiale, Ben Gourion et ses successeurs établissent une « alliance stratégique » avec les États-Unis. Les sionistes ont adopté les méthodes et jusqu'au vocabulaire des puissances impériales pour coloniser la Palestine : les achats et les expropriations de terres, l'expulsion des autochtones, le recours à la force pour réprimer la contestation et les révoltes, l'usage du refrain que les colonisateurs constituent « un rempart de la civilisation occidentale », face aux « indigènes » qualifiés de barbares ou de terroristes.

Zvi Elpeleg : Vous êtes bien injuste à l'égard du mouvement national juif ! Celui-ci ne représentait ni un empire ni des intérêts économiques hégémoniques. Il fut l'expression des aspirations d'un peuple sans terre, persécuté et humilié, à se donner une patrie sur un territoire de caractère ancestral. Il ne cherchait ni à dominer ni à spolier un autre peuple, mais seulement à s'ancrer sur une terre, à pratiquer des travaux manuels, le plus souvent pénibles, bref à devenir ou re-devenir une nation normalement constituée.

C'est indéniable que pour arriver à leurs fins, les sionistes ont été contraints de rechercher l'appui des puissants, ceux qui avaient les moyens de favoriser la création d'un État Juif. Chaïm Weizmann a tenté de s'entendre, entre autres, avec l'émir Fayçal (à l'époque souverain du Hedjaz). Le mouvement national juif a été fondé, organisé, animé par des membres d'élites parmi les plus éclairés, les plus progressistes d'Europe. Son drame était qu'il ne pouvait avancer sur la voie qu'il s'était tracée sans l'aide des puissances les plus conservatrices, réactionnaires, voire obscurantistes. Mais le mouvement sioniste ne s'est pas corrompu pour autant, sachant tenir tête à ses alliés intéressés. Ne s'est-il pas dressé contre les Anglais au lendemain de la Deuxième Guerre mondiale ? N'a-t-il pas conservé sa nature libérale et démocratique ?

IBRAHIM SOUSS : J'admets que le mouvement sioniste a pratiqué une forme de colonisation d'un genre particulier, à ses débuts du moins. Mais ses réalisations ne diffèrent pas des entreprises coloniales classiques. Vous parlez de libération et de démocratie mais qui en ont été les bénéficiaires sinon les Juifs exclusivement ? Les populations palestiniennes expropriées arbitrairement, les centaines de milliers de mes compatriotes qui ont pris le chemin de l'exode devant vos canons, ne vous perçoivent pas comme de grands humanistes !

Pour revenir à la guerre de 1956, puisque nous parlions de cela, les habitants de Gaza n'oublient jamais le jour où vous avez pénétré dans leur enclave, le 2 novembre 1956. Les soldats israéliens, armés jusqu'aux dents, donnèrent l'ordre à la population de sortir de ses foyers pour un contrôle d'identité. Il y a eu des exécutions sommaires. De nombreux suspects ont été arrêtés, torturés. Vous devez le savoir puisque vous étiez à l'époque le gouverneur militaire...

ZVI ELPELEG : C'est navrant que vous vous faites le porte-parole d'une propagande aussi mensongère que scandaleuse ! Il n'y a eu à Gaza ni arrestations massives, ni tortures, ni exécutions sommaires! Certes, il y a eu des ragots, de soi-disant témoignages colportés par l'OLP. Mais je n'ai rien trouvé qui puisse confirmer leur véracité. Bien que j'aie été gouverneur militaire pendant toute la durée de l'occupation, d'octobre 1956 à mars 1957, je n'étais pas responsable des forces de sécurité ou de renseignements (Shin Beth). Mais dans l'exercice de mes fonctions administratives, j'ai pu constater le calme, l'ordre, et la discipline qui régnaient dans l'enclave.

Mes rapports avec la population et ses représentants ont été des plus corrects. J'ai pu compter sur la coopération empressée de tous les membres du conseil municipal, sauf un, M. Haidar Abdel Chafi, qui refusait tout contact avec nous. C'est lui qui trente-cinq ans plus tard fut désigné à la tête de la délégation palestinienne aux négociations de paix à Madrid. J'ai, d'autre part, dû destituer le maire de Gaza, M. Mounir El Reis.

Je n'ai eu aucun problème non plus avec l'administration qui se mit à ma disposition pour assurer la bonne marche des services publics. J'ai été frappé par l'émulation entre les leaders traditionnels, les notables, les chefs de clans, qui rivalisaient d'ardeur pour collaborer avec le gouverneur militaire, pour en tirer les meilleurs avantages sans doute, mais aussi conformément à la sagesse traditionnelle des Arabes de s'adapter aux circonstances, de faire contre mauvaise fortune bon cœur. C'est ainsi qu'au fil des siècles les Arabes ont réussi à survivre aux conquêtes dont ils ont été l'objet, aux occupations successives qu'ils ont subies.

A vrai dire, les fonctionnaires et les notables se distinguaient de la population, dont les deux tiers étaient constitués de réfugiés vivant dans des conditions misérables. Tandis que les premiers collaboraient avec nous, assistaient aux cérémonies officielles au cours desquelles ils ne se faisaient pas prier pour prononcer des allocutions favorables aux Israéliens, des tracts circulaient dans les camps de réfugiés, des graffiti recouvraient les murs pour dénoncer l'occupation. Quelques arrestations ont été opérées, certaines d'une manière stupide. Mais il n'y a eu aucun affrontement armé, aucune émeute ou manifestation.

Les choses commencèrent à se gâter quand l'ONU, sous la pression des États-Unis et de l'URSS, exigea le retrait d'Israël du Sinaï et de Gaza. La nouvelle se répandit comme une traînée de poudre, suscitant une effervescence générale, une tension qui frisait l'explosion.

Craignant le pire, j'ai convoqué les quatre maires de l'enclave à minuit le 6 mars, quatre heures à peine avant l'évacuation de nos troupes, pour leur annoncer notre départ, et leur demander ce qu'ils souhaitaient. Unanimes, ils me demandèrent de veiller à ce que les « casques bleus » de l'ONU soient déployés dès le retrait des forces israéliennes, pour faire écran entre les villes de l'enclave et les camps de réfugiés. Ils redoutaient que ces derniers prennent d'assaut les agglomérations, les quartiers d'affaires et résidentiels, pour les piller et se venger des nantis qui, semble-t-il, les exploitaient honteusement.

IBRAHIM SOUSS : Votre récit est très peu convaincant. Vous étiez le gouverneur militaire et vous prétendez ne rien savoir, ou très peu, de la farouche résistance à laquelle vous vous êtes heurtés. Vous décrivez une occupation libérale débonnaire, ne prenant même pas la peine d'opérer des arrestations préventives. Vous nous dites que vous n'étiez pas responsable des forces de sécurité mais est-ce seulement imaginable que vous ignoriez tout des milliers de personnes détenues, des exactions commises, des disparitions, des exécutions sommaires ? N'avez-vous pas appris, après votre retrait, la découverte d'une fosse commune dans laquelle étaient entassés des dizaines de cadavres ?

5

LE DOUBLE TOURNANT DE LA GUERRE DES SIX JOURS

Ibrahim Souss : L'une des principales caractéristiques de l'État d'Israël est sa propulsion, puissante et irrésistible, qui le conduit à s'étendre sans relâche. Vous avez profité de la guerre de 1948 pour repousser vos frontières bien au-delà de celles que l'ONU vous avait dotées. Non contents d'avoir annexé ainsi les trois quarts de la Palestine, vous avez cherché, en 1956, à l'occasion de l'expédition franco-anglaise de Suez, à vous emparer de Gaza et, dans la foulée, du Sinaï. Contraints en mars 1957 par les deux superpuissances à renoncer à vos conquêtes, vous êtes revenus à la charge dix ans plus tard pour assouvir l'ambition suprême du mouvement sioniste : planter le drapeau bleu-blanc-bleu sur la totalité de la Palestine, d'Eretz Israël, que vous considériez être la patrie ancestrale du peuple juif. A quoi vous avez ajouté le Sinaï égyptien et le plateau syrien du Golan.

Pour atteindre cet objectif, vous avez minutieusement planifié la guerre de 1967, que vous nommez non sans arrogance la guerre des six jours, en raison de votre victoire fulgurante. Vous l'avez sciemment provoquée tout en faisant croire à l'opinion mondiale que vous étiez sur le point d'être attaqués et annihilés par les armées arabes.

Permettez-moi de rappeler brièvement les événements qui ont précédé le conflit pour illustrer mon propos : le 3 avril 1967, le Conseil des ministres israélien décida, en violation des accords d'armistice, de mettre en culture deux parcelles de terre situées dans la zone démilitarisée entre Israël et la Syrie ; un tracteur blindé, accompagné de véhicules militaires, traverse peu après la ligne de démarcation, ce qui amène l'artillerie syrienne à tirer sur les intrus ; le 7 avril, Israël lance une attaque massive contre la Syrie, ses avions bombardent plusieurs villages et abattent six appareils syriens ; le 10 mai, le général Itzhak Rabin, à l'époque chef de l'état-major, passe aux menaces précises : « Nos forces, proclame-t-il, pourraient prendre d'assaut Damas et renverser son gouvernement. » L'Égypte, conformément à un traité de défense commune qui la lie à la Syrie, prend une série de mesures défensives et d'ordre dissuasif et dépêche des troupes dans le Sinaï, et le 16 mai interdit le passage de navires israéliens par le golfe d'Akaba, après avoir obtenu le retrait des « casques bleus » de l'ONU qui faisaient écran entre les deux pays ; prenant prétexte de ces dispositions, Israël constitue le 1er juin un gouvernement d'union nationale, dans lequel figure pour la première fois le belliciste Menahem Begin, et déclenche les hostilités quatre jours plus tard. Opération « préventive » pour neutraliser une hypothétique offensive arabe, explique-t-on dans un premier temps. Israël l'emporta en quelques heures mais ce n'est que six jours plus tard qu'elle accepta le cessez-le-feu, à la cinquième injonction du Conseil de Sécurité de l'ONU.

En effet, vos généraux n'étant pas pressés d'arrêter les combats, ils tenaient au préalable à conquérir la totalité de la péninsule du Sinaï, la Cisjordanie, Gaza, le plateau du Golan et, bien entendu, la moitié de la ville de Jérusalem qui leur avait échappé lors de la guerre de 1948.

ZVI ELPELEG : Votre récit des péripéties conduisant à la guerre de 1967 est trompeur. La manière de les présenter et de les interpréter hors de leur contexte tout autant que l'omission d'événements importants sont conçus pour prêter à Israël des desseins machiavéliques. Les choses de la vie sont tout à la fois plus simples et plus complexes. En tout cas, les Arabes portent une lourde responsabilité dans le déclenchement des hostilités.

Il est vrai qu'Israël avait décidé de cultiver une partie de la zone démilitarisée jouxtant la Syrie. Mais vous oubliez d'en donner la raison : les bombardements quasi quotidiens des implantations israéliennes par l'artillerie syrienne à partir des hauteurs du Golan. Nous nous devions de mettre un terme à ce sinistre harcèlement en confirmant notre droit de faire respecter les accords d'armistice, notamment en nous livrant à des travaux agricoles. La riposte provoque nos raids de représailles.

Vous omettez encore de faire état de l'indescriptible climat belliciste qui se développa dans l'ensemble du monde arabe. Gamal Abdel Nasser donne le ton non seulement en mobilisant ses forces armées et en dépêchant ses blindés sur la frontière israélienne, mais aussi en commettant un *casus belli*. En effet, Israël ne pouvait tolérer qu'il obtienne, par une décision unilatérale, le retrait des « casques bleus » de l'ONU – mis en place en 1957 conformément à un accord de compromis entre l'Égypte, Israël et l'ONU – et qu'il verrouille le golfe d'Akaba, l'unique voie d'accès d'Israël à l'Asie et l'Afrique.

Toutes les tentatives de désamorcer la crise échouèrent. Les États-Unis n'ont pu dissuader Nasser de renvoyer les forces de l'ONU ou de rendre le golfe d'Akaba à la libre circulation. La tournée de M. Abba Eban, alors chef de notre diplomatie, dans diverses capitales pour obtenir la convocation urgente du Conseil de Sécurité tourne court.

Tandis que la communauté internationale détournait son regard de la poudrière, le monde arabe se préparait activement à la guerre. Même le roi Hussein de Jordanie, auquel Israël avait prodigué maintes assurances que son royaume serait épargné en cas de conflit, a décidé de faire cause commune avec Nasser, avec lequel il entretenait pourtant des relations inamicales. On a pu le voir sur tous les écrans de télévision donner de chaleureuses accolades à Nasser avec lequel il conclut, avant de quitter Le Caire, un pacte de défense commune. La Jordanie, proclamait-il, attaquerait Israël en cas de conflit impliquant l'Égypte et la Syrie.

A tout ce remue-ménage guerrier s'ajoutaient des déclarations menaçantes, effrayantes. J'ai sous les yeux une sélection de citations édifiantes que je tiens à vous lire.

– Le roi Hussein : « Les armées de l'Égypte, de la Jordanie, de la Syrie, du Liban s'alignent sur les frontières d'Israël [...] derrière elles se tiennent les armées d'Irak, d'Algérie, du Koweit, du Soudan et de l'ensemble du monde arabe [...] l'heure cruciale a sonné... »

– Le général Hafez El Assad, ministre syrien de la Défense : « Le moment est venu pour engager la bataille d'annihilation... »

– Abdel Rahman Aref, président de l'Irak : « La naissance d'Israël a été une erreur qu'il faudra rectifier. L'occasion se présente maintenant d'annuler cette ignominie. Notre objectif est clair, il faut supprimer Israël de la carte. »

– Gamal Abdel Nasser, président de l'Égypte : « Notre objectif fondamental est la destruction d'Israël... »

– Ahmed Choukeiri, président de l'OLP : « Il faut jeter les Juifs à la mer, qu'ils rentrent dans leur pays d'origine. Quant à ceux qui sont nés en Palestine, qu'ils y restent s'ils parviennent à survivre, ce dont je doute fort. »

IBRAHIM SOUSS : Ces déclarations, même si elles ne sont pas toutes apocryphes, sont malheureusement le reflet d'une certaine rhétorique arabe, que les connaisseurs de la région accueillent généralement avec grande circonspection, et aussi – je tiens à le dire haut et fort – de la démagogie débridée de nombre de dirigeants de l'époque. Ahmed Choukeiri n'était pas en mesure d'aligner une centaine de combattants; l'Irak, pas plus que le Koweit, le Soudan ou le

Yémen, n'avait l'intention de tirer un seul coup de feu ; l'état-major général et le gouvernement d'Israël savaient parfaitement que toutes les armées arabes réunies ne seraient pas capables de gagner même une seule bataille contre votre armée.

Les dirigeants israéliens n'étaient pas dupes de ces menaces creuses et de ces fanfaronnades. L'Égypte, la Syrie et la Jordanie n'avaient nullement l'intention de prendre l'initiative des hostilités comme en témoignent les positions strictement défensives que leurs armées avaient occupées. Trois généraux israéliens, et non des moindres, ont eu le courage et l'honnêteté de le dire après la guerre. Il s'agit du général Itzhak Rabin, l'actuel Premier ministre qui occupait à l'époque le poste de chef de l'état-major général, lequel déclarait dès février 1968 au journal *Le Monde* que les Arabes n'avaient pas l'intention d'attaquer Israël. Le général Ezer Weizman, en tant que chef de l'aviation (et actuellement président de l'État d'Israël), et le général Matti Peled, considéré lui aussi comme l'un des héros de la guerre de 1967, ont également confirmé qu'Israël n'était pas menacé et encore moins menacé de destruction.

ZVI ELPELEG : Ces déclarations me paraissent ambiguës. Elles n'indiquent pas si leurs auteurs estimaient avant le conflit qu'Israël n'était pas menacé ou s'ils sont parvenus à émettre ce jugement seulement après la guerre, à la lumière de renseignements qu'ils avaient entre-temps obtenus. Il me semble que la deuxième hypothèse est la bonne car je ne peux imaginer qu'un responsable israélien ait pu croire un instant que notre pays était à l'abri d'une agression. Il est vrai qu'après notre victoire éclatante beaucoup de mes compatriotes ont commencé de croire qu'Israël est indestructible.

IBRAHIM SOUSS : Je veux bien croire que les Israéliens ont eu peur de la guerre et de ses conséquences possibles. Ils n'étaient pas dans le secret des dieux tandis que leurs dirigeants connaissaient leurs angoisses, diabolisaient les Arabes notamment en crédibilisant leurs menaces démagogiques. C'est classique : on ne mobilise une population pour la guerre qu'en lui faisant croire qu'elle court un danger mortel. Vos dirigeants avaient projeté cette guerre de longue date parce qu'ils en avaient besoin. Besoin de détruire les armées arabes, en particulier celle de Nasser, dont la stature politique était devenue gênante, besoin de satisfaire leurs alliés américains qui souhaitaient la liquidation du régime nassérien, besoin de faire le vide pour qu'Israël puisse s'installer durablement derrière ses frontières dites historiques, celles de la Palestine.

ZVI ELPELEG : J'estime pour ma part, sans chercher à minimiser la responsabilité des Arabes dans le déclenchement de cette guerre, que l'URSS a versé de l'huile sur le feu en laissant croire qu'Israël s'apprêtait à attaquer ses voisins. Les services secrets de Moscou avaient, entre autres, informé Le Caire et Damas qu'Israël avait procédé à de fortes concentrations de troupes sur la frontière syrienne. C'était évidemment un mensonge grossier, d'autant que notre armée pratique une grande mobilité de mouvement en raison de l'exiguïté du territoire israélien et de la vulnérabilité de ses frontières.

L'alliance soviéto-arabe n'était pas d'ordre idéologique. Autrement, Moscou n'aurait pas préféré l'amitié des monarchies rétrogrades du Moyen-Orient à celle d'Israël.

IBRAHIM SOUSS : La guerre de 1967, il est vrai, constituait également un épisode de la guerre froide. Si l'URSS avait choisi de soutenir le camp arabe c'est parce qu'Israël avait partie liée avec les États-Unis. Washington considérait votre pays comme un atout stratégique dans sa rivalité avec Moscou, comme une sorte de gendarme montant la garde sur le flanc sud de l'empire soviétique. Le président Lyndon Johnson avait admis, à l'issue de la guerre, que les renseignements qu'il détenait indiquaient que l'Égypte ne s'apprêtait pas à attaquer Israël. Il s'était bien gardé de le dire au gouvernement de Tel-Aviv avant le conflit et, d'après tout ce que nous savons, a donné le feu vert à l'offensive israélienne. Les États-Unis, je le répète, avaient intérêt à ce qu'Israël détruise le régime nassérien et, au-delà, inflige une défaite cuisante au grand allié des Arabes, l'Union soviétique.

La débâcle arabe en juin 1967 a sonné le glas de l'influence soviétique dans le monde arabe. Cela a constitué un tournant capital dans l'histoire de la guerre froide mais aussi dans le déroulement du conflit israélo-arabe.

ZVI ELPELEG : J'ajoute à cette analyse, avec laquelle je suis d'accord, que la guerre de 1967 a également changé du tout au tout l'attitude des Arabes à l'égard d'Israël. Pour la première fois depuis le début du siècle, les États arabes ont admis, il est vrai implicitement, l'existence de l'État d'Israël et la nécessité de coexister avec lui. En se ralliant à la résolution 242 de Conseil de Sécurité, adoptée en novembre 1967, l'Égypte et ses alliés ont accepté le principe d'un règlement qui serait fondé sur l'échange de la paix contre la restitution des territoires conquis lors de la guerre de juin 1967. Ce fut une avancée considérable sur la voie conduisant à la paix.

IBRAHIM SOUSS : Vous avez raison sur ce point. Mais il y a eu aussi une autre mutation notable qui a modifié tout autant le rapport de forces entre le mouvement palestinien et les États arabes qu'entre les Palestiniens et les Israéliens. En effet, la débâcle des États arabes, leur discrédit aux yeux de l'opinion dans la région ont laissé le terrain libre à l'OLP, aux fedayin, qui non seulement n'avaient pas été vaincus puisqu'ils n'avaient pas participé à la guerre, mais qui ont été les seuls à brandir l'étendard de la résistance.

Les fedayin suscitaient d'immenses espoirs chez les Palestiniens, mais aussi dans le monde arabe, en prônant la guerre populaire, la guérilla des faibles contre les puissants, celle qui avait assuré la victoire des Vietnamiens contre les Américains, des Algériens contre les Français. Après l'humiliation de la débâcle des armées, voici le courage des laissés-pour-compte qui allait rendre leur fierté aux Arabes. Le centre de gravité du conflit arabo-israélien se déplaça du Caire ou de Damas à l'OLP.

Cette mutation fut un tournant capital dans le conflit arabo-israélien, ramenant celui-ci à son point de départ, à la confrontation de deux peuples revendiquant le même territoire; les États arabes étaient réduits au rôle d'alliés ou de comparses.

ZVI ELPELEG : Je dois dire en toute modestie que je fus l'un des premiers en Israël à relever cette mutation, à en déduire qu'il fallait désormais donner la priorité à la solution du problème palestinien. Dans une interview que j'accordai à un grand quotidien israélien, peu après la guerre, j'affirmais que le moment était venu pour adresser aux Palestiniens l'équivalent d'une « déclaration Balfour », la promesse que tout serait mis en œuvre pour leur consacrer un territoire, une patrie, aux côtés de l'État d'Israël.

6

L'OCCUPATION

Zvi Elpeleg : Je pense avoir été le premier Israélien à pénétrer en Cisjordanie occupée. C'était le 10 juin 1967, la guerre n'était pas encore terminée, l'armée jordanienne battait en retraite dans le désordre, une partie de la population paniquée fuyait les zones jugées dangereuses.

Rétrospectivement, il me paraît aujourd'hui évident que j'ai pris par inconscience des risques inconsidérés. Je venais d'être nommé gouverneur militaire de la région de Naplouse, haut lieu du nationalisme palestinien, et j'avais hâte de rejoindre mon poste. Embarqué dans une voiture particulière, dans laquelle avaient pris place un administrateur civil et un sous-officier, je fonçai vers ma destination, traversant des localités que les unités israéliennes n'avaient pas encore atteintes. Nous aurions pu être capturés, voire tués.

Le spectacle qui s'offrait à nos yeux était pathétique. La population, terrifiée par l'effondrement de l'armée jordanienne et par l'arrivée imminente de nos troupes, redoutant encore l'avenir incertain, était en plein désarroi. Les routes et les rues étaient encombrées d'une multitude de familles, hommes, femmes, enfants, vieillards ployant sous le poids de baluchons, tirant mules ou chevaux sur lesquels étaient entassés des effets personnels. Tous se dirigeaient vers l'est de la Cisjordanie pour rejoindre le Jourdain et, au-delà, la protection des autorités jordaniennes. Beaucoup d'entre eux venaient de la région de Qalqilya, dévastée en partie par les combats. Ils avaient été expulsés *manu militari* par des officiers israéliens qui, apparemment, avaient reçu des ordres dans ce sens de leurs supérieurs.

Tandis que ma voiture se frayait un chemin à travers les foules, des réfugiés, apeurés, me saluaient au passage en brandissant des chiffons blancs. Des deux côtés de la route, les carcasses calcinées de voitures blindées et de chars jordaniens témoignaient de la débâcle définitive.

A Naplouse, le maire de la ville, M. Hamdi Canaan, m'a accueilli avec beaucoup de dignité et m'offrit aussitôt l'hospitalité. En attendant qu'un bâtiment adéquat soit aménagé, je m'installai avec mes collaborateurs dans les locaux de la municipalité. Je m'attelai sans tarder à la tâche de normaliser la vie de mes administrés, de remettre en état de fonctionnement les services publics, de faciliter la tâche des paysans et d'assurer la récolte des fruits et légumes qui pourrissaient sur leurs champs, à fournir des camions et de l'essence pour transporter ces produits vers les marchés, et surtout d'assurer le gîte et le couvert aux milliers de réfugiés qui, à Naplouse, hésitaient à poursuivre leur fuite vers la Jordanie. C'est à cette époque, Ibrahim, que j'ai rencontré pour la première fois Raymonde Tawil, femme remarquable s'il y en a. Avec une énergie inépuisable, calme et déterminée, elle s'est occupée des réfugiés, allant jusqu'à loger nombre d'entre eux dans sa propre maison, tout en me harcelant pour obtenir l'aide qu'il lui fallait pour résoudre leurs problèmes quotidiens.

Les réfugiés de Qalqilya soutenaient que l'armée israélienne avait détruit leur ville avant de les expulser. Nombre de témoignages que j'ai recueillis indiquaient, hélas ! qu'il ne s'agissait pas d'un cas isolé et j'en ai déduit que l'ordre était venu des hautes sphères de l'État.

IBRAHIM SOUSS : C'est un secret de polichinelle. Tout un chacun sait que le général Moshe Dayan, ministre de la Défense, en avait décidé ainsi. Il cherchait – déjà ! – à vider une partie de la Cisjordanie de ses habitants pour y installer des colons juifs.

ZVI ELPELEG : C'est la rumeur publique qui avait colporté votre allégation. Mais celle-ci n'a jamais été confirmée, le général Dayan s'étant toujours défendu d'avoir donné un tel ordre. D'ailleurs, il fut annulé ultérieurement, la ville de Qalqilya a été reconstruite aux frais d'Israël et les déportés ont été invités à rentrer chez eux. Nombre de réfugiés de cette ville et d'ailleurs ont été, en tout cas, obligés de rebrousser chemin, les autorités jordaniennes ayant refusé de leur accorder l'asile.

IBRAHIM SOUSS : Il n'en reste pas moins que près d'un demi-million de Palestiniens ont été accueillis en Jordanie où ils sont allés s'entasser dans les camps de réfugiés de 1948. Ils y sont toujours plongés, votre gouvernement leur a interdit de rentrer chez eux.

ZVI ELPELEG : J'ai tout entrepris, pour ma part, pour dissuader les gens de partir. Pendant la durée de mon mandat – j'ai été muté quelques semaines plus tard à Gaza – aucune exaction n'a été commise, aucune mesure vexatoire n'a été prise. En fait, nous n'avions aucune raison de nous livrer à quelque répression que ce soit puisque la population ne nous a opposé aucune résistance, bien au contraire. Mes rapports avec le conseil municipal étaient corrects et j'ai fait l'objet d'attentions particulières. A la veille de mon départ définitif, par exemple, l'ancien président du Parlement jordanien, M. Hikmet El Masri, organisait un banquet en mon honneur.

IBRAHIM SOUSS : Vous avez vécu à Naplouse dans les premières semaines de l'occupation et l'image que vous donnez de la situation à cette époque correspond à peu près à la réalité. La résistance à l'occupation n'était pas encore organisée et la répression n'était donc ni générale ni systématique. Il n'en reste pas moins que la conquête de la Cisjordanie a été entreprise, comme on pouvait s'y attendre, avec une brutalité inouïe comme en témoignent la destruction d'agglomérations et l'expulsion massive de leurs habitants. Ce que vous qualifierez sans doute de bavures s'est multiplié. Je ne m'étendrai pas à ce sujet, du moins, à ce stade. Je citerai seulement un cas qui m'avait profondément affecté. Mouti Shiblaq, le père de l'un de mes amis intimes, un camarade de classe, a été abattu d'une balle dans la tête par un soldat israélien. Son assassinat a eu lieu près de deux semaines après la fin de la guerre, dans des circonstances qui n'ont jamais été élucidées.

Cela dit, il est vrai que dans les premières années de l'occupation, jusqu'au début des années soixante-dix, les autorités militaires israéliennes exerçaient une sorte de despotisme éclairé avec la volonté évidente de favoriser la résignation des Palestiniens. Ces derniers, d'abord assommés par la débâcle et ses conséquences, observaient avec curiosité leurs nouveaux maîtres. La plupart d'entre eux n'avaient jamais vu un Israélien de leur vie. Ils ne savaient pas encore que vous aviez l'intention de vous installer durablement sur leur sol. Peut-être espéraient-ils qu'après l'adoption en novembre 1967 par le Conseil de Sécurité de la résolution 242, vous accepteriez d'échanger vos conquêtes contre la paix.

L'occupation à l'époque était étonnamment discrète. Vos soldats étaient en règle générale cantonnés dans leurs casernes; ils accomplissaient de rares rondes d'inspection, laissant les gens vaquer à leurs occupations quotidiennes. Vos services de sécurité ne chômaient pas pour autant. La moindre manifestation de contestation était étouffée dans l'œuf, avec une efficacité redoutable. Cependant, des noyaux de résistance se constituèrent dès les premiers jours.

Contrairement à ce que vous laissez entendre dans votre récit, les forces d'occupation n'ont jamais été les bienvenues et le gouverneur militaire que vous étiez n'a pas été accueilli les bras ouverts ; vous avez été reçu avec courtoisie parce qu'il n'y avait pas à l'époque d'alternative à la résignation polie.

Zvi Elpeleg : Vous confirmez ma thèse selon laquelle les Arabes se soumettent quand ils ne peuvent pas faire autrement. Ne vous méprenez pas sur le sens de mon propos, qui ne constitue pas un jugement négatif. Au contraire, je pense que la capacité d'adaptation des Arabes fondée sur une juste compréhension des réalités est une qualité qui leur a permis de se protéger face à leurs conquérants. Les Juifs, qui n'ont pas cette qualité, ont payé cher leur propension à la contestation et à la révolte. Ne se sont-ils pas infligés une terrible tragédie en résistant aux Romains sans avoir la moindre chance de l'emporter ?

Quant à l'accueil courtois que j'ai eu à Naplouse, à Gaza et ailleurs, je ne me suis jamais fait d'illusions sur sa signification. J'étais conscient que les Palestiniens nous détestaient et qu'ils aspiraient à être libres et indépendants. Leur loyauté à l'égard du gouverneur militaire, quand ils la manifestaient en période d'accalmie, n'était qu'apparente. Cela dit, je soutiens que nous n'avons pas opprimé les populations sous notre contrôle pour la simple raison que nous n'avions pas besoin de le faire.

Ibrahim Souss : Votre thèse, même si je ne la considère pas comme offensante pour les Arabes, est infondée. Les Palestiniens, contrairement à ce que vous soutenez, n'ont pas la qualité d'adaptation que vous leur prêtez. Autrement, ils ne se seraient pas soulevés contre les Ottomans, contre les Anglais, contre les colons juifs entre les deux guerres, contre les Israéliens depuis 1967. L'Intifada, la résistance multiforme qui se poursuit dans les territoires occupés depuis 1987, constitue le démenti le plus cinglant à votre thèse.

7

OCCUPATION ET RÉSISTANCE

Zvi Elpeleg : La résistance, le soulèvement des populations en Cisjordanie et Gaza sont difficilement explicables à première vue. L'occupation israélienne est, quoi que vous en dites, singulièrement libérale, sans précédent dans les annales mondiales. Pouvez-vous me citer un seul cas où les occupants autorisent les occupés à entretenir des relations normales, quotidiennes, avec des pays ennemis ? Or, dès la fin de la guerre de 1967, le général Moshe Dayan, alors ministre de la Défense, décida d'ouvrir les ponts qui relient la Cisjordanie au royaume jordanien. Ainsi, les Palestiniens ont eu libre accès à tous les pays arabes, en état de guerre avec Israël, et purent se livrer à toutes sortes d'échanges avec eux : économiques, commerciaux, politiques, financiers. Ainsi encore, le gouvernement d'Amman a pu verser régulièrement leurs traitements à une vingtaine de milliers de fonctionnaires dans les territoires, aux agents des services publics, aux policiers (suspendus de leurs fonctions), aux enseignants. Mieux encore, la Jordanie véhiculait, en toute légalité, les subsides que les États arabes riches destinaient à diverses institutions : mosquées, notables, hommes politiques et, vraisemblablement encore, à des organisations clandestines de fedayin. Ce fonds de soutien a déversé dans les territoires plusieurs dizaines, sinon des centaines, de millions de dollars.

Parallèlement Israël a délibérément rétabli la liberté de la presse, que le roi Hussein avait supprimée en 1966 quand la Cisjordanie faisait encore partie de son royaume. Les Palestiniens, tout comme les autres peuples arabes, n'avaient jamais connu une période aussi faste. Ils ont fait pénétrer des périodiques, journaux, hebdomadaires, mensuels, qui se sont révélés être les organes de tous les courants politiques : nationalistes, communistes bassistes, islamiques, entre autres. Vous pouvez, encore aujourd'hui, acheter à Jérusalem des publications qui expriment l'opinion de l'une ou de l'autre composante de l'OLP, du Fath, du Front populaire (Georges Habache), du Front démocratique (Hawatmeh), mais aussi d'organisations dissidentes d'obédience syrienne.

La liberté d'association – à l'exclusion des partis politiques – a été de même rétablie. Les unions estudiantines, les associations professionnelles, notamment celles des avocats, des médecins, des enseignants, des ingénieurs, des commerçants, élisent démocratiquement leurs représentants, toutes convictions politiques et philosophiques confondues.

J'ajoute, pour mémoire, que l'enseignement supérieur a été instauré dans les territoires occupés par Israël. Dès ma prise de fonctions en tant que gouverneur militaire à Naplouse, une délégation de notables palestiniens, dont des anciens ministres du roi Hussein, s'est présentée à moi. Elle sollicita l'autorisation de transformer le lycée de Najah en université. Je lui demandai pourquoi elle n'avait pas fait cette démarche auprès des autorités jordaniennes, avant l'occupation. Mes interlocuteurs répondirent, penauds, que la requête qu'ils avaient soumise au roi Hussein avait été rejetée sans autre forme de procès. Le souverain ne voulait pas entendre parler d'une université qui, estimait-il, deviendrait forcément une pépinière du nationalisme palestinien. Il préférait que les étudiants palestiniens traversent les ponts du Jourdain pour poursuivre leurs études à Amman, sous la haute vigilance de ses services secrets.

Informé par mes soins de la requête des notables palestiniens, le gouvernement israélien – toujours sous l'impulsion du général Dayan – autorisa la transformation du lycée Najah en université. Aujourd'hui, la Cisjordanie compte six universités et une vingtaine d'écoles supérieures, toutes créées à l'ombre de l'occupation. Au total, plus de 800 000 enfants et adolescents, tous scolarisés en Cisjordanie et Gaza. Un record jamais atteint!

IBRAHIM SOUSS : Je crois rêver. A vous croire, votre occupation est un don de Dieu. Votre sollicitude à l'égard des Palestiniens est angélique. Il ne me reste plus qu'à remercier nos bienfaiteurs...

ZVI ELPELEG : Vous m'avez mal compris. En décrivant quelques aspects de notre politique tolérante, je n'ai pas voulu suggérer que celle-ci était dictée par des sentiments altruistes ou qu'elle ait fait le bonheur de nos administrés. Je suis persuadé qu'aucun être humain normalement constitué ne supporte une occupation, fût-elle ultralibérale. J'ai appris d'expérience que les habitants de Cisjordanie et de Gaza préféraient mille fois vivre sous le joug d'un totalitarisme autochtone que soumis à la loi de l'étranger.

La politique du laissez-faire – inspirée et appliquée par le général Dayan – était hautement intéressée et calculée. Elle visait essentiellement trois objectifs : rendre l'occupation aussi supportable que possible pour apaiser les Palestiniens, les inciter à coexister pacifiquement avec les Israéliens ; gagner la sympathie de l'opinion mondiale afin que celle-ci n'exerce pas de pressions sur Israël ; dégager Israël de la responsabilité dans la conduite des affaires courantes et le dispenser du coût de l'occupation. Il faut savoir, en effet, que 90 % des budgets des institutions palestiniennes étaient financés par les subsides des États arabes.

Or, Dayan s'est livré à un faux calcul, exactement le même que fit Bonaparte après avoir conquis l'Égypte à la fin du XVIIIe siècle. L'un et l'autre souhaitaient instaurer une occupation éclairée susceptible d'instaurer un ordre nouveau. Ils voulaient transformer radicalement la société arabe, la moderniser en supprimant ses structures archaïques, favoriser la prospérité des populations conquises. C'était stupide. On ne fait pas le bonheur des peuples malgré eux, surtout sous l'égide de forces d'occupation.

IBRAHIM SOUSS : Votre thèse est plutôt simpliste ; elle est, en tout cas, fondée sur des données à la fois partielles et partiales. Ces libertés octroyées que vous citez sont illusoires. La circulation sur les ponts entre la Cisjordanie et la Transjordanie est soumise à une réglementation draconienne. Les contrôles qui y sont exercés constituent un véritable calvaire pour les voyageurs. Ceux-ci sont retenus pendant des heures interminables, parfois des journées entières, dénudés pour subir d'humiliants examens intimes, leurs bagages vidés de leur contenu pour être mieux fouillés. Les autorisations d'accès aux ponts sont délivrées après de longues et fastidieuses démarches administratives souvent accompagnées de tentatives de chantage.

Une presse libre ? Comment peut-elle l'être sous le regard impitoyable des censeurs ? Leur pouvoir est arbitraire. Ils suppriment des mots, des phrases, des articles qui leur déplaisent, y compris ceux qui sont empruntés à la presse israélienne et traduits en arabe. La liberté de la presse existe mais elle est l'apanage des publications en langue hébraïque, en Israël seulement.

Les universités, parlons-en. Vous avez autorisé leur création, c'est vrai. Mais vous oubliez d'indiquer que l'enseignement dispensé se heurte à de multiples entraves structurelles et techniques : le contrôle que vous exercez sur les programmes d'enseignement et les manuels, la pénurie de locaux et d'enseignants compétents, l'absence d'une politique de formation, la réquisition de locaux par l'armée qui les utilisent comme postes militaires ou comme centres de détention en périodes d'agitation, très fréquentes.

Vous oubliez encore de signaler que les établissements scolaires et universitaires sont le plus souvent fermés qu'ouverts. Vous les considérez comme étant des nids de subversion. En guise de punition collective, vous décrétez leur fermeture pour des périodes indéterminées. Auparavant, vos troupes les prennent d'assaut, tabassent les enfants et les jeunes filles. Selon une évaluation récente, un élève sur trois est passé ou se trouve encore dans vos geôles.

La répression que vous exercez dans les établissements d'enseignement n'est pas fortuite. Il s'agit d'une politique délibérée visant à déculturer les Palestiniens, les pousser à déserter les universités des territoires occupés pour poursuivre leurs études en Jordanie ou dans d'autres pays arabes où des membres de leurs familles sont dispersés.

Vingt ans de féroce répression et d'oppression économique – nous en reparlerons ultérieurement – ont culminé dans le déclenchement de l'Intifada (le soulèvement) en 1987.

Zvi Elpeleg : Vous vous trompez sur les causes de l'Intifada. Certes, les Palestiniens se sont soulevés parce qu'ils sont en proie à de profondes frustrations. Deux ans auparavant, en 1985, ils espéraient encore une issue pacifique à la suite de l'accord conclu entre le roi Hussein et Yasser Arafat pour faciliter une entente avec Israël. La rupture entre le souverain jordanien et le président de l'OLP, pour des raisons que je n'évoquerai pas ici, a provoqué une profonde déception dans les masses palestiniennes, qui croyaient avoir aperçu le bout du tunnel.

Cependant, les frustrations n'expliquent pas, à

elles seules, ce soulèvement qui perdure depuis près de six ans. Les Arabes, comme j'ai déjà eu l'occasion de vous le dire, ont une grande capacité d'adaptation. Ils ne sont pas coutumiers de la révolte. Vous connaissez sans doute l'adage islamique : « Si on heurte vos croyances, votre devoir de musulman est de vous battre avec vos mains ; s'il est risqué de le faire, manifestez votre opposition verbalement ; si la parole vous expose dangereusement, contentez-vous d'une hostilité muette. » Tel est le fondement de la « takiya », la dissimulation mentale, recommandée par les sages de l'Islam aux fidèles qui affrontent une épreuve provisoirement insurmontable. Or, les Palestiniens n'avaient aucune raison d'observer la takiya, du fait même de notre laxisme.

Israël a en quelque sorte préparé le lit de l'Intifada par une politique libérale déplacée, qui a débouché sur des résultats inverses de ceux qui étaient escomptés. En laissant les Palestiniens libres de leurs mouvements, libres de s'exprimer, de se rassembler, libres de gérer leurs affaires, bref en ne prenant pas la relève du pouvoir autoritaire des Jordaniens et des Égyptiens qui nous avaient précédés, nous avons créé un vide politique que l'OLP s'est empressé de combler.

Nous avons autorisé les Jordaniens à payer les fonctionnaires, à financer les notables et les services, sans leur permettre d'envoyer les membres de leurs services secrets et leurs représentants pour encadrer la population. L'OLP recueillait les dividendes. C'est encore l'OLP qui a profité de la libre circulation sur les ponts du Jourdain pour introduire dans les territoires du matériel de propagande, des tracts, des directives, des militants, voire des armes. L'élection des dirigeants d'associations professionnelles a permis aux cadres de l'OLP d'occuper des positions clés au sein de la société civile. L'Intifada peut être comparé à un orchestre dont les musiciens ont été formés et entraînés pendant vingt ans, avant qu'il ne donne sa première représentation en 1987.

Mes amis palestiniens m'avaient averti, bien avant le début du soulèvement, du drame qui nous guettait. L'un d'eux, Aziz Shehadeh, nous prêtait des intentions machiavéliques : « Comme vous ne voulez pas dialoguer avec les modérés, me disait-il, vous êtes en train de favoriser l'essor des extrémistes pour soutenir ensuite que vous n'avez pas d'interlocuteur valable. » Il demeurait sceptique quand je soutenais que notre politique dans les territoires était fondée sur l'ignorance et la stupidité.

IBRAHIM SOUSS : Machiavélisme, stupidité ou irresponsabilité, qu'importe ! L'essentiel est le résultat : vous avez dressé toute la population palestinienne contre vous, le système que vous avez mis en place pour la maîtriser s'est effondré et vous êtes acculé à négocier avec l'OLP, aujourd'hui par personnes interposées et demain directement avec elle.

Et puisque nous évoquons le machiavélisme, expliquez-nous comment des fonds considérables, en provenance d'Iran notamment, ont pu atteindre les organisations islamistes dans les territoires, et que celles-ci n'ont pas été inquiétées, pendant plus de dix ans, par les autorités militaires israéliennes ? Était-ce là encore une mesure stupide destinée à soutenir des extrémistes contre l'OLP qui appelait de ses vœux des négociations de paix ?

Serait-il vrai, comme vous le disait Aziz Shehadeh, que vous redoutez les modérés car vous ne souhaitez pas restituer les territoires conquis ?

Zvi Elpeleg : Croyez-moi, Israël n'a pas prémédité le renforcement des islamistes. Je déplore, pour ma part, que ceux-ci aient pu bénéficier de l'aide financière provenant de l'étranger.

Ibrahim Souss : Tous les Israéliens ont de quoi déplorer l'indulgence que votre gouvernement a eu pour le mouvement Hamas, lequel a multiplié ses actes de résistance après l'expulsion de 415 de ses sympathisants. Cette mesure est, en soi, scandaleuse. Expulsez-vous, sans autre forme de procès, des soldats israéliens suspects d'avoir commis des crimes, des « bavures » selon votre vocabulaire ?

Zvi Elpeleg : Si j'avais le droit de décision, je n'aurais pas expulsé les 415 militants de Hamas. La mesure a eu des conséquences néfastes. Il y aurait eu bien d'autres moyens d'apaiser les esprits. Cela dit, laissez-moi vous dire que les régimes arabes savent se faire respecter et c'est à ce prix que l'ordre et la paix sociale sont assurés. Pourtant, dans la plupart des États arabes, des clans minoritaires sont au pouvoir : les alaouites dominent la majorité sunnite en Syrie, des sunnites imposent leur loi aux chiites d'Irak et de Bahrein, la minorité transjordanienne gouverne la majorité palestinienne en Jordanie, etc.

IBRAHIM SOUSS : Vous vous trompez de registre. Les dirigeants arabes gouvernent leurs propres concitoyens alors que vous êtes des occupants. D'autre part, soutenir implicitement que les Arabes ne comprennent que la manière forte est un argument que les colonialistes, de tout temps, ont utilisé pour justifier le recours à la violence contre les populations qu'ils dominaient. La répression aveugle que vous exerciez dans les territoires occupés est, en tout cas, suffisamment brutale pour que vous n'ayez rien à envier aux régimes musclés dans la région.

Je ne connais aucun autre gouvernement au monde – à l'exception de celui de l'Afrique du Sud à l'époque de l'apartheid – qui tue avec autant de désinvolture. Vous abattez des manifestants qui jettent des pierres, et non pas des bombes, des gens qui n'ont rien d'autre à vous opposer que leurs poitrines. Vous utilisez les forces armées – et non la police, comme il aurait été normal – pour pourchasser des enfants qui cherchent à vous narguer. Et, pourtant, les misérables réfugiés des camps de Gaza ne menacent pas la sacro-sainte sécurité d'Israël. S'agit-il encore d'une stupidité supplémentaire ou d'une politique de cynisme planifiée ? L'ancien Premier ministre Itzhak Shamir avait au moins le mérite de la franchise : « Nous continuerons à les abattre, disait-il, jusqu'à ce qu'ils se soumettent ou qu'ils s'en aillent. »

Le gouvernement travailliste, celui de M. Rabin, applique exactement les mêmes méthodes que l'équipe du Likoud qui l'a précédé au pouvoir. Pourtant, il aurait pu changer le climat du tout au tout en empruntant une autre voie, en proclamant l'adhésion d'Israël aux conventions de Genève concernant les pays occupés, en prenant des mesures d'apaisement pour faire avancer les négociations de paix ébauchées à Madrid.

Vos gouvernants n'ont pas compris ceci : l'Intifada ne sera pas, ne pourra pas, être étouffée par des tueries, bien au contraire. Ce soulèvement populaire – il engage l'ensemble de la population – s'est déclenché d'une manière spontanée avant d'être géré par des comités clandestins qui ont poussé comme des champignons. Même l'OLP ne pourrait y mettre un terme, à supposer qu'elle le souhaite. L'Intifada, croyez-moi, se poursuivra sous une forme ou une autre jusqu'au retrait du dernier soldat israélien.

J'ai sous les yeux des statistiques publiées par l'UNRWA (l'Organisation des Nations unies pour les réfugiés) et le Betselem, une organisation israélienne pour la défense des droits de l'homme, des statistiques qui ne constituent qu'un pâle reflet des atrocités commises : depuis le début de l'Intifada, en décembre 1987, jusqu'au 31 décembre 1992, vos soldats ont abattu un millier de Palestiniens dont 40 % d'enfants âgés de moins de 16 ans ; 150 000 Palestiniens, y compris 40 000 enfants de moins de 16 ans, ont subi des blessures requérant des soins médicaux ; des milliers parmi eux ont été mutilés durablement.

Zvi Elpeleg : J'estime aussi que c'est horrible que des enfants soient tués. Mais, dites-moi, pourquoi envoie-t-on des enfants affronter une armée ? Mais le bilan de la confrontation est suffisamment consternant pour que vous ayez besoin d'en rajouter. Vos statistiques sont, à mes yeux, suspectes. J'ai le plus grand respect pour les activités humanitaires de l'UNRWA mais je ne fais pas abstraction du fait que la quasi-totalité de ses agents locaux sont des Palestiniens. Quant à Betselem, ses animateurs, quoique juifs, sont connus pour leurs sympathies pro-palestiniennes. Les chiffres dont je dispose sont plus faibles. Pendant les cinq premières années de l'Intifada (la même période à laquelle se réfèrent vos statistiques), 831 – et non un millier – de Palestiniens ont été tués par les forces de sécurité, 15 935 ont été blessés, soit dix fois moins que vous ne le prétendiez.

Votre tableau pèche par des lacunes que je comblerai. Toujours pour la même période à l'étude, 18 soldats et 29 civils israéliens ont été tués par les Palestiniens, le nombre de blessés s'élève à 4 015 soldats et 1 625 civils israéliens.

Une autre omission de votre part, et de taille, se rapporte aux règlements de comptes au sein même de votre communauté : 760 Palestiniens, suspects de collaboration avec l'ennemi israélien, ont été assassinés par d'autres Palestiniens qui se sont érigés en justiciers. Or, selon nos renseignements, moins de 15 % des victimes seulement avaient effectivement agi en délateurs pour le compte de nos services de sécurité.

IBRAHIM SOUSS : Si les chiffres que j'avance sont à vos yeux suspects, les vôtres sont manifestement trafiqués. Vos sources, les autorités militaires israéliennes, ont d'étranges méthodes de calcul pour composer leurs statistiques. Qu'importe ! Ces macabres manipulations masquent mal l'essentiel, à savoir que vous répondez aux pierres par des balles, que vous tirez sans sommation pour tuer, que vous laissez sur les chemins en terre battue des camps de réfugiés les cadavres de vos victimes, entre autres des adolescents et des enfants âgés de neuf ou dix ans.

Quant aux collabos palestiniens, le phénomène est bien connu sous tous les cieux dans les pays occupés. La France des années quarante en sait quelque chose. La plupart des collabos palestiniens ne sont pas de simples délateurs, comme vous le prétendez, mais des miliciens armés par vous, des supplétifs qui participent à la répression. Comment se fait-il que vous n'arriviez pas à les protéger sur un territoire aussi exigu ? Je soupçonne fort que nombre de ceux que vous désignez comme collabos ont été, en réalité, abattus par vos services et non par des patriotes palestiniens. Je m'explique : dès 1986, Itzhak Rabin, qui était à l'époque ministre de la Défense, avait constitué, selon la presse israélienne et internationale, deux « escadrons de la mort », l'un nommé « Samson », l'autre « Cerise ». Ils étaient chargés de l'exécution sommaire de jeunes Palestiniens jugés dangereusement activistes. Les membres de ces escadrons – toujours en activité – sont vêtus à l'arabe pour laisser croire que ce sont des Palestiniens qui tuent d'autres Palestiniens. De janvier 1989 à mai 1992, 188 Palestiniens ont été ainsi exécutés.

ZVI ELPELEG : En voilà une nouvelle ! Je vis en Israël, je passe pour être un homme particulièrement bien informé, mais étrangement je n'ai jamais entendu parler de ces escadrons de la mort ! S'agit-il d'une trouvaille, une de plus, des services de propagande de l'OLP ?

Par ailleurs, je déplore tout autant que vous la mort d'enfants. Mais vous travestissez la vérité quand vous les présentez comme d'innocentes victimes sans défense. La réalité est malheureusement quelque peu différente. Il y a peu, un jeune homme de quinze ans, à la tête d'un commando des « Panthères noires », a dressé une embuscade à une patrouille israélienne. Armé d'un kalachnikov, il a été tué au cours d'un échange de coups de feu. D'autres adolescents se complaisent à poignarder des civils israéliens qui peuvent se trouver sur leur chemin.

Le plus souvent, des enfants se consacrent à lancer des pierres, notamment sur des véhicules militaires, tuant ou blessant leurs occupants. Il est arrivé aussi que des Israéliens, militaires ou civils, ont perdu la vie parce qu'ils n'ont pas su se défendre énergiquement. Il faut savoir aussi que ces enfants n'agissent pas toujours de leur propre chef. Leurs parents, leurs instituteurs les encouragent, les incitent – par la persuasion ou le chantage – à s'en prendre aux Israéliens.

Je suis tout autant déterminé que vous à mettre un terme à cette situation tragique. Mais jusqu'à ce qu'une solution au conflit aboutisse, faisons en sorte que des enfants ne soient pas impliqués dans la confrontation. Il revient aux dirigeants palestiniens de prendre une décision dans ce sens, tout autant qu'il est souhaitable que les forces israéliennes évitent de tirer sur des enfants.

Ibrahim Souss : Israël se veut être une démocratie et vous avez la réputation d'être un peuple civilisé. Comment se fait-il que vous laissiez faire vos dirigeants et vos militaires ? Que des militants juifs de la réconciliation et de la paix ne viennent pas s'interposer entre les mitrailleuses et les manifestants ? Il y va de la future coexistence entre nos deux peuples et même de votre honneur.

La répression de l'Intifada n'est qu'un épisode parmi d'autres, forme exacerbée de l'occupation. Beaucoup d'autres crimes ont été commis au cours des vingt-six dernières années. Des centaines de milliers de Palestiniens sont passés par vos prisons, des milliers sont encore détenus sans jugement. Vous avez ouvert plusieurs camps pour les héberger. Beaucoup d'entre eux sont soumis aux mauvais traitements, aux tortures, comme l'ont souvent confirmé les organisations humanitaires et la presse israélienne elle-même. Nombre de journaux, tels *Haaretz*, *Davar* et *Hadashot*, ont presque toujours été objectifs. Ce sont eux qui le plus souvent informent des atrocités commises. Nous avons appris par exemple que de décembre 1987 à juin 1991, 1 575 maisons de Palestiniens ont été détruites à la dynamite ou au bazooka, en guise de punition collective ou pour des raisons dites de sécurité. Ce chiffre est, bien entendu, très partiel puisque les autorités militaires israéliennes ont fait dynamiter, tout au long de l'occupation, des milliers d'autres maisons, mettant à la rue des dizaines de milliers de Palestiniens. Qui en parle, qui proteste contre ces actes inhumains ?

ZVI ELPELEG : Le tableau de l'occupation n'est pas aussi sombre que vous me le présentez. Passons sur les exagérations et les contre-vérités. Je ne détiens pas les rapports des organisations humanitaires. Cela dit, je condamne tout autant les mauvais traitements que l'on aurait infligés aux détenus palestiniens que je déplore l'occupation elle-même. Israël a tenté de la rendre aussi humaine et éclairée que possible, mais elle s'est malheureusement dégradée au fil des années.

Les responsabilités du pourrissement restent à définir. Je voudrais à ce stade citer l'un des facteurs qui a contribué à durcir l'affrontement : le terrorisme que les organisations de l'OLP ont longtemps, trop longtemps, pratiqué avant de s'orienter vers la conciliation et la négociation. Je ne confonds pas la notion de la lutte armée, le combat mené contre les soldats de l'occupation et les bâtiments officiels, avec celle du terrorisme, c'est-à-dire l'assassinat de civils innocents de toute implication dans la guerre. Or, des Palestiniens ont eu recours à des attentats ignobles comme celui de Maalot qui a coûté la vie à de nombreux enfants. Des bombes à retardement ont été placées dans des lieux publics, dans des supermarchés. De paisibles citoyens ont été poignardés alors qu'ils ne faisaient que circuler dans la rue. Le terrorisme palestinien, admettons-le, ne contribue pas à apaiser les Israéliens et à adoucir les conditions de l'occupation.

IBRAHIM SOUSS : Je vous sais gré de distinguer la lutte armée du terrorisme. Les médias, israéliens et occidentaux, ne peuvent malheureusement se prévaloir toujours de ce mérite. De plus en plus, tout acte de violence est assimilé au terrorisme. Celui-ci change de définition selon que l'on soit d'un côté de la barricade ou de l'autre, que l'on soit agressé ou agresseur.

Ainsi, par exemple, quand vos avions bombardent des camps de réfugiés au Liban, tuant des centaines de civils, en guise de représailles ou de punition collective, cette barbarie est baptisée acte de guerre, donc légitimée. Mais quand un Palestinien isolé lance une grenade sur un autobus, tuant ou blessant une poignée d'Israéliens, la levée de boucliers, l'indignation est générale contre la sauvagerie du Palestinien. Deux poids, deux mesures.

Je condamne totalement, comme vous, le terrorisme. Mais je peux comprendre qu'il constitue souvent le seul recours du faible face au puissant. Les combattants de la liberté n'ont pas toujours le choix des moyens pour résister à leurs oppresseurs.

ZVI ELPELEG : Ce que vous soutenez est trop sommaire pour être crédible. Comment expliquez-vous le fait que de 1967 à 1973, les fedayin se sont consacrés exclusivement au terrorisme ? Ils n'ont même pas essayé d'attaquer des soldats ou tirer sur un bâtiment officiel. Seuls des civils ont été assassinés, des Israéliens qui n'étaient pas forcément d'accord avec leur gouvernement, qui étaient peut-être même des sympathisants de la cause palestinienne. Les autorités israéliennes ont jugé indispensable de frapper les bases de fedayin au Liban qui, le plus souvent, sont installées au cœur même des camps de réfugiés.

IBRAHIM SOUSS : Pendant la Deuxième Guerre mondiale, les Alliés ont bombardé des villes allemandes, détruisant entre autres Dresde, les Américains ont lâché leurs bombes atomiques sur le Japon. Des centaines de milliers de civils ont été ainsi massacrés. Selon vous, il s'agissait d'actes de guerre ou de terrorisme ?

ZVI ELPELEG : Je ne sais pas !

IBRAHIM SOUSS : Les Palestiniens, au début de leur combat, s'en prenaient à ceux qui se trouvaient à leur portée, certes des civils mais appartenant à une société militarisée. Ces civils étaient, dans de nombreux cas, des officiers ou des soldats de réserve et possédaient, le plus souvent, des armes individuelles.

ZVI ELPELEG : Je ne peux accepter que l'on qualifie Israël de société militarisée. Israël est un État comme un autre, sur la défensive parce que assiégé par des ennemis qui veulent sa perte. Il me semble, en jugeant par vos dernières remarques, que vous essayez de justifier l'injustifiable. Il est vrai que les terroristes chez vous sont, d'une manière générale, promus au rang de héros ou de martyrs. Chez nous, au contraire, quand un soldat commet un acte répréhensible, il est mis aux arrêts, jugé, condamné...

IBRAHIM SOUSS : ... et promptement libéré...

Zvi Elpeleg : C'est vrai qu'il y a eu un certain nombre de libérations anticipées, mais les détenus palestiniens aussi bénéficient de mesures d'indulgence.

Ibrahim Souss : Je n'essaie pas de justifier le terrorisme que je considère doublement condamnable, sur le plan humanitaire – la douleur d'une mère israélienne n'est pas moindre que le chagrin d'une mère palestinienne – mais aussi pour des raisons politiques. Le terrorisme, en effet, débouche sur les effets inverses que ceux escomptés. Il durcit l'intransigeance du camp adverse et retarde ainsi l'heure du compromis et de la paix.

Cela ne me dispense pas de définir vos responsabilités à ce sujet. Israël a verrouillé pendant des décennies toutes les portes conduisant à la paix, n'offrant aux Palestiniens rien qu'ils puissent décemment accepter. Vous les avez poussés au désespoir et, de là, à la violence.

D'autre part, le « terrorisme » de l'OLP n'a rien de comparable à celui d'Israël. La centrale palestinienne, agglomérat d'organisations disparates et parfois autonomes, ne maîtrise pas toujours tous ses adhérents, tous les habitants des territoires occupés. Israël est, par contre, un État structuré, maîtrisant pleinement ses décisions et ses instruments d'intervention et, en tant que membre des Nations unies, est responsable de son comportement devant la communauté internationale. Ses actions terroristes font partie d'une véritable stratégie étatique. En semant la mort dans des populations civiles, vous évoquez le droit de représailles, pourtant condamné par l'éthique et les principes des Nations unies, sans distinguer le loup de l'agneau. Israël est l'une des premières puissances militaires au monde, dotée d'armes nucléaires. Occupant un territoire qui n'est pas le sien, malgré les injonctions de la communauté internationale, rien ne peut justifier la terreur qu'il exerce à l'encontre d'un peuple opprimé et sans défense.

ZVI ELPELEG : C'est votre opinion. Je vous ai déjà fait part de la mienne et je n'ai pas l'intention de me répéter à ce sujet. Ce qui me frappe c'est que vous occultez les conséquences positives de l'occupation, même si certaines d'entre elles ont été involontairement suscitées. Notre présence en Cisjordanie et Gaza a favorisé le développement du sentiment national palestinien et, parallèlement, de l'organisation qui l'a pris en charge, l'OLP. D'autre part, l'intégration des territoires à l'économie d'Israël a fourni du travail et des revenus appréciables à des centaines de milliers de Palestiniens. Non seulement aux quelque 150 000 ouvriers employés sur des chantiers en Israël, mais aux paysans, aux industriels, aux artisans qui ont pu étendre leurs marchés d'exportation.

Le niveau de vie dans les territoires a progressé d'une manière notable. Comme en témoignent ces quelques chiffres : en vingt et un ans, de 1970 à 1991, le nombre de voitures privées a augmenté dans les territoires de 3 000 environ à près de 70 000, le nombre de chauffeurs est passé de 12 000 à 150 000.

IBRAHIM SOUSS : Les chiffres dont je dispose ne correspondent aux vôtres. Le secteur industriel est en plein marasme et emploie aujourd'hui moitié moins d'ouvriers qu'en 1967. Cela est dû à plusieurs facteurs : l'absence d'un système bancaire digne de ce nom, les obstacles mis par la puissance occupante aux industries susceptibles de concurrencer celles d'Israël, l'invasion du marché local par les produits israéliens, l'instauration de couvre-feux répétés et prolongés, etc.

Le secteur agricole, lui, périclite encore plus rapidement. Les causes sont de notoriété publique : les multiples expropriations de terres au profit de colons juifs ou de l'armée, pour des raisons dites de sécurité ; l'arrachage de plantations et la destruction de récoltes en guise de représailles ; l'interdiction faite aux paysans palestiniens de forer de nouveaux puits ; la limitation de la consommation de l'eau à 117 mètres cubes par habitant palestinien et par an, alors que le colon juif s'arroge, sans restriction, 7 929 mètres cubes. Au total, 80 % des ressources hydrauliques de la Cisjordanie sont utilisées par les colons ou détournées vers les champs et les usines d'Israël.

Tandis que le produit national brut ne cesse de baisser, que le chômage atteint un niveau alarmant surtout depuis l'interdiction faite aux ouvriers palestiniens de travailler en Israël, la population est lourdement pénalisée par les impôts et taxes.

ZVI ELPELEG : Rien n'est moins vrai. Le système fiscal en vigueur est identique à celui qui prévalait sous le régime jordanien. Une seule taxe supplémentaire a été imposée, celle de la TVA. La mesure était indispensable car il n'était pas possible de distinguer le marché israélien de celui des territoires. Les prélèvements obligatoires, qui correspondent en Israël à 31 % du PNB, sont plus modestes dans les territoires : 17 % en Cisjordanie et 22 % à Gaza. Inutile d'ajouter qu'Israël n'en retire aucun bénéfice. Les impôts et les taxes prélevés dans les territoires servent à couvrir, à hauteur de 90 %, les frais de gestion, le déficit étant comblé par le budget israélien.

IBRAHIM SOUSS : J'ignore où vous puisez vos chiffres, mais ceux que j'ai relevés dans un grand quotidien israélien, *Davar*, le 7 février 1992, donnent un tout autre son de cloche. Selon ce journal, un Israélien père de trois enfants qui gagne 4 000 shekels par mois verse 500 shekels d'impôts sur le revenu, alors qu'un Palestinien des territoires ayant le même profil paie, pour le même revenu, 1 100 shekels, soit plus du double.

Pour moi, toutes les mesures prises dans les territoires ont comme ultime objectif de les annexer sinon formellement du moins dans la pratique. L'alourdissement de la fiscalité, l'intégration économique, l'affaiblissement du secteur industriel, les expropriations des terres et les restrictions de la consommation d'eau, le chômage exorbitant qui en résulte, la multiplication des colonies de peuplement créées à grand frais, auraient dû normalement pousser la population à émigrer.

Cet objectif n'a pas été atteint. D'une part, les Palestiniens ont appris à leurs dépens en 1948 et en

1967 que l'exode n'a fait qu'aggraver leur situation; d'autre part, le monde arabe, qui subit les contrecoups de la récession mondiale, ne veut plus et ne peut plus les accueillir. En revanche, les Israéliens ont réussi, à coup d'expropriations successives, à priver les Palestiniens de près de la moitié de leurs territoires.

Je voudrais, à ce propos, vous poser une question. Le gouvernement israélien avait-il décidé dès le début de l'occupation des territoires de les annexer, ou était-il disposé à l'époque à les échanger contre la paix ?

ZVI ELPELEG : Jusqu'à la guerre de juin 1967, la quasi-totalité des Israéliens étaient disposés à conclure la paix sans revendiquer un seul pouce de territoire supplémentaire. Mais après la guerre et l'occupation de la Cisjordanie et de Gaza, ils commençaient à changer d'avis. « Pourquoi devrions-nous rendre à des agresseurs ce que nous avons réussi à conquérir ? » entendait-on couramment. Beaucoup se mirent à espérer que la Cisjordanie – la Judée et la Samarie de la Bible – serait rattachée à l'État d'Israël.

Le général Dayan figurait parmi ces derniers. Il souhaitait s'approprier les territoires en excluant les populations qui y résident, de crainte que l'État juif, sous l'effet des facteurs démographiques, ne « s'arabise », perde son identité et sa raison d'être. Il conçut donc le système d'occupation que je vous ai déjà décrit tout en créant ce qu'il a appelé des « faits accomplis », entre autres les expropriations et l'établissement de colonies de peuplement. « La terre aux Juifs, la population au roi Hussein » résume bien sa politique. En d'autres termes, les Palestiniens demeuraient des citoyens de Jordanie sans contrôler le territoire sur lequel ils vivaient. L'un des adeptes de cette doctrine, le général Raphael Eytan, a déclaré publiquement en ma présence : « Nous multiplierons les implantations juives, nous prendrons davantage de terres, des faits concrets que la communauté internationale finira par entériner. » Le général Eytan était à l'époque (en 1984) chef de l'état-major général. A mon avis, ces annexionnistes se trompent lourdement. S'il est vrai que le mouvement sioniste a progressé avant la Deuxième Guerre mondiale grâce à des faits accomplis, cette époque est bien révolue. L'Histoire peut balbutier, mais elle ne se répète jamais.

8

DU SINAÏ À CAMP DAVID

Ibrahim Souss : Vous avez raison de dire que l'ère des conquêtes durables est révolue. Vous en avez fait l'expérience avec l'Égypte qui n'a pu supporter longtemps l'occupation du Sinaï. D'autant moins qu'elle s'était ralliée, peu après la guerre de juin 1967, à la résolution 242 adoptée par le Conseil de Sécurité en novembre de la même année. Deux ans plus tard, le président Gamal Abdel Nasser s'était engagé dans ce qu'on a appelé « la guerre d'usure » précisément pour contraindre Israël à appliquer cette résolution, à échanger les territoires occupés contre la paix. La mort prématurée de Nasser en septembre 1970 et l'avènement au pouvoir d'Anouar El Sadate ont provoqué une profonde mutation. Le nouveau chef de l'État égyptien différait en tout de son prédécesseur par son caractère, son style, ses convictions économico-sociales, par son positionnement de la rivalité Est-Ouest. Mais sa volonté de récupérer le Sinaï, conformément aux termes de la résolution 242, était identique de celle de Nasser. La « guerre d'usure », faite d'escarmouches ponctuelles, n'ayant donné aucun résultat concret, il a opté pour une guerre de mouvement, celle qu'il initia le 6 octobre 1973 en tandem avec Hafez El Assad, le président syrien. Ce fut l'unique guerre voulue et déclenchée par des Arabes dans le conflit qui nous oppose depuis près d'un demi-siècle.

Avant de donner la parole aux armes, Sadate avait dès 1971 offert, publiquement et explicitement, à Israël de conclure la paix sur la base de la restitution de tous les territoires occupés à leurs propriétaires arabes. Il proclama 1971 « l'année décisive » pour un règlement global et définitif. Israël opposa une fin de non-recevoir.

En 1972 et en 1973, jusqu'au déclenchement des hostilités, Sadate multiplia les avertissements et les menaces. Il n'hésiterait pas, répétait-il dans ses discours, à partir en guerre si Israël persistait dans son refus. Il invita les États-Unis à persuader Israël de respecter la résolution 242. Washington n'en fit rien. Il appela l'Union soviétique à exercer des pressions sur les États-Unis et, parallèlement, à fournir de l'armement lourd à l'Égypte. Moscou, engagé dans une politique de détente avec Washington, fit la sourde oreille aux sollicitations angoissées du Raïs, lequel riposta en expulsant massivement les quelque 20 000 techniciens et conseillers soviétiques qui se trouvaient sur le sol égyptien. En désespoir de cause, Sadate fit une déclaration retentissante : il était prêt, disait-il, à sacrifier un million de soldats pour reconquérir le Sinaï. Les menaces et les mises en garde du Raïs firent sourire. Le scepticisme était tel en Israël que l'on ricanait de ses « fanfaronnades ».

Zvi Elpeleg : Je suis d'accord avec vous que Sadate aurait dû être pris au sérieux, qu'Israël aurait dû répondre concrètement à ses propositions, et éviter ainsi une guerre. Le général Dayan avait, à l'époque, fait preuve d'une grande lucidité. Il estimait que l'Égypte ne pouvait tolérer indéfiniment l'occupation du Sinaï et surtout des rives du canal de Suez. Le trafic sur cette voie d'eau était bloqué depuis 1967 et privait le gouvernement égyptien de précieux revenus. Il proposa alors à Mme Golda Meir, le Premier ministre de l'époque, de retirer les forces israéliennes de quelques kilomètres pour permettre à la navigation de reprendre. La mesure, à ses yeux, aurait apaisé Sadate pour une période prolongée. Son analyse a été jugée alarmiste et sa proposition dès lors, inopportune.

L'aveuglement politique était tel que le gouvernement israélien n'attacha aucune importance à la concentration de troupes sur les frontières. Celles-ci ont été évaluées à l'équivalent, en nombre, de la totalité des forces de l'OTAN en Europe. Mais on laissa le long du canal de Suez quelque 500 soldats israéliens pour monter la garde face à 80 000 Égyptiens.

L'offensive traumatisa les Israéliens. Elle eut lieu le jour le plus sacré, le Yom Kippour (la fête du pardon) alors que la population jeûnait et que la plupart des hommes assistaient aux services religieux dans les synagogues. Cependant, le sursaut a été à la mesure du choc. Rappelés sous les drapeaux, les réservistes rejoignirent les centres de regroupement en quelques heures tandis que l'armée égyptienne, d'une part, celle de Syrie, de l'autre, avançaient rapidement. Pendant les premiers jours, les forces israéliennes reculaient, la mort dans l'âme, devant des armées que l'on méprisait la veille. Toutefois, l'armée israélienne reprit l'initiative, repoussa les envahisseurs au-delà des frontières. Elle n'était plus qu'à quarante kilomètres de Damas.

IBRAHIM SOUSS : Vous omettez de rappeler que ce redressement n'a été rendu possible que grâce à l'aide massive que vous ont fournie les États-Unis. Des armements, des munitions, de l'équipement affluèrent en Israël par voie aérienne.

ZVI ELPELEG : Il faudrait situer cet épisode dans son contexte. Les États-Unis avaient d'abord tenté d'arrêter les combats en proposant à l'URSS de soutenir un projet de résolution au Conseil de Sécurité. Non seulement Moscou refusa de s'associer à cette initiative mais s'empressa de ravitailler les armées arabes. C'est alors, et alors seulement, que Washington vint au secours d'Israël. Les Américains, en effet, s'étaient fixé deux objectifs : sauver Israël d'une défaite qui aurait eu des conséquences catastrophiques, épargner à l'Égypte une débâcle humiliante, qui aurait paradoxalement ajourné indéfiniment l'ébauche d'un processus de paix.

C'est ainsi que les États-Unis, en connivence cette fois-ci avec l'Union soviétique, ont fait adopter une résolution ordonnant le cessez-le-feu le 22 octobre, le jour même où la troisième armée égyptienne, assiégée par les Israéliens, était sur le point de s'effondrer et d'être vraisemblablement annihilée. Henry Kissinger rapporte d'ailleurs dans ses Mémoires qu'il avait dû menacer Israël de sanctions s'il insistait à obtenir la reddition de la troisième armée.

IBRAHIM SOUSS : L'Amérique, dans toute cette affaire, ne pensait qu'à ses propres intérêts. Les pays arabes producteurs de pétrole, l'Arabie Saoudite en tête, avaient instauré un embargo sur le pétrole dès le premier jour de la guerre. Les États-Unis, comme toutes les autres puissances industrielles, tenaient à mettre un terme, aussi rapidement que possible, à une situation qui risquait de provoquer une crise économique dévastatrice. Les Occidentaux craignaient aussi une débâcle arabe qui aurait poussé la tension à son paroxysme et incité les producteurs de pétrole à maintenir l'embargo en guise de solidarité avec l'Égypte et la Syrie. Ce fut d'ailleurs la première et la dernière fois que l'arme du pétrole a été utilisée dans le conflit israélo-arabe.

ZVI ELPELEG : Quelles que soient les péripéties de cette guerre – secondaires à mes yeux – il reste qu'elle a fait avancer la cause de la paix. Avant qu'elle n'éclate je m'étonnais, devant des amis palestiniens à Gaza, du refus obstiné des Arabes de reconnaître l'État d'Israël et d'engager avec lui des négociations de paix. Et mes interlocuteurs répondaient invariablement que les Arabes étaient encore sous le choc de la débâcle de 1967 qui les avait profondement humiliés. Et ils ajoutaient que le jour où ils auraient récupéré leur honneur, ils seraient les premiers à se précipiter à la table de négociations.

IBRAHIM SOUSS : Comme je l'ai déjà indiqué, le président Sadate – sinon le président Assad – était disposé à un règlement avant de lancer son offensive. Il est vrai, néanmoins, qu'il a été le premier à proposer la convocation d'une conférence de la paix, qui s'est effectivement tenue à Genève en décembre 1973. Il avait formulé sa proposition dans un discours prononcé le 16 octobre, en pleine guerre, et à un moment où l'armée égyptienne n'avait pas encore subi ses premiers revers. Il est vrai que, victorieux, il pouvait solliciter la paix sans en avoir honte. Il n'en reste pas moins que cette guerre aurait pu être évitée et de nombreuses vies humaines sauvées si Israël avait eu la sagesse et la volonté d'émerger de son camp retranché pour tendre la main aux Arabes, non pas pour les inciter à capituler mais pour leur offrir de restituer les territoires en échange de la paix.

ZVI ELPELEG : Je regrette l'absence d'une telle initiative autant que vous. Il aurait fallu que nous fassions au moins un geste de bonne volonté, un retrait unilatéral et symbolique du canal de Suez, par exemple. Malheureusement, notre gouvernement de l'époque a fait preuve de myopie.

IBRAHIM SOUSS : Non, je ne pense pas qu'il s'agissait de cela. Le scepticisme qu'affichait le gouvernement de Mme Golda Meir à l'égard des intentions de Sadate a été sûrement le fruit d'une erreur de jugement. Mais son refus d'engager une négociation globale avec tous les belligérants arabes, comme le proposait Sadate, constituait une décision mûrement réfléchie. Une telle négociation aurait entraîné Israël inéluctablement à envisager le règlement du problème palestinien, l'abandon de la Cisjordanie et de Gaza. En effet, il n'était pas question à l'époque que les Arabes abandonnent les Palestiniens à leur sort, qu'une paix séparée soit conclue avec l'Égypte.

Ce fut là l'une des causes de l'échec de la conférence de Genève en décembre 1973. Les négociations devaient être globales ; elles étaient destinées à mettre en œuvre la résolution 242 du Conseil de Sécurité ; elles se déroulaient sous les auspices des Nations unies. Aucune de ces trois dispositions ne convenait à Israël. La conférence échoua à l'issue de la première séance plénière.

Quatre ans plus tard, en désespoir de cause, Sadate se rendit à Jérusalem croyant qu'il réussirait, en brisant un tabou, à convaincre Israël de conclure une paix globale. Mais il échoua en signant les accords de Camp David l'année suivante.

ZVI ELPELEG : Sadate passera néanmoins dans l'Histoire comme un grand dirigeant, perspicace et courageux. En se rendant à Jérusalem, la main tendue, il a fait mieux que briser un tabou. Il a franchi un siècle d'histoire, il a contribué à modifier les mentalités de ses contemporains.

Sadate, contrairement à ce que l'on a pu écrire ou dire, n'avait nullement l'intention de trahir les Palestiniens et les autres Arabes. Il croyait que son geste allait ébranler les Israéliens et leur gouvernement, dirigé par Menahem Begin, suffisamment pour les induire à négocier une paix globale.

Menahem Begin pensait autrement et nourrissait des arrière-pensées qui ne correspondaient pas au projet de Sadate. Begin ne souhaitait la paix qu'avec l'Égypte pour pouvoir avoir les mains libres en Cisjordanie et à Gaza, territoires faisant partie, selon lui, du patrimoine ancestral juif. Il rendait donc le Sinaï à l'Égypte, pour la neutraliser, et conservait les terres palestiniennes.

Les négociations de Camp David entre Sadate et Begin, en la présence conciliatrice du président Carter, débouchèrent sur un accord en deux volets. Le premier, concret, formalisait la paix avec l'Égypte comportant la restitution du Sinaï. Le second prévoyait, à certaines conditions et selon des modalités détaillées, l'autonomie des habitants, et non de leurs territoires, de la Cisjordanie et de Gaza. Pendant la durée de cette période transitoire, de cinq ans, des négociations pour déterminer le statut définitif des territoires contestés.

Begin savait que ce deuxième volet des accords de Camp David ne l'engageait en rien. A ceux qui l'interrogeaient à ce sujet, il répondait : « Nous aurons cinq ans de tranquillité, puis nous verrons ! Peut-être serons-nous de l'autre côté des ponts (en Jordanie) et nous déciderons alors de les fermer. »

Sadate n'était sans doute pas dupe. Il a signé le traité parce qu'il pensait qu'un début de règlement valait mieux que rien, que si la paix ne pouvait pas être globale et immédiate, un règlement par étapes successives n'était pas à dédaigner.

Je souhaite que les Palestiniens soient aussi sages que Sadate en essayant de s'accommoder au possible en attendant la réalisation du souhaitable.

Ibrahim Souss : Pour ma part, je ferais une nette distinction entre la visite historique de Sadate à Jérusalem et les accords qu'il a signés à Camp David. Son séjour en Israël a renversé des barrières psychologiques, a rendu caduc à jamais ce refus irrationnel des Arabes de dialoguer avec des Israéliens. Son discours à la Knesset était empreint de dignité et d'une sincère émotion. Il énonça les grandes lignes d'une paix globale, équilibrée et équitable pour toutes les parties en cause.

Malheureusement, les accords de Camp David ont été bien en deçà de son projet. Il a fini par s'y rallier sous les pressions conjuguées de Begin et de Carter. Les effets de ces accords ont été bien néfastes pour la paix comme l'ont démontré les années qui ont suivi. Ils ont retardé la prise de conscience des Israéliens que le conflit ne peut être résolu par un règlement avec tel ou tel autre pays arabe. Beaucoup d'Israéliens ont fini par comprendre, heureusement, que le problème palestinien est à l'origine et au cœur même de la tragédie, qu'il est incontournable, et qu'il faudra lui trouver une solution avant que la paix règne entre Israël et l'ensemble des belligérants arabes.

Il est clair aujourd'hui que le règlement israélo-égyptien a aggravé la situation en Cisjordanie et à Gaza et a indirectement engendré de nouvelles guerres. Celle du Liban, en 1982, avant l'Intifada en 1987.

9

L'EXPÉDITION DU LIBAN : BILAN MITIGÉ

Zvi Elpeleg : La principale raison de notre intervention militaire au Liban en juin 1982, laquelle avait reçu le nom de « paix en Galilée », était que la vie des Israéliens dans le nord de leur pays était devenue intenable. Les fedayin de l'OLP, retranchés derrière la frontière libanaise, ne cessaient depuis 1975-1976 de harceler les kibboutsim et les autres localités en Galilée par des attentats meurtriers, de tirs au bazooka, des assassinats. A l'époque, je vous le rappelle, l'OLP n'avait pas encore choisi la voie de la paix et de la négociation. Vos dirigeants soutenaient que la libération des territoires occupés ne s'accomplirait que par la force.

Les fedayin de l'OLP avaient littéralement occupé le Sud-Liban. Ils y avaient installé leurs bases militaires et leur administration civile, aux lieu et place du gouvernement de Beyrouth, et avaient installé des postes de contrôle sur toutes les routes et les pistes de montagne. On désignait couramment le Sud-Liban sous le vocable « Fathaland », en référence du Fath, principale organisation de l'OLP.

Nommé gouverneur militaire du Sud-Liban tout

au début des hostilités, j'avais établi mon quartier général à Saïda, tout en me déplaçant au besoin à l'intérieur de la région. J'étais donc bien placé pour mesurer le pouvoir exorbitant que s'étaient arrogé les fedayin. L'arbitraire et l'arrogance avec lesquels ils avaient traité la population autochtone avaient contraint des dizaines de milliers de Libanais, dans leur grande majorité des musulmans chiites, à fuir vers le nord du pays, notamment à Beyrouth. Les Palestiniens ne tardèrent pas à s'emparer de leurs maisons et de leurs terres. Ceux parmi les chiites qui étaient restés sur place vivaient, selon leurs dires, un véritable calvaire. Les représentants du pouvoir libanais, préfets, maires, commissaires de police, ayant disparu, la population autochtone était désemparée. Les services publics ne fonctionnaient pas, de nombreux véhicules ayant été réquisitionnés par les fedayin. Les citoyens étaient constamment interpellés dans les rues pour des contrôles d'identité. Les soldats de l'armée libanaise originaires de la région qui y revenaient en permission étaient injuriés, battus s'ils revêtaient leur uniforme. Les chiites libanais ne savaient jamais à qui ils avaient affaire, ni comment ils seraient traités, car chacune des organisations de l'OLP entretenait ses propres hommes, jouissait d'une pleine autonomie, et agissait à sa guise, selon ses intérêts et son idéologie.

Ma tâche, entre autres, était de rétablir une administration convenable au service des chiites, de rétablir l'ordre et la sécurité, de ressortir la population et de lui venir en aide dans tous les domaines de la vie courante. Quant aux forces armées israéliennes, leur mission était de détruire les infrastructures de l'OLP, de neutraliser les fedayin (de 6 000 à 9 000 terroristes ont été arrêtés), et d'assurer ainsi la sécurité de la Galilée.

IBRAHIM SOUSS : Si je vous ai bien compris, l'armée israélienne a agressé le Liban, État indépendant, membre des Nations unies, entre autres objectifs pour libérer les chiites du Sud-Liban. Ils ne vous ont pas remerciés, que je sache, pour avoir accompli cette tâche humanitaire et désintéressée.

Quant à votre principal objectif, celui d'assurer « la paix en Galilée », tout autant louable, permettez-moi de vous dire que vous énoncez de nouvelles contrevérités, à moins que votre mémoire ne vous fasse défaut. Je vous rappelle les faits connus de tous : un accord de cessez-le-feu entre Israël et l'OLP sur la frontière libanaise a été conclu, sous l'égide du médiateur américain Philip Habib, le 24 juillet 1981. L'OLP l'avait scrupuleusement respecté durant toute l'année qui a précédé l'invasion. Aucun attentat n'a été perpétré, aucun obus n'a été tiré en direction de la Galilée. En revanche, votre armée a bombardé deux positions palestiniennes au Liban, le 21 avril et le 9 mai 1982, faisant 71 blessés. Les fedayin avaient reçu l'ordre de ne pas riposter précisément parce que l'OLP ne voulait pas vous fournir le prétexte que vous cherchiez pour attaquer le Liban.

L'agression attendue n'était pas fondée sur une hypothèse d'école; elle avait été annoncée avant qu'elle ne se produise par votre ambassadeur à Washington, M. Moshe Arens, qui déclarait en substance au *New York Times* le 26 février 1982 qu'Israël se préparait depuis longtemps à neutraliser l'OLP au Liban. Nous détenions, bien entendu, des renseignements plus précis étayant l'indiscrétion de M. Arens. Deux autres personnalités israéliennes, et de taille, confirmèrent l'information. Le général Arik Sharon, ministre de la Défense, a déclaré au *Jerusalem Post*, le 14 avril 1982, qu'il avait commencé à prendre des dispositions en vue de l'invasion du Liban dès son entrée au gouvernement en juillet 1981. Le général Raphael Eytan, chef de l'état-major, avait fait une déclaration analogue le 3 juillet 1982.

Le prétexte, donc, était de faire cesser les attaques des fedayin. Mais le véritable objectif était de détruire l'OLP, laissée-pour-compte par les accords de Camp David, tenue pour seule responsable de la résistance que vous opposaient les populations que vous tenez sous tutelle dans les territoires occupés.

Accessoirement à cet objectif, Israël était déterminé à chasser du Sud-Liban les dizaines de milliers de réfugiés palestiniens qui y résidaient depuis la guerre de 1948 et, par la même occasion, installer à Beyrouth un gouvernement « ami » et un président, Béchir Gemayel, à la dévotion d'Israël. En d'autres termes, vous vouliez satelliser le Liban. Voilà ce qui explique l'avance fulgurante de vos blindés jusqu'à Beyrouth, alors que vos dirigeants avaient assuré l'opinion mondiale que votre armée n'irait pas au-delà de quarante kilomètres de la frontière.

Zvi Elpeleg : Vos déductions sont plutôt hâtives. Il est, en effet, de notoriété publique que le général

Sharon, outrepassant les instructions du gouvernement, a pris sur lui de dépasser la limite de 40 kilomètres et, à l'insu du Premier ministre Menahem Begin, donna l'ordre à l'armée d'avancer jusqu'à Beyrouth et de l'occuper. S'il n'avait pas commis cet acte d'indiscipline, de nombreuses vies dans les deux camps auraient sans doute été épargnées. Cette guerre n'aurait pas laissé un souvenir aussi abominable. En revanche, les fedayin, qui s'étaient repliés sur le nord, n'auraient pas quitté le Liban, et les infrastructures de l'OLP se seraient reconstituées sans la direction de Yasser Arafat. Le cours du conflit aurait pris une tout autre direction.

Je n'avais pas approuvé, et je n'approuve toujours pas, l'initiative du général Sharon. J'essaie seulement d'analyser sobrement les diverses options et de déterminer les responsabilités des uns et des autres. Yasser Arafat devait assumer la sienne. A mon avis, il n'aurait pas dû tarder à se retirer avec ses troupes du Liban. Il a ainsi prolongé le conflit avec son cortège de destructions et de victimes.

IBRAHIM SOUSS : Je me demande, pour ma part, si le gouvernement de M. Begin n'est pas le principal, sinon le seul, responsable de la conduite de la guerre ; le général Sharon était désigné comme bouc émissaire que vous cherchez maintenant à disculper partiellement en chargeant Yasser Arafat. Si j'ai bien compris, vous reprochez à ce dernier de ne pas avoir capitulé sans conditions dans les plus brefs délais.

Est-ce bien vrai que votre Premier ministre n'était pas au courant de la décision du général Sharon de foncer sur Beyrouth ? Ignorait-il encore que les forces israéliennes, dès leur entrée au Liban, se sont livrées à la destruction systématique de tous les camps de réfugiés palestiniens, en massacrant au passage ces derniers ? Il y a eu des dizaines des milliers de victimes au cours de cette guerre, des tués, des blessés, des handicapés, des civils innocents dans leur quasi-totalité. C'est à l'aide d'armements de destruction massive qu'Israël a pilonné de nombreuses agglomérations, en particulier Beyrouth. La capitale a été assiégée et soumise à un blocus un mois durant avec l'intention d'affamer la population. Celle-ci ne disposait plus, ou très peu, de produits alimentaires, d'eau, d'électricité, de médicaments. Les bombardements se sont poursuivis même après l'instauration d'un cessez-le-feu. Toujours en violation des conventions internationales, les forces israéliennes ont opéré des milliers d'arrestations avant d'entasser les détenus dans des camps d'internement établis à cet effet en Israël. L'armée israélienne a, de même, pillé les institutions culturelles palestiniennes, emportant livres, revues, documents, archives qui servaient de mémoire au peuple palestinien.

Même le président Reagan, qui a pourtant admis après la guerre que les États-Unis avaient donné leur feu vert au projet d'invasion (*Le Monde* du 7 octobre 1982), a été indigné par le comportement de votre armée. Il demanda à M. Begin, au cours d'une conversation téléphonique le 12 avril 1982, de mettre un terme aux massacres et aux actes de vandalisme.

Zvi Elpeleg : Votre propos n'est que la réplique de la propagande de l'OLP qu'une partie des médias occidentaux a véhiculée. Je peux en témoigner en tant que gouverneur militaire du Sud-Liban. Un jour, je reçus du ministère israélien des Affaires étrangères un message me demandant de dénombrer, dans la région sous ma juridiction, les morts, les blessés, les sans-abri. Le ministère souhaitait rendre publics ces chiffres à la suite d'informations diffusées dans la presse mondiale, américaine surtout, selon lesquelles des centaines de milliers de Libanais et de Palestiniens avaient été tués, blessés, ou sinistrés par la destruction de leur demeure. Les médias estimaient à 600 000 le nombre de sans-abri.

J'ai entrepris mon enquête. Je n'ai trouvé quasiment aucune maison détruite et on a pu compter à peine une centaine de blessés. La guerre au Liban n'a pas dû faire davantage qu'une dizaine de milliers de victimes dans l'ensemble du pays. C'est dire que nous n'avions nullement l'intention de détruire « systématiquement » les camps de réfugiés et, contrairement à ce que vous soutenez, nous ne sommes pas entrés au Liban pour sauver les chiites des Palestiniens ou d'établir à Beyrouth un gouvernement fantoche. Telles n'étaient pas, en tout cas, les intentions de M. Begin, même s'il est vrai que Sharon a agi parfois autrement. Notre seul objectif était de détruire les bases de fedayin et de nous retirer une fois qu'un gouvernement à Beyrouth aurait repris le plein contrôle de son pays, de son armée, de ses institutions.

IBRAHIM SOUSS : Je présume que vous allez me dire que vous n'y êtes pour rien dans l'effroyable massacre, à la mitraillette et à l'arme blanche, de plusieurs milliers de Palestiniens dans les camps de réfugiés de Sabra et de Chatila, dans la banlieue de Beyrouth. En 48 heures, les 16 et 17 septembre, des vieillards, des femmes, des enfants en bas âge ont été sauvagement égorgés, éventrés, mutilés sans que vos soldats ne lèvent le petit doigt pour arrêter la tuerie. Il est vrai que les suppliciés n'étaient que des Palestiniens.

ZVI ELPELEG : Je vous concède que ce massacre a été l'épisode le plus effroyable de la guerre du Liban. Il a été perpétré, comme chacun le sait, par les milices chrétiennes du parti phalangiste. De toutes les milices que j'ai eu à connaître lors de mon mandat de gouverneur militaire, palestiniennes ou libanaises, druzes, chiites, islamistes, j'avais pu constater que les milices chrétiennes étaient les plus sanguinaires, les plus cruelles, les plus sauvages.

Les tueries auxquelles elles se sont livrées à Sabra et Chatila ont profondément choqué et ému les Israéliens, d'autant qu'ils apprirent par les médias que le commandement militaire israélien avait autorisé les phalangistes à entrer dans ces deux camps de réfugiés. La mesure avait été prise, expliquaient des responsables, pour permettre la neutralisation des fedayin qui s'y trouvaient et, par la même occasion, contribuer au rétablissement de l'ordre dans des camps réputés rebelles à l'autorité de l'État libanais.

Le tollé général suscité en Israël par ces justifications et par les suspicions qui pesaient sur l'état-major général ainsi que sur le ministre de la Défense, Arik Sharon, a conduit à la création d'une commission d'enquête indépendante présidée par le juge Kahane. Le rapport de la commission critiqua le gouvernement pour son laxisme, infligea des blâmes à Arik Sharon et à divers autres responsables jugés coupables de légèreté et de désinvolture. Plusieurs généraux furent limogés. Arik Sharon fut contraint de démissionner du gouvernement.

IBRAHIM SOUSS : Étrange récit que vous me faites tout en donnant l'impression de vous apitoyer sur le sort d'officiers supérieurs dont la carrière est brisée, et d'un ministre qui perd son portefeuille. J'espérais que vous exprimeriez quelque commisération pour leurs victimes...

ZVI ELPELEG : Je n'ai pas attendu vos remarques pour faire mon devoir selon ma conscience. J'étais parmi les 400 000 Israéliens qui sont descendus dans la rue pour crier leur indignation, conspuer le gouvernement et demander la fin de notre intervention au Liban. Cela dit, il faut ramener les choses à leurs justes proportions. La commission d'enquête Kahane, je le répète, a disculpé les militaires israéliens de participation au massacre. Aucun d'eux n'a pénétré dans les deux camps, cela a été prouvé. Ils ont été accusés de complaisance à l'égard des phalangistes, mais rien n'est venu crédibiliser les soupçons. La commission les a seulement tenus pour *indirectement* responsables de la tuerie parce qu'ils détenaient le pouvoir en tant que force d'occupation.

Ibrahim Souss : Le rapport de la commission Kahane, je vous le rappelle, n'a pas été rendu public dans son intégralité « pour des raisons de sécurité ». Quelle sécurité ? On l'ignore. Nous connaissons le verdict, peu de ses attendus, mais rien du fond de l'affaire qui a dû faire l'objet d'une enquête rigoureuse.

J'accuse le haut commandement militaire, et par conséquent le gouvernement israélien dont il dépend, de complicité avec les milices phalangistes. Telle est également la thèse du journaliste israélien Amnon Kapeliouk qui a publié un livre bien documenté sur cette tragédie.

Pour ma part, je verse au dossier le témoignage d'une très haute personnalité libanaise proche de Béchir Gemayel, élu à la tête de l'État grâce au soutien « musclé » d'Israël ; celui-ci, selon les confidences que j'ai recueillies, avait observé le déroulement des massacres du haut de la Tour Murr, non loin de Sabra et Chatila. Il avait à ses côtés son ami Arik Sharon qui, comme lui, était muni de jumelles.

Ce témoignage est d'autant plus crédible que les soldats du général Sharon montaient la garde à un jet de pierres des deux camps de réfugiés et il est inimaginable qu'ils n'aient pas entendu les rafales de mitraillettes, les hurlements de ceux que l'on égorgeait, pendant deux jours et deux nuits qu'ont duré les tueries. Ils n'ont posé aucune question aux officiers qui leur tenaient compagnie, ils n'ont pas bougé. Ils ont attendu patiemment que les milices phalangistes quittent les camps, leur mission accomplie.

ZVI ELPELEG : La commission Kahane a très certainement interrogé les officiers et les soldats qui entouraient les deux camps. Tous ont nié avoir entendu quoi que ce soit. Ils ont affirmé qu'ils ignoraient tout du comportement des phalangistes. La commission Kahane ne disposait, donc, d'aucun élément pour étayer les suppositions, les suspicions, les rumeurs qui couraient. Elle a dès lors émis un jugement juste et équilibré, mettant hors de cause Arik Sharon et les autres officiers qui se trouvaient sur place tout en recommandant des sanctions administratives pour leur imprévoyance et leurs négligences.

L'affaire a eu des suites puisque M. Menahem Begin a démissionné, entraînant la chute du gouvernement. M. Begin s'est retiré de la vie politique, se réfugiant dans le mutisme le plus strict jusqu'à sa mort. Le comportement de son ministre de la Défense, Arik Sharon, le déroulement de la guerre du Liban, le nombre élevé de victimes dans les rangs de l'armée, la réprobation quasi générale dans le monde de l'intervention israélienne, les insinuations sur le rôle d'Israël dans les massacres de Sabra et Chatila, les manifestations massives d'Israéliens contre le gouvernement, ont dû l'atteindre profondément. On ne saura jamais s'il avait conclu que la guerre du Liban a été l'ultime désaveu de sa politique.

Quels que soient les jugements portés sur la guerre du Liban, celle-ci n'a pas été totalement inutile dans la mesure où la sécurité en Galilée perdure, les fedayin palestiniens ont quitté massivement le pays du Cèdre, Yasser Arafat et la direction de l'OLP ont fini, après de multiples tribulations, par trouver asile en Tunisie, à des centaines de kilomètres d'Israël.

Mieux, c'est après sa déroute au Liban que l'OLP a commencé sa métamorphose. Yasser Arafat a mis fin au boycottage de l'Égypte en se réconciliant avec le président Hosni Moubarak ; il a intensifié sa coopération avec le roi Hussein de Jordanie ; il a accru le nombre de ses déclarations conciliantes avant de reconnaître, en 1988, l'État d'Israël.

IBRAHIM SOUSS : Nous sommes pour le moins d'accord que la guerre du Liban a été atroce, mais je ne vous suis nullement quand vous soutenez qu'elle n'a pas été inutile. C'est vrai que nos combattants se sont retirés, dans l'honneur et la dignité puisqu'ils sont partis avec leurs armes après avoir résisté vaillamment, jusqu'à l'héroïsme, face à une armée réputée invincible. C'est vrai encore que la paix règne en Galilée, mais elle prévalait avant l'invasion israélienne. Cependant, votre problème reste entier et s'est même aggravé : la résistance palestinienne s'est, depuis, intensifiée dans les territoires occupés et le nombre de victimes israéliennes, du fait d'attentats, est incomparablement plus élevé que celui que vous ayez jamais eu à déplorer sur la frontière libanaise. L'Intifada, enfin, a pris le relais – en l'amplifiant – de la résistance extérieure.

Au total, la victoire militaire que vous avez remportée techniquement s'est soldée par une cinglante défaite politique. L'OLP n'a pas été détruite. Elle est bien vivante et demeure l'unique organisation qui puisse prétendre représenter la cause du peuple palestinien, malgré l'essor récent pris par le mouvement islamiste Hamas.

Je ne vous contredirai pas quant à l'orientation résolument pacifique prise par la politique de l'OLP, mais je vous rappellerai qu'elle avait choisi la voie de la conciliation bien avant la guerre du Liban, même si celle-ci en a accéléré le processus. Souvenez-vous des résolutions adoptées en juin 1974 par le Conseil national palestinien (notre Parlement) qui, pour la première fois dans l'histoire du conflit, admettait l'existence de deux États, l'un juif, l'autre palestinien. Souvenez-vous du discours de Yasser Arafat aux Nations unies dans lequel il implorait la communauté internationale de l'aider à remplacer le fusil, qu'il tenait d'une main, par le rameau d'olivier, qu'il brandissait de l'autre. Ce n'est pas l'effet du hasard s'il avait recouru à cette image symbolique. Depuis près de dix ans, les initiatives d'Arafat tendant à ouvrir la voie à des négociations de paix ne se comptent plus. Nous en parlerons sûrement...

[illegible]

[illegible]

10

LES CONTACTS SECRETS

ZVI ELPELEG : Je n'ignore pas l'initiative politique de l'OLP, en commençant par la décision prise en 1974 par son Parlement de créer un État palestinien « sur toute partie du territoire libérée ». Mais aucune de ces initiatives ne m'a paru digne d'intérêt puisqu'elles excluaient celle, la seule, à mes yeux, qui annoncerait la coexistence entre nos deux peuples et la paix : la reconnaissance de l'État d'Israël.

J'étais donc catalogué pendant de nombreuses années parmi « les faucons » israéliens, ceux qui prônaient la poursuite du combat contre l'OLP. En réalité, j'étais partisan d'une ouverture, de gestes qui encourageraient les Palestiniens à admettre le principe d'un compromis avec l'État d'Israël. J'étais sensible aux aspirations du peuple palestinien. Ainsi, en 1967, au lendemain de la guerre des six jours, j'ai suscité une certaine sensation – comme je vous l'ai déjà dit – en suggérant qu'Israël adopte une sorte de déclaration Balfour s'engageant à favoriser la création d'un État palestinien indépendant. En 1982, en pleine guerre du Liban, et alors que j'occupais le poste de gouverneur militaire au Sud-Liban, je déclarai dans une interview à la télévision israélienne que nous n'arriverions pas à établir une paix stable aussi longtemps qu'on dénierait aux Palestiniens le droit à un territoire qui leur soit propre, à un État indépendant au même titre que n'importe quel autre peuple arabe. J'ajoutai qu'il ne s'agissait pas seulement de rendre justice à la population la plus misérable du Moyen-Orient, mais de garantir aussi la pérennité des intérêts d'Israël. Aussitôt après cette déclaration, je fus convoqué par le haut commandement, blâmé pour avoir manqué à l'obligation de réserve des fonctionnaires, invité à ne plus récidiver aussi longtemps que j'occuperais mon poste de gouverneur...

Mes opinions ne modifiaient pas pour autant ma position de principe : pas de dialogue avec ceux qui nient notre droit à l'existence. Et ce n'est qu'en 1988, quand l'OLP reconnut Israël, par le truchement de son Parlement, que j'ai rejoint les rangs de ceux que l'on qualifie de colombes.

IBRAHIM SOUSS : En d'autres termes, vous avez attendu que la victime fasse amende honorable, accomplisse le premier pas en direction du bourreau, pour que ce dernier condescende à engager un dialogue !

ZVI ELPELEG : Je trouve absolument inadmissible que vous présentiez Israël sous les traits d'un bourreau ! Vous n'êtes pas des victimes et ce pour des raisons sur lesquelles je ne reviendrai pas ! Je vous prie de modérer votre langage !

IBRAHIM SOUSS : Bon, essayons d'avoir recours au bon sens. Tentez un instant de vous mettre dans la peau d'un Palestinien, de percevoir l'histoire de ces dernières décennies telles qu'il les a vécues dans sa chair. Il a vu des vagues d'étrangers défiler sur sa patrie ancestrale, s'y installer en douceur ou par la violence, ériger un État qui n'a cessé de s'étendre jusqu'à absorber la totalité de la Palestine, un État d'exclusion puisqu'il a été fondé par des Juifs et pour des Juifs, régi largement selon les enseignements de la Torah. Ne comprenez-vous pas que la reconnaissance de la légitimité de cet État-là par des millions de Palestiniens, vivant sous le joug de l'occupation ou forcés à l'exil, entassés pour la plupart dans des camps de réfugiés, signifiait pour ces Palestiniens une profonde injustice supplémentaire ?

ZVI ELPELEG : Je vous poserai, à mon tour, une question : avez-vous jamais compris que les rescapés de l'Holocauste et de persécutions ne puissent pas tolérer qu'on ne leur reconnaisse pas le droit à une patrie, à la vie ?

IBRAHIM SOUSS : La tragédie vécue par les Juifs ne les dispense pas d'admettre les torts qu'ils ont infligés aux Palestiniens et d'accomplir des gestes généreux qui auraient certainement abrégé le conflit et accéléré l'ébauche du dialogue.

Heureusement que des Palestiniens et des Israéliens lucides n'ont pas attendu la reconnaissance réciproque d'Israël et de l'OLP pour se parler, discuter, essayer de se comprendre, parfois au risque de leur vie. Dans la plupart des cas, ce sont des Palestiniens qui ont pris l'initiative de ces contacts secrets.

Pardonnez-moi si je parle d'abord de mes premières expériences, de mes rapports avec des Juifs non israéliens de bonne volonté, qui ont contribué à m'ouvrir les yeux sur des réalités que j'ignorais et qui, en échange, ont compris la légitimité du mouvement national palestinien sans approuver forcément toutes ses méthodes et certains de ses objectifs. Je cite de mémoire Pierre Mendès France, Simone Veil, Jean Daniel, Léon Schwartzenberg, Daniel Barenboïm, Jacques Attali.

J'ai connu ce dernier chez des amis communs, bien avant l'avènement des socialistes au pouvoir, et nous sommes depuis restés liés. Sioniste éclairé, il a œuvré pour un rapprochement israélo-palestinien. En sa qualité de conseiller spécial du président Mitterrand, il a eu un rôle non négligeable dans la visite en France de Yasser Arafat en 1989. Son frère, Bernard Attali, m'a reçu peu après sa nomination à la présidence d'Air France pour m'informer qu'il maintiendrait la décision de son prédécesseur d'offrir, tous les ans, cinquante billets gratuits à des enfants palestiniens invités à passer leurs vacances en France.

Le chef d'orchestre Daniel Barenboïm, qui m'avait invité à dîner en compagnie d'Isaac Stern, qui est un des plus grands violonistes du siècle, et du cancérologue Léon Schwartzenberg. Ce dernier m'a profondément ému en me parlant des membres de sa famille, morts dans les camps de concentration nazis. J'ai été ravi ce soir-là de constater que mes trois compagnons étaient favorables à un dialogue entre Israël et l'OLP, à la création d'un État palestinien.

Le directeur du *Nouvel Observateur*, Jean Daniel, et Mme Simone Veil, figure marquante de la scène politique française, m'ont aidé par leur perspicacité et leur clairvoyance, par les propos apaisants qu'ils m'ont tenus.

J'ai été particulièrement impressionné par la sagesse de Pierre Mendès France avec lequel j'ai eu le privilège de m'entretenir à la fin des années soixante-dix. Il soutenait que les deux nationalismes, juif et arabe, n'étaient pas irréconciliables, même s'il est vrai que beaucoup de sang avait coulé de part et d'autre. Il fallait tourner la page, ajoutait-il, en recherchant un terrain d'entente, un compromis.

ZVI ELPELEG : Vous avez cette chance de communiquer avec une communauté juive tolérante. La diaspora palestinienne, par contre, ne manifeste pas à notre égard autant d'ouverture d'esprit...

IBRAHIM SOUSS : J'ai parlé de Juifs français, d'intellectuels, d'artistes, d'hommes politiques, pas de l'ensemble de la communauté juive dont les convictions sont hétérogènes. Beaucoup de ses membres, ceux originaires d'Afrique du Nord en particulier, nourrissent des ressentiments qui brouillent leur vision de l'avenir. Ils auraient sans doute voté pour les partis les plus extrémistes s'ils étaient des citoyens israéliens.

Si je devais comparer la communauté juive de France à celle des États-Unis, je dirais que cette dernière est beaucoup plus éclairée, plus pragmatique. C'est en Amérique que vous trouverez, aux côtés de l'AIPAC, le lobby juif institutionnel qui soutient le gouvernement israélien, quelles que soient sa couleur et sa politique, vous trouverez nombre d'organisations juives qui militent pour le dialogue avec l'OLP, pour la réconciliation de nos deux peuples. Ce sont des personnalités juives américaines, démocrates ou républicaines, qui se sont rendues à Stockholm il y a quelques années pour rencontrer Yasser Arafat. Pourtant toutes ces personnalités sont connues pour leurs convictions sionistes. Nous entretenons avec elles des relations suivies.

Quant à la diaspora palestinienne, vous avez raison. Son intransigeance était à la mesure de son éloignement et la durée de son exil. Les réfugiés de 1948, ceux originaires du territoire sur lequel a été fondé l'État d'Israël, étaient davantage imperméables à la conciliation que les réfugiés de 1967 qui avaient dû fuir la Cisjordanie et Gaza, plus souples puisqu'ils savaient qu'ils pourraient réintégrer leurs foyers si un État palestinien devait voir le jour. Les Palestiniens de Jordanie sont mieux disposés que ceux qui résidaient à des milliers de kilomètres de la Palestine, en faisant souche. C'est la règle, qui s'applique aussi bien aux Juifs qu'aux Palestiniens : plus on est loin des champs de bataille, plus on est bien intégré dans le pays d'adoption, et plus on est va-t-en-guerre! Tous comptes faits, ce sont les Palestiniens de Cisjordanie et de Gaza, souffrant de l'occupation et les premiers à avoir pris conscience de la pérennité de l'État d'Israël, qui sont les plus ardents défenseurs d'une paix équitable. La diaspora, dans sa majorité, a fini par se mettre au diapason des Palestiniens de l'intérieur.

ZVI ELPELEG : La diaspora juive évolue, elle aussi. Sa sympathie agissante reste acquise à Israël, ce qui ne l'empêche pas d'avoir un regard autre. Les images de la guerre du Liban, en particulier télévisées, ont indisposé beaucoup de Juifs. Cependant, nos coreligionnaires sont des citoyens de leur pays respectif et s'abstiennent de s'ingérer dans les affaires intérieures d'Israël.

IBRAHIM SOUSS : Comme beaucoup d'autres intellectuels palestiniens de la diaspora, j'ai eu l'occasion de faire connaissance non seulement avec des Juifs mais aussi avec des Israéliens, ce qui était doublement difficile pour un militant, puis un haut responsable de l'OLP. Les Israéliens m'évitaient, et les dirigeants arabes, pendant longtemps, interdisaient, selon un dogme en vogue à l'époque, toute relation avec un citoyen d'un pays ennemi.

J'avoue que je le faisais d'abord par curiosité, mais aussi parce que je voulais comprendre la mentalité, la psychologie de ceux contre lesquels nous nous battions. Les hasards de la vie m'ont conduit, au début des années soixante, à rencontrer une jeune et talentueuse pianiste qui, comme moi, poursuivait des études supérieures à l'École normale de musique à Paris. Israela Margalit a fait ultérieurement une très belle carrière de virtuose.

Par la suite, je me liai d'amitié avec des membres de l'organisation Matzpen, des trotskistes israéliens, des militants antisionistes, solidaires du mouvement palestinien sans en être des inconditionnels. Ils me donnèrent un aperçu du pluralisme israélien que je ne connaissais que par l'abstraction. Étant moi-même à l'époque dans la mouvance marxiste, je sympathisai avec eux, d'autant qu'ils militaient pour un État laïque multi-ethnique et multi-confessionnel, bref pour une Palestine unitaire et démocratique, analogue à celle qui figurait dans le programme politique de l'OLP. J'admirais leur courage. Un soir où l'un de leurs dirigeants, Eli Lobel, participait à une réunion publique, il fut agressé par un énergumène du Betar, mouvement juif d'extrême droite, qui tenta de le poignarder. Eli Lobel poursuivit, imperturbable, son discours. Il poursuivit son combat avant de se suicider quelques années plus tard.

Ironie du sort, j'ai connu, à la même époque, un Israélien qui se voulait plus antisioniste que moi, le célèbre Israël Shahak. A l'issue d'une conversation que nous avions eue, il me traita de « traître à la cause palestinienne ». Israël Shahak est un homme que je respecte car, tout en étant un rescapé des camps d'extermination nazis, il a réussi à échapper aux démons d'un nationalisme irrationnel. Cependant, je ne pouvais reprendre à mon compte ses comparaisons, à mes yeux outrancières, entre certains comportements des autorités israéliennes et celui des nazis.

Chalom Cohen fut le premier Israélien de l'*establishment* que j'ai connu. Éric Rouleau nous avait discrètement réunis chez lui en 1972. Célèbre journaliste, il fut l'un des chefs d'un mouvement sépharade, les Panthères Noires, avant d'être élu député. Sioniste, il militait pour l'égalité entre ashkénazes et sépharades, pour la reconnaissance des droits nationaux du peuple palestinien. Je l'ai souvent revu jusqu'à sa mort en 1993. Je lui suis reconnaissant de m'avoir montré le visage d'un sionisme tolérant et fraternel.

Toujours à la même époque, Danièle Eyquem, journaliste à l'Agence France-Presse, m'a présenté à un autre journaliste et écrivain, Amos Kenan, dont la causticité de l'expression ne pouvait masquer son profond humanisme. Lui aussi militait, dans ses écrits et ses conférences, en faveur de la liberté des Palestiniens.

Zvi Elpeleg : Amos Kenan, que je compte parmi mes proches amis, est en effet très populaire parmi les Palestiniens. J'ai pu le constater un jour que nous visitions ensemble Gaza, où il a été acclamé sur son passage par la population. Amos Kenan est respecté par les Israéliens qui se demandent néanmoins pourquoi il n'a pas d'équivalent dans le monde arabe. Pourriez-vous m'expliquer cette anomalie ?

Ibrahim Souss : Il n'y a pas d'anomalie, seulement de grandes différences de situations. Il n'y a pas, en effet, de réplique exacte d'Amos Kenan parce que aucun pays arabe n'occupe une partie d'Israël et n'opprime son peuple. En revanche, il y a d'innombrables arabes qui militent pour une paix juste avec Israël. Aujourd'hui, c'est courant et bien connu de tous. Hier, quand les États arabes étaient hostiles à tout règlement, les intellectuels qui y étaient favorables, à certaines conditions, étaient persécutés, emprisonnés, parfois pendus, parce qu'ils étaient aussi des militants de la démocratie. Les Amos Kenan israéliens n'ont jamais connu de tels risques.

Quant aux Palestiniens, nombre d'entre eux se sont distingués par leur courage, notamment en rencontrant en secret des Israéliens pour rechercher un terrain d'entente. Certains ont payé de leur vie, comme Issam Sartaoui et Saïd Hammami, assassinés, pour ne citer que les plus connus parmi eux.

C'est en 1974, à Londres, que je vis pour la première fois Saïd Hammami, qui représentait l'OLP en Angleterre. Nous sympathisâmes d'emblée et nous nous fîmes des confidences. Saïd me confia qu'il avait noué des relations avec des Israéliens, qu'il se garda bien de désigner. L'idée avait germé dans son esprit dès la fin des années soixante quand il comprit qu'une complicité de fait s'était établie entre Israéliens et certains régimes arabes pour empêcher toute solution du problème palestinien. Les premiers pour ne pas avoir à consentir des concessions et préserver la cohésion du nouvel État, les seconds pour entretenir une psychose anti-israélienne qui servait d'exutoire à leur peuple respectif. Hammami ajoutait qu'il était du devoir impératif des patriotes palestiniens de briser cette alliance en jetant les bases d'une entente avec les Israéliens de bonne volonté. Il fallait dès lors initier un dialogue avec tous ceux qui y étaient disposés.

Quand je lui fis part de mes propres contacts secrets avec Chalom Cohen, Amos Kenan, et divers autres intellectuels et journalistes israéliens, il m'en félicita chaleureusement et me demanda de poursuivre dans cette voie.

Issam Sartaoui a assisté en 1978 à la levée du corps de Saïd Hammami mais s'éclipsa du cimetière de crainte d'être assassiné à son tour. Il était d'ailleurs persuadé qu'il serait la prochaine victime après que des fuites eurent révélé qu'il tenait des réunions secrètes à Paris avec des membres du Conseil israélien pour la paix, notamment avec Uri Avnery, célèbre publiciste et membre de la Knesset, le général Matti Peled, l'un des héros de la guerre de juin 1967, et Yaacov Arnon, ancien directeur général du ministère des Finances.

Le cas de Sartaoui était très différent de celui de Saïd Hammami (bien que celui-ci entretienne lui aussi des relations avec le Conseil israélien pour la paix dès 1974) dans la mesure où Sartaoui avait été chargé personnellement par Yasser Arafat de discuter avec les Israéliens des conditions d'un éventuel règlement.

Plusieurs séances de travail ont eu lieu entre Sartaoui et ses interlocuteurs israéliens durant l'été et l'automne 1976. Il les avait informés, entre autres, des dispositions de Yasser Arafat à reconnaître Israël. Avec l'autorisation de Sartaoui, les trois Israéliens tinrent au courant Itzhak Rabin, alors Premier ministre, des propos recueillis. Rabin manifesta sa désapprobation en faisant remarquer que tout dialogue avec l'OLP ne pouvait déboucher que sur un État palestinien. Il ne donna aucune suite aux propositions de paix d'Arafat, fondées sur une reconnaissance réciproque formulée il y a dix-sept ans.

Ce qui n'empêcha pas Yasser Arafat de poursuivre sa quête de dialogue. Il reçut en avril 1982, dans

Beyrouth assiégé par l'armée israélienne, Uri Avnery, qui vint le revoir l'année suivante à Tunis. D'autres Israéliens, membres du camp de la paix, défilèrent dans la capitale tunisienne...

ZVI ELPELEG : Certes, mais Yasser Arafat recevait ce type d'hommes pour favoriser les divisions entre Israéliens. Il s'agissait à l'époque d'une manœuvre et non pas d'un geste de conciliation.

IBRAHIM SOUSS : Première nouvelle ! Je n'ai jamais entendu un Palestinien, quel que fût son rang dans la hiérarchie de l'OLP, soutenir que le dialogue avec des Israéliens était destiné à les diviser ! Le seul critère retenu, à l'époque, était d'ordre politique. Nous avions reçu des directives pour prendre contact avec les seuls Israéliens qui reconnaissaient les droits légitimes du peuple palestinien. Depuis les choses ont beaucoup évolué.

Je vous en donnerai quelques illustrations parmi tant d'autres. Fin 1979, alors que je déjeunais au restaurant *La Gauloise* avec le député Jean-Pierre Pierre-Bloch, celui-ci me demanda à brûle-pourpoint si Arafat accepterait de rencontrer Menahem Begin, alors Premier ministre israélien. Je lui répondis aussitôt que la réponse serait affirmative mais qu'il me fallait quand même consulter Arafat. Celui-ci ne tarda pas à me donner le feu vert. Jean-Pierre Pierre-Bloch n'a cependant donné aucune suite à son initiative. Il était évident que Begin, tout comme ses successeurs, du Likoud ou du parti travailliste, n'entendait pas engager un quelconque dialogue avec l'OLP. Je vous rappelle que cette même année de 1979 était celle du traité de paix israélo-égyptien, que Begin avait signé avec l'espoir de conserver la Cisjordanie et Gaza.

Je me souviens encore de mes multiples tentatives non pas de rencontrer l'ancien ambassadeur d'Israël, M. Ovadia Soffer, mais seulement d'avoir un débat avec lui à la télévision, ce qui me paraissait correspondre aux normes démocratiques. Ovadia Soffer atteignait la frontière du ridicule en exigeant *primo* que je ne sois pas assis dans le même studio que lui, *secundo* qu'aucun dialogue direct ne s'engage entre nous. Le journaliste de la télévision devait se résigner à conduire deux interviews parallèles, en posant des questions identiques et successives à Ovadia Soffer et à moi-même. Votre ambassadeur s'est opposé, à une autre occasion, à ce que je sois présent à une conférence publique que donnait l'un de vos ministres. C'est dire à quelles aberrations peuvent conduire le dogmatisme du refus et la logique de guerre.

Je dois à la vérité d'ajouter qu'un certain nombre de personnalités israéliennes n'ont pas adhéré à cette logique. Je citerai deux cas sans citer leur nom, dans un souci de discrétion. Le maire d'une ville israélienne, appartenant au parti Likoud, m'avait proposé une rencontre, avant de se rétracter, malgré l'autorisation qu'il avait obtenue de l'un des dirigeants de son parti, M. David Levy. Par ailleurs, il y a quatre ou cinq ans, un homme politique, travailliste cette fois-ci, ancien ministre, avait lui aussi renoncé à rencontrer Abou Iyad à Paris, de crainte que le secret ne soit pas gardé.

La peur de ces personnalités est compréhensible. La loi scélérate interdisant aux Israéliens tout contact avec un membre de l'OLP, amendée depuis peu, prévoyait de sévères peines de prison. Pour ma part, je n'ai même pas eu besoin de demander l'autorisation de ma hiérarchie pour engager avec vous un dialogue aux fins de publication.

ZVI ELPELEG : La loi à laquelle vous vous référez a été introduite par un gouvernement du Likoud, dirigé par Itzhak Shamir, et amendée par l'équipe travailliste qui lui a succédé. Je ne risque, donc, aucune sanction pour avoir accepté de publier ce livre d'entretiens avec vous. Cette mesure de libéralisation est à l'image d'un nouveau climat politique qui s'est créé après la reconnaissance d'Israël par l'OLP et l'ouverture de négociations israélo-arabes.

IBRAHIM SOUSS : Non, nous sommes loin du compte. Yasser Arafat, s'adressant aux Israéliens sur les écrans de leur télévision, leur a proposé « la paix des braves »; il a offert de rencontrer Itzhak Rabin à cet effet. Votre Premier ministre n'a pas jugé utile de donner une suite favorable à l'une ou à l'autre proposition. Votre gouvernement, comme le précédent, pourtant ultranationaliste, persiste dans son refus de reconnaître la légitimité de l'OLP en tant que représentant du peuple palestinien, alors que 110 États l'ont déjà fait. Pourquoi ?

ZVI ELPELEG : Dans la pratique, et vous le savez parfaitement bien, Israël négocie avec des représentants patentés de l'OLP. Les délégués palestiniens aux pourparlers bilatéraux ou multilatéraux ne s'en cachent même plus. Ils se rendent au grand jour à Tunis pour consulter les dirigeants de l'OLP et recevoir des directives. Itzhak Rabin a admis que c'est moins l'OLP que Yasser Arafat lui-même qui posait problème.

L'actuel président de la délégation palestinienne, M. Fayçal Husseini, a rencontré, à mon domicile, M. Shimon Peres, avant même l'ouverture des négociations de Madrid. La conversation s'est déroulée partiellement en hébreu, langue que le leader palestinien maîtrise et qu'il utilise exclusivement quand il s'adresse à un public israélien, à la télévision ou dans les réunions publiques.

L'entretien entre les deux hommes était empreint d'une certaine cordialité, bien que Fayçal Husseini reprochât à Israël son attitude dans les négociations qui devaient s'engager quelques mois plus tard. Il se plaignait notamment de l'une des conditions posées par Israël, à savoir l'exclusion de la délégation palestinienne de tout résident de Jérusalem, lui-même compris. Il n'imaginait pas à l'époque que non seulement il serait intégré dans la délégation mais qu'il en deviendrait aussi le chef.

Cette rencontre, que j'avais organisée dans le plus grand secret, a été fructueuse à plus d'un égard. Shimon Peres m'a dit ultérieurement que les propos tenus par Fayçal Husseini l'ont confirmé dans sa conviction que le mouvement national palestinien était devenu une réalité incontournable. Et il ajoutait : « Dommage que les Palestiniens n'aient pas un Ben Gourion pour les diriger ! »

On peut donc constater que les choses évoluent dans la bonne direction, que l'OLP ne devrait pas désespérer d'une reconnaissance formelle. Vous auriez tort, à mon avis, de vouloir précipiter les choses.

IBRAHIM SOUSS : Je pense, pour ma part, qu'il n'est dans l'intérêt de personne de freiner le processus de la paix. L'OLP a, à cet égard, assumé pleinement ses responsabilités. C'est la première fois dans l'histoire, sauf erreur, qu'une organisation qui n'a pas d'assise territoriale reconnue soit dotée d'une direction exerçant une autorité morale aussi grande sur son peuple.

Le cas est, en tout cas, unique dans le monde arabe, où de nombreux régimes établis ne bénéficient de peu ou d'aucune légitimité populaire. Pour beaucoup d'Arabes, l'OLP constitue une référence démocratique puisqu'elle rassemble les Palestiniens de tous bords, représentés au sein de ses organes législatifs et exécutifs. L'OLP (que Itzhak Rabin compare à l'Agence juive d'avant la création de l'État d'Israël) est un moyen et non une finalité. Elle cédera la place à des partis politiques quand nous aurons notre État indépendant.

ZVI ELPELEG : C'est aux Palestiniens d'en décider. En attendant, je suis persuadé que les représentants de l'OLP gagneront amplement les élections quand celles-ci auront lieu dans les territoires occupés, pendant la période transitoire. Et je m'en réjouirai, car tel est l'intérêt bien compris des Israéliens. J'ai souvent dit à mes compatriotes que si l'OLP n'existait pas il aurait fallu l'inventer en y mettant à sa tête Yasser Arafat.

En effet, il est tout autant normal d'agir pour affaiblir un ennemi qui cherche à vous détruire que de souhaiter le renforcement de l'autorité d'un partenaire qui négocie avec vous. Il y va de la validité et de la pérennité des accords qui seraient conclus. C'est pourquoi les Israéliens devraient veiller à ne pas réduire la crédibilité d'Arafat et de son organisation. Cela dit, je ne comprends vraiment pas pourquoi Arafat, qui passe pour être un homme avisé et prudent, s'est laissé enfermer dans le piège de la crise du Golfe. Pourquoi a-t-il cautionné l'agression commise par l'Irak contre le Koweit et, du coup, la dictature de Saddam Hussein ?

11

L'OLP FACE À LA CRISE DU GOLFE

IBRAHIM SOUSS : La position de l'OLP dans la crise du Golfe a été déformée par les médias occidentaux. Dès le premier jour, la direction de notre organisation, collectivement et par des déclarations individuelles, s'est prononcée contre l'occupation du Koweit. Elle avait clairement expliqué qu'elle ne pouvait pas admettre une occupation davantage qu'une autre. Notre peuple a ressenti une profonde frustration devant l'indignation suscitée en Occident par le drame koweitien alors qu'il n'avait manifesté qu'indifférence cynique à l'égard de la tragédie palestinienne pendant plus d'un quart de siècle.

Nous pratiquons dans nos rangs la démocratie, comme je viens de l'indiquer, et nous ne nourrissions pas une sympathie particulière pour le régime de Saddam Hussein. Aviez-vous jamais vu ou entendu, avant la crise du Golfe, des manifestations de soutien en faveur de l'Irak ?

Les Palestiniens ont constaté que les États-Unis, si souvent indulgents pour les occupants israéliens, avaient dans l'heure volé au secours des Koweitiens, mobilisant l'opinion mondiale et le Conseil de

Sécurité au service de la politique américaine. Celle-ci était motivée essentiellement par la défense d'intérêts pétroliers. Les Palestiniens ne pouvaient pas être aux côtés de l'unique superpuissance mondiale dans une telle croisade. Yasser Arafat devait tenir compte des sentiments de son peuple. Et ne pouvant s'identifier à l'un ou à l'autre camp en présence, il offrit aux deux ses bons offices. C'est cette position qui a été interprétée par les médias occidentaux comme étant favorable à l'Irak. Les États-Unis, d'ailleurs, n'avaient que faire d'un intermédiaire puisqu'ils ne souhaitaient pas de conciliation.

Yasser Arafat avait offert ses bons offices en croyant que les deux parties lui en sauraient gré. Les Américains, pensait-il, avaient apprécié le rôle de l'Irak comme rempart contre l'Iran khomeiniste, et ne souhaitaient donc pas déstabiliser le régime de Saddam Hussein. Le comportement des États-Unis jusqu'à ce jour confirme d'ailleurs l'opinion de Yasser Arafat, qui ne croyait pas en conséquence que Washington irait jusqu'à la guerre. Il était tout autant persuadé que Saddam Hussein saurait se replier avant d'atteindre le bord du gouffre. La voie de Yasser Arafat paraissait dès lors toute tracée : ayant condamné l'occupation du Koweit, il se sentait à l'aise pour inciter les États-Unis à régler le problème par des moyens pacifiques. Mais, se rendant compte un mois avant la guerre qu'il s'était trompé, il tenta de convaincre Saddam Hussein de céder aux injonctions américaines. Le chef de l'État irakien, égaré par ses propres conseillers, qui avaient peur de lui dire ce qu'il ne souhaitait pas entendre, cessa d'écouter Yasser Arafat.

Ce fut pourtant largement grâce à Yasser Arafat que Saddam Hussein relâcha les otages occidentaux, grâce à lui encore que l'Irak participa, au début de la crise, au « sommet » de la Ligue arabe, au cours duquel on rechercha, il est vrai en vain, un terrain de compromis. Dommage ! Si les États-Unis n'étaient pas déterminés à en découdre, la médiation de la Ligue et les bons offices d'Arafat auraient fini par déboucher sur une solution satisfaisante et pacifique !

ZVI ELPELEG : Arafat était-il aussi désintéressé que vous le prétendez ? N'avait-il pas épousé la thèse de Saddam Hussein selon laquelle l'évacuation du Koweit et celle des territoires occupés par Israël étaient indissociables ? Ne cherchait-il pas une solution pacifique pour épargner l'armée et le formidable arsenal que possédait l'Irak, menaçant ainsi Israël ? Arafat, à mes yeux, ne s'était pas consacré brusquement à la philanthropie, à la recherche bénévole de la paix...

IBRAHIM SOUSS : Ses motivations étaient sans doute multiples ; autrement il ne serait pas un homme d'État proche des aspirations de son peuple. Il n'est pas douteux qu'il ne souhaitait pas que le déséquilibre militaire, en faveur d'Israël, ne s'aggrave davantage. En dernière analyse, l'effet dissuasif de l'armée irakienne, aussi modeste qu'il fût, aurait contribué à modifier tant soit peu le rapport de forces autour de la table des négociations israélo-arabes, facilitant ainsi la conclusion d'un compromis acceptable pour les deux parties. Et à supposer que la crise du Golfe eût débouché sur un règlement global de tous les conflits au Moyen-Orient, comme l'avait suggéré le président Mitterrand, je ne vois pas en quoi cela serait négatif. Encore qu'Arafat, réaliste comme il est, n'a pas pu avoir l'illusion que l'on réussirait à lier la libération du Koweit à celle de la Cisjordanie et de Gaza...

Zvi Elpeleg : En quoi ces calculs militaro-politiques autorisent-ils le tir par l'Irak de missiles Scud sur les populations civiles à Tel-Aviv, à Haifa et ailleurs ? Pas un seul de ces engins meurtriers n'a atteint une cible militaire. Comment les Israéliens auraient-ils pu ne pas être doublement choqués d'être, d'une part, bombardés et de voir, d'autre part, sur leurs écrans de télévision, l'explosion de joie dans les territoires, les Palestiniens se réjouir bruyamment toutes les fois qu'un Scud semait la mort ?

Les Palestiniens ont toujours été hantés par un espoir tout aussi tenace que chimérique. Ils rêvent de l'émergence d'un Saladin des temps modernes qui les vengerait, qui leur rendrait terre, honneur et considération. Ils rêvent d'un homme providentiel qui, à la tête des masses arabes allant de l'Atlantique au golfe Persique, l'emporterait sur l'Occident, en particulier sur l'Amérique impérialiste. Or, les Palestiniens n'ont pas besoin, pour retrouver leur liberté, d'un conquérant mais d'un homme d'État qui les conduirait à la paix et à la modernité. Un Arafat collaborant avec un Saddam Hussein fait peur. Les Israéliens se sont dit qu'il n'est pas possible de s'entendre avec lui, de lui faire confiance même s'il devait conclure la paix.

Dans votre exposé, vous essayez de justifier le comportement d'Arafat pondant la crise du Golfe. Vous faites fausse route. Tous les êtres humains sont susceptibles de se tromper. Je ne vois pas en quoi il serait déshonorant d'admettre qu'Arafat a commis une grossière erreur d'appréciation, que les Palestiniens ont eu tort de se réjouir du malheur israélien.

IBRAHIM SOUSS : Rassurez-vous, je n'ai pas attendu vos critiques pour condamner d'emblée le tir de Scuds sur Israël et désapprouver les réactions instinctives et irrationnelles de mes compatriotes dans les territoires occupés. C'est du domaine public puisque j'ai fait des déclarations dans ce sens à la presse et à la télévision. Pourtant, je les comprends comme vous. Ayant été opprimés pendant plus de vingt-cinq ans, ils avaient cru, à tort, que Saddam Hussein avait la volonté et les moyens de les délivrer. Mais je le répète : rien ne justifie ni les missiles ni la joie qu'ils ont suscitée. Il n'en reste pas moins que la propagande israélienne a exploité à fond ces événements pour déconsidérer Arafat, l'OLP et la cause palestinienne en soi. Je le déplore, mais je comprends que c'est de bonne guerre !

ZVI ELPELEG : Votre réponse n'est pas convaincante. Je m'élève une fois de plus contre votre affirmation que les Palestiniens dans les territoires sont opprimés, humiliés, manière de justifier les réjouissances scandaleusement indécentes auxquelles ils se sont livrés, d'ailleurs impunément. Plutôt que de les excuser, vous auriez dû exprimer votre honte !

Ibrahim Souss : Vous déformez mes propos. Je n'ai à aucun moment justifié mais seulement expliqué la réaction de mes compatriotes. Il n'est pas interdit de réfléchir et d'analyser une situation donnée, même si elle vous déplaît.

Quoi qu'il en soit, les Israéliens non plus n'ont pas de quoi se féliciter de la guerre du Golfe, malgré la destruction du potentiel militaire de l'Irak et sa défaite. La victoire des puissances coalisées n'a pas été celle d'Israël pour une raison facile à comprendre : non seulement votre peuple n'a pas participé à la guerre mais il a été démontré par la même occasion qu'Israël ne constitue plus, comme autrefois, un atout stratégique pour les États-Unis.

Au total, s'il est vrai que l'OLP est sortie perdante de cette guerre, Israël en émerge affaibli.

Zvi Elpeleg : Certes, Israël a été écarté de la guerre pour ne pas briser la coalition des puissances occidentales avec des peuples arabes qui ne voulaient pas être accusés d'être les « alliés des sionistes ». Et même s'il est vrai que le prestige militaire d'Israël a été ainsi entamé, cela n'a aucune importance. L'alliance stratégique israélo-américaine demeure solide.

12

DES MYTHES ET DES MÉFIANCES

IBRAHIM SOUSS : Au-delà des stratégies internationales et de leurs conséquences régionales – qui ont contribué à prolonger le conflit entre nos deux peuples – pourquoi ne pas admettre, vous et moi, que des phénomènes purement locaux, d'ordre politique, culturel, psychologique, ont alimenté la peur de l'autre et, partant, la méfiance et la haine ?

« Les Arabes veulent seulement jeter les Juifs à la mer », tel a été le leitmotiv pendant des décennies de nombre de vos dirigeants et de vos publicistes qui avaient ainsi réussi à terroriser les Israéliens tout en mobilisant l'opinion mondiale à leurs côtés. Ceux qui s'aventuraient à seulement rappeler qu'Israël est une redoutable puissance militaire, dotée de la bombe atomique, étaient considérés comme des rêveurs ou, pis encore, des traîtres.

ZVI ELPELEG : Vous vous référez à une époque révolue. Dès le début de ce siècle et jusqu'à notre victoire fulgurante en 1967, la peur étreignait les Israéliens. Les émeutes arabes, les razzias, les massacres dont les colons juifs étaient les victimes, avant la création de l'État, n'avaient rien de rassurant, admettez-le. Pas plus que les déclarations d'hommes politiques arabes, à la veille de la guerre des six jours, que vous qualifiez aujourd'hui de rodomontades, n'étaient conçues pour convaincre les Israéliens qu'ils n'étaient pas menacés d'extermination. Même Ben Gourion en était persuadé. « Si nous perdions une guerre, disait-il, ce serait la fin de l'État d'Israël. » Cependant, ce mythe s'est progressivement évanoui.

IBRAHIM SOUSS : Un mythe analogue a longtemps paralysé de peur les Arabes, celui de l'invincibilité d'Israël. Il s'est écroulé en octobre 1973 après les premières victoires des armées égyptiennes et syriennes respectivement dans le Sinaï et le Golan. Les revers qu'elles ont subis dans la deuxième phase de la guerre n'ont pas ressuscité le mythe puisque la preuve avait été faite que les forces israéliennes n'étaient pas toujours et partout victorieuses.

Israël, autant le dire, ne s'est pas privé, pour des raisons évidentes, de nourrir la légende chez les Arabes du Juif Superman. Vos généraux claironnaient que jamais un soldat égyptien ne réussirait à franchir la ligne Bar-lev le long du canal de Suez. Les exploits de vos services de renseignements, largement médiatisés, laissant croire que rien ni personne ne leur échapperait. Or, nous avons découvert avec émerveillement, lors du siège de Beyrouth, en 1982, par l'armée israélienne, que le Mossad ignorait à peu près tout de nos infrastructures.

La technologie israélienne, répétait-on complaisamment dans nos rangs, était comparable à celles des puissances occidentales les plus avancées. Le lobby juif aux États-Unis n'était pas aux yeux des Arabes un groupe de pression influent seulement, mais un véritable pouvoir occulte qui dictait ses quatre volontés au Congrès et à la Maison-Blanche. Bref, Israël était tout-puissant et invincible.

Tout un chacun pouvait mesurer l'évolution prodigieuse des mentalités arabes en prenant connaissance, il y a peu, d'une déclaration du chef de la délégation syrienne aux négociations avec Israël, affirmant que le gouvernement de Damas tiendrait compte des « exigences légitimes de sécurité de l'État d'Israël ». C'est la première fois, sauf erreur, que la Syrie admettait qu'Israël pouvait nourrir des préoccupations, de surcroît légitimes, quant à sa sécurité.

ZVI ELPELEG : Pour vous, le Juif était le Superman, mais pour nous l'Arabe était l'antisémite invétéré, l'émule des nazis. Cette image s'est ancrée d'autant plus aisément que notre peuple est marqué par des siècles de persécutions, que les rescapés des camps d'extermination sont encore sous le coup de l'effroyable traumatisme qu'ils ont subi. N'ayant jamais connu un Arabe de leur vie, pour la plupart, ils l'identifiaient spontanément à l'ennemi absolu. Mon propre père figure parmi eux jusqu'à ce jour. Le général Harkabi, ancien chef des renseignements, avait produit une abondante littérature, fondée sur de nombreux documents contemporains mais aussi sur le Coran, pour démontrer que le combat des Arabes était fondé sur la haine des Juifs. Homme d'une grande intégrité, le général Harkabi a, depuis, rectifié sa vision et son analyse pour militer en faveur de la réconciliation et la paix entre Israël et les Arabes.

IBRAHIM SOUSS : Ces perceptions manichéennes ne manquaient pas non plus chez les Arabes. Jusqu'au début des années soixante-dix, les Palestiniens jugeaient les Israéliens, tous les Israéliens, comme étant en bloc le mal absolu. Ils ne distinguaient pas les sionistes de droite des sionistes de gauche, les expansionnistes des partisans du partage de la Palestine en deux États, les va-t-en-guerre des pacifistes.

Progressivement, les Palestiniens – qui ignoraient à peu près tout des persécutions séculaires qu'ont connues les Juifs, y compris les crimes nazis – ont pris conscience du mal qui rongeait les Israéliens, des angoisses qui motivaient souvent, trop souvent à notre goût, leur comportement. Nous avons appris à distinguer chez eux le rationnel de l'irrationnel, le cynisme des uns de la sincérité des autres. La société israélienne a été rendue à sa vraie nature, à son identité plurielle et pluraliste.

Face à cette puissance militaire omnipotente qu'était Israël à leurs yeux, les Arabes ont choisi de nier la réalité, l'existence même de l'État d'Israël. Le mythe consistait à ne voir qu'une entité « sioniste », un « État présumé », comme si le travestissement de la vérité suffisait à exorciser une race de Martiens venus coloniser la Palestine.

Le temps a, heureusement, fait son œuvre. Les Palestiniens, dans leur grande majorité, sous l'impulsion et la direction de l'OLP, ont fini par reconnaître l'État d'Israël et ses droits légitimes. Ils attendent maintenant la réciprocité.

ZVI ELPELEG : La négation de l'identité palestinienne, bien qu'équivalente au rejet de l'État d'Israël chez les Arabes, a pris chez nous une forme plus subtile. Elle consistait à soutenir que les Arabes, « de l'Atlantique au Golfe », ne constituaient qu'une seule et même nation, dans laquelle se confondaient ceux qui se faisaient appeler des Palestiniens. On s'étonnait, dès lors que ces derniers puissent revendiquer une terre, une patrie, un État. Pourquoi les États arabes refusaient-ils d'intégrer les réfugiés palestiniens, ne s'assimilaient-ils pas à leurs frères ?

En fait, les Israéliens avaient repris à leur compte le credo des panarabistes qui, dès le début de ce siècle, du chérif Hussein de La Mecque à l'Égyptien Gamal Abdel Nasser en passant par les fondateurs syro-libanais du parti Baas, revendiquaient l'unification des États arabes en faisant valoir la continuité territoriale ainsi que la communauté de langue, de culture, de religion et d'histoire de leurs peuples. La « balkanisation » du monde arabe ayant été l'œuvre des puissances impérialistes prendrait fin avec la défaite de celles-ci, soutenaient les théoriciens du panarabisme.

Dans leur ignorance, les Israéliens se rallièrent involontairement à cette thèse puisqu'ils perçurent longtemps les Arabes comme une seule ethnie, une peuplade « asiatique », alors qu'ils se considéraient eux-mêmes comme étant des « Européens ». Cette double erreur d'appréciation a, bien entendu, ajouté une barrière supplémentaire entre nos deux peuples.

IBRAHIM SOUSS : Cela explique la condescendance que nombre d'Israéliens témoignent envers les Palestiniens. Les « Européens » ne sont-ils pas supérieurs aux « Asiatiques » ? Les colons juifs dans les territoires occupés, certains de vos officiers et de vos hommes politiques affichent, eux, une arrogance qui frise le racisme à notre égard. Rassurez-vous, je ne confonds par Arik Sharon avec Ezer Weizman, ou bien Itzhak Shamir avec Shimon Peres. Il n'en reste pas moins que le commun des mortels parmi les Palestiniens conserve le souvenir amer de déclarations et de comportements qui blessent profondément leur dignité.

ZVI ELPELEG : Il y a du vrai dans ce que vous dites, mais il faut garder à l'esprit que les Israéliens d'aujourd'hui ne sont pas ceux d'il y a dix, vingt ou quarante ans. Ils ont réalisé, à l'épreuve de l'expérience, la diversité et la spécificité des peuples arabes, leur enracinement dans les États, jaloux de leur indépendance et de leurs intérêts respectifs. C'est donc un progrès notable dans la mesure où les Palestiniens sont considérés comme ayant une personnalité distincte et, partant, des droits comme tout autre peuple.

Cela dit, les préjugés et les stéréotypes ne disparaissent pas rapidement. On les retrouve chez nous dans le langage populaire. On entend dire, par exemple, « ne te comporte pas comme un Asiatique ! », ou bien « c'est du travail arabe ! », (c'est-à-dire mal accompli), ou bien encore « la parole d'un Arabe ne vaut pas un clou ! ». Ce n'est pas l'effet du hasard si les Israéliens, qui s'étaient réjouis du traité de paix avec l'Égypte, n'en demeurent pas moins sceptiques quant à sa pérennité. Aujourd'hui encore, beaucoup d'Israéliens vous diront qu'il ne faut pas faire confiance à Arafat quelles que soient les promesses qu'il ferait à Israël.

Chez nous, comme chez vous, les mythes ont la vie dure! Tenez, par exemple, la plupart des Arabes, à ma connaissance, ont la ferme conviction que l'on peut lire sur le fronton de la Knesset, gravé dans la pierre, l'inscription « Israël, du Nil à l'Euphrate... ».

IBRAHIM SOUSS : Il ne s'agit pas d'un mythe! Il y a des témoins oculaires et de nombreux livres s'y réfèrent...

ZVI ELPELEG : C'est quand même une fable inventée de toutes pièces. Les témoins oculaires, comme vous dites, n'y changeront rien. Je me souviens encore qu'en 1967 des officiers égyptiens, prisonniers de guerre, avaient été conduits à la Knesset afin qu'ils puissent constater de visu que l'inscription incriminée était inexistante. A l'issue de la visite, certains d'entre eux ont déclaré à la presse qu'à leur avis elle avait été retirée, provisoirement sans doute...J'ai sous les yeux une lettre que m'a adressée M. Abdel Wahab Darawsha indiquant qu'il n'a jamais vu une telle inscription à la Knesset. Or, il est palestinien et député. Son témoignage vous suffit-il ?

IBRAHIM SOUSS : C'est de la propagande israélienne. Quoi qu'il en soit, fable ou réalité, cette inscription reflète bien vos conquêtes et vos ambitions...

ZVI ELPELEG : Vous prenez les Israéliens pour des gens stupides ! D'abord, vous semblez croire qu'ils ont l'intention d'annexer une bonne partie du monde arabe, de l'Égypte à l'Inde, tout en affichant leur objectif sur le fronton de leur Parlement. C'est vraiment insensé !

Cette légende a des origines historiques et politiques à mon avis. Haj Amin El Husseini, qui devait prendre la direction du mouvement national palestinien, avait constaté au début des années vingt que le combat contre les sionistes était désespérément inégal. D'un côté, les Juifs instruits, motivés, disposant de fonds considérables et des appuis internationaux et, de l'autre, des Palestiniens pauvres, illettrés dans leur quasi-totalité, dominés par une poignée de familles féodales tout autant arriérées.

Il cherchait à réduire le déséquilibre du rapport des forces, à s'assurer le soutien d'alliés. Et à qui, donc, pouvait-il s'adresser sinon aux « frères » arabes et, d'une manière plus générale, aux coreligionnaires musulmans ? Il lui fallait, donc, impliquer les uns et les autres dans le conflit. Il s'y est pris, très habilement, de deux manières complémentaires.

Il sillonna les pays de la région, envoya de multiples émissaires pour propager l'idée que les sionistes voulaient s'approprier, avec l'aide des puissances occidentales, non seulement la Palestine mais l'ensemble du monde arabe. Le projet d'un empire juif pointait à l'horizon et pour le faire avorter il fallait être solidaire des Palestiniens, la première victime désignée.

Haj Amin avança des arguments sinon rationnels du moins plausibles aux yeux d'une opinion plutôt crédule. N'oubliez pas que nous étions dans les années vingt ! C'est ainsi que le leader palestinien expliquait inlassablement que les Juifs voulaient l'Égypte parce qu'ils y avaient résidé et construit, au prix de leur sang, les pyramides ; qu'ils estimaient que le Sinaï leur appartenait puisque le Seigneur l'avait choisi pour se révéler à Moïse et lui remettre les Tables de la Loi. Il en allait de même pour la péninsule arabe, de laquelle avaient été chassées les tribus juives par le prophète Mahomet et ses fidèles, dont elles refusaient d'embrasser la foi. Les Juifs, toujours selon Haj Amin, considéraient l'Irak comme leur propriété puisqu'ils en avaient fait leur refuge et leur patrie de rechange après la destruction du Premier Temple il y a quelque 2 500 ans.

Haj Amin El Husseini, qui fut désigné mufti de Jérusalem, chef suprême des musulmans palestiniens, était bien placé pour appeler à l'aide ses coreligionnaires, au-delà du monde arabe. Auprès de ceux-là, ses émissaires et lui-même soutenaient que la grande mosquée de Jérusalem, Al Masjed Al Aqsa, troisième lieu saint de l'Islam après La Mecque et Médine, était menacée de disparition. Les sionistes, à les en croire, étaient décidés à la détruire pour reconstruire le Temple de Salomon. Le cri d'alarme lancé par Haj Amin eut un très grand retentissement au cours des années trente, dans l'ensemble du monde musulman. Le mufti de Jérusalem est parvenu ainsi à recueillir des fonds considérables pour restaurer les deux grandes mosquées de la Ville sainte, celles d'Al Aqsa et d'Omar. Il a aussi et surtout réussi à mobiliser la solidarité du monde musulman avec les Palestiniens.

J'avoue que je suis atterré par la survivance des mythes, par l'influence profonde qu'ils peuvent avoir sur les esprits et les comportements. Qu'importe, en dernière analyse, si l'inscription « Israël, du Nil à l'Euphrate » ait figuré ou non sur le fronton de la Knesset. Je me dis que si des intellectuels palestiniens, tout autant que des paysans illettrés, ont la ferme conviction qu'Israël nourrit des ambitions impériales, il est de notre devoir, nous les Israéliens, d'entreprendre un travail politique en profondeur pour démystifier l'image que l'on a réussi à nous imposer.

IBRAHIM SOUSS : Vous devriez peut-être commencer par vous poser la question de savoir si le comportement de vos gouvernants successifs et de vos armées conquérantes n'a pas accrédité la conviction que vous êtes un pays qui pratique une politique expansionniste. Souvenez-vous qu'il a fallu le passage d'une quinzaine d'années pour que vous admettiez qu'il vous faudrait restituer à l'Égypte une portion du Sinaï; et il a fallu, après la visite de Sadate à Jérusalem, plusieurs mois de négociations ardues, de notables concessions de l'Égypte, les pressions du président Carter, avant que M. Menahem Begin ne se résigne à rendre à l'Égypte la totalité du Sinaï. Et, aujourd'hui encore, les Palestiniens ignorent si vous allez ou non leur permettre de reprendre une parcelle de leur patrie. Qu'importe, en effet, si l'inscription sur le fronton de la Knesset ait existé ou non!

ZVI ELPELEG : Laissons cette question pour nos débats ultérieurs, et revenons à celui ayant trait aux préjugés qui nous ont conduits, vous et nous, dans des impasses ; j'avoue que j'en ai été moi-même la victime. Jeune gouverneur militaire, au début des années cinquante, dans un district d'Israël, peuplé d'Arabes, connu sous le nom du « triangle », j'étais déterminé ingénument à faire évoluer les mœurs et les mentalités de mes administrés.

Ayant constaté que les femmes qui travaillaient dans une carrière étaient scandaleusement sous-payées, j'ai donné l'ordre à l'un de mes subordonnés, un capitaine, d'organiser un syndicat qui aurait comme tâche essentielle de revendiquer des salaires plus équitables. Quelques semaines plus tard, alors que je traversais le village de Taibeh à pied, en compagnie de cet officier, celui-ci me désigna un groupe d'hommes attablés dans un café, jouant aux cartes. C'étaient les dirigeants du syndicat ouvrier que nous avions constitué. J'appris incidemment en conversant avec eux qu'ils s'étaient mis au chômage et vivaient grâce aux cotisations des syndiqués !

A une autre occasion, j'ai croisé un paysan qui se déplaçait sur une mule tandis que son épouse le suivait à pied. Je lui donnais l'ordre de lui céder sa place, ce qu'il fit aussitôt. Cependant, ayant repris la route, j'ai vu, dans le rétroviseur de ma voiture, la femme abandonner la monture pour la rendre à son mari.

Un dernier exemple de mon ignorance des mœurs arabes. Réagissant en homme de gauche que j'étais à l'époque, j'étais partisan de la répartition parmi les ouvriers agricoles arabes des terres domaniales ainsi que celles rendues vacantes par l'exode des Palestiniens pendant la guerre de 1948. Ayant obtenu l'autorisation, j'ai procédé à leur distribution. Quelle fut ma désillusion quand j'appris que les bénéficiaires ne tardèrent pas à se mettre sous la coupe de grands propriétaires fonciers. En échange de grains, d'engrais et du savoir-faire que ces derniers leur fournissaient, ils recevaient une part des récoltes.

Plusieurs expériences analogues m'ont conduit à renoncer au rôle de redresseur de torts dans une société qui avait ses propres règles et traditions.

IBRAHIM SOUSS : Il ne s'agissait pas de « mœurs arabes », comme vous dites mais de facteurs socio-économiques communs à toutes les sociétés sous-développées...

ZVI ELPELEG : Non, c'est d'ordre culturel. Il m'avait fallu de nombreuses années pour m'en rendre compte. Entre-temps, je m'étais mis à étudier la langue, l'histoire et la civilisation arabes. Celle-ci n'est ni meilleure ni pire que d'autres modes de vie. Elle est tout simplement différente et nous devions la respecter. Je me suis donc adapté. Ultérieurement, en tant que civil, j'ai moi-même exploité des terres d'absentéistes, louées à l'État en Galilée et je partageais les bénéfices avec la tribu des Aramshi qui possédait ses propres terres à proximité. J'entretenais avec ses membres des relations plus que cordiales. J'appréciais leur compagnie et ils paraissaient m'estimer.

13

DU COMPROMIS HISTORIQUE À LA PAIX DE RÊVE

ZVI ELPELEG : Si nous écartons un instant tout ce qui nous sépare, le conflit et tous ses dérivés, la haine, les stéréotypes, les préjugés et les mythes, nous constaterons que beaucoup de facteurs devraient nous rapprocher et nous inciter à vivre ensemble dans l'harmonie.

Je ne vous ai pas caché ma fascination pour la société arabe. Son homogénéité force mon admiration, voire mon envie quand je pense à la pluralité culturelle de la nation israélienne en voie de formation.

Je suis toujours frappé par la solidarité, la fraternité qui caractérisent les relations entre Arabes, tout autant que par leur sens de l'hospitalité. Ils n'ont pas encore été contaminés – pas encore, heureusement ! – par le matérialisme occidental, par la frénésie du mode de vie américain. Quand je veux vraiment me détendre, je m'en vais séjourner dans un village arabe, parmi des amis, qui me réservent toujours le meilleur accueil.

IBRAHIM SOUSS : C'est parfaitement vrai qu'au-delà de leur spécificité, de leurs intérêts respectifs,parfois conflictuels, les peuples arabes sont liés par leur culture, une culture monolithique forgée par l'histoire et la géographie. Ils ont les mêmes traditions et les mêmes valeurs.

Il est tout autant indéniable que la culture juive, par sa proximité spirituelle, a eu une influence positive sur celle des Arabes. Au fond, nous appartenons, vous et nous, au même tronc d'une vieille civilisation.

Hébreux et Arabes ont vécu en symbiose pendant des siècles. Malgré sa querelle avec les Juifs de Médine, Mahomet considérait les prophètes d'Israël comme étant universels, comme appartenant aussi à l'Islam naissant. Il accomplissait ses dévotions en se prosternant en direction de Jérusalem, devenue Ville sainte pour les musulmans autant que pour les Juifs. Les fidèles du Prophète honorent la Torah, texte de référence, tout en révérant le Coran.

Si vous êtes fasciné par la société arabe, je suis pour ma part séduit par le patrimoine intellectuel et spirituel des Juifs. Je pense, par exemple, aux fresques de la synagogue de Douro-Europos, sur l'Euphrate, réalisées en 245 après Jésus-Christ. Chefs-d'œuvre somptueux alliant l'esthétique au symbolisme, elles dépeignent la vallée de la vie, celle de la mort et la montagne qui leur sert de transition, nous incitant ainsi à la réflexion sur l'absurdité de la condition humaine, sur la vanité des haines et des conflits.

Les Juifs sont considérés, à juste titre, comme étant un peuple de créateurs. J'ai toujours été fasciné par nombre d'entre eux, entre autres par Franz Kafka, Max Brod, Karl Marx, Franz Werfel, Rainer Rilke, Sigmund Freud, Hugo von Hofmannsthal, Yehudi Menuhin, Daniel Barenboïm et Arthur Rubinstein, et j'en passe.

Dommage que la société israélienne soit en passe de perdre l'héritage intellectuel et artistique de la diaspora juive ! Vous devriez renouer avec vos traditions, avec les facteurs positifs qui nous avaient réunis autrefois. Nous sommes prêts à vous y aider, après que nous aurons réussi, vous et nous, à résoudre les problèmes qui nous séparent ou nous opposent.

Zvi Elpeleg : Avant de récupérer l'héritage spirituel et intellectuel, il nous fallait rassembler les Juifs, ériger un État, forger une nouvelle société moderne et productive. N'ayant pas de traditions terriennes, nous avons créé des fermes privées et collectives, formé des agriculteurs pour fertiliser les déserts. Parmi ces derniers figurent des hommes illustres comme Shimon Peres et Itzhak Rabin, qui ont fait leurs classes dans des écoles d'agriculture. Doté aujourd'hui d'un réseau impressionnant de domaines agricoles, de haute gamme, Israël est en mesure de contribuer à la prospérité de la région.

Ibrahim Souss : La tâche permanente à laquelle se sont consacrés les Israéliens d'accueillir des vagues successives et incessantes d'immigrés venant des quatre coins de la terre, de les intégrer dans une nouvelle société, de fusionner une myriade de cultures en faisant de l'hébreu la langue commune, est une entreprise titanesque nécessitant sacrifices, ingéniosité, planification. Elle suscite admiration et respect. Encore que je lise nombre de vos écrivains – notamment A.B. Yehoshua, pour lequel j'ai une estime particulière – j'aimerais en connaître davantage de la nouvelle culture hébraïque.

Une fois la paix établie, j'espère que vous vous ouvrirez au monde arabe, que des échanges culturels puissent nous enrichir mutuellement. Mais il faudra au préalable que vous cessiez de ne voir dans les pays de la région qu'un réservoir de main-d'œuvre. S'adressant à des intellectuels égyptiens, lors d'une récente conférence au Caire, votre ministre des Affaires étrangères, M. Shimon Peres, leur a dit en substance : « Nous prospérerions ensemble si nous devions échanger votre main-d'œuvre contre notre savoir-faire. » Les auditeurs de Shimon Peres se sont sentis profondément humiliés.

Les Arabes épris de paix ont toujours pensé que la réconciliation avec Israël ouvrirait la voie, au-delà de la coopération économique et technologique, à une véritable convivialité. L'OLP a été la première à envisager une cohabitation entre Juifs, musulmans et chrétiens au sein d'un même État. Le projet de création d'un État unifié, démocratique et laïque, que nous vous avions proposé à la fin des années soixante, était doublement révolutionnaire. Il supprimait d'un trait de plume l'idée que les Juifs nés en Palestine devaient quitter le pays pour céder la place aux Arabes, musulmans ou chrétiens. Nous reconnaissions ainsi que la Palestine était la patrie commune des Juifs et des Arabes. L'OLP reprenait à son compte, par la même occasion, la notion démocratique qu'un État devait être fondé sur le principe de la citoyenneté, et non sur l'appartenance ethnique ou religieuse. Ce projet, que vous avez rejeté avec dédain et feinte colère, constituait pour l'OLP un tournant majeur de son idéologie et de sa stratégie. Mais les dirigeants israéliens, unanimes, décidèrent de le dénoncer comme un leurre, comme une vulgaire manœuvre de propagande. L'État démocratique judéo-arabe, disaient-ils, n'était qu'une autre manière de détruire l'État d'Israël.

Si vos dirigeants souhaitaient vraiment la paix, ils s'y seraient pris autrement. Ils auraient salué l'évolution des positions de l'OLP, en indiquant qu'elle était insuffisante; ils auraient formulé des contre-propositions pour ouvrir un dialogue. Mais comme je n'ai cessé de vous le dire au cours de nos entretiens, vos dirigeants n'ont jamais fait un seul geste de conciliation, se sont appliqués à verrouiller les portes fermées, à fermer les portes entrouvertes. D'où cet interminable conflit...

ZVI ELPELEG : Croyez-vous un instant que votre projet d'un État unitaire judéo-arabe ait pu avoir, aux yeux des Israéliens, la moindre crédibilité ? A supposer même qu'il ait été formulé sincèrement, était-il seulement imaginable que nous abandonnerions à la fois notre idéologie sioniste – visant, je vous le rappelle, à créer un État par les Juifs et pour les Juifs – ainsi que notre indépendance pour redevenir une minorité au sein d'une entité, dominée de surcroît par des Arabes, en majorité musulmane ? Les États islamiques, y compris ceux qui adhèrent formellement à une forme de laïcité, distinguent leurs citoyens musulmans des non-musulmans, réservent à ces derniers un statut inférieur, dit de « protégés ». Juifs et chrétiens vivant en terre d'Islam en ont fait, à travers les siècles, la pénible expérience. Qu'importait s'ils se déclaraient croyants ou athées, ils étaient traités, selon la loi ou la coutume, en sujets de deuxième zone subissant les inégalités et vexations humiliantes. Vous êtes vous-même un chrétien...

IBRAHIM SOUSS : Oui, je suis chrétien mais de culture arabo-islamique. Ma famille, dans ses deux branches paternelle et maternelle, a vécu en Palestine, bien entendu, mais aussi au Liban, en Syrie, en Jordanie. Jamais, au grand jamais, elle n'a souffert d'une quelconque discrimination. Bien au contraire, elle appartenait aux élites intellectuelles et a vécu en symbiose avec les musulmans. Pourquoi cherchez-vous à frapper l'Islam du sceau de l'infamie ?

Prenez, par exemple, l'OLP et vous constaterez que musulmans et chrétiens y militent sur le même pied d'égalité, et fraternellement. Nombre de chrétiens – retenons seulement les noms de Georges Habache et Nayef Hawatmeh – y occupent des postes de direction sans que personne ne relève leur appartenances confessionnelles. Où trouvez-vous le soi-disant sectarisme musulman ?

ZVI ELPELEG : Il n'en reste pas moins que la Ligue arabe, qui rassemble 22 États, ne s'est jamais réunie à La Mecque, ville sainte accessible exclusivement aux musulmans, de crainte que l'un ou l'autre des participants ne soit chrétien. Prenons un autre exemple : le mariage de Yasser Arafat avec une chrétienne, votre belle-sœur. Soutenez-vous que cette union a été bien accueillie par les musulmans palestiniens ? Eh bien, circulez dans les territoires occupés et vous entendrez les observations acrimonieuses, virulentes à ce sujet.

Est-ce l'effet du pur hasard que le Conseil national palestinien ait élu à sa tête le cheikh Abdel Hamid El Sayeh, l'un des chefs spirituels de la communauté musulmane ? Si, demain, la guerre sainte, le Djihad, était déclaré, vous seriez bien embarrassé.

IBRAHIM SOUSS : Vos allégations ne sont pas fondées. L'OLP, j'insiste sur ce point, est une organisation multi-confessionnelle qui n'a jamais indisposé les chrétiens. Le Conseil national palestinien a connu comme président d'autres que le cheikh Sayeh, respecté de tous ; d'ailleurs, il vient d'offrir sa démission.

En tout cas, le mot de laïcité dans votre bouche a de quoi étonner. L'État d'Israël, qui ne s'est pas doté d'une constitution, est largement régi par les principes de la Torah, que l'on enseigne dans vos écoles. Le mariage civil n'est pas reconnu chez vous et pour en contracter un, les candidats au mariage sont obligés de se rendre dans un pays étranger. Vos partis religieux font la pluie et le beau temps dans tous les gouvernements depuis la création d'Israël. La situation est parfois intolérable, et ce sont les Juifs non pratiquants qui s'en plaignent amèrement. Vous êtes donc mal placé pour jouer au chantre de la laïcité.

Quant aux mariages mixtes, il y a sûrement des

Palestiniens, moins que chez les Juifs, qui les réprouvent pour des raisons de convenances familiales, sociales ou culturelles. Rien à voir avec le fanatisme que vous semblez suggérer. En tout état de cause, les mariages chez nous entre chrétiens et musulmans sont beaucoup plus nombreux qu'entre Juifs et non-Juifs, voire entre Juifs ashkénazes et sépharades.

ZVI ELPELEG : Dans le cas où la paix serait conclue, croyez-vous que le monde arabo-musulman soit capable de tolérer en son sein un État non arabe et non islamique ?

IBRAHIM SOUSS : Parfaitement. Et les négociations engagées à Madrid à l'automne de 1991 en apportent la preuve. Les Arabes ont manifesté publiquement leur volonté de normaliser leurs relations avec l'État d'Israël. L'ordre du jour des négociations multilatérales couvre tous les domaines d'une future coopération, ceux de l'économie, de la répartition de l'eau, du désarmement, de l'environnement, des réfugiés, etc.

Les masses arabes ne s'en offusquent pas. Elles ont vécu en bonne intelligence avec des Juifs pendant des siècles. L'essentiel est que les communautés non musulmanes, qu'elles soient chrétiennes ou juives, ne se transforment pas en appendices de l'Occident, qu'elles demeurent solidaires des intérêts et des aspirations des populations majoritaires. Les Juifs d'Orient, les sépharades, se souviennent sûrement qu'ils ont été incomparablement mieux traités en terre d'Islam que dans les pays d'Europe, où leurs coreligionnaires ashkénazes ont connu un antisémitisme endémique, des persécutions, les camps de concentration et les fours crématoires.

ZVI ELPELEG : Vous sentez-vous plus proche des sépharades que des ashkénazes ?

IBRAHIM SOUSS : Tout dépend à qui vous adressez cette question, à moi-même, l'individu, ou aux Palestiniens des territoires occupés. Ces derniers ont sûrement des affinités culturelles avec les Juifs orientaux, mais ils souffrent des vexations que leur infligent sans distinction sépharades et ashkénazes. Comment voulez-vous qu'ils ressentent une quelconque préférence ?

Quant à ma propre attitude, et celles d'intellectuels palestiniens, qui ont parcouru le monde, qui se sont frottés à des Juifs, ashkénazes pour la plupart, il est normal que nous soyons en phase avec les Juifs occidentaux, européens ou américains. On a pu prétendre que nous nous entendions mieux avec les Israéliens d'extraction orientale. Cela ne correspond pas à mon expérience. A une ou deux exceptions près – je pense notamment au journaliste et homme politique Shalom Cohen – tous mes interlocuteurs ont été des ashkénazes. Le général Matti Peled, Uri Avnery, Yaacov Arnon, Yossi Sarid, Yossi Beilin, Shimon Peres, Ezer Weizman, tous ceux qui ont été capables de comprendre ou de sympathiser avec la cause palestinienne, qui ont pris contact avec des Arabes ou des Palestiniens, ont été des ashkénazes et non des sépharades. Pourquoi ? Je n'en connais pas toutes les raisons, mais je présume, sans vouloir offenser les sépharades, que les meilleurs intellectuels se recrutent parmi les Juifs d'origine occidentale. Or, qui est mieux placé qu'un intellectuel pour comprendre l'Autre, pour analyser froidement une situation donnée et en tirer les conclusions ? J'en dirais autant des intellectuels palestiniens, lesquels ont eu le courage et la lucidité de nouer des contacts avec ceux qu'ils considéraient comme des ennemis. Ce sont eux qui ont inspiré la politique de conciliation et de rapprochement entre nos deux peuples. Ils ont mené, aux côtés des dirigeants de l'OLP, une action pédagogique auprès des Palestiniens.

Ils leur ont appris, entre autres, de ne pas avoir peur des Israéliens, à écarter ainsi l'un des obstacles psychologiques à la paix. Cela les a incités à résister à l'oppression, à se dresser fièrement pour revendiquer leurs droits d'hommes. Je dois insister, malheureusement, que vos dirigeants font tout juste le contraire, ils cultivent la peur de leurs compatriotes, en exploitant leurs traumatismes. Comment espérez-vous faire la paix avec des gens qui vous font peur ?

Zvi Elpeleg : Puisque vous revenez à la charge, laissez-moi vous dire que la peur ne se cultive pas. Elle est là parce que les Israéliens ne sont pas aveugles. Vous dites que des intellectuels israéliens ont compris le drame humain que vivent les Palestiniens, l'aspiration de ceux-ci à se donner une patrie, libre et indépendante. Serait-il trop demander aux élites palestiniennes de comprendre les Israéliens qui se rendent compte qu'ils ne sont que cinq millions face à plus de 200 millions d'Arabes, que ces derniers occupent 13 millions de kilomètres carrés alors que les Juifs sont enfermés dans un territoire exigu et vulnérable de quelque 20 000 kilomètres carrés ? Vous parlez de l'efficacité de l'armée israélienne, mais est-ce le seul paramètre de la puissance ? Les Israéliens sont conscients que la richesse des ressources, du pétrole par exemple, ne se situe pas chez eux. Peut-on les blâmer de percevoir le danger à moyen ou à long terme ?

Cela dit, je suis d'accord avec vous que la peur est mauvaise conseillère, qu'il faut instaurer un climat de confiance pour conclure la paix. Et il y a trop de choses en commun entre nos deux peuples pour que l'entreprise ne soit pas réalisable. Vous avez été dispercés, rejetés des pays d'accueil, exclus de certains domaines d'activités, comme nous. Vous vous comportez comme toutes les populations déracinées, conférant par exemple une priorité absolue à l'éducation de vos enfants. Vous pouvez vous enorgueillir d'être le peuple le plus lettré de la région, d'avoir produit dans ce que vous appelez la diaspora des élites remarquables. Il est vrai que certaines d'entre elles se sont assimilées, ont prospéré dans des patries d'adoption et n'envisagent pas de rentrer en Palestine. C'est le cas de l'un de vos grands intellectuels, Edwerd Saïd, professeur à l'université de Columbia, à New York, écrivain respecté aux États-Unis, dont il a acquis la nationalité. N'a-t-il pas déclaré qu'étant parfaitement intégré à la société américaine, il pourrait, s'il le souhaitait, se porter candidat au poste de maire de New York ? Il est vrai qu'il ne pourrait briquer une telle position à Amman, au Caire, à Riyad, ou au Koweit.

IBRAHIM SOUSS : Je conviens qu'il y a quelques analogies entre notre diapora et la vôtre, entre deux peuples en quête d'une patrie. Mais le fossé psychologique et politique persiste dangereusement. Il faut le combler, et vite. Vous n'avez pas tort quand vous soutenez qu'à moyen ou long terme, la disparité entre Israël et le monde arabe est préoccupante. Yasser Arafat l'a dit autrement : « La paix, a-t-il déclaré, est urgente pour nos deux peuples. Cependant, si les Israéliens peuvent patienter pendant une ou deux générations, les Palestiniens en ont besoin pour l'immédiat. »

Les populations de Cisjordanie et de Gaza ont été les premières à vouloir composer avec Israël parce qu'elles voulaient en finir avec l'occupation et son cortège de victimes, de maisons dynamitées, de couvre-feux prolongés, d'écoles et d'universités fermées, compromettant la vie de toute une génération. Des centaines de milliers de réfugiés, entassés dans des camps, notamment au Liban et en Jordanie, veulent rentrer au pays, reprendre une vie normale après des décennies de souffrances.

ZVI ELPELEG : Les Israéliens, aussi, veulent en finir avec la plaie que constituent pour eux les territoires occupés, avec l'insécurité et les incertitudes qu'ils génèrent. Ils souhaitent un règlement qui mettrait fin au boycott arabe, afin de relancer l'économie et favoriser la prospérité.

Le facteur temps est, pour nous aussi, important. Plus ce conflit durera et plus les colonies de peuplement s'enracineront et s'étendront. Les partisans de l'annexion rampante, les adversaires du processus de paix initié à Madrid, augmenteront forcément en nombre et en influence, entraînant dans leurs rangs les sceptiques, tous ceux qui doutent de la bonne volonté arabe, de la sincérité de l'OLP et de ses dirigeants. D'autant que la crédibilité du gouvernement travailliste s'effrite. Il avait promis aux Israéliens, au lendemain de sa formation en juin 1992, qu'un accord de compromis serait conclu dans les neuf mois suivants, au plus tard. Or, non seulement M. Rabin n'a pu tenir ses engagements, mais aussi l'Intifada se poursuit, ce qui a eu comme effet de durcir l'attitude des Israéliens les mieux disposés au processus de paix.

IBRAHIM SOUSS : Les conflits sans issue visible ont toujours comme effet de grossir les rangs des extrémistes. C'est le cas dans les territoires, où les islamistes du Hamas gagnent irrésistiblement du terrain. Non pas parce que les Palestiniens ont adopté leur idéologie ou leur politique, mais parce qu'ils désespèrent d'un accord amiable avec Israël. Ils faisaient confiance à l'OLP, dans leur écrasante majorité, lorsque les négociations s'ouvrirent à Madrid, en octobre 1991. Au fil des mois et d'interminables séances de travail, ils purent constater qu'aucun progrès n'avait été accompli. Au contraire, la répression s'intensifiait, le nombre des victimes, tuées ou blessées, augmentait à un rythme plus élevé que sous le gouvernement du Likoud, que les travaillistes qualifiaient d'extrémistes. Faisant fi des règles de la réciprocité, Israël ne reconnaissait pas l'OLP comme interlocuteur, d'une part, et désignait le Hamas comme le principal ennemi. Tout cela a conduit nombre de Palestiniens de se solidariser avec les islamistes non par conviction politique, je le répète, mais en guise de protestation.

Il y a, malheureusement, une autre catégorie d'extrémistes, les terroristes, des mercenaires sans foi ni loi, qui n'ont de palestinien que le nom. Au-delà de leur logomachie pseudo-révolutionnaire, il est de notoriété publique qu'ils agissent en mercenaires pour le compte de tel ou tel autre régime arabe, qui les utilise pour régler ses comptes avec tel ou tel autre État ou organisation. Certains de nos dirigeants sont persuadés que ces terroristes sont infiltrés par le Mossad, qui les utilise aussi à ses propres fins.

L'OLP a fait le pari de la paix parce qu'elle estime que la fin du conflit sonnera le glas des extrémistes et des terroristes.

Zvi Elpeleg : Notre problème est différent dans la mesure où nos extrémistes abandonneront leur rêve insensé le jour où le peuple, dans sa majorité, tranchera. L'accord de paix qui serait éventuellement conclu sera soumis au jugement des Israéliens par référendum.

Ibrahim Souss : Et si le projet d'accord était rejeté par la majorité des votants ?

ZVI ELPELEG : Ce serait catastrophique, mais je ne le crois pas. Notre gouvernement présentera un texte dont il saura d'avance qu'il est acceptable. L'opinion publique israélienne, même s'il est vrai qu'elle évolue en dents de scie suivant la courbe des violences, a déjà franchi un pas considérable en prenant conscience que rien n'est possible sans la solution du problème palestinien, que celui-ci a été à l'origine du conflit et en sera l'épilogue, puisque les États arabes devront bien se rallier au compromis qu'auront accepté les Palestiniens. On mesure le chemin parcouru par l'opinion quand on songe qu'elle était persuadée, pendant des décennies, que les Palestiniens n'existaient pas en tant que tels et qu'il suffisait de s'entendre avec les États arabes pour que la paix soit instaurée au Moyen-Orient. Les Israéliens ont fini par se rendre à l'évidence. La modération du roi Hussein de Jordanie sur laquelle ils misaient n'a débouché sur aucun règlement, non pas parce que le souverain était de mauvaise volonté mais parce qu'il ne pouvait pas passer outre aux aspirations des Palestiniens, qui constituent plus de la moitié de la population de son royaume. Le traité de paix, signé en 1979 avec l'Égypte, n'a pas été à la hauteur des espérances des Israéliens pour la même raison. Des relations diplomatiques ont été nouées mais les échanges entre les deux pays, dans les domaines de l'économie, du commerce, du tourisme, pour ne citer que ceux-là, sont figés à un niveau bien modeste. Les Égyptiens attendent, eux aussi, que les Palestiniens obtiennent satisfaction.

Plusieurs autres facteurs ont contribué à la prise

de conscience des Israéliens. L'un d'eux est, à n'en pas douter, l'Intifada. Aussi répugnantes que ces émeutes anti-israéliennes puissent être, elles ont confirmé que les Palestiniens sont animés d'une volonté politique qui leur est propre, parfaitement indépendante de celle des États arabes. Cela a également contribué à ouvrir la voie aux négociations de Madrid.

IBRAHIM SOUSS : Nos analyses sur ce point précis convergent. L'Intifada est un soulèvement populaire contre l'occupation, provoqué, organisé, conduit par les Palestiniens de l'intérieur. L'Intifada a contribué à sensibiliser l'opinion publique mondiale sur les conditions insupportables dans lesquelles vivent les populations des territoires. Les Juifs de la diaspora et les Israéliens ont, de même, réalisé qu'il fallait traiter avec les Palestiniens pour les apaiser. C'est le sens que nous avons donné aux résultats des élections législatives en Israël en juin 1992. Si beaucoup de jeunes ont donné leurs suffrages au parti travailliste, c'est parce qu'ils avaient constaté que la politique du Likoud conduisait à l'impasse. Ils ont voté pour la paix, pour l'ouverture de négociations avec les belligérants arabes, les Palestiniens en tête.

Il est vrai que l'Intifada n'a été que l'un des facteurs qui ont rendu possibles, voire inévitables, les négociations de Madrid, les premières jamais engagées depuis le début du conflit avec l'objectif explicite et clair de conclure une paix globale et durable, fondée sur une pleine normalisation des relations entre Israël et les Arabes. Les autres facteurs, d'ordre international, régional et local, n'ont pas eu moins de poids. L'évolution de l'opinion palestinienne a été capitale. Nous avons déjà évoqué le tournant de la guerre de 1967 qui a conduit à la résolution du CNP, notre Parlement, d'admettre l'existence de deux États, l'un juif, l'autre arabe ; progressivement les Palestiniens, surtout de l'intérieur, ont compris que l'État d'Israël était un fait irréversible et, partant, que la coexistence entre les deux peuples était incontournable ; la lutte armée s'étant révélée vaine, nos dirigeants, à l'instar de ceux du Viêt-nam autrefois, ont conclu qu'il fallait négocier la paix puisque la guerre était inopérante. D'où la décision de l'OLP, rendue publique en 1988, de reconnaître l'État d'Israël sans même exiger la réciprocité.

La fin de la guerre froide, la perte du soutien soviétique, ont modifié du tout au tout le rapport de forces international. Abandonnés à leur sort par les pays communistes, les Palestiniens ont perdu certains de leurs soutiens dans le monde arabe, gravement divisé par la guerre du Golfe. L'heure de la négociation à Madrid avait sonné, tout autant pour les Palestiniens que pour les Israéliens. Avec une différence capitale, à savoir que nous étions sincères alors que le gouvernement israélien de l'époque, celui du Likoud, ne l'était pas. Le Premier ministre, M. Itzhak Shamir, l'a reconnu publiquement après sa défaite électorale : il ne négociait à Madrid, a-t-il avoué, que « pour gagner du temps », le temps qu'il fallait pour parachever la colonisation des territoires occupés.

Zvi Elpeleg : Le gouvernement travailliste, lui,

est sincèrement intéressé à conduire le processus de Madrid à son terme.

Ibrahim Souss : S'il l'était, il aurait au moins imposé le respect des droits de l'homme et en tout cas mis en œuvre sans tarder les résolutions de l'ONU 242 et 338. Pour nous, c'est l'alpha et l'omega de la négociation. Les résolutions, qui stipulent, en se référant à la charte des Nations unies, que tout territoire acquis par la force doit être restitué à ses propriétaires, n'ont toujours pas été mises en œuvre, voire prises en considération, un quart de siècle après leur adoption par le Conseil de Sécurité. C'est l'application de ces textes de paix qui a permis la conclusion du traité de paix israélo-égyptien. Votre gouvernement n'avait, jusqu'à la conclusion de l'accord intérimaire d'Oslo, donné aucun signe indiquant qu'il avait l'intention de les respecter pour ce qui est de la Cisjordanie et de Gaza.

Zvi Elpeleg : Il ne fallait pas vous impatienter. Nous étions encore tout au début de la négociation et il fallait faire la part de la tactique.

Ibrahim Souss : Il n'y a pas marge pour la tactique quand il s'agit d'un principe, adopté par la communauté internationale, agréé par Israël, confirmé par les États-Unis et qui, de surcroît, sert de base aux négociations de Madrid. Le principe a été clairement énoncé par la formule « échanger la terre contre la paix ».

ZVI ELPELEG : C'est exactement ce que souhaite le gouvernement de M. Rabin, contrairement à son prédécesseur. Le Likoud croyait pouvoir conserver indéfiniment la Cisjordanie et Gaza en multipliant les colonies de peuplement, tout en espérant que les Arabes émigreraient en masse à l'étranger. Les travaillistes, quant à eux, veulent se séparer des territoires afin de préserver la nature de l'État d'Israël, un État juif à 80 % et non à 60 % ou 50 % !

IBRAHIM SOUSS : Si tel est le cas, rien ne devrait empêcher M. Rabin d'indiquer la finalité de la négociation, sans attendre que d'ultérieures négociations définissent le « statut définitif » de la Cisjordanie et de Gaza. Ces termes vagues, qui laissent toutes les options ouvertes, y compris l'annexion des territoires par Israël, avaient été choisis par le Likoud. Ils suscitent légitimement l'inquiétude des Palestiniens, et ont empêché ainsi les négociations de progresser.

ZVI ELPELEG : Israël vous propose une autonomie qui durera cinq ans, après quoi vous accéderez sans doute à l'indépendance.

IBRAHIM SOUSS : Nous ne voulons pas d'un ersatz d'autonomie qui fera des territoires des bantoustans. Nous souhaitons une période transitoire qui conduise sûrement vers l'indépendance. Il faudrait que les choses soient claires dès le début !

ZVI ELPELEG : Quelle que soit la proposition que l'on vous fait, vous craignez que le provisoire devienne durable. Vous avez tort de vouloir brûler les étapes. Acceptez ce que l'on vous offre, en confiance.

IBRAHIM SOUSS : Comment pouvons-nous vous faire confiance ? A supposer que vous soyez de bonne foi, quelle garantie avons-nous que les travaillistes demeurent au pouvoir jusqu'à la fin du processus ? Qui nous dit que le Likoud ne gagnerait pas les prochaines élections et ne remettrait pas en cause les intentions, supposées bonnes, de M. Rabin ?

ZVI ELPELEG : Le statut d'autonomie vous permettra d'élire vos représentants, pour gérer la Cisjordanie et Gaza. Ils proclameront sans doute leur volonté de fonder un État indépendant. Aucun gouvernement israélien, de droite ou de gauche, ne pourra alors s'y opposer par la force. La communauté internationale ne le permettrait pas.

IBRAHIM SOUSS : Si le gouvernement israélien est aussi sûr que vous que le processus de négociation débouchera immanquablement sur l'indépendance, pourquoi se refuse-t-il à l'admettre, voire seulement à l'envisager dans l'immédiat ?

ZVI ELPELEG : Si Ben Gourion était vivant et à la tête du gouvernement, il aurait vraisemblablement eu l'autorité suffisante pour franchir le pas. Les choses étant ce qu'elles sont, M. Rabin doit tenir compte de l'opposition des quelque 100 à 150 000 colons, des partisans du Likoud, d'une majorité parlementaire aléatoire...

IBRAHIM SOUSS : Vous nous demandez en quelque sorte de tenir compte des contingences de la politique intérieure d'Israël. Mais nous avons, nous aussi, une opinion publique, des impératifs auxquels nous devons prêter une attention prioritaire.

ZVI ELPELEG : Nous connaissons les problèmes intérieurs que doit affronter l'OLP, et nous faisons en sorte de ne pas les aggraver. Le gouvernement travailliste a pris des mesures susceptibles d'apaiser les Palestiniens. Il a, par exemple, gelé des projets de constructions de nouvelles colonies, réduit les investissements prévus pour l'extension des anciennes. Ces mesures ont suscité des tempêtes de protestations, des manifestations hostiles au gouvernement. Le processus est en marche et le jour viendra où les Israéliens auront à se prononcer sur l'avenir des territoires. Vous devez être attentifs à nos problèmes, autant que nous devrions l'être aux vôtres.

IBRAHIM SOUSS : Les Palestiniens sont prêts à conclure une paix totale et durable avec Israël, mais ne peuvent attendre des années pour savoir s'ils auront ou non, en échange, leur indépendance. Yasser Arafat est capable de les convaincre d'accepter une période de transition, mais pas une autonomie aux perspectives brumeuses. Il faut que les concessions soient réciproques. Autrement, les Palestiniens auront le sentiment de subir un diktat. Si vous ne pouvez pas nous donner directement des assurances sur notre avenir, faites passer le message par une puissance amie des deux parties, les États-Unis par exemple. Il faut que nous sachions qu'au bout du processus, les Israéliens se retireront définitivement des territoires palestiniens.

ZVI ELPELEG : Même si vous le souhaitiez, vous ne pourriez pas nous convaincre d'y rester un jour de plus qu'il ne serait nécessaire...

IBRAHIM SOUSS : Israël a offert d'emblée aux Syriens de se retirer des hauteurs du Golan. Nous nous sommes demandé à quoi fallait-il attribuer cette faveur exceptionnelle. Auriez-vous l'arrière-pensée de conclure une paix séparée avec la Syrie pour isoler davantage les Palestiniens, et attendre l'effondrement de leur résistance ? Une telle manœuvre n'a aucune chance de réussir car la Syrie n'a pas intérêt à se dissocier de notre cause.

ZVI ELPELEG : Ce n'est pas non plus notre intérêt. L'expérience a clairement démontré que si nous voulions assurer une véritable paix il faudrait que nous réglions en priorité le problème des Palestiniens. Espérer que leur résistance s'effondre serait illusoire et, en tout cas, contre-productif. L'offre que nous avons faite aux Syriens confirme la bonne volonté d'Israël, qui peut s'exprimer plus aisément au sujet du Golan que de la Cisjordanie et de Gaza. Vous êtes sans doute capables de comparer les enjeux que comportent les deux cas. L'avenir des colons installés en Cisjordanie est surtout pour nous un casse-tête permanent.

IBRAHIM SOUSS : Vous n'avez pas besoin de vous faire tant de soucis. Nous sommes suffisamment flexibles pour accepter une solution à la fois humaine et politiquement acceptable. Il faudrait que, de votre côté, vous fassiez preuve de la même bonne volonté concernant l'application des résolutions de l'ONU concernant les réfugiés palestiniens, en leur donnant le choix entre le retour dans leurs foyers et des compensations adéquates s'ils décident de ne pas vivre sous le drapeau israélien.

Quant aux colons juifs en Cisjordanie et Gaza, diverses solutions pourraient être envisagées : les implantations seraient démantelées d'un commun accord ; ceux d'entre eux qui décideraient de vivre au sein d'un État palestinien pourraient, s'ils le souhaitent, être naturalisés tout comme les Palestiniens qui ont choisi la nationalité israélienne, ou bien bénéficier d'une autonomie administrative. Tout deviendrait possible si une paix juste est conclue entre nos deux peuples.

ZVI ELPELEG : J'aimerais bien savoir ce que vous entendez par une paix juste et si celle-ci serait définitive ?

IBRAHIM SOUSS : Une paix juste pour les Palestiniens est celle qui serait fondée sur le respect des droits nationaux inaliénables de tous les peuples de la région, en particulier leur droit à la souveraineté et à la sécurité. Si un tel règlement est obtenu je peux vous assurer qu'il sera définitif. C'est le compromis historique que nous vous proposons.

ZVI ELPELEG : Votre réponse me satisfait pleinement.

Elle me permet, entre autres, de mesurer le chemin parcouru par des Palestiniens comme vous. J'ai assisté, au cours des vingt-cinq dernières années, à des dizaines de colloques et de réunions d'intellectuels dans lesquels s'investissaient beaucoup d'argent et de bonnes volontés avec l'objectif de trouver un terrain d'entente entre Israéliens et Palestiniens. Invariablement, ces échanges butaient sur un obstacle infranchissable : toutes les fois que les Israéliens demandaient si les Palestiniens se contenteraient d'un mini-État aux côtés d'Israël, s'ils renonceraient définitivement et sans appel à ce qu'ils appelaient les « territoires perdus », c'est-à-dire au sol de l'État d'Israël, la gêne s'emparait de nos interlocuteurs palestiniens qui ne parvenaient pas à donner une réponse claire et nette comme la vôtre. Inutile d'ajouter que les Israéliens demeuraient perplexes et inquiets. Que pouvait bien être une « paix juste » pour les Palestiniens ? se demandaient-ils. Serait-ce l'État unique dans lequel les Israéliens seraient réduits au statut de minorité confessionnelle ? D'un État binational dans lequel ils seraient en situation d'infériorité ? Ou encore de deux États à titre provisoire en attendant que les Palestiniens aient la possibilité de prendre leur revanche ? Si vous acceptiez vraiment le compromis historique, comme vous dites, cela aurait un effet très bénéfique dans l'opinion publique israélienne. Mes compatriotes, dans leur écrasante majorité, n'ont pas de velléité expansionniste. Ils se contenteraient de leurs 20 000 kilomètres carrés s'ils peuvent dormir sur leurs deux oreilles.

IBRAHIM SOUSS : Je suis heureux de constater que vous vous rendez mieux compte de l'évolution intervenue chez les Palestiniens, que vous appréciez leur réalisme. J'aimerais savoir, à mon tour, si les Israéliens ont suffisamment mûri pour admettre l'existence d'un État palestinien indépendant.

ZVI ELPELEG : Les mentalités en Israël, je le répète, ont beaucoup évolué surtout depuis le début de l'Intifada en 1987. Chez nous, comme chez vous, les réalités se sont révélées plus têtues que les chimères ! Cela dit, les Israéliens ont besoin d'être davantage rassurés, de croire qu'un règlement serait définitif, que le nouvel État palestinien ne serait ni inamical ni revanchard ; qu'il se fédérerait encore avec la Jordanie, dont le roi est tenu en estime par les Israéliens. A écouter vos compatriotes dans les territoires occupés, j'ai retiré l'impression qu'ils sont plutôt favorables à une telle fédération. Pour eux, l'autorité suprême est l'OLP, mais la Jordanie représente la prospérité et la stabilité. Ai-je tort ?

IBRAHIM SOUSS : Je vous rappelle que notre Parlement, le Conseil national palestinien, a déjà voté une résolution appelant de ses vœux l'instauration d'une confédération jordano-palestinienne. A condition, bien entendu, que les deux peuples, jordanien et palestinien, se prononcent librement et souverainement pour une telle association.

Quant à l'attitude supposée des Israéliens à l'égard d'un État palestinien, je ne partage pas votre optimisme. Bien entendu, vous connaissez votre pays mieux que moi. Mais je ne suis pas sûr que la majorité de vos compatriotes soient prêts à franchir cet écran psychologique avec la même disponibilité d'esprit que vous. Une quinzaine d'années au pouvoir du Likoud ont dû laisser de profondes traces et il faudra du temps, et surtout d'inlassables efforts, pour les effacer. Il est du devoir des hommes politiques israéliens, aussi lucides que vous, d'entreprendre une action pédagogique systématique pour dissiper chez vos compatriotes les peurs irrationnelles et les mythes qui obscurcissent leur jugement. C'est exactement ce qu'a entrepris l'OLP chez les Palestiniens depuis plus d'une décennie et les résultats, comme vous le constatez, n'ont pas été décevants.

Zvi Elpeleg : Je vous propose de changer de registre. Nous aurons débattu d'un passé chargé d'incompréhensions, de conflits et de tragédies humaines. Nous avons évoqué l'éventualité d'un règlement négocié selon les règles de la Realpolitik. Il est temps de nous projeter dans l'avenir moins proche. Laissez-moi vous dire ce à quoi j'aspire, dans l'absolu.

J'espère que l'on verra de mon vivant des ambassadeurs arabes à Jérusalem, des ambassadeurs israéliens dans toutes les capitales du Moyen-Orient et d'Afrique du Nord. Je rêve de frontières qui me permettraient de faire le trajet Tel-Aviv-Beyrouth dans la journée, le temps de faire des achats et déjeuner, déguster des mets arabes, arrosés de raki. J'irais passer un week-end sur le site archéologique de Petra, en Jordanie, entreprendre en toute quiétude une croisière sur le Nil, prendre des vacances en Tunisie ou au Maroc, en passant par la Libye et l'Algérie. Je serais, enfin, un homme comme les autres en Europe ou en Amérique.

IBRAHIM SOUSS : J'aimerais aussi avoir libre accès à Israël, m'y promener, visiter les sites archéologiques, notre héritage commun, me mêler aux foules bigarrées et multi-culturelles, revoir de vieux amis que j'ai eu l'occasion de rencontrer en Europe, m'entretenir avec des Juifs d'origine arabe, écouter les Palestiniens de citoyenneté israélienne, et surtout reprendre possession de la maison familiale à Jérusalem.

Yerouchalayim pour les Juifs, Al Qods pour les Arabes, Ville sainte des trois religions monothéistes, Jérusalem intra-muros sera leur copropriété; le grand Jérusalem abritera deux capitales, celle de l'État d'Israël et celle du nouvel État palestinien ou de la confédération jordano-palestinienne. On pourra y rencontrer Yasser Arafat et Itzhak Rabin, qui auront signé le traité de paix. Shimon Peres et Farouk Kaddoumi. Tous les chefs historiques de nos deux peuples, sans exclusive, auront droit de cité de part et d'autre des frontières. Des relations fructueuses se développeront entre les deux États, tout autant démocratiques et laïques l'un que l'autre.

ZVI ELPELEG : Les Juifs et les Palestiniens auront le droit de s'installer là où ils le souhaitent, en Israël ou en Palestine. Jérusalem demeurera la capitale de l'État hébreu, respectueuse de tous les cultes. Les deux États échangeront produits, technologie et savoir-faire. Les revenus pétroliers et les capitaux juifs d'outre-mer se conjugueront pour financer de grands projets de développement. La réduction générale des armements libérera des fonds supplémentaires.

Ibrahim Souss : Le nucléaire sera exclusivement consacré à des fins pacifiques. Les bombes céderont la place à l'électricité, à l'énergie industrielle. L'eau ne manquera pas à l'agriculture. Elle existe dans nos deux pays et il faudra rationaliser la répartition par le truchement d'un organisme commun tout en cherchant de nouvelles ressources localement ou dans des pays de la région mieux pourvus.

Zvi Elpeleg : La fraternité et la symbiose ne se réaliseront pas seulement sur le terrain économique, auquel j'attribue pourtant autant d'importance que vous. Le domaine culturel est, à tout prendre, déterminant. Mon rêve est que mon peuple puisse surmonter des obstacles qui l'empêcheraient de s'intégrer pleinement à la région dont il fait partie. La paix formelle et les échanges économiques sont nécessaires mais insuffisants. Les Israéliens devront se débarrasser de la peur que leur inspirent les Arabes, en prenant pleinement conscience de la fin des guerres et des débuts d'une ère nouvelle. Il faudrait qu'ils puissent refouler leur instinct atavique d'isolement que la religion juive et la diaspora ont cultivé chez eux. En effet, le judaïsme – contrairement aux deux autres confessions monothéistes – ne prône pas le prosélytisme, n'a pas de vocation universelle. C'est une religion d'État, repliée sur elle-même. Troisièmement, les Israéliens devraient comprendre que leur culture occidentale – dominante dans notre État – quels que soient ses qualités et ses avantages, contribue à les couper de leur environnement. D'autant que cette culture-là est assimilée par les Arabes à une forme de colonialisme.

La culture arabe est enrichissante et de surcroît omniprésente au Moyen-Orient et en Afrique du Nord. Et c'est avec les peuples de cette région que nous devons vivre, communiquer et fraterniser dans l'intérêt général. Les Israéliens devraient dès lors sortir de leur ghetto mental s'ils veulent que les quelque 230 millions d'Arabes acceptent durablement et de bon cœur, en leur sein, une communauté non arabe et non musulmane. C'est à ce prix que les Israéliens pourront préserver leur identité propre, tout en s'insérant dans un grand ensemble régional.

Je suis persuadé que le XXIe siècle sera celui des rassemblements d'États. Nous en voyons les prémices en Amérique du Nord où les États-Unis, le Canada et le Mexique instaurent une zone de libre-échange, en Europe où la CEE tente de se doter de structures communes, monétaires, politiques, militaires. Le Moyen-Orient a tout intérêt à s'orienter vers une forme d'unité conforme à ses intérêts. La Palestine donnera vraisemblablement le coup d'envoi en s'étendant sur les deux rives du Jourdain. C'est logique puisque les Palestiniens sont majoritaires en Transjordanie. Le roi Hussein, dont on connaît le réalisme, acceptera sans doute de régner, en souverain constitutionnel, sur un État fédéré, dont la superficie s'élèvera à plus de un million de kilomètres carrés. Israël n'aura pas à s'inquiéter, bien au contraire, puisqu'il sera admis dans la famille moyen-orientale, dans une confédération d'États souverains fondée non sur l'ethnie ou la religion mais sur des affinités, des ambitions et des intérêts communs.

IBRAHIM SOUSS : Les États-Unis du Moyen-Orient régleront nombre de problèmes de la région, d'ordre ethnique, religieux, économique et politique. La ville de Jérusalem cessera d'être une affaire passionnelle ! Les barrières psychologiques et culturelles tomberont tout naturellement. Le bilinguisme s'imposera par la force des choses, tant en Israël qu'en Palestine. Le nombre d'Israéliens parlant l'arabe et de Palestiniens s'exprimant en hébreu ira croissant. Les mariages mixtes se multiplieront. La laïcité et la tolérance relativiseront l'importance de la religion. Ayant un héritage spirituel commun, nous pouvons unir nos rêves et nos aspirations. Qu'attendons-nous pour conclure, concrètement, la paix ?

TABLE DES MATIÈRES

Préface d'Éric Rouleau 9

1. A qui la terre ? 23
2. Agresseurs et agressés 45
3. Expansion et exode 53
4. L'expédition de Suez 63
5. Le double tournant de la guerre des six jours 73
6. L'occupation 83
7. Occupation et résistance 91
8. Du Sinaï à Camp David 115
9. L'expédition du Liban : bilan mitigé ... 125
10. Les contacts secrets 139
11. L'OLP face à la crise du Golfe 157
12. Des mythes et des méfiances 163
13. Du compromis historique à la paix de rêve 175

Cet ouvrage a été composé et réalisé par la
SOCIÉTÉ NOUVELLE FIRMIN-DIDOT (Mesnil-sur-l'Estrée)
pour le compte de LA LIBRAIRIE PLON
76, rue Bonaparte, 75006 Paris

Achevé d'imprimer le 20 septembre 1993

Imprimé en France
N° d'impression : 24747 – N° d'édition : 12342
Dépôt légal : septembre 1993

DEVENIR UN LEADER AUTHENTIQUE

LE DÉFI DE L'ÉQUILIBRE

ême autrice :

IING EN COMMUNICATION
pagner la prise de parole en public : de l'art du pitch à la confiance
auto édition (2021)

SÉVERINE GHYS

DEVENIR UN LEADER AUTHENTIQUE

LE DÉFI DE L'ÉQUILIBRE

Vers un management humain et performant

ISBN 978-2-9579613-1-3
Collection « Les Essentiels Coaching »
Dépôt légal : avril 2023
Auto-édition - Impression à la demande

Mise en page, couverture et autoédition : Anne Guervel

À mes enfants, ma première source d'inspiration.
À mes clients, mon moteur pour contribuer à un monde meilleur.

À QUI S'ADRESSE CE LIVRE ?

✓ À tous les dirigeants d'entreprise, managers et responsables politiques qui souhaitent devenir de meilleurs leaders en trouvant l'équilibre, la puissance intérieure et la sérénité indispensables pour porter leur vision et faire grandir leurs projets et leurs équipes.

✓ Aux coachs et professionnels de l'accompagnement qui travaillent aux côtés des dirigeants et des managers pour les aider à développer leur posture de leader et à évoluer vers le meilleur d'eux-mêmes.

✓ À tous celles et ceux qui ont compris le lien direct entre l'alignement du leader et la motivation des équipes.

✓ À tous celles et ceux qui veulent développer un leadership plus humain, authentique et intuitif, en mettant leurs atouts au service des autres pour contribuer à rendre le monde meilleur.

SOMMAIRE

À qui s'adresse ce livre ? 7
Préface 11
Introduction 13

Étape 1 Se connaître parfaitement 31

Étape 2 Accepter sa vulnérabilité 83

Étape 3 Être pleinement acteur de sa communication 135

Étape 4 Trouver sa raison d'être 185

Étape 5 Développer son intuition 223

Étape 6 Recharger et dompter son énergie 257

Conclusion 299
Remerciements 301
À propos de l'autrice 303
Bibliographie 305

PRÉFACE

Sans apparences, en transparence

Quel sujet passionnant que celui de l'authenticité et du leadership authentique !

Quels sont les secrets de ce concept qui exhorte à l'introspection et à la précision quant aux vérités de chacun ?

Intuitivement, cette qualité s'illustre chez des individus qui ont le souci d'aligner leurs actions sur leurs valeurs et croyances. Au moindre dérapage, à la première désynchronisation avec leur moi, ils ou elles prennent le risque de ternir à leurs yeux leur image de soi avec pour conséquence des sentiments négatifs et d'inconfort pouvant aller jusqu'à la culpabilité.

De ce fait, être authentique impliquera une connaissance de soi précise, quelles que soient les faiblesses ou failles inavouées qu'il serait bien plus commode de saupoudrer d'un soupçon de complaisance. Car, ne pas l'être induira une perception artificielle de la réalité tout comme une profonde inaptitude à comprendre ses propres motivations. Le manque d'authenticité conditionnera à rechercher l'approbation voire l'estime dans les yeux d'autrui. Il mettra l'individu dans l'incapacité à exprimer clairement ses sentiments ou apprendre de ses erreurs. Il déclenchera des jugements hâtifs...

L'authenticité n'est pas un concept nouveau, déjà, pour les anciens Grecs, il se référait à cette exhortation à « être fidèle à soi-même ». Mais le leadership authentique peut-il s'en tenir à cette primale injonction ?

De nombreuses études s'y sont penchées et une théorie sur le leadership authentique a émergé au cours des dernières années à la croisée du leadership, de l'éthique et du comportement organisationnel positif.

En psychologie positive, et sans surprise, l'authenticité nécessitera de se connaître et de se comporter conformément à soi-même qu'il s'agisse de croyances, d'émotions, de besoins ou de préférences.

Dans la littérature relative au management, le leadership authentique se définit comme « un modèle de comportement de leader qui s'appuie sur et promeut à la fois des capacités psychologiques positives et un climat éthique positif, pour favoriser une plus grande conscience de soi, une perspective morale intériorisée, un traitement équilibré de l'information et une transparence relationnelle de la part de leaders travaillant avec des subordonnés, favorisant un développement personnel positif ». De nombreuses études ont trouvé des preuves empiriques des effets positifs d'un leadership authentique sur divers résultats organisationnels et personnels tels que la motivation, la satisfaction et la performance au travail tout comme le comportement de citoyenneté organisationnelle.[1]

J'ai bien conscience qu'il existe bien de nombreuses autres caractéristiques et atouts d'un leadership authentique que cet ouvrage explicite avec talent, inspiré par des accompagnements concrets nourris de l'expérience du terrain. Ses multiples bénéfices y sont explorés, offrant la promesse d'une lecture qui interpelle sur un concept que chacun se doit de mieux comprendre et d'apprivoiser.

Raphaëlle Laubie
Directrice générale du Cercle du Leadership

1 *Zhang, Y. et al., Antecedents and outcomes of authentic leadership across culture: A meta-analytic review, Asia Pacific Journal of Management, 2022.*

INTRODUCTION

LE LEADERSHIP « À LA PAPA » EST MORT

« Soyez le changement que vous voulez voir dans le monde »
Gandhi

Nous sommes dans un marché qui évolue à la vitesse numérique. Les années Covid en 2020-2021 nous ont montré à quel point notre monde est désormais incertain, rendant le management encore plus complexe qu'avant. Avec autant de bouleversements et de nouvelles générations hyper connectées et en quête de sens, le paradigme du leadership doit changer. En tant qu'entrepreneure, directrice d'agence, consultante et coach, j'ai accompagné de nombreux dirigeants et managers dans leur évolution et leur communication au cours des vingt dernières années. J'ai pu faire le constat qu'un leadership authentique est un véritable exhausteur de performances et de motivation. Le commandement à l'ancienne, « à la papa », n'est plus efficace. Pour enclencher la réussite de leur organisation, les dirigeants doivent adopter un style de leadership authentique, dont j'ai pu identifier six étapes essentielles, qui structurent les chapitres de cet ouvrage et le voyage que je vous propose de faire avec moi.

« J'ai 50 ans, et je ne sais pas qui je suis. »

Trois dirigeants sont arrivés dans mon cabinet de coaching et ont changé ma vie, ou plutôt redéfini ma mission de vie. Voici leurs mots, lors d'une séance préalable de coaching :

Le premier est dirigeant fondateur d'un groupe international de 5 000 salariés : « J'ai construit ce groupe de mes mains en partant de rien, je l'ai fait grandir, j'ai tout fait, étape par étape, je ne pouvais pas faire autrement que réussir. Et voilà, j'ai cinquante ans, et je ne sais pas qui je suis ».

La seconde dirige une organisation d'État à l'étranger, et est directement rattachée au ministère : « Je sens que je suis appelée à un destin plus grand. J'aimerais enfin toucher ma vérité ».

Le troisième est directeur au sein d'un grand groupe français. « J'ai mis en place une "machine à faux-self" terriblement efficace pour monter dans la hiérarchie, mais catastrophique pour mon bien-être et mon équilibre. Comment faire machine arrière ? »

Trois success-stories sur le papier, et trois leaders en quête de leur vérité et d'un leadership plus humain, qui posent une question fondamentale : celle de l'authenticité au pouvoir. En d'autres termes : comment oser rester soi-même quand on a ce pouvoir entre les mains ?

Trop de dirigeants ont renoncé à l'authenticité au profit du faux-self, pensant devoir se fondre dans les arcanes du pouvoir en voulant paraître toujours plus forts et parfaits aux yeux des autres.

J'ai eu la chance d'accompagner ces trois leaders exceptionnels. D'autres ont suivi, et tous m'ont fait grandir avec eux. Mieux, ils m'ont éclairée sur ma mission de vie : aider ces individus – souvent brillants, perfectionnistes, cartésiens et hypersensibles –, à évoluer vers un leadership plus authentique, en congruence avec leurs valeurs essentielles.

Au fil de ma réflexion sur le leadership authentique et de ma pratique de coach auprès des dirigeants économiques et politiques, une question s'est mise à me tarauder : peut-on être un bon leader en restant authentique ? Que signifie être un leader authentique ? Peut-on concilier authenticité et pouvoir ? Qu'est-ce qui fait la différence entre un « petit chef » et un grand leader ?

LE PARADOXE DE LA SOLITUDE DU DIRIGEANT

Le monde du pouvoir nous confronte souvent à la violence, au rapport de forces basé sur du faux-self. Étrange paradoxe : les leaders économiques et politiques sont entourés d'une ribambelle de conseillers et pourtant nombre d'entre eux souffrent de solitude. Pire : beaucoup d'entre eux ont préféré renoncer à être eux-mêmes de peur de paraître vulnérables. Ils ont préféré mettre un masque et développer une fausse image d'eux-mêmes, souvent autoritaire, exigeante et perfectionniste. Ce choix leur permettait, pensaient-ils, de paraître toujours plus forts, solides et parfaits. La loi du plus fort qui régit ce système atteint ses limites lorsque le leader finit par craquer à force de se cacher derrière un masque, en s'efforçant de résister à la pression du pouvoir et en se sur adaptant à ce qu'il croit que les autres attendent de lui. Le point de rupture se manifeste par un burn-out, ou par la révélation d'une maladie engendrée par tout ce stress accumulé pendant des années. La complexité du monde actuel nous invite pourtant à repenser cette vision traditionnelle du leadership. Il s'agit d'évoluer vers une vision plus novatrice, en phase avec les attentes des jeunes générations qui réclament plus de sens, et surtout de remettre l'humain au centre.

L'image du superhéros par excellence serait-elle en train de s'effriter au profit d'un leadership plus humain, plus authentique et sans doute plus vulnérable ?

Le pouvoir de la vulnérabilité

La chercheuse américaine Brené Brown est l'auteure d'une célèbre présentation TEDx intitulée « *Le pouvoir de la vulnérabilité* ». C'est l'une des vidéos les plus populaires de TED. Je me souviens des frissons qui ont parcouru tout mon corps quand je l'ai visionnée pour la première fois. Enfin, quelqu'un osait affirmer qu'il était bon, même pour un leader, d'oser être vulnérable et d'accepter d'être soi-même. Conteuse de talent, Brené Brown manie les mots avec brio et vous touche au plus profond de vous-mêmes en pointant vos paradoxes : vous donnez peut-être l'impression d'être parfait et sans faille, mais l'êtes-vous vraiment? Au fond, vous êtes humains, donc imparfaits, et c'est « OK ». Selon Brené Brown, la vulnérabilité contiendrait beaucoup plus de puissance que l'usage de la force et permettrait d'éviter bien des maux et des conflits entre les individus. Cela fait écho à l'une de mes citations préférées : « La douceur est invincible ». Comme la vulnérabilité, la douceur est le reflet de notre humanité. La force ne peut rivaliser avec ces deux-là.

Les questions posées par le leadership authentique

La question du leadership authentique vous met face à un questionnement profond :

→ Comment être un leader quand le pouvoir vous éloigne à ce point de ce que vous êtes ?
→ Peut-on se permettre d'être vulnérable quand on est au pouvoir ?
→ Comment concilier vulnérabilité et puissance, performance et authenticité ?
→ Et pour la coach que je suis – et que vous êtes peut-être également – comment accompagner ces leaders dans leur quête d'un meilleur équilibre pour diriger et inspirer tout en restant eux-mêmes ?

Le voyage du leader authentique

Bien des dirigeants et managers qui occupent des postes à responsabilités n'ont jamais fait de travail d'introspection pour découvrir ce qu'il y a au fond d'eux-mêmes, et le processus inconscient qui actionne leurs prises de décisions. C'est pourtant la clé pour bien manager : bien se connaître pour bien diriger (c'est le 1er pilier de ce livre). C'est là que nous intervenons, nous, les coachs de dirigeants, avec toute l'humilité nécessaire et une écoute active, pour aider ces leaders à se sonder au plus profond d'eux-mêmes, afin de faire naître le leader authentique et puissant qui va révéler la meilleure version de lui-même.

Ce « deep coaching du leadership authentique », comme j'aime parfois le nommer, passe par six étapes essentielles qui sont développées dans cet ouvrage comme autant de chapitres. Comme Hercule qui réalisa ses douze travaux, le leader d'aujourd'hui doit passer par six épreuves qui lui permettront de développer les qualités nécessaires pour être un leader aligné et authentique :

- → Se connaître parfaitement.
- → Accepter sa vulnérabilité.
- → Être pleinement acteur de sa communication.
- → Trouver sa raison d'être.
- → Être à l'écoute de son intuition.
- → Recharger et dompter son énergie.

Ces six étapes du voyage vers le leadership authentique vous permettront de développer des qualités essentielles pour incarner une vision et construire un projet porteur de sens en étant guidé par des valeurs fortes et mises au service des autres pour contribuer à rendre le monde meilleur.

Si l'enrichissement matériel peut être un premier moteur pour le chef d'entreprise ou le manager, elle n'est pas suffisante pour donner du sens à un projet. Si vous faites partie de ces hommes et de ces femmes qui croient que leur mission de dirigeant ou de manager est avant tout une façon de contribuer à faire avancer le monde et lui donner du sens, alors ce livre est là pour vous aider.

Si vous vous sentez l'âme d'un leader et que vous avez en vous cette humilité de ceux qui pensent qu'ils peuvent toujours s'améliorer et être meilleurs dans ce qu'ils font, alors vous n'avez pas ouvert la première page de ce livre pour rien.

Ce sont aussi les six étapes du « deep coaching du leadership » que j'applique dans mes accompagnements.

Vous trouverez dans ce livre ce que vous n'apprendrez sans doute pas à l'école ni en entreprise. Je vous livre mes apprentissages de coach, tirés de mon expérience d'accompagnement auprès de plusieurs dirigeants en France et à l'étranger durant ces années. Je n'ai pas la prétention d'être une spécialiste ni une chercheuse sur le thème du leadership : ma vraie légitimité est ancrée dans ma pratique. J'en tire une grande humilité et une manière de grandir et de toujours mieux accompagner mes clients.

Ceux-ci resteront anonymes pour préserver leur confidentialité. Je ne citerai donc aucun élément précis qui permettrait de les identifier. C'est notre engagement, en tant que professionnels du coaching : respecter la confidentialité des échanges et l'anonymat de nos clients, sauf accord express de leur part pour être cités.

J'émets le vœu que ce livre puisse aider les acteurs de la vie économique et politique d'aujourd'hui et de demain à faire progresser leur leadership pour trouver leur propre équilibre en suivant les six étapes de ce voyage et en pratiquant l'autoréflexion proposée à la fin de chaque chapitre pour se poser les bonnes questions sur leur posture de leader.

J'espère en outre pouvoir aider les coachs qui accompagnent ces dirigeants et ces managers à trouver, dans ce recueil, une approche éclairante et des outils concrets pour mieux guider et faire grandir leurs clients.

Les six chapitres développés dans ce livre pour devenir un leader authentique sont le fruit de mes lectures, de mes observations et surtout de mon expérience en tant que coach, mais aussi en tant que consultante auprès de grands comptes, et entrepreneure puisque j'ai fondé ma première entreprise à vingt-cinq ans. Mon intention n'est pas de vous livrer une recette clés en main du bon leader, mais plutôt de vous proposer, avec toute l'humilité nécessaire, la vision d'un leadership nouveau, ainsi qu'une grille d'évolution pour aider le leader à progresser dans sa posture et à trouver son juste équilibre.

QU'EST-CE QU'UN LEADER AUTHENTIQUE ?

Aux origines du leadership authentique

Le point de départ du leadership authentique est la conscience de soi. Il est essentiel d'effectuer un travail d'introspection profond afin de mieux se connaître. C'est en étant conscient de vos forces, de vos faiblesses et de vos failles les plus personnelles que vous pourrez diriger vos équipes avec authenticité.

Certaines qualités sont essentielles au leader authentique, comme le courage, l'optimisme, la confiance, l'intégrité et l'éthique. Personne ne naît leader authentique, mais une chose est sûre : tout le monde peut le devenir.

Le leadership authentique ne reconnaît qu'un seul style : le vôtre. L'essence même du leader authentique, c'est de se construire grâce à votre histoire de vie, votre éducation, vos mentors, vos expériences. C'est aussi d'effectuer un travail d'introspection et de perfectionnement tout au long de la vie aux côtés d'un coach que vous aurez choisi et qui devra être à la hauteur de vos attentes et en phase avec votre personnalité. À force de travail et de persévérance, vous deviendrez un leader à la fois fort et vulnérable, inspiré et inspirant, communicant et intuitif. Un travail d'équilibriste qui mène à l'authenticité.

Aux origines de l'authenticité

Arrêtons-nous quelques instants sur ce terme : authenticité. Son étymologie est très intéressante. Le mot « authenticité » vient du latin *authenticus*, qui lui-même vient du grec ancien *authentikós* qui signifie : « se détermine par sa propre autorité ». Cette définition met l'accent avec

force sur le fait de rester fidèle à soi-même, le faux semblant étant à bannir absolument. L'authenticité est donc considérée comme une qualité de premier plan depuis l'antiquité. Cette qualité est souvent reprise dans le développement personnel : être authentique et toujours en accord avec soi-même participe au bonheur et à l'épanouissement.
La pyramide de Maslow, qui hiérarchise les besoins d'un individu, place à son sommet le besoin de réalisation de soi.

La réalisation de soi, concept déjà présent dans la Grèce antique, nécessite une parfaite connaissance de soi et de ses valeurs : des notions inhérentes à la définition même de l'authenticité.

Au XXe siècle, le courant existentialiste prône le courage de rester soi-même en assumant tout ce que peut être la condition humaine, avec ses bons et ses mauvais côtés. Ce qui compte, c'est ce que nous faisons et surtout comment nous le faisons. Cela nous définit dans notre vérité. Le contraire de l'authenticité serait la tromperie. En d'autres termes : induire les autres en erreur, mais surtout s'induire en erreur soi-même.

Il est très fréquent, dans le langage courant, de confondre l'authenticité et la sincérité. Pourtant, ces deux mots ont une signification différente :
La **sincérité** porte sur notre rapport aux autres : vous n'appréciez pas la sœur de votre conjoint et vous le lui dites.
L'authenticité porte sur notre rapport à nous-mêmes. Rester fidèle à l'essence même de ce que nous sommes : vous êtes d'un naturel angoissé, mais vous ne portez pas de masque et vous vous montrez tel que vous êtes.

D'ailleurs, une personne peut être sincère, mais manquer d'authenticité. Elle peut dire ce qu'elle pense à qui veut l'entendre sans pour autant se montrer telle qu'elle est. Une personne peut être sincère et continuer à porter un masque. La sincérité qui consiste à dire ce que l'on pense reste très subjective. Ce que je peux dire à mon conjoint n'est que le reflet de ma propre opinion, il n'y a rien d'universel. L'authenticité se rapproche plus de la notion de vérité propre à chacun de nous.

Le leader authentique sait être sincère dans le but de faire évoluer ses équipes au service de leur entreprise. Cependant, il sait aussi doser cette sincérité pour ne pas blesser ses interlocuteurs : il s'adapte à la situation pour agir dans l'intérêt de ses collaborateurs et de son organisation.

Bien au-delà de la sincérité, l'authenticité permet au leader de rester fidèle à ses propres principes, aspirations et valeurs. C'est le socle fondamental de son rapport aux autres, mais aussi de son rapport à lui-même.

La littérature du management a repris ce concept d'authenticité et a su l'adapter au monde du travail. L'impact du leadership authentique sur les individus et sur l'entreprise elle-même est vertigineux. Un leader authentique est capable de :

→ Réaliser un travail d'introspection intense ;
→ Ne pas porter de masque ;
→ Respecter ses propres valeurs et convictions ;
→ Se remettre en question et accepter ses erreurs.

Cette trempe de leader, à la fois transparent, cohérent, aligné et exemplaire, sait créer la confiance et l'adhésion de ses collaborateurs. Il va transcender toutes leurs aptitudes au service du collectif et de l'entreprise.

Que se passe-t-il concrètement quand un dirigeant admet ses failles, quand il fait preuve d'honnêteté et d'empathie et qu'il dirige son entreprise avec le cœur ? Le résultat se voit sur place : ses collaborateurs sont heureux d'aller au travail, ils osent agir et s'exprimer, ils obtiennent de meilleurs résultats et se sentent valorisés et à leur juste place. Rien que ça !

Une entreprise florissante peut surgir de l'idée d'un seul individu, mais son succès sur le long terme dépend toujours d'un travail d'équipe. Les meilleurs leaders savent toujours saluer leurs équipes avec gratitude. Ils mettent tout en œuvre pour faciliter la collaboration entre les salariés, insuffler une harmonie au travail et tenter de donner du sens aux missions exercées par chacun.

Nous sommes tous des leaders en puissance

Comment définir le leadership ? Comment assumer votre rôle de leader tout en restant fidèle à votre personnalité ? Quelle place le leadership laisse-t-il à la vulnérabilité ? Autant de questions passionnantes que nous aborderons dans les deux premiers chapitres de ce livre.

Lorsque vous parlez de leader, c'est certainement l'image d'un chef ou d'un individu avec une position hiérarchique élevée qui vous vient à l'esprit. Pourtant, la position hiérarchique et le pouvoir qui lui est associé ne suffisent pas à faire un leader. Le leader se reconnaît tout de suite, dans la cour de l'école, par son charisme et sa capacité à entraîner les autres. Étiez-vous de ceux-là quand vous étiez enfant ? Votre comportement à l'âge d'enfant et d'adolescent portait-il déjà en germe ce que vous alliez devenir ou ce que vous auriez pu devenir si vous aviez eu une confiance en vous suffisante ? Dans un groupe d'amis, le leader est celui ou celle qui organise le programme lors d'un départ en vacances et conduit le groupe. Dans le monde du travail, le leader se démarque par sa capacité à conduire des personnes ou une organisation vers des objectifs. Ces leaders sont des personnalités très recherchées, sur qui on peut compter, notamment lors des situations de crise.

Si vous êtes un leader, vous possédez très certainement une qualité de présence, une sorte d'aura qui va exercer une influence sur le collectif, et vous le savez. Vous avez d'ailleurs été choisi pour cette qualité. Le leader n'est pas nécessairement le chef : chaque collaborateur possède un leadership, qu'il soit manager, chef de projet ou assistant.

Rester soi-même quand on est au pouvoir

Le leader authentique repose tout d'abord sur une bonne connaissance de soi. Nous l'avons vu, pour pouvoir emmener un groupe avec lui, le leader authentique doit d'abord se connaître lui-même : ses atouts et ses talents, mais aussi ses faiblesses et ses parts d'ombre, ses rêves et sa vision pour le monde. C'est tout l'objet de mon travail en coaching. Le leader doit autant être connecté à lui-même qu'aux autres. Sa transformation intérieure consiste à se rapprocher de ses valeurs pour être en totale congruence avec elles. On parle alors d'alignement. Lorsque vous êtes une personne alignée, cela signifie que vos aspirations et vos pensées sont le plus possible alignées avec vos comportements et vos paroles. Vous faites ce que vous dites et vous pensez ce que vous dites. Nous pouvons tous devenir un leader authentique. Vous pouvez le faire. Et en lisant ces pages, vous allez le devenir.

Le leader authentique est capable de relever le défi d'arriver au pouvoir tout en restant lui-même. Simple ? En théorie, oui. En pratique, moins. Le risque de l'exercice du pouvoir est de se perdre en cours de route et de tomber dans les travers du faux-self en affichant une certaine image de leader.

Exemples de phrases que j'ai empruntés à mes clients :
« On attend de moi que je porte le costume et que je sache décider de tout ».
« Le leader n'a pas droit à l'erreur »
« Je suis le dirigeant, je ne dois pas afficher ma faiblesse ni mes doutes »
« Un dirigeant n'est pas là pour être aimé, il doit diriger, point barre ».

Ces citations sont celles de dirigeants français à la tête de PME, de TPE et de business Unit dans de grands comptes. Je conserverai leur anonymat et la confidentialité de nos échanges en vertu du code de déontologie du coaching. Avez-vous remarqué comme ces affirmations sont des croyances et des injonctions qui n'appellent ni réponse ni débat ? « Il faut », « on doit », « on attend de moi ». Des croyances bien ancrées qui positionnent le dirigeant dans une posture fixe très souvent héritée d'un parent dirigeant ou d'un leader inspirant érigé en modèle.

Rester soi-même suppose d'abord de savoir qui vous êtes, au-delà de votre étiquette de dirigeant. Or, de nombreux dirigeants n'ont jamais pris le temps de se poser pour comprendre leurs vraies aspirations et définir le positionnement de leader qui correspond à leur identité et à leurs valeurs.

Vous exercez peut-être le pouvoir depuis de nombreuses années, et pourtant vous vous interrogez seulement maintenant sur son exercice. Si je vous demande quel style de leader vous êtes, vous avez sans doute une image qui vous vient en tête : celle d'un Steve Jobs, d'un Elon Musk, d'un Richard Branson ou d'une Oprah Winfrey. Avez-vous été inspiré par l'un de ces leaders ? N'avez-vous pas eu, sous le sapin de Noël, un ouvrage bibliographique retraçant l'histoire de Steve Jobs, Barack Obama, Simone Veil ou Elon Musk ? Vous voyez, je m'en doutais... Si vous n'y avez pas songé, d'autres l'ont peut-être fait pour vous et vous auront acheté l'ouvrage du parfait leader. Et pourtant, vous êtes là, ce livre entre les mains, et vous recherchez autre chose qu'un modèle prêt à l'emploi, n'est-ce pas ? Vous cherchez peut-être des pistes pour être le meilleur leader possible tout en restant vous-même... Parce que, vous serez sans doute d'accord avec moi : personne ne peut être authentique en étant une pâle copie de quelqu'un d'autre ! Vous pouvez vous inspirer de l'histoire des autres, les admirer, apprendre d'eux, mais jamais vous ne pourrez être eux. Pas plus que vous ne pourrez trouver le modèle idéal du parfait leader qui réussit tout. Parce que ce modèle n'existe pas, tout simplement.

Beaucoup d'études... et aucun modèle de leader en vue !

Des centaines d'études ont tenté de déceler les clés du leadership, à la recherche du parfait leader et des indicateurs pour le devenir. Sans succès. La majorité des leaders interrogés sur leur leadership dans ces études répondent qu'ils n'ont pas construit leur leadership sur des méthodes et des techniques ni en singeant un leader existant : un Elon Musk ou un Steve Jobs. Ils expliquent au contraire qu'ils ont bâti leur leadership en s'appuyant sur leur histoire, et les difficultés rencontrées au cours de leur parcours. Tout simplement parce que personne ne peut être authentique en imitant quelqu'un d'autre. S'inspirer, oui, copier, non. Vous créez un climat de confiance dans votre entreprise en faisant preuve de courage et d'authenticité, et non en affichant la pâle copie d'un autre leader que vous admirez.

Les atouts de l'authenticité

Être authentique semble pour beaucoup une preuve de faiblesse et de vulnérabilité. Et si c'était une force, au contraire ?

Dans l'inconscient collectif, il est fréquent d'associer la faiblesse à la vulnérabilité. La faiblesse étant largement stigmatisée dans nos sociétés modernes, les individus – et d'autant plus les dirigeants – ne souhaitent pas se montrer vulnérables. Ce sera l'objet du chapitre 2.

Le mot « vulnérabilité » vient du latin *vulnerare* (blesser) qui traduit un état de fragilité chez une personne qui peut être facilement atteinte. Cette définition est très juste. Ce qui l'est beaucoup moins, c'est l'appréhension des leaders à l'idée de se montrer vulnérables. Qui peut affirmer qu'il n'a jamais été blessé dans sa vie ? Être vulnérable, c'est tout simplement avoir le courage de se révéler tels que nous sommes : dans toute notre splendeur teintée de succès, mais aussi dans toute notre zone d'ombre avec nos échecs et nos failles. Être vulnérable, c'est aussi savoir montrer ses émotions et se laisser guider par l'empathie.

L'authenticité est plus qu'un atout : c'est une véritable force pour entrer en résonance avec les autres. Entrer en résonance avec quelqu'un va au-delà de la conscience. En effet, notre cerveau est capable de détecter des signaux bien avant notre conscience. Sans trop savoir pourquoi, vous vous sentirez très à l'aise avec une personne, alors que ce sera tout le contraire avec une autre. En général, nous nous sentons toujours beaucoup mieux avec des personnes authentiques et vulnérables, car elles nous ramènent à notre propre condition d'être humain, et c'est très rassurant. Dans le cadre du travail, un leader authentique sera plus à même de rassurer, de valoriser et d'encourager ses équipes. Il sera écouté, respecté et donnera toujours l'envie de se dépasser.

Je vous pose la question : quel type de leader auriez-vous envie de suivre ? Un dirigeant autoritaire et froid, ou un dirigeant humain et chaleureux ? En tissant des liens étroits et sincères avec vos collaborateurs, vous allez améliorer leur bien-être au quotidien, lutter contre la souffrance au travail et faciliter la connexion avec les nouvelles générations. Les occasions de se montrer vulnérable et authentique sont quotidiennes dans nos rapports humains, il suffit de se poser et de considérer l'autre : demander des nouvelles à un collaborateur malade, aider une personne en grande difficulté, demander l'avis à quelqu'un sur un projet important, assumer l'échec d'une décision...

L'histoire ne retiendra toujours que les qualités humaines des grands leaders : la résilience dans la maladie de Steve Jobs, la ténacité et la fragilité de Simone Veil, l'humour et l'autodérision de Barack Obama.

Osez être authentique et vulnérable : tout ce que vous risquez c'est d'être apprécié et respecté de tous.

Le leader authentique est un équilibriste

Lorsque Bill Gorge a sorti son livre *Authentic Leadership : rediscovering the Secret to Creating Lasting Value* en 2003, il avait déjà lancé le défi d'un leadership authentique basé sur le cœur et la profondeur des relations au travail. Selon lui, ce leadership était le seul à même de créer de la valeur à long terme pour l'entreprise. Le seul à permettre au leader d'être lui-même et de s'épanouir, au lieu de s'épuiser dans l'exercice de sa fonction. Vingt ans après, j'aimerais relever ce défi et amener les leaders à diriger avec plus d'authenticité, pour préserver leur santé et celle de leurs équipes. Le bien-être au travail vaut pour les équipes comme pour les dirigeants. Diriger ne se fait pas seulement avec les chiffres, mais aussi avec le cœur. A fortiori, parce que le monde est devenu VUCA (Vulnérable, Incertain, Complexe et Ambigu), nous avons plus que jamais besoin des relations vraies, saines et durables qui construisent l'individu et le projettent dans un monde meilleur. Nous avons besoin de leaders courageux qui relèvent le défi de l'authenticité en s'autorisant à être eux-mêmes, et à croire en leurs projets et leurs équipes. Cela suppose de croire en l'humain, et de placer sa confiance en l'autre et en sa capacité à grandir, à évoluer, à s'adapter et à servir une cause plus grande. J'aspire, en tant que coach, à élever les leaders vers plus d'authenticité pour porter leur vision d'un monde meilleur en commençant par eux-mêmes : être soi, c'est accepter d'être en constant apprentissage pour devenir toujours meilleur. Le leader authentique fait preuve de passion. Il porte une vision humaniste et dirige avec la tête et le cœur. Il manie les chiffres pour faire croître son entreprise et pilote les hommes pour les aider à évoluer et porter avec lui cette vision en trouvant du sens et leur place dans l'entreprise. Le leader authentique s'applique une discipline pour réussir et se fait confiance pour y arriver. Il s'inspire de certains, mais n'imite personne. Il s'appuie sur sa propre histoire pour mieux se connaître et identifier les croyances qui le portent et les schémas qui le pilotent, pour mieux s'en dégager et retrouver la liberté d'être soi. Il se sert de cette connaissance pour affirmer ses valeurs et les faire respecter en engageant des personnes qui s'y associent. Il sait que la manipulation est détectée inconsciemment par le principe de résonance dans le cerveau (nous verrons cela plus loin). Pour cela, il ne souhaite ni manipuler ni mentir, mais préfère partager sa vision comme ses doutes en s'appuyant sur ses collaborateurs ou son coach pour l'aider à trouver des solutions. Il sait prendre des risques et il a à cœur de trouver l'équilibre entre ses motivations profondes, qui peuvent paraître contradictoires : être riche, être heureux, profiter de la vie, marquer l'histoire...

Je crois que le leader authentique est un équilibriste. Il se sert de son mental pour définir sa stratégie chiffrée, mais met en balance sa décision en s'appuyant sur son intuition pour finaliser ses arbitrages. Il sait communiquer pour exprimer sa vision et ses besoins et attentes, mais il sait aussi écouter pour recueillir les besoins de ses équipes et en tenir compte dans ses réponses. L'équilibre de sa communication en fait quelqu'un de posé, ancré et charismatique. Le leader authentique possède une énergie forte, qu'il transmet aux autres, et dont il se sert pour rester en mouvement et donner l'impulsion. Cette énergie est véhiculée par son système de pensée, forcément positif, pour avancer et faire avancer les autres. Il sait là encore trouver l'équilibre entre l'énergie déployée pour grandir lui-même (pratiquer la pensée positive, se lever tôt, pratiquer du sport, se discipliner...), et l'énergie qu'il envoie aux autres pour les

motiver, les diriger et les aider à avancer et dépasser certains obstacles ou certaines peurs.
Le leader authentique possède une intelligence adaptative. Il sait s'adapter aux situations, aux changements de contextes, de données, d'humeurs des individus. Il sait jongler en permanence pour trouver l'équilibre et rester fidèle à lui-même tout en tenant compte des autres.

C'est sur ce chemin de l'équilibre, fait d'accords subtils, que je vous propose d'avancer dans les pages qui suivent. Un chemin passionnant qui vous conduira vers plus de sérénité et de puissance. Vous pouvez décider dès maintenant d'emprunter ce chemin et de devenir le leader authentique que vous avez toujours rêvé d'être.

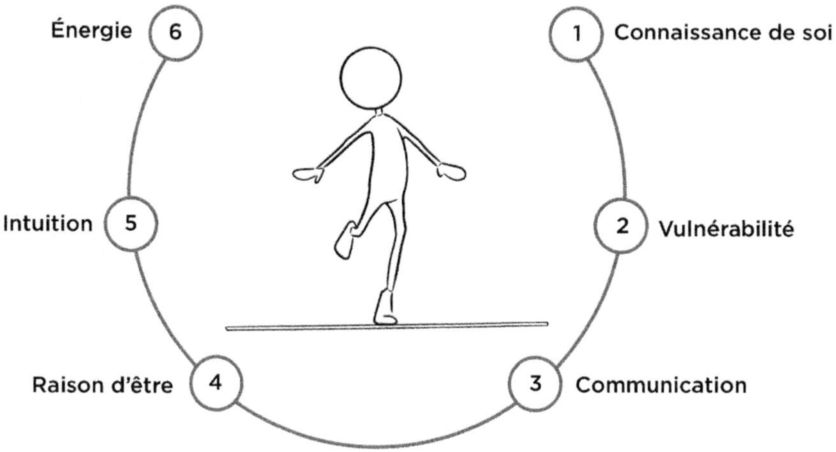
Énergie
6
1
Connaissance de soi
Intuition
5
2
Vulnérabilité
Raison d'être
4
3
Communication

ÉTAPE 1

Se connaître parfaitement

« Connais-toi toi-même »
Socrate

LES CLÉS DE LA CONNAISSANCE DE SOI

Lorsqu'on a demandé aux soixante-quinze membres du Comité consultatif de la Stanford Graduate School of business quelles étaient pour eux les compétences les plus importantes à développer chez un leader, leur réponse a été quasi unanime : la connaissance de soi.

Véritable clé de voûte de l'épanouissement personnel et professionnel, la connaissance de soi est indispensable au leader authentique. Pourtant, très peu de dirigeants consacrent du temps à l'auto-introspection. Ils travaillent si dur qu'ils ne jugent pas utile de s'accorder du temps pour eux-mêmes. Pire : le déni peut être le premier obstacle sur le chemin de la connaissance de soi pour un leader. L'ego du dirigeant est un allié qui le pousse à avancer, mais aussi un obstacle qui l'empêche de se voir tel qu'il est, avec ses inquiétudes et des doutes qui ont besoin d'être apaisés.

Le leader s'interroge sur lui-même lorsqu'il est confronté à des difficultés ou qu'il a le souci d'être le meilleur manager ou dirigeant possible. Le leadership authentique part de soi.

Jean-Paul est millionnaire

Lorsque Jean-Paul a franchi la porte de mon cabinet de coaching, il venait de voir mon film « *Le pouvoir de la pensée* ». Ce brillant entrepreneur avait réussi à créer une entreprise de dimension internationale dans le monde de la restauration. Devenu millionnaire à 45 ans, il avait vendu son entreprise et atteint son « Graal » sans pour autant atteindre le bonheur. Cet hyperactif passionné par la création d'entreprise ne se voyait pas passer ses journées au golf ou au tennis, et encore moins passer des heures sur une plage paradisiaque. L'ennui le guettait. La panne d'envie le rongeait et côtoyait de près un état dépressif. Il semblait donner raison à l'expression populaire : « L'argent ne fait pas le bonheur ».

Cet entrepreneur avait travaillé dur pour devenir riche, et au bout de la route, il faisait le constat amer qu'il n'était pas heureux. Il devait bien admettre qu'à 50 ans, il était loin de se connaître, et plus loin encore de se sentir serein et aligné. Développer une bonne connaissance de soi est l'une des clés pour atteindre cet état de sérénité et de complétude. Beaucoup d'individus courent après l'argent, si vite et si fort qu'ils finissent par l'obtenir, par la force de la pensée et de la visualisation. Une fois l'objectif atteint, l'heureux millionnaire n'ose plus se plaindre et ne s'autorise plus à avoir des vagues à l'âme. « Tu as tout pour être heureux », entend-il de toute part dans son entourage. Vous-même, si vous faites partie du club des privilégiés qui n'ont pas à se plaindre, n'est-ce pas une phrase que vous avez déjà entendue de la part de vos proches ? Et pourtant, l'aisance financière ne suffit plus lorsqu'il vous manque l'essentiel : le sens.

Cette première séance a été tumultueuse : Jean-Paul était froid, son langage direct traduisait une sorte de brutalité, comme s'il remettait en cause ma capacité à l'accompagner. Intriguée par ce personnage complexe, je choisis de l'écouter dans un premier temps, avant de lui poser cette question très simple : « Vous avez souhaité faire appel à mes services et vous êtes ici devant moi. Pourtant je ressens dans votre attitude une certaine retenue, voire une méfiance. Alors, dites-moi : qu'est-ce que vous voulez vraiment ? » La séance a enfin pu commencer après cette question. Comme s'il décidait enfin de baisser sa garde et d'accepter d'entrer dans un cadre de confiance avec moi, Jean-Paul m'expliqua alors qu'il avait tout réussi : il possédait un bel appartement dans les beaux quartiers de Paris, pouvait se payer des vacances de luxe à l'autre bout du monde, mettre ses enfants dans les meilleures écoles, etc. Et pourtant, cet homme souffrait d'une grande solitude et dressait un constat amer : « J'ai cinquante ans et je ne me connais pas ».

On peut passer un demi-siècle à vivre dans le « faire » en passant à côté de « l'être », et finir par envier ceux qui ont moins, mais ont pourtant l'air heureux. Jean-Paul avait mis toute son énergie dans la construction de son entreprise pour atteindre son objectif : être riche. Il avait mis tout son désir à exécution pendant des années, sans relâche, avec force et persévérance. Il avait imaginé son empire, visualisé sa réussite au sommet, dessiné la maison de ses rêves. Il avait mis toute son âme et son désir le plus ardent pour créer sa réalité. Son assurance était à l'image de celle de tous ces grands entrepreneurs qui ont réussi : intacte. Et pourtant, face à ma question toute simple, il était resté désarmé quelques secondes, accouchant finalement de cette réponse : « Je veux savoir qui je suis. J'aimerais faire ce travail avec vous pour savoir où j'irai ensuite ». L'alliance, notre alliance coach-client, a démarré à ce moment-là.

Connaissez-vous d'abord, bâtissez ensuite !

Certains commencent à bâtir, et découvrent en chemin que leurs actions ne correspondent pas à leur identité profonde. J'en ai fait partie. J'ai passé vingt ans coupée d'une partie de moi-même. Je suis une entrepreneure dans l'âme, j'aime créer et donner vie à des idées. Je n'ai pas bâti un empire, mais j'ai créé une agence de communication à vingt-cinq ans et on peut dire qu'elle a eu un beau succès avec des clients prestigieux et une trentaine de collaborateurs. Dans cette cocréation, j'ai embarqué mon frère, puis mon conjoint. Je suis portée par cette croyance qu'une entreprise est une aventure d'autant plus belle lorsqu'elle est partagée. Il y a bien eu quelques tempêtes, lorsque l'économie a vacillé après l'éclatement de la bulle internet, mais nous nous étions construits sur des bases solides. J'ai mis toute mon énergie dans ce projet et j'ai pu gagner assez d'argent pour donner vie à deux de mes rêves : faire construire une maison en bois et faire le tour du monde. Mais il y a eu un revers à la médaille : j'ai trop tiré sur la corde et je n'ai pas assez pris soin de moi. Le travail occupait une place trop importante dans ma vie et je ne comptais plus mes heures, week-end compris. Un matin, mon corps m'a lâché et j'ai pris conscience que j'avais été trop loin. Après ce passage douloureux, j'ai réalisé deux choses. La première est que notre résilience est extraordinaire et que nous avons tous en nous une capacité de rebond face à l'adversité. La seconde est que toute période sombre, par exemple un burn-out, porte en soi les germes d'un merveilleux cadeau. J'ai pris conscience que je devais réajuster certaines choses dans ma vie personnelle et professionnelle, pour m'écouter davantage et trouver du sens à mon action. J'étais portée par l'envie d'aider les autres, et ces derniers étaient le centre de mon attention. Aussi je voulais que tout soit parfait pour eux : mes clients, mes associés, mes enfants, ma famille... Nous ne sommes pas là pour sauver qui que ce soit : chacun est responsable de sa vie et doit en être l'acteur. Après ce burn-out, j'ai changé des choses dans ma vie personnelle et j'ai décidé de réorienter ma carrière vers le coaching de dirigeants et de managers en entreprise. Ce fut comme une évidence. Le coaching permet de donner aux autres la capacité de grandir et de déployer leur potentiel. Je portais cela en moi depuis des années, c'était vraiment une vocation. J'ai effectué un travail d'introspection sur une année, avec l'aide de professionnels divers : un spécialiste de la PNL (Programmation Neurolinguistique), un coach, un expert en mémoire cellulaire et un énergéticien. Ce chemin fantastique m'a permis de me connaître parfaitement et d'être suffisamment alignée pour pouvoir prétendre accompagner les autres. J'ai retrouvé du sens et de la cohérence en me recentrant sur moi-même et mes désirs profonds. Aujourd'hui, je fais ce que j'aime : j'élève mes clients vers le meilleur d'eux-mêmes en développant leur capacité à communiquer et à prendre confiance en eux pour atteindre leur plein potentiel. En parallèle, j'ai aussi réalisé deux reportages qui avaient du sens pour moi : le premier sur le pouvoir de la pensée, le second sur le « coaching, voie de transformation ». Mes livres et mes films sont à l'image de ce que j'essaie d'être pour mes clients : un guide. Je ne mets aucune force dans tous ces nouveaux projets, seulement de l'amour et de la conviction. Lorsque vous agissez ainsi, en congruence avec ce que vous êtes, alors tout devient fluide et évident. À présent je me connais bien et je peux construire sur des bases solides. Révéler cet épisode de ma vie n'est pas chose aisée. Je l'ai fait pour la première fois lors d'une conférence donnée par Le Cercle du Leadership en 2022, devant un public principalement composé de dirigeants. Ce témoignage m'a permis d'accepter ma vulnérabilité et d'oser être un leader authentique et aligné.

Connaissez-vous suffisamment, et vous pourrez mettre en œuvre vos projets avec d'autant plus de fluidité et de douceur. « Connais-toi toi-même », disait le philosophe Aristote. Cette connaissance de soi est un chemin qui doit se faire dans la douceur et non dans la lutte. Marc Aurèle martèle un message fort, lorsqu'il écrit : « La douceur est invincible ». Cette phrase résonne en moi, car je pense profondément qu'on peut être fort et puissant, tout en étant dans la douceur. Mes clients me disent souvent que je suis « rassurante », « apaisante », tout en étant « volontaire et pleine d'énergie ». Je vois beaucoup de personnes agressives qui se servent de ce mécanisme de défense pour avancer dans la vie, en lutte contre les autres et contre elles-mêmes. Souvent, elles finissent par le payer cher : un conflit, une séparation, une trahison… Ces personnes souffrent d'un symptôme grave : elles ne se connaissent pas assez pour se faire confiance et agir fermement, mais en douceur. C'est tout le défi d'un bon manager. Vous pouvez acquérir une fine connaissance de vous, qui vous rendra solide, calme, serein devant toutes épreuves. C'est une première étape indispensable et le premier pilier pour dépasser votre plafond de verre. Ensuite vous pourrez acquérir la force tranquille qui vous propulsera vers un bel avenir.

Tout part de soi. Connaissez-vous suffisamment bien pour agir sans hésitation. Le leader est celui qui sait trancher. Décider s'apprend. Dire non s'apprend. L'objectif de se connaître est intrinsèquement lié à ces deux sous-objectifs. Se connaître soi-même exige d'avoir le courage de s'ouvrir et de faire un examen approfondi de ses propres expériences. Ce travail d'introspection permet de devenir plus humain et donc d'accepter d'être plus vulnérable. Le leader authentique comprend qu'il doit écouter les remarques qui lui sont adressées pour grandir et affiner sa perception.

Irène, dirigeante brillante… et pleine de doutes

J'aimerais vous parler d'une autre de mes clientes, tout en préservant son anonymat. Je l'appellerai Irène. Irène dirige un grand groupe dans un pays étranger. Elle a conscience de son potentiel, mais doute des étapes à franchir par la suite. Je la reçois dans mon cabinet. C'est une belle femme, assurée, au visage fin, aux yeux noir brillant ; elle respire la joie et le bonheur. Cette femme est d'une belle intelligence et fortement ancrée dans ses valeurs. Elle sent bien qu'elle a, à l'intérieur d'elle-même, un joyau à montrer au monde, mais quelque chose l'empêche de le révéler : une peur, un manque de confiance en elle, et, surtout, une faible connaissance de soi. Je vois en elle un leader charismatique, une femme qui pourrait bien briguer un mandat ministériel demain tant son intelligence et son charisme transpirent au fil des séances. Qu'attend-elle pour avancer vers la prochaine étape ? Qu'attend-elle de moi ? Sa réponse est « que je l'aide à mieux se connaître, pour avancer en douceur et en confiance vers le fil naturel de sa vie qui l'amènera à devenir un leader dans son pays ». Il y a des évidences qui me sautent aux yeux, un peu comme une révélation, quand je vois quelqu'un en face de moi et que je l'écoute. J'ai tendance à voir en l'autre ce qu'il ou elle pourrait être, je vois son potentiel comme une évidence et je suis prête à l'aider à l'atteindre, dès lors où il ou elle le souhaite aussi. Chez Irène, je vois la chrysalide, puis la chenille qui ne demande qu'à devenir papillon. Au fil des séances, j'amène ma cliente à identifier ses propres ressources, ses pensées profondes, ses envies les plus secrètes, et à s'appuyer sur ses valeurs pour avancer dans sa carrière professionnelle. J'ai devant moi un leader né qui attend son moment pour se révéler. Pour moi aussi, c'est une prise de conscience. Je savoure avec gratitude la chance qui m'est donnée d'accompagner des personnalités authentiques et charismatiques comme elle. Irène a un potentiel faramineux. Elle a mis en œuvre à mes côtés toute son énergie pour bien se connaître et être prête à enfin déployer tous ses talents.

Souvent, les talents restent cachés à l'intérieur de vous. Ils sont là, comme en jachère, en attendant la prochaine saison. Ils ne demandent qu'à être utilisés. Qu'est-ce qui les empêche de grandir ? Vous, et vous seul. Vous savez que vous êtes doué dans telle ou telle discipline, peu importe laquelle : le dessin, la communication, la politique, l'informatique, la vente... mais utilisez-vous pleinement tout ce potentiel ? N'y a-t-il pas ce petit doute, en vous, qui vous empêche de vous dire par exemple : je suis doué pour écrire, dessiner, diriger ou inspirer ? Mon rôle en tant que coach est de vous aider à regarder votre réalité en face, puis votre potentiel, et à avancer en conscience sur votre chemin de vie professionnelle et personnelle (les deux sont tellement liées...). Lorsque vous vous connaissez parfaitement, tout devient plus facile : la capacité à dire non, à poser des limites et à affirmer ses positions sans craindre le regard de l'autre, mais aussi la capacité à convaincre, à embarquer et à rire de soi-même.

Les cinq étapes clés de la connaissance de soi[2]

Voyons maintenant le chemin pour y parvenir. La connaissance de soi passe, selon moi, par cinq étapes clés qui vous mèneront vers un alignement :

ÉTAPE 1 Identifier vos valeurs.
ÉTAPE 2 Identifiez vos vrais besoins.
ÉTAPE 3 Découvrez vos véritables talents.
ÉTAPE 4 Identifiez votre style de leadership.
ÉTAPE 5 Identifiez votre type de personnalité

Je vais maintenant vous présenter ces étapes et je vous invite à explorer chacune d'elles en réalisant les exercices proposés.

ÉTAPE 1 : Identifiez vos valeurs, elles représentent la base de votre leadership authentique

Nos décisions sont établies en fonction de nos valeurs profondes. Nous agissons, décidons, arbitrons en fonction de ces valeurs. Quelles sont les vôtres ? En voici quelques-unes à titre d'exemple : famille, réussite, amour, plaisir, bienveillance, courage, créativité, loyauté, partage, fidélité, patience, tolérance, pouvoir, volonté, vie sociale, compassion, congruence, excellence, morale, loyauté, statut social, sincérité, authenticité, combativité, audace, travail, vaillance, liberté, etc. Il y en a bien d'autres ! Vous pouvez compléter la liste en écrivant ce qui vous vient à l'esprit.

À partir de vos valeurs, vous faites des choix qui orientent toute votre vie. Vous décidez du sens à donner à votre vie personnelle ou professionnelle.

[2] Les cinq étapes vers un leadership authentique ©Séverine Ghys

En identifiant quelles sont les valeurs qui ont besoin d'être nourries chez vous, vous restez en cohérence dans vos choix de vie. Vous évitez de ressentir un malaise, voire de plonger dans un profond mal-être qui pourrait déclencher une maladie. Ce qui peut être le cas lorsqu'il n'y a pas – ou plus – adéquation entre nos valeurs et nos choix.

Edward Bach, inventeur des fleurs de Bach, disait : « Quand nous tombons malades, c'est que nos actions ne sont pas en adéquation avec nos aspirations profondes ». Commencez par cette étape clé, qui mène vers la connaissance de soi.

Vos valeurs sont portées par vos croyances et par votre système de pensée. Vous avez une connaissance, a priori, de vos valeurs. Par exemple, vous savez que vous placez le courage, le travail et l'authenticité au centre, mais vous ne pouvez véritablement tester ces valeurs qu'en étant confronté à des situations difficiles ainsi qu'à des obstacles à dépasser.

Tant que vous nagez dans une eau calme et tranquille, vous ne pouvez avoir qu'une idée approximative de vos valeurs. En coaching, je propose à mes clients de s'arrêter le temps d'une séance pour identifier leurs valeurs essentielles, socles de leurs prises de décisions stratégiques pour leur entreprise ou leur équipe. Cet exercice consiste à lister une série de valeurs et d'identifier comment elles vous portent au quotidien. L'exercice est simple ; il se corse lorsque je vous invite à songer à des moments clés de votre vie, professionnelle ou personnelle, où vous avez dû faire des choix difficiles et pas forcément confortables. Vous observez alors comment s'effectue le retour aux valeurs essentielles, de la théorie à la pratique. Dans vos moments de grande réussite, ou au contraire dans les moments de crise, lorsque tout le monde s'agite autour de vous, qu'est-ce qui compte alors le plus pour vous ? Au creux de la vague, à quoi vous raccrochez-vous immédiatement ?

Vos réponses vous amènent à trancher, à décider et à faire des compromis en fonction de vos valeurs essentielles. De la théorie à l'action, l'identification des valeurs pour un dirigeant est une étape centrale dans le travail d'introspection que je lui propose. Identifier et confronter vos valeurs à l'épreuve de la réalité vous permet de développer une assise solide pour diriger votre barque et vos équipes.

Prenons un exemple : votre valeur essentielle est la performance. Petit, déjà, vous aimiez gagner quand vous étiez en compétition sportive ou à l'école. Aujourd'hui chef d'entreprise, vous avez encore ce sens de la gagne et c'est lui qui vous aide à rebondir et ne rien lâcher dans les moments difficiles. Vous avez construit la vision de votre entreprise autour de cette idée de performance : vos produits doivent être les meilleurs pour satisfaire les besoins et les attentes du client, vos équipes doivent viser des résultats à la hauteur de vos attentes et du tempo donné par la concurrence. Vous êtes un gagnant et vous recrutez des gagnants. Mais votre seconde valeur est la justice. Vous n'avez jamais toléré les situations injustes. Dans la cour de récré, lorsqu'un camarade récoltait des heures de retenue à la place d'un autre, vous alliez dénoncer le coupable pour réparer l'injustice. Dans votre entreprise aussi, ce sens « du juste » vous poursuit et vous guide dans votre développement : vous avez à cœur que vos décisions soient les plus justes possibles. Lorsqu'un employé commet une erreur, votre comportement est d'abord de lui dire qu'il a commis une erreur, et ensuite de lui apprendre comment la corriger. Si vous venez à vous séparer d'un salarié, vous cherchez immédiatement la juste mesure de votre décision : ce collaborateur ne partage pas les mêmes valeurs que vous, il commet des erreurs répétées malgré la formation dont il a bénéficié et il ne semble pas du tout motivé. Votre décision de le licencier vous paraît alors normale et justifiée. À l'inverse, vous n'iriez pas licencier quelqu'un parce qu'il a commis une erreur et qu'il n'est pas assez performant. Si vous voyez qu'il est volontaire et motivé pour apprendre de son erreur et pour ne pas la répéter, vous lui laisserez l'opportunité de continuer à s'améliorer. Vous pourrez, par exemple, lui proposer une formation adéquate. Votre valeur « justice » vient alors se confronter à celle de la « performance », et vous mettez les deux en balance pour prendre votre décision. Justice et performance sont étroitement liées dans votre cas à l'équilibre et la tolérance, vos valeurs secondaires.

Prenons un autre exemple : si vos valeurs fortes sont le partage, la solidarité et l'entraide, il est fort probable que vous ayez construit votre entreprise sur ces valeurs en favorisant l'esprit d'équipe, la bonne entente et le développement de la collaboration au sein de votre société. La performance de votre entreprise découle alors de cet esprit de solidarité qui règne en interne, avec une volonté de bien faire et de s'entraider en cas de difficulté. Vous aurez tendance à recruter de nouveaux salariés qui recherchent une bonne ambiance de travail et qui souhaitent apporter leur contribution au groupe pour développer l'entreprise. Un profil individualiste centré sur la performance aura du mal à y trouver sa place, etc.

Vos valeurs sont le socle de votre leadership authentique et découlent de vos croyances. C'est sous la pression que vous découvrez véritablement vos valeurs les plus importantes. Quand il n'y a pas d'orage dans l'air, identifier ses valeurs est un travail relativement simple. Mais sous la tempête, quand votre carrière vacille ou que votre vie personnelle est mise en jeu, alors vous découvrez ce qui compte le plus pour vous : là réside le secret de vos valeurs. Vos valeurs sont à éprouver dans la douleur ou sous la contrainte. Le leader authentique connaît ses valeurs et agit en fonction d'elles. Elles sont ancrées dans sa vie personnelle et professionnelle, et il est impossible de distinguer l'une et l'autre.

ÉTAPE 2 : Identifiez vos vrais besoins.

Vous agissez en fonction de vos valeurs, mais aussi pour répondre à certains besoins. Les besoins expriment vos exigences, ce qui est essentiel à votre bonheur et à votre épanouissement. Il y a plusieurs types de besoins : physiques, relationnels, intellectuels, spirituels… Autant de besoins qui ont toute leur importance au moment de faire un choix de vie et de prendre une décision. Posez-vous la question : à quel besoin cela répond-il ? Je prends encore un exemple : vous aspirez à posséder une grande maison à la campagne. Quel besoin cela vient-il nourrir chez vous ? (Goût pour la nature, besoin de reconnaissance, besoin d'être au contact de la nature, besoin de prouver sa réussite, besoin d'espace, envie de recevoir et de partager entre amis…). Chacun a ses raisons et c'est ce qui construit chacune de vos décisions. Si vous savez clairement exprimer ce dont vous avez besoin, vos interactions vont s'améliorer et vous serez davantage compris et respecté des autres. Bien des problèmes de communication sont liés au fait qu'on préfère accuser l'autre plutôt qu'exprimer en quoi nos besoins n'ont pas été satisfaits à un moment donné. Plutôt que de dire à votre conjoint que « vous en avez marre qu'il soit sur votre dos », dites-lui que « vous avez besoin d'un peu d'espace pour réfléchir ». Si tout le monde était capable d'exprimer ses besoins plutôt que jeter la pierre à l'autre en lui reprochant des tas de choses, les couples et les relations au travail se porteraient bien mieux ! Mais avant de les exprimer, encore faut-il les identifier. Les besoins sont tellement importants que leur identification représente les balbutiements du développement personnel. En effet, c'est la pyramide des besoins imaginée par le psychologue Abraham Maslow qui a marqué le début de la psychologie humaniste prônant le développement et l'épanouissement personnel.

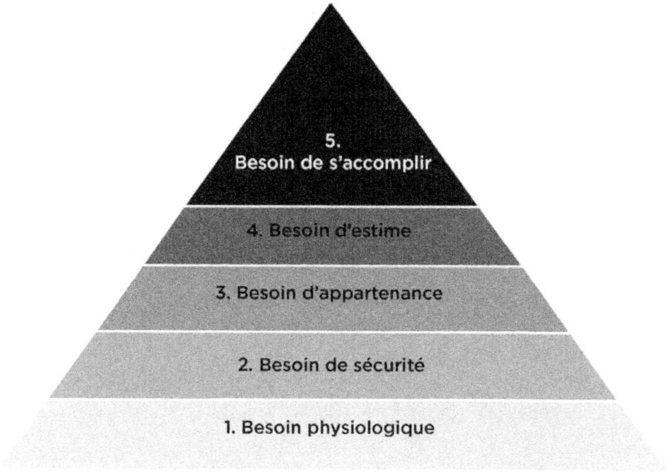

Les 5 besoins de la pyramide de Maslow

Avec cette pyramide, Abraham Maslow hiérarchise les cinq besoins des individus :

Niveau 1 : les besoins physiologiques
Niveau 2 : le besoin de sécurité
Niveau 3 : le besoin d'appartenance
Niveau 4 : le besoin d'estime
Niveau 5 : le besoin d'accomplissement

C'est en comblant ces différents besoins que les individus s'épanouissent et trouvent un bonheur durable. Dans le cadre du leadership authentique, cet outil peut vous aider à déterminer à quel niveau vous vous situez. En tant que leader, quels sont les besoins qui comptent le plus pour vous ?

→ Avoir un salaire confortable pour pouvoir vivre correctement et satisfaire aux besoins physiologiques ?
→ Obtenir un contrat détaillé et précis pour combler votre besoin de sécurité ?
→ Avoir des collaborateurs qui vous apprécient et qui vous respectent pour satisfaire votre besoin d'appartenance ?
→ Être reconnu dans votre travail (besoin d'estime de soi) ?
→ Collaborer à des projets importants et qui font sens pour vous (besoin d'accomplissement) ?

Remplissez le tableau de vos besoins et indiquez dans la colonne de droite comment vous les nourrissez chaque jour :

Besoins physiologiques	
Besoin de sécurité	
Besoin d'appartenance	
Besoin d'estime	
Besoin d'accomplissement	

- → Y a-t-il un équilibre entre vos différents besoins ?
- → Y a-t-il un besoin que vous nourrissez beaucoup plus que les autres ?
- → Avez-vous un manque quelque part ?

Cet outil peut vous permettre de mieux vous connaître pour mieux vous comprendre et vous motiver. La pyramide de Maslow a été souvent remise en question. Elle reste juste un outil, l'être humain étant beaucoup plus complexe et multiple. Il faut savoir l'utiliser pour vous guider sans la prendre au pied de la lettre.

Posez-vous ces simples questions : de quoi ai-je vraiment besoin dans ma vie pour être heureux ? Qu'est-ce qui est essentiel à mon bien-être ? Sans quoi ne puis-je pas vivre ?

Si vous êtes une personne indépendante, avide de liberté, et que vous vous retrouvez dans une relation de couple étouffante, votre besoin ne sera pas comblé et vous serez malheureux.

Si vous avez besoin de contacts humains, d'être dans la nature et de participer à des projets qui ont du sens, et que vous compilez des données devant un ordinateur toute la journée, là non plus vous ne serez pas heureux.

La société actuelle exerce une pression forte sur l'aspect matériel et sur le besoin de posséder des choses pour exister et être reconnu. Le leader authentique et aligné aura réussi à dépasser cette vision matérialiste tout en reconnaissant cette pression constante. Il est tout naturel, pour la plupart des dirigeants, de posséder une grande maison, une belle voiture et d'être bien accompagné dans la vie. Et cette croyance – inscrite dans l'univers collectif de nombreux dirigeants – les conduit souvent à s'enliser dans le matérialisme au point de s'oublier eux-mêmes.

Comprendre vos véritables besoins, c'est réussir à comprendre ce qui vous procure de la joie, ainsi qu'un véritable épanouissement, au-delà de la réussite matérielle. J'ai trop d'exemples de clients qui ont accumulé une richesse considérable, pour finir par reconnaître qu'il leur manquait la chose la plus importante au monde : l'amour et le sens. Le chemin n'est pas simple, car les autres vous montreront toujours une validation de votre réussite en pointant le matériel : ils seront admiratifs de votre réussite, de votre nouvelle voiture et de votre extraordinaire maison en bord de mer. Il faut beaucoup de courage pour revendiquer des motivations plus grandes et plus fondamentales, c'est-à-dire porteuses de sens. L'argent ne fait pas le bonheur, mais il y contribue, dit-on. SI vous vous obstinez à courir après les biens matériels, sachez que la course est sans fin et que, tel un hamster dans sa roue, vous tournerez perpétuellement dans le vide. Identifiez vos vrais besoins et sachez trouver un équilibre entre le besoin matériel qui permet de combler vos envies du moment, et vos besoins de sens qui comblent quelque chose de plus grand.

Je vous invite à compléter ce deuxième tableau, qui permet de relier plaisirs, besoins et actions, autrement dit : comment vous assouvissez vos différents types de plaisirs pour satisfaire vos besoins par des actions concrètes.

C'est à vous !

Plaisirs	Action reliée	Besoin(s) satisfait(s)
Physioplaisirs corps - kinesthésique		
Socioplaisirs relations et transactions		
Psychoplaisirs intellect et psyché		
Idéoplaisirs développement personnel spiritualité		

Quels aspects comblez-vous de façon satisfaisante ?
Qu'est-ce qui vous manque, exactement ?

La motivation intrinsèque est bien plus gratifiante que la motivation matérielle. En tant que coach et directrice d'agence, j'apprécie de gagner de l'argent pour bien vivre et pouvoir offrir à mes enfants tout ce dont ils ont besoin pour grandir, faire leurs études, voyager et devenir des adultes épanouis. En revanche, plus profondément, j'ai besoin de contribuer au monde en aidant les leaders à devenir plus authentiques, car cette action est ma façon de mettre une pierre à l'édifice pour construire un monde meilleur. Voilà mon vrai besoin et ce qui a du sens pour moi. Au départ, j'ai cru que ma vision était assez naïve, mais plus tard j'ai compris qu'elle était la clé de mon épanouissement. Je le sais parce que je me connais et que j'ai effectué un travail pour identifier mes valeurs et mes besoins. Sans cela, je sais très bien que la tentation de courir après la réussite matérielle pourrait m'aspirer : après tout, je suis humaine et vulnérable, tout comme vous. La question est simple : de quoi avez-vous vraiment besoin pour être épanoui ? Les motivations des dirigeants et dirigeantes que j'accompagne sont très diverses et il est rare que le succès matériel ressorte au premier plan de leurs aspirations.

Voici les besoins exprimés par plusieurs leaders que j'ai accompagnés :
« J'ai besoin de donner du sens à mon action de dirigeante »,
« Je suis motivé par l'envie d'être un bon leader et de créer un environnement sain dans mes équipes »,
« Je voudrais avoir un impact sur la société pour rendre le monde meilleur »,
« J'ai besoin de construire et de créer, sans ça j'aurai beau avoir tout l'argent du monde, je sais que je ne serai pas heureux ».
« L'argent est un outil au service de ma création ».

Vous voyez à quel point les besoins de chacun sont uniques et font sens par rapport à leur histoire ? Connaître ses valeurs et ses besoins permet d'éviter d'être en décalage avec eux dans la vie que vous avez mise en place. Les cas de burn-out ou de dépressions sont souvent le reflet d'un décalage entre ce que vous êtes devenu et ce que vous auriez eu envie de devenir. Le travail sur les valeurs et les besoins permet de rétablir cet équilibre et de vivre en congruence avec eux.

De nombreux dirigeants refusent d'admettre qu'ils sont happés par le système et incités à réussir, au regard des paramètres extérieurs qui définissent leurs succès. Ils sont flattés par la reconnaissance des titres et des récompenses financières qui marquent leur curseur de réussite. Mais leur véritable motivation provient de leur perception du sens qu'ils donnent à leur vie. Et cette perception et ce sens sont étroitement liés à leur histoire et à la manière dont ils ont construit le récit de cette histoire pour le transformer et le mettre au service des autres en tant que leader. Voilà pourquoi le travail sur les valeurs, les besoins et la communication sont au cœur de mes accompagnements. Le défi est toujours le même : dépasser les apparences et trouver un équilibre entre votre besoin de validation extérieure et vos motivations profondes, qui font sens et conditionnent votre épanouissement.

ÉTAPE 3 : Découvrez vos véritables talents.

Avoir du talent, c'est posséder « une aptitude particulière à faire quelque chose ». En identifiant vos talents, vous vous permettez d'accéder à votre plein potentiel et d'évoluer dans votre zone de génie. Vous allez décupler votre motivation et gagner de la confiance. Dans quels domaines êtes-vous bon ? Qu'est-ce que vous faites facilement sans trop d'effort, car cela vous est naturel ? Bien souvent, on croit que les talents se cachent dans quelque chose de concret et tangible : un sport, un instrument de musique, une technologie, un loisir... Voyez plus large ! Un talent se trouve aussi à travers une qualité ou une aptitude que vous avez en vous ou que vous avez développées au fil des années. Vous êtes peut-être maître dans l'art de cuisiner, de chanter, de danser, de créer, de rassembler, d'entraîner, d'inspirer, de faire naître, d'aider, de développer, de persévérer, etc. Vous avez plus d'un talent, mais en avez-vous bien conscience ?

Pour vous aider à les identifier, je pose ce genre de questions à mes clients :
> Qu'est-ce qui vous passionne ?
> Qu'est-ce que vous faites facilement sans voir le temps passer ?
> Que dit votre entourage à propos de vous ?

Pour voir plus haut et dépasser votre plafond de verre, prenez le temps de vous arrêter sur vos talents. Accordez-vous ce moment pour vous contempler avec bienveillance et renoncez à la pensée que cela puisse être égocentrique ! Vous y avez droit, et c'est même une condition sine qua non pour faire naître celui ou celle que vous êtes vraiment ou que vous allez devenir en croyant en vos talents. Imaginez par exemple que la prise de parole s'avère d'une facilité déconcertante pour vous. Vous vous sentez bien devant un public, vous aimez être écouté et transmettre des messages avec conviction. C'est en utilisant ce talent dans votre rôle de leader que vous serez le plus authentique et le plus efficace. Vous serez capable de mieux communiquer avec vos collaborateurs pour leur transmettre votre message avec passion et conviction. Connaître ses aptitudes naturelles est une étape cruciale dans la connaissance de soi et dans la réalisation de son plein potentiel.

Prenez du temps pour vous et définissez vos talents. Répondez à ce petit quizz en toute honnêteté, questionnez-vous et vous obtiendrez une belle base de travail pour débusquer vos talents les plus cachés.

Quizz talents

❶ UN PEU ❷ MOYENNEMENT ❸ BEAUCOUP

Tu es créatif·ve	1	2	3	Tu es enthousiaste	1	2	3
Tu es courageux·se	1	2	3	Tu sais faire des compromis	1	2	3
Tu es tenace	1	2	3	Tu es ouvert·e aux autres cultures	1	2	3
Tu est positif·ve	1	2	3	Tu es discipliné·e	1	2	3
Tu es intuitif·ve	1	2	3	Tu es gestionnaire	1	2	3
Tu apprends rapidement	1	2	3	Tu es stratège	1	2	3

Tu es organisé·e	1	2	3	Tu es altruiste	1	2	3
Tu es loyal·e	1	2	3	Tu as du charme	1	2	3
Tu es généreux·se	1	2	3	Tu es confiant·e	1	2	3
Tu as le sens de l'émerveillement	1	2	3	Tu es concentré·e	1	2	3
Tu es respectueux·se	1	2	3	Tu es réconciliateur·trice	1	2	3
Tu es sensible	1	2	3	Tu as le sens de l'humour	1	2	3
Tu est maternel-paternel	1	2	3	Tu es prudent·e	1	2	3
Tu es coordinateur·trice	1	2	3	Tu es diplomate	1	2	3
Tu es psychologue	1	2	3	Tu es inventif·ve	1	2	3
Tu es attentif·ve	1	2	3	Tu fais respecter la justice	1	2	3
Tu es visionnaire	1	2	3	Tu es bienveillant·e	1	2	3
Tu es prévenant·e	1	2	3	Tu es observateur·trice	1	2	3
Tu es bosseur·se	1	2	3	Tu es fiable	1	2	3
Tu es curieux·se	1	2	3	Tu sais mettre des limites	1	2	3
Tu es perspicace	1	2	3	Tu sais saisir les opportunités	1	2	3
Tu sais anticiper	1	2	3	... et quoi encore ?	1	2	3
Tu es conciliant·e	1	2	3				

→ Répondez au test en entourant vos bonnes réponses.
→ Sélectionnez les trois talents qui, à votre avis, sont dominants chez vous.
→ Trouvez une expérience passée dans laquelle vous avez exprimé ces talents.
→ Comment allez-vous utiliser ces talents en tant que leader pour atteindre votre objectif ?

Vos talents s'expriment pleinement lorsque vous êtes dans le « flow ».

Vous avez déjà vécu ce moment, où tout vous paraît fluide, simple et naturel. Ce moment où vous perdez la notion du temps et que vous êtes totalement absorbé par ce que vous faites. Vous êtes heureux, aligné, comme en « état de grâce » : vous êtes dans le « flow ».

Le flow – ou l'expérience optimale – est un concept de psychologie positive mis au point dans les années 1970 aux États-Unis par le psychologue Mihaly Csikszentmihalyi. Il cherchait à explorer notre psychisme pour percer les secrets du bien-être, du bonheur et de la motivation. Que se passe-t-il dans notre cerveau lorsque nous sommes heureux ? Comment être encore plus heureux ?

Le « flow » mobilise :

→ Une forte motivation ;
→ Une concentration maximale ;
→ Des émotions ;
→ Des talents et compétences ;
→ Une sensibilité sensorielle qui décuple l'apprentissage et l'action.

Selon la psychologie positive, ces moments de « flow », ou d'expérience optimale incarnent la porte d'entrée du bonheur.

En ayant identifié vos talents, vous êtes déjà sur le chemin du « flow ». Le talent, c'est donc votre prédisposition particulière à faire quelque chose pour laquelle vous êtes naturellement doué. Reprenons l'exemple de notre leader passionné par la prise de parole en public. Imaginons-le sur une scène, en train d'expliquer à ses collaborateurs tous les merveilleux projets à venir. Il s'exprime avec conviction, il est focus, très à l'aise et totalement absorbé par son discours. Son plaisir est palpable : il est en lien avec son public et littéralement dans son élément ; il est dans le « flow ».

À l'instant même où j'écris ces lignes, je suis également dans le « flow ». Écrire est l'un de mes talents. Lorsque j'écris, je suis heureuse, alignée, motivée et toujours très concentrée. Le temps file aussi vite que mes mots sur l'écran...

Les ingrédients du « flow » :

- → Un défi stimulant à relever ;
- → Une concentration extrême sans effort ;
- → Une perte de la notion du temps ;
- → La mobilisation intense des compétences et des talents personnels, une sensation de toute-puissance ;
- → Une implication totale dans l'action ou dans la création avec l'impression de ne plus faire qu'un.

L'art et le sport sont d'excellents moyens de vivre des expériences optimales si toutes les conditions sont réunies. Les peintres passent des journées entières devant leurs toiles, les joueurs de tennis peuvent passer des heures sur un court, car ils sont dans le flow. Cependant, il serait tout à fait possible d'obtenir ce flow au travail.

Le leader authentique qui connaît ses talents aura à cœur de dénicher ceux de ses collaborateurs. En les motivant, en faisant appel à leurs talents et à leurs compétences, en leur proposant constamment des défis à relever, ils peuvent vivre des expériences optimales.

Le flow ne contribue pas juste à un plaisir immédiat, il donne aussi beaucoup plus de sens à notre vie, améliore notre confiance en nous et renforce notre estime personnelle.

ÉTAPE 4 : Identifiez votre style de leadership

Avoir du leadership, c'est réussir à mobiliser et à motiver ses équipes pour atteindre des objectifs précis. C'est une position de meneur et d'influenceur qui nécessite certaines qualités :

- → L'exemplarité ;
- → La confiance en soi ;

→ La gestion de crise ;
→ Une bonne communication ;
→ La tolérance, etc.

Votre éducation, votre personnalité, votre vécu et votre environnement vont contribuer à forger votre leadership. Un leadership qui peut évoluer et changer au fil des années. Nous ne sommes pas les mêmes leaders à trente ans qu'à cinquante.

Onze types de leadership ont été définis par les psychologues Kurt Lewin, David Goleman, et Bernard M. Bass. Les connaître va vous permettre de mieux comprendre votre façon de diriger vos équipes et d'optimiser votre leadership pour pouvoir progresser. Il ne s'agit pas là de vous enfermer dans des cases, l'être humain est unique et bien plus complexe que ça. Vous vous retrouverez sûrement dans plusieurs de ces profils, l'idée étant d'identifier votre tendance et de nourrir le seul style de leadership qui compte : le vôtre.

Le psychologue Kurt Lewin, spécialiste des relations interpersonnelles, identifie trois types de leadership :

Le leadership autoritaire
Si vous êtes très directif avec vos équipes, vous aurez sûrement tendance à être un leader autoritaire. Le leader autoritaire privilégie toujours sa propre opinion et prend les décisions les plus importantes seul. Il tranche dans le vif rapidement et sait tenir des délais serrés. Cependant, le leader autoritaire a du mal à se remettre en question. Il va rester bloqué dans son style de management et va donner une mauvaise image des dirigeants.

Le leadership participatif
Vous privilégiez le travail et la cohésion d'équipe ? Vous êtes un leader participatif. Le leader participatif se met au même niveau que ses collaborateurs et encourage la communication et la créativité. Il cultive une ambiance de travail sereine et contribue à l'épanouissement personnel de ses collègues. C'est pour lui le moyen le plus efficace d'être productif.

Il va écouter tous les points de vue pour trouver une solution collective. Toutefois, le leader participatif va trouver ses limites si le collectif ne fonctionne plus.

Le leadership délégatif

Si vous avez tendance à vous mettre en retrait et à privilégier l'autonomie totale de vos équipes, vous faites partie des leaders délégatifs. Ceux-ci ne donnent que très peu de directives et laissent leurs collaborateurs prendre leurs décisions seuls. Ils mettent leurs équipes dans les meilleures conditions pour travailler et performer, ils attendent donc d'elles d'excellents résultats. Si les équipes s'entendent bien, ce style de management peut réaliser des prouesses. En revanche, dans le cas contraire, cela peut virer au chaos. Les employés sont souvent moins productifs avec un leader délégatif.

Le psychologue David Goleman a identifié six styles de leadership basés sur le concept d'intelligence émotionnelle :

Le leadership visionnaire

Vous êtes un leader inspiré et inspirant ? Votre leadership est visionnaire. Vous détenez une vision très personnelle sur le long terme. Le leadership visionnaire peut s'avérer efficace dans une période de grand changement, les équipes ayant besoin d'un guide ambitieux, tenace et sûr de lui. Le leader visionnaire est aussi très réactif et sait gérer les situations d'urgence. Cependant, à l'instar du leader autoritaire, il peut vraiment laisser de côté les opinions de ses collaborateurs et rester campé sur ses positions.

Le leadership coach

Vous avez la capacité de vous adapter à vos équipes pour les accompagner dans leurs différentes missions ? Votre leadership est celui d'un coach. Le leader coach sait identifier les forces et les faiblesses de ses collaborateurs et les conseiller pour qu'ils progressent. Ce qui compte pour lui, c'est de donner une certaine autonomie à ses collègues pour qu'ils puissent s'épanouir et se sentir utiles. Le leader coach est aussi un excellent formateur. Cependant, ce type de leadership trouve ses limites avec des collaborateurs qui ne souhaitent pas de conseils, ou quand les relations sont plus tendues.

Le leadership collaboratif

Vous dirigez en privilégiant exclusivement les relations ? Alors vous êtes un leader collaboratif. Le leader collaboratif souhaite créer une ambiance de travail saine et harmonieuse pour faciliter les bonnes relations entre ses collaborateurs. Il excelle dans le management de nouvelles équipes et dans la gestion de crise. Le leader collaboratif tisse des liens forts avec ses collègues, ce qui peut nuire à son leadership en le limitant dans sa prise de décision.

Le leadership démocratique

Le leader démocratique est équivalent au leadership participatif de Lewin. Vous donnez la parole à tous vos collègues et vous recueillez les opinions de tous ? Votre leadership est démocratique. Les équipes se sentent en confiance et parties prenantes du processus de décision. Cependant, ce style de leadership convient aux collaborateurs expérimentés et non aux jeunes recrues qui ont besoin d'être guidées.

Le leadership chef de file

Si vous dirigez vos équipes par l'exemplarité, vous êtes un leader chef de file. Étant charismatique, très productif et impliqué dans ses tâches, le leader chef de file entend inspirer ses collaborateurs pour qu'ils fassent de même. Il joue aussi un rôle de soutien pour hisser ses collègues vers l'excellence. Mais ce type de leadership peut aussi générer du stress : les équipes peuvent avoir du mal à suivre une cadence de travail effrénée et perdre confiance face à un leader qui les surveille sans arrêt. Seule la productivité compte et la communication peut vite être rompue.

Le leadership directif

Le leader directif a des similitudes avec le leader collaboratif. Si vous donnez à vos équipes un cadre de travail clair, avec des objectifs précis, votre leadership est plutôt directif. Ce type de leadership convient à des équipes peu expérimentées qui ont besoin de structure. Il est aussi efficace dans des situations de crise qui nécessitent des prises de décisions rapides. En revanche, le leader directif impose une certaine dépendance vis-à-vis de lui et ne privilégie pas la créativité. Ce type de leader peut avoir tendance à devenir un leader autoritaire.

Il existe deux derniers types de leadership, issus des recherches du psychologue américain Bernard M.Bass : le leadership transformationnel et le leadership transactionnel.

Le leadership transformationnel

Le leader transformationnel est très proche du leader coach. Vous souhaitez inspirer, influencer et stimuler vos équipes? Vous avez un leadership transformationnel. Le leader transformationnel accorde beaucoup d'attention à l'individu. Il souhaite travailler dans un climat de confiance et de respect au service du collectif. La liberté d'action qu'il donne à ses équipes incite à la créativité et à la performance. Ce type de leadership ne convient pas à des collaborateurs expérimentés, réfractaires au changement. Toujours très impliqué, le leader transformationnel peut épuiser ses équipes.

Le leadership transactionnel

Le leader transactionnel est l'opposé du leader transformationnel. Vous donnez des directives claires? Vous fonctionnez en mettant en place un système de récompenses quand les objectifs sont atteints, et de réprimandes dans le cas contraire? Votre leadership est transactionnel. La clarté du leader transformationnel peut permettre de bons résultats, cependant cela brime aussi la liberté d'action de ses collaborateurs et empêche la créativité. De plus, il ne se soucie pas des besoins émotionnels de ses équipes, ce qui peut générer fatigue et démotivation.

Pour faire progresser votre style de leadership, il est important de rester centré sur l'être humain que vous avez en face de vous, ses besoins et ses centres d'intérêt. Grâce à ces profils, vous aurez tout à gagner à repérer votre style dominant pour ensuite l'enrichir avec les autres styles de leadership.

ÉTAPE 5 : Identifiez votre type de personnalité

Les seize profils MBTI

Très utilisé dans le domaine de la psychologie et du coaching, le **Myers Briggs Type Indicator** (MBTI) est un excellent outil qui permet de définir différents profils de personnalités. L'intérêt de l'utiliser dans le cadre d'un coaching est de permettre au client d'en savoir plus sur lui-même et de se sentir appartenir à une communauté d'individus opérant de la même façon. Le test est disponible en ligne sous la forme d'une série de questions auxquelles vous devez répondre spontanément. Vous obtenez alors un profil qui décrit votre personnalité parmi seize profils existants. Toutefois, cette démarche en autonomie n'est pas toujours satisfaisante ni suffisante. Il est intéressant d'explorer le résultat avec l'aide d'un coach professionnel habilité à vous accompagner dans cette découverte de vous. Le coach vous aide alors à mieux cerner vos caractéristiques, vos moteurs, vos forces et vos points d'amélioration dans les relations aux autres. Il n'est pas rare que cet outil soit proposé dans les CODIR pour permettre à chaque membre de mieux identifier son mode de fonctionnement et de le partager avec les autres membres, dans le but de mieux fonctionner ensemble. Le commanditaire demande alors au coach d'accompagner le groupe dans le partage des résultats et l'identification de leurs complémentarités pour travailler avec plus de bienveillance et d'efficacité. Bien des patrons et des managers sont surpris par ce qu'ils découvrent, non seulement d'eux-mêmes, mais aussi de leurs collègues. C'est un moment de cohésion essentiel pour souder le groupe et mettre en valeur les forces de chacun.

Le site officiel MBTI vous permet de faire le test :
Test de Personnalité gratuit | 16 Personalities[3]

[3] Test de personnalité gratuit : www.16personalities.com/fr/test-de-personnalite

Pour la petite histoire… Les origines du MBTI

Le test MBTI a été imaginé par Isabel Briggs Myers et sa mère Katharine Cook Briggs, après plus de quarante ans de recherche. Il ne remet pas en cause l'unicité de chaque personne, mais part au contraire du principe que notre personnalité unique affecte nos attitudes et notre comportement. Parce que nous côtoyons beaucoup de monde autour de nous, il n'est pas toujours évident de se faire comprendre et de s'adapter aux comportements des autres, dont le mode de raisonnement et de fonctionnement est forcément différent du nôtre. En même temps, certaines personnalités se ressemblent et ces similitudes créent un rapprochement assez spontané entre elles. L'idée du MBTI est de définir les personnalités semblables et de permettre à chacun de s'identifier par rapport à l'une des seize personnalités définies dans le monde entier. En se sentant appartenir à un type de personnalité, l'individu rejoint de fait une communauté de milliers d'autres personnes qui lui ressemblent. Il n'est plus seul. Pour des dirigeants qui souffrent souvent de solitude, cet avantage n'est pas négligeable et peut servir de point d'appui et de réassurance à certains moments de vulnérabilité.

Si l'on résume : nous avons tous des caractères différents, et c'est ce qui constitue l'intérêt des échanges, mais il existe des rapprochements entre plusieurs grands types de personnalités semblables. Le MBTI se base sur la **théorie** de Carl Gustav Jung, selon laquelle les individus construisent leur rapport au monde selon quatre principales fonctions psychologiques et cognitives : la pensée, le sentiment, la sensation et l'intuition. Chaque fonction se rattache ensuite à une dominante : extraversion ou introversion. Notez qu'aucun profil n'est meilleur qu'un autre. Chaque profil se compose de quatre lettres qui vont permettre de décrypter le vôtre. Chaque lettre est choisie en fonction de deux pôles opposés, qui représentent votre fonction dominante et votre fonction auxiliaire.

Introversion (I) et Extraversion (E) : vous tirez votre énergie de l'extérieur (ET) en allant vers les autres, ou vers l'intérieur de vous-même en vous isolant pour vous ressourcer et réfléchir (I).
Sensation (S) et Intuition (N) : vous vous faites un avis sur les choses de manière générale en écoutant vos cinq sens (S) ou votre intuition (N).
Pensée (T) et Sentiment (F) : vous prenez vos décisions en privilégiant le raisonnement rationnel lié à la pensée (T pour Thinking) ou en restant à l'écoute de votre ressenti (F pour Feeling).
Jugement (J) et Perception (P) : vous agissez plutôt de façon rationnelle et prévisible (J pour Jugement) ou de façon irrationnelle et imprévisible (P pour Perception).

Quels sont les seize types de personnalités ?

– Les Ingénieurs :
L'Inventeur : ENTP (Extraversion, Intuition, Pensée, Perception)
L'Architecte : INTP (Introversion, Intuition, Pensée, Perception)
– Les Coordinateurs :
Le Maréchal : ENTJ (Extraversion, Intuition, Pensée, Jugement)
L'Organisateur : INTJ (Introversion, Intuition, Pensée, Jugement)
– Les Avocats :
Le Champion : ENFP (Extraversion, Intuition, Sentiment, Perception)
Le Guérisseur : INFP (Introversion, Intuition, Sentiment, Perception)
– Les Mentors :
Le Professeur : INFJ (Extraversion, Intuition, Sentiment, Jugement)
Le Conseiller : INFJ (Introversion, Intuition, Sentiment, Jugement)
– Les Conservateurs :
Le Fournisseur : ESFJ (Extraversion, Sensation, Sentiment, Jugement)
Le Défenseur : ISFJ (Introversion, Sensation, Sentiment, Jugement)
– Les Gestionnaires :
Le Manager : ESTJ (Extraversion, Sensation, Pensée, Jugement)
L'Inspecteur : ISTJ (Introversion, Sensation, Pensée, Jugement)
– Les Amuseurs :
L'Artiste : ESFP (Extraversion, Sensation, Sentiment, Perception)
Le Compositeur : ISFP (Introversion, Sensation, Sentiment, Perception)

– **Les Opérateurs :**
Le Promoteur : ESTP (Extraversion, Sensation, Pensée, Perception)
Le Manuel : ISTP (Introversion, Sensation, Pensée, Perception)

À noter que les noms associés aux seize types de personnalités selon le MBTI sont définis par **David W. Keirsey.**

Comprendre votre personnalité est un pas en avant vers une meilleure connaissance de soi et du fonctionnement des autres. Pour un dirigeant ou un manager, c'est une grille de lecture intéressante pour recruter ses collaborateurs et associés, en ayant les clés de compréhension de leur personnalité. Il permet de s'adapter plus facilement à l'autre et de mettre en place une relation plus harmonieuse et efficace dans le travail. Il permet de vous mettre un peu plus dans la tête de l'autre et de voir les choses du point de vue de son mode de fonctionnement. Ce guide constitue une aide précieuse pour gérer des équipes et aider au développement des talents et du potentiel de chacun.

Voici quelques clés de lecture pour mieux comprendre les résultats de votre test en décryptant les quatre lettres :

Introverti/Extraverti (I/E)
Vous êtes **extraverti** lorsque vous tirez votre énergie du monde extérieur. Vous êtes une personne sociable, active et expressive. Vous aimez le contact et vous renvoyez votre lumière et votre énergie aux personnes qui vous entourent. Pour un introverti, vous pouvez agacer à cause de votre tendance à trop parler et à manquer d'écoute et de recul dans votre prise de parole.

Si vous travaillez avec une personne extravertie, organisez régulièrement des points avec elle, écoutez ce qu'elle a à vous dire et montrez-lui de l'attention et des signes de reconnaissance. Respectez son besoin de partager son point de vue avec d'autres personnes et collègues que vous.

Pour corriger vos excès et trouver l'équilibre, essayez de plus écouter les autres et de moins mobiliser la parole en vous mettant au centre.

Vous êtes **introverti** lorsque vous tirez votre énergie de votre monde intérieur. Vous êtes réservé, calme, discret et réfléchi, vous aimez être dans vos pensées et poser les choses avant de parler ou de décider. Vous portez de l'attention aux autres. Pour un extraverti, vous pouvez paraître trop distant, trop calme et inhibé, voire froid.

Si vous travaillez avec un associé ou un salarié introverti, respectez son besoin d'avoir du temps pour lui et de s'accorder des moments seul. Retenez votre envie naturelle de lui poser des questions, respectez sa vie privée et ne lui reprochez pas de ne pas participer aux événements organisés par l'entreprise.

Sensation/Intuition (S/N)

Si vous avez une dominante **Sensation**, vous utilisez vos sens pour analyser votre environnement et les situations que vous rencontrez : vous avez besoin de voir, toucher, entendre, sentir et goûter pour vous faire une opinion. Précis, rigoureux, réaliste, vous aimez vous en tenir aux faits, vous êtes pragmatique, cartésien et vous aimez les traditions. En revanche, vous avez du mal à ordonner votre espace et vos affaires. Perfectionniste, vous avez besoin de rentrer dans les détails.

Lorsque vous travaillez avec une personne axée sur les sensations, essayez d'être précis et factuel quand vous discutez avec elle. Valorisez son sens du détail et son pragmatisme. Expliquez-lui les choses avec méthode, étape par étape.

Si vous avez une tendance **Intuition**, vous réagissez à l'instinct et écoutez votre intuition pour vous faire un avis sur une personne, une situation. Vous aimez « sentir les choses » et ce flair est votre guide le plus précieux au quotidien pour comprendre les autres et réfléchir à long terme en vous projetant grâce à la visualisation. Vous êtes imaginatif et créatif, et de ce fait, vous pouvez être souvent dans les nuages et avoir du mal à passer à l'action concrète. Toujours est-il que vous avez besoin de changement et de vous renouveler régulièrement, car les idées fusent dans tous les sens.

Si vous travaillez avec une personne intuitive, sachez apprécier ses idées, son sens créatif et son incroyable imagination. Prenez le temps d'écouter ses idées et d'échanger avec elle sur le sujet, même si vous n'êtes pas d'accord avec elle ou que vous trouvez qu'elle est un peu trop dans la lune : vous lui enverrez ainsi une reconnaissance de son talent créatif. Son intuition forte peut être d'un grand recours lorsque vous avez besoin de prendre une décision. Faites-lui confiance, c'est son terrain de jeu !

Pensée/Sentiment (T/F)

Si vous avez un mode « **P**ensée », vous avez un côté rationnel. Vous décidez sur des critères objectifs et l'observation des faits. Vous êtes logique, rationnel, rigoureux, et vous savez prendre du recul pour être objectif. En revanche, vous pouvez paraître froid et avoir du mal à exprimer vos sentiments, ou bien vous le ferez avec maladresse ou agressivité, ne sachant pas exactement reconnaître le sentiment qui est en vous.

Pour travailler efficacement avec un Penseur, n'hésitez pas à lui demander ses conseils et sachez apprécier la qualité de son raisonnement, même si finalement vous ne partagez pas son point de vue.

Si vous avez un mode « **S**entiment », vous avez beaucoup d'empathie et une grande sensibilité, et vous accordez de l'importance au sens et à l'éthique. Vous êtes en recherche d'équilibre et d'harmonie dans vos relations.

Pour travailler avec un « Sentimental », reconnaissez son empathie comme une ressource pour aider les autres et soutenir l'équipe en cas de difficulté. Invitez-le à renforcer son esprit logique pour s'améliorer et équilibrer ses prises de décision. Sachez qu'il appréciera que vous lui réserviez des moments privilégiés d'échanges et de partage.

Jugement/Perception (J/P)
La lettre **J** pour « **J**ugement » met en avant votre tendance à vouloir contrôler et maîtriser les choses, alors que la lettre **P** pour « **P**erception » souligne votre flexibilité et votre ouverture au changement. **J**, vous êtes un leader organisé, méthodique, respectueux des délais, et vous aimez tout contrôler. On peut vous reprocher une trop grande rigidité et un côté bureaucrate avec un sens exagéré du devoir et de l'organisation parfaite.

Si vous avez un collaborateur **J** dans votre équipe, respectez son sens de l'ordre et de la méthode, soyez à l'heure et félicitez-le pour son sens de l'organisation.

P, vous êtes curieux, ouvert et anticonformiste. Vous savez improviser, mais vous avez du mal à respecter les délais et vous vous faites souvent remarquer en arrivant en retard aux réunions. Votre côté désorganisé peut déranger et vous pouvez avoir du mal avec l'autorité et la hiérarchie.

Si vous travaillez avec un profil **P**, appréciez sa grande souplesse et son besoin de poser des questions avant de prendre une décision. Invitez-le à mieux respecter les délais et à tenir ses engagements pour le bon déroulement de l'organisation et de l'équipe.

Vous pourrez aller plus loin dans l'analyse en consultant des livres consacrés au MBTI. Pour ma part, je me centrerai uniquement sur le lien entre votre profil MBTI et le leadership dont il est question dans cet ouvrage.

Quel est votre style de leadership par rapport à votre profil MBTI ?

Maintenant que vous en savez un peu plus sur votre personnalité, je vous propose de décrypter votre style de leadership au regard du résultat de votre test MBTI.

Vous êtes ISTJ (l'Inspecteur)
Votre leadership repose sur la logistique. Vous êtes un véritable pilier pour vos équipes et votre entreprise. Vous ne laissez jamais rien au hasard et vous mettez toujours en place un plan minutieux pour piloter chaque détail et aller au bout de chaque projet. Vous aimez prendre votre temps et travailler seul, ou en comité restreint, en ne comptant pas vos heures. Vous ne quittez que très peu votre zone de confort. En cas de stress, vous avez plutôt tendance à vous remettre en question. Apprenez à lâcher prise sur la logistique, soyez plus souple avec vos équipes et faites preuve d'un peu plus de curiosité.

Vous êtes ESTJ (le Manager)
Votre style de leadership est plutôt volontaire et structuré. Vous privilégiez l'organisation et l'efficacité. Toujours soucieux de respecter les normes, vous prenez des décisions dans la concertation avec vos collaborateurs. Vous êtes aussi exigeant envers les autres qu'envers vous-même. En cas de stress, vous avez du mal à avoir confiance en vous et vous pouvez vous révéler trop dépendant de l'avis des autres. Ne perdez pas de temps dans l'atteinte de la perfection et soyez plus bienveillant envers vous et les autres.

Vous êtes ESFJ (le Fournisseur)
Votre leadership s'articule autour de l'organisation et de l'intelligence émotionnelle. Vous aimez manager vos équipes et leur donner un cap clair et précis. Toujours à l'écoute, vous contribuez à ce que chacun prenne sa part dans le succès collectif. Vous êtes aussi un leader courageux et responsable. En cas de stress, vous aurez tendance à vous oublier complètement. Apprenez à mieux vous connaître et à vous écouter.

Vous êtes ISFJ (le Défenseur)
Vous êtes le leader de l'ombre. Vous préférez travailler en arrière-plan pour être plus efficace. Loyal et dévoué, vous avez un sens moral très marqué et êtes beaucoup à l'écoute des autres. Vous préférez vous appuyer sur votre propre vécu pour diriger et prendre des décisions. En cas de stress,

vous pouvez « tourner en boucle » sur votre sens moral. Apprenez à vous faire confiance, mais aussi à le faire avec les autres.

Vous êtes ESTP (le Promoteur)
Vous êtes un entrepreneur né et vous avez une grande faculté d'adaptation. Vous n'êtes pas du genre à tout consigner dans un plan détaillé et vous vous laissez facilement porter par l'action et les circonstances. Vous êtes un leader qui s'adapte à toutes les situations. Vous privilégiez des ambiances de travail sereines et des expériences positives. En cas de stress, vous pouvez avoir beaucoup de mal à prendre la moindre décision. Apprenez à mettre vos collaborateurs dans la boucle de vos actions et de vos idées.

Vous êtes ISFP (le Compositeur)
Vous êtes un leader créatif qui a besoin d'être libre. Ce qui vous intéresse, c'est l'aventure d'un nouveau projet. Vous vous laissez guider par vos sensations avant de prendre une décision. Vous êtes soucieux de faire ressentir des choses positives aux autres dans votre domaine. Vous aimez travailler en équipe, vous êtes à l'écoute et vous accordez de l'attention à chaque individu. En cas de stress, vous pouvez rejeter les autres et leur travail. Souvent centré sur vous-même, apprenez à mieux communiquer sur la logistique en général.

Vous êtes ESFP (l'Artiste)
Vous êtes un leader qui aime le contact relationnel et captivez l'attention. Vous privilégiez la cohésion d'équipe et l'esprit de famille. Vous avez à cœur que vos collaborateurs se sentent sereins et heureux de travailler ensemble. Grand pédagogue, vous souhaitez inspirer et contribuer à l'épanouissement de tous. Vous êtes aussi créatif et libre. Vous êtes parfait pour occuper des postes dans l'enseignement, la communication ou l'animation. En cas de stress, vous vous souciez beaucoup trop de l'opinion d'autrui. Apprenez à vous fixer des objectifs précis.

Vous êtes ENTJ (le Maréchal)
Vous êtes un leader très productif et engagé, vous aimez prendre la direction des opérations. Entrepreneur dans l'âme, vous êtes organisé et

toujours focus sur vos objectifs. Vous savez gérer vos équipes et les mener vers l'excellence. Vous avez à cœur d'être reconnu pour vos aptitudes, et respecté. Impulsif, il peut vous arriver de prendre des décisions trop rapidement. En cas de stress, vous pouvez vite être dans l'hypercontrôle. Apprenez à écouter vos collaborateurs et surtout apprenez à déléguer.

Vous êtes INTJ (l'Organisateur)
Vous êtes un leader stratège et ambitieux et vous appréciez d'avoir un but concret qui va vous mobiliser. Méticuleux, vous allez toujours au bout de tous vos projets avec application et conviction. Indépendant, vous préférez travailler seul sur un projet et vous pouvez avoir tendance à évincer les autres. Cependant, vous souhaitez que vos collaborateurs soient dans les meilleures conditions. Vous avez besoin de toujours apprendre pour rester performant. En cas de stress, vous aurez beaucoup de mal à déléguer et à faire confiance à vos collègues. Apprenez à être plus indulgent et bienveillant envers ceux qui sont différents de vous. Faites confiance à vos compétences naturelles et à votre instinct.

Vous êtes ENTP (l'Inventeur)
Vous êtes un leader pragmatique et innovant. Vous avez toujours une vision claire de vos objectifs et des moyens pour y parvenir. Souvent dans l'analyse, vous ne laissez rien au hasard et vous préparez des solutions à toutes les éventualités. Vous êtes un leader constamment dans l'action, entre plusieurs projets que vous avez du mal à terminer. Soucieux de vous enrichir, vous souhaitez progresser au quotidien. En cas de stress, votre peur de l'échec et de l'avenir peut vous paralyser. Étant toujours en mouvement, vous avez tendance à laisser vos collègues de côté et à trop les bousculer sans tenir compte de leurs émotions. Apprenez à être plus patient et bienveillant.

Vous êtes INTP (l'Architecte)
Vous êtes un leader naturellement doué, méthodique et créatif. Vous avez une capacité d'analyse et de mise en œuvre largement au-dessus de la moyenne. De ce fait, vous pouvez avoir tendance à vous désintéresser de tout ce qui n'est pas à votre niveau, et vos collègues en font les frais. Vous

rentrez dans votre bulle et plus rien ne peut vous en faire sortir. Vous savez anticiper les réactions d'autrui, mais vous avez une aptitude à la prise de risque très limitée. En cas de stress, vous ne faites confiance à personne et vous préférez tout gérer seul. Apprenez à déléguer, et surtout à prendre en compte vos besoins pour prendre plus soin de vous.

Vous êtes INFP (le Guérisseur)
Vous êtes un leader altruiste, souhaitant incarner le changement et la transformation au sein de votre organisation et de la société. Toujours soucieux des autres, vous êtes aussi fidèle et sincèrement intéressé par leur bien-être. Vous êtes doué pour l'écriture. Les valeurs sont très importantes pour vous et vous connaissez les vôtres parfaitement. Vous vous connaissez bien et vous avez besoin de la reconnaissance des autres. En cas de stress, vous aurez tendance à ne pas vous faire confiance, cherchant des informations un peu partout. Apprenez à être plus indulgent avec vos collaborateurs même s'ils ne vont pas aussi vite que vous dans le changement.

Vous êtes ENFP (le Champion)
Vous êtes un leader intuitif, vous savez anticiper toutes les situations et le chemin à suivre pour y répondre. Vous avez la faculté de percer les émotions de vos interlocuteurs, vous pouvez définir qui pourra le mieux vous accompagner dans la réalisation de vos projets tout en respectant votre système de valeurs. Vous souhaitez bousculer l'ordre établi. Vous avez une grande capacité d'apprentissage au quotidien. En cas de stress, vous pouvez utiliser vos qualités pour manipuler autrui afin de vous sentir plus à l'aise. Apprenez à sortir de votre zone de confort et à vous orienter vers plus de nouveauté.

Vous êtes INFJ (le Conseiller)
Leader volontaire et adepte du changement, vous aimez poursuivre des objectifs ambitieux tant qu'ils font sens pour vous et qu'ils respectent vos valeurs. Fin psychologue, vous souhaitez que vos collaborateurs puissent progresser et vous avez à cœur de contribuer à leur évolution.

Vous êtes aussi un collègue fidèle et vous aimez travailler dans un esprit de famille. Mais vous avez aussi de nombreuses attentes vis-à-vis de vos collaborateurs. En cas de stress, vous aurez tendance à culpabiliser et à endosser toutes les erreurs. Vous aurez une vue d'ensemble trouble, qui va altérer votre jugement. Apprenez à être moins susceptible et à accepter les autres avec leurs qualités et leurs défauts.

Vous êtes ENFJ (le Professeur)

Vous êtes un leader, un mentor humain et dévoué aux autres. Cela ne vous empêche pas de travailler de manière très méthodique afin d'œuvrer et d'apprendre dans les meilleures conditions. Vous menez des projets qui ont du sens pour vous et qui respectent votre système de valeurs. Ayant une sensibilité particulière pour cerner votre entourage, vos décisions prennent toujours en compte son ressenti. En cas de stress, vous aurez tendance à trop solliciter une validation extérieure, voire à vous faire manipuler. Apprenez à poser des limites et à encourager une communication plus sincère de vos équipes. Impressionnés, vos collaborateurs peuvent rester en retrait.

Vous êtes ISTP (le Manuel)

Vous êtes un leader ingénieux et créatif. Ce qui vous motive, c'est l'expérience, bien plus que les relations avec les autres. Vous avez une grande facilité d'adaptation et vous aimez guider vos équipes tout en leur laissant une grande liberté. Vous avez besoin de vous sentir utile dans ce que vous entreprenez. Vous possédez une grande confiance en votre savoir-faire et en vos talents de tacticien. En cas de stress, vous pouvez avoir du mal à vous organiser et à prioriser vos actions. Apprenez à travailler sur le long terme et avec plus de proximité avec vos équipes : vous ferez des merveilles.

Le MBTI vous permet de mieux comprendre les dynamiques interpersonnelles et de vous adapter avec empathie à la personnalité de chacun. N'oubliez pas, cependant, qu'il ne reste qu'un indicateur à utiliser avec de la distance : chaque personne est unique et se construit par rapport à son histoire. Il ne s'agit pas de mettre les personnes dans des catégories et de poser une étiquette sur elles, mais d'avoir une grille de compréhension de soi et des autres qui vous aide à mieux travailler et communiquer avec eux.

Les neuf profils Ennéagramme

Voici un autre outil passionnant de connaissance de soi : l'Ennéagramme. Ce modèle de personnalité vous permet de vous observer et de définir neuf grands types de personnalités et leurs interactions. Cet outil est une aide précieuse pour mieux vous comprendre et mieux comprendre les autres. Il vous éclaire sur le pourquoi de votre fonctionnement, mais aussi sur le comment. Il vous donne aussi des clés pour pouvoir évoluer.

Murielle Gardret, experte en Ennéagramme, nous explique très concrètement cet outil dans un webinaire ICF Synergie animé par l'excellent Yotis Kavopoulos :
L'Ennéagramme prend en compte les trois centres d'intelligence :

→ Le **centre instinctif** : agir avant de penser et de ressentir (cerveau reptilien, type 8, 9, 1) ;
→ Le **centre émotionnel :** identifier ses émotions et celles des autres pour pouvoir y répondre (cerveau limbique, type 2, 3, 4) ;
→ Le **centre mental** : penser avant de ressentir et d'agir. C'est le monde de l'analyse et de la logique (cortex, type 5, 6, 7).

Avant de découvrir les neuf modèles de personnalités de l'Ennéagramme, demandez-vous quel centre vous utilisez le plus : instinctif, émotionnel ou mental ?

Il existe sur internet des tests gratuits que vous pouvez réaliser en totale autonomie. Pour une analyse plus fine et réaliste, je vous recommande de passer le test avec l'aide d'un coach formé à l'Ennéagramme. Au regard du type qui est le vôtre, je vous propose ici une analyse sous l'angle du leadership pour voir en quoi votre profil Ennéagramme joue dans votre style de leader.

Type 1

Vous voyez d'abord ce qui ne va pas, car votre motivation principale c'est l'amélioration continue. Vous avez un niveau d'exigence élevé. Vous pouvez aussi être perfectionniste, cynique et colérique. Dans votre perspective d'évolution, vous allez apprendre que la perfection n'existe pas, vous allez développer plus de tolérance envers les autres et envers vous-même. Vous êtes un leader qui fonctionne par l'exemple, avec une forte éthique.

Type 2

Vous identifiez facilement les besoins des autres et vous y répondez rapidement. Votre motivation réside dans la reconnaissance et le regard de l'autre. Vous vous mettez au service des autres et vous pouvez tomber dans la surenchère pour être reconnu. Dans votre perspective d'évolution, vous allez devenir un leader avec une connexion plus authentique, et être dans l'amour véritable.

Type 3

Vous êtes guidé par les objectifs et les résultats. Votre motivation, c'est la réussite. Vous allez mettre toute votre attention dans des projets qui vont vous apporter une reconnaissance sociale. Dans votre perspective d'évolution, vous allez mieux gérer l'échec et gagner en authenticité. Vous mènerez des projets qui ont du sens. Vous êtes un leader qui communique et qui valorise les autres, surtout quand vous vous sentez bien.

Type 4

Vous voyez d'abord le manque. Votre motivation principale, c'est de vous différencier. Vous avez besoin de beauté et d'extraordinaire. Vous voulez casser la routine et rendre les choses belles. Vous êtes un leader avec une vision personnelle, tout en restant connecté avec les autres. Dans votre perspective d'évolution, vous allez transcender votre vision personnelle pour la relier à celle de l'organisation.

Type 5

Vous observez et vous avez besoin de comprendre le monde qui vous entoure. Vous collectez beaucoup d'informations pour avoir une indépendance d'esprit. L'indépendance est votre motivation principale. Vous avez tendance à vous détacher du réel, voire à vous isoler. Vous êtes un leader qui a besoin d'être en retrait et qui peut imposer une distance émotionnelle. Dans votre perspective d'évolution, vous allez vous connecter davantage aux autres pour les faire grandir.

Type 6

Vous voyez d'abord les dangers. La recherche de sécurité représente votre motivation principale. Vous passez beaucoup de temps à vous remettre en question, à douter, à analyser et à vérifier. Vous avez la capacité d'apporter des solutions et de faire en sorte que vos équipes se sentent bien. Vous êtes un leader bienveillant. Il y a deux types de profil « 6 » : ceux qui sont conscients de leurs peurs, et ceux qui n'en sont pas conscients.

Type 7

Vous voyez toujours les possibilités en toutes choses, car vous êtes motivé par le plaisir. Cette possibilité peut même être plus intéressante que la réalité. Vous avez beaucoup d'idées et de créativité. Vous voulez vous sentir libre. Vous pouvez avoir du mal à vous mettre des limites et à vous remettre en question. Dans votre perspective d'évolution, vous allez apprendre à canaliser votre énergie. Vous êtes un leader créatif et innovant.

Type 8

Vous percevez le monde en termes de rapports de force. Pour vous, le monde est très manichéen : d'un côté les forts, de l'autre côté les faibles. Vous êtes motivé par le contrôle de chaque situation. La justice vous tient très à cœur et vous allez toujours essayer de masquer vos faiblesses. Vous pouvez paraître rude dans un premier temps, mais dans votre perspective d'évolution vous allez vous ouvrir à l'autre et ne plus cacher votre vulnérabilité. Vous êtes un leader efficace qui sait mener de grands projets et embarquer ses équipes avec lui.

Type 9

Vous voyez d'abord les points communs entre les gens, car vous êtes motivé par la paix et l'harmonie. Vous êtes un leader médiateur qui sait éviter les conflits, mais qui peut aussi avoir du mal à se positionner. Dans votre perspective d'évolution, vous pourrez vous connecter à d'autres ressources que vous possédez pour mieux vous réaliser.

Faites-vous confiance

Pour être le leader authentique que vous voulez être, vous devez accepter de vous faire confiance et de renoncer aux modèles standards. Le chemin commence par là. Cette confiance commence par faire preuve d'honnêteté envers vous-même en reconnaissant vos atouts et vos faiblesses. La réussite matérielle est un jalon de la réussite, mais elle n'est pas suffisante pour trouver la paix. Je l'ai constaté chez les dirigeants qui ont « fait fortune », mais qui se trouvent insatisfaits, au bout du compte.

J'en ai croisé plusieurs comme ça : des dirigeants qui avaient « touché le jackpot » et s'étaient d'abord fait plaisir en s'offrant une belle voiture et une somptueuse demeure, avant de tomber dans un état dépressif qu'eux-mêmes avaient bien du mal à comprendre. À chaque fois, ces dirigeants de start-up et de PME avaient un point commun : aucun d'entre eux n'avait effectué un travail sur soi auparavant. Ils avaient travaillé d'arrache-pied en portant haut et fort la valeur travail, en l'associant étroitement à la dureté et à la douleur. Leur croyance commune : « il faut travailler dur, rien n'est facile, il faut composer avec la médiocrité et ne faire confiance à personne ».

C'est en travaillant sur ce livre que j'ai pris conscience du point commun entre ces individus : brillants, performants, bosseurs, ces hauts potentiels intellectuels avaient aussi des idées affirmées sur à peu près tout, et la croyance chevillée au corps que « la vie est dure » et « qu'il faut se battre pour s'en sortir et parvenir à être riche ». La vie leur a renvoyé exactement ce qu'ils demandaient : une vie dure et exigeante semée d'embûches, une maladie : du stress pour l'un, une dépression pour l'autre et un burn-out pour le troisième. Autant de messages qui les invitaient à s'arrêter et réfléchir aux vraies motivations qui les avaient poussés à agir et à arriver à ce point de non-retour. « À force de courir après l'argent, j'avais perdu le sens de la vie», me confia l'un d'entre eux. Il faut tout un travail, ensuite, entre psychothérapie et coaching, pour sortir de cet engrenage et retrouver le droit chemin qui donne du sens à l'action.

L'enjeu, pour ces leaders, est de trouver un équilibre entre vie professionnelle et vie personnelle, entre le besoin de réussite matérielle et les aspirations plus profondes, et d'avoir le courage de se discipliner pour garder cet équilibre. C'est ce que j'appelle «la magie du «et» : vous pouvez aimer les belles choses et avoir envie de leur donner du sens. Les deux ne sont pas incompatibles! Vos motivations profondes sont en accord avec vos valeurs. Elles donnent du sens à votre vie, vous rendent fier et heureux. Vos motivations matérielles ne sont que passagères et ne vous emmènent pas très loin. Que vaut une Porsche Cayenne par rapport à une action qui a contribué à rendre le monde meilleur? L'enrichissement matériel est salutaire et vous permet de vous offrir la vie dont vous rêvez, mais il n'est quasiment jamais l'objectif ultime à atteindre. Il est la conséquence d'une action plus grande : vous êtes un leader, et par votre position et votre action, vous aidez les autres à grandir et le monde à s'améliorer. Vous contribuez à créer de la valeur et du progrès, vous stimulez l'économie en créant de l'emploi, ou vous donnez du sens à un projet. Oser se voir tel qu'on est le premier pas pour avancer vers le meilleur de soi et vers l'équilibre du leadership authentique. Vous faites peut-être partie de ces dirigeants qui travaillent si dur qu'ils ne consacrent que très peu de temps à l'auto-exploration. Renoncez à la croyance qu'il existe un modèle parfait de leader, et acceptez d'effectuer un travail d'introspection pour mieux vous rencontrer. Au bout du chemin, vous aurez atteint le premier niveau du leadership authentique : celui d'une bonne connaissance de soi qui mène à une confiance renforcée et à des bases psychologiques solides.

L'EXEMPLE INSPIRANT

Emmanuel Faber – ex-PDG de Danone : moins d'ego, plus de cœur !

À l'occasion de la cérémonie de remise des diplômes de HEC en 2016, Emmanuel Faber, alors directeur général de Danone, s'est adressé avec émotion et authenticité aux étudiants.

« J'ai décidé de vous parler de quelqu'un qui est né en 1965 à Grenoble. Un petit garçon qui a eu une vie très pleine : une adolescence compliquée, turbulente ; qui a fait une fugue, qui a trouvé un petit boulot comme ouvrier dans les travaux publics, travaillant l'hiver au bord des routes, et qui, un jour, a décidé de reprendre les études, a passé son bac... Et puis là, premier accident : il a été interné en hôpital psychiatrique. Il en est sorti. Il aimait la terre, il aimait l'agriculture, il aimait les paysans : il a décidé de devenir ingénieur agronome. Il l'est devenu, il a commencé à travailler... Deuxième accident : il est à nouveau interné en hôpital psychiatrique. Il n'a plus jamais travaillé comme vous et moi. Il est devenu jardinier, il a passé beaucoup de temps sur la place du quartier avec sa guitare, et il est devenu l'ami de ceux qui se lèvent très tôt le matin. Il est devenu l'ami des éboueurs qui passent à quatre heures du matin, en leur préparant des thermos de café, celui des vieilles dames qui avaient du mal à traverser avec leur cabas en revenant du marché, et de tout un tas de gens.

Et puis un jour, il a décidé de rentrer au pays. Il est retourné dans son village des Hautes-Alpes retrouver ses amis agriculteurs ; le matin il faisait du fromage à la laiterie, l'après-midi il avait besoin de dormir à cause de sa maladie. Il allait près d'un torrent, et, en redescendant de ce torrent, il m'appelait. Il me laissait un message téléphonique tous les jours, avec juste le chant de la fontaine... Moi, j'étais avec le gouvernement chinois, de l'autre côté de la planète, dans mon bureau à Shanghai, à Paris, à Barcelone, au Mexique... Et j'avais toujours cette petite voix, une fois par jour, qui me rappelait d'où je venais.

Une nuit, il est mort, emporté par sa maladie. C'était il y a cinq ans. C'était mon frère. Qu'est-ce qui m'a le plus marqué, pendant ces trois ans ici, à HEC ? C'est ce coup de fil que je n'aurais jamais voulu recevoir, où j'ai appris que mon frère venait d'être interné pour la première fois, diagnostiqué avec une schizophrénie lourde.

Ma vie a basculé. J'ai dû apprendre à parler le langage des fous pour ne pas perdre le dialogue, découvrir la beauté de ce langage, découvrir que la normalité, ça enferme beaucoup. Découvrir la beauté de l'altérité, m'ouvrir à plein de choses. Grâce à lui, j'ai découvert l'amitié des SDF – de temps en temps, je vais dormir avec eux. J'ai découvert qu'on pouvait vivre avec très peu de choses et être heureux. Je suis allé séjourner dans des bidonvilles à Delhi, à Bombay, à Nairobi, à Jakarta ; je suis passé au bidonville d'Aubervilliers... vous savez, ce n'est pas très loin de chez nous, à Paris... Et tout ça a nourri une chose : c'est que désormais, après toutes ces décennies de croissance, l'enjeu de l'économie, de la globalisation, c'est la justice sociale.

Pourquoi est-ce que je vous dis tout cela ? Parce qu'aujourd'hui vous êtes diplômés, vous vous tournez vers l'avenir. Je voudrais féliciter chacun d'entre vous : vous avez désormais un outil très puissant entre les mains. La question est : qu'allez-vous en faire ? Comment allez-vous prendre vos décisions ? J'en suis convaincu, après vingt-cinq ans d'expérience : cette main invisible dont on vous a parlé n'existe pas. Et s'il y en a une, elle est encore plus handicapée que mon frère. En somme, nous avons seulement nos mains pour changer les choses et les rendre meilleures. Et vous avez beaucoup à faire pour cela.

Vous allez devoir surmonter les trois principales épreuves qui arrivent facilement avec le statut obtenu par votre diplôme, mes amis : la puissance et la gloire. Oubliez la gloire, c'est une course qui n'en finit jamais et qui ne mène nulle part. La liste de toutes les personnes renommées existe seulement pour celles qui y regardent leur propre nom. Elles ne s'intéressent pas à ceux des autres. L'argent ? J'ai rencontré tant de personnes, quand j'étais dans la finance, quand j'ai voyagé dans le monde, qui sont prisonnières de l'argent qu'elles ont gagné – j'en rencontre encore... Ne devenez jamais esclaves de l'argent. Restez libres ! Peu importe la raison pour laquelle vous gagnez de l'argent, peu importe ce que vous en faites, restez libres ! Et la puissance... Je pense que vous pouvez regarder autour de vous : il y a tant de personnes qui sont puissantes et qui ne font rien, juste pour garder cette puissance, pour qu'elle dure un jour encore... La puissance n'a de sens que dans le service rendu aux autres. Et c'est ce service qui vous fera devenir qui vous êtes en vérité. Le meilleur de vous-même, dont vous n'avez même pas conscience.

J'ai donc une question à vous poser, après laquelle je vous laisserai : qui est votre frère ? Qui est ce petit frère, cette petite sœur qui habite en vous, qui vous connaît mieux que vous-même, et qui vous aime plus que vous ne vous aimez vous-même ? C'est cette petite voix qui parle de vous, qui dit que vous êtes plus grand que vous ne le pensez. Qui sont-ils, ceux qui vous apporteront cette voix, cette musique intérieure, cette mélodie qui vous appartient, qui est unique, et qui transformera la symphonie du monde qui vous entoure. Qu'elle soit grande ou petite, elle le changera ! Le monde en a besoin, et vous le méritez. Trouvez votre frère, trouvez votre sœur, et quand vous les rencontrerez, dites-leur bonjour de ma part, nous sommes amis ».

J'ai fait le choix de vous livrer l'intégralité de ce discours qui, personnellement, m'a bouleversée, transportée, mais aussi inspirée, car je vois là un leader authentique, intelligent, profondément humain, qui tente d'être juste et d'être la meilleure version de lui-même. Emmanuel Faber ne décrit pas le parcours facile du leader, il décrit l'humilité, la vraie vie, loin du faux-self et de la gloire. Il décrit le piège du manque d'authenticité. J'aime ce leader qui tente de rester lui-même malgré le pouvoir. Il m'inspire... Pas vous ?

Depuis, il a été renvoyé de son poste. Un point commun avec un autre dirigeant qui fut renvoyé de l'entreprise qu'il avait fondée : Steve Jobs, le fondateur d'Apple.

Steve Jobs, un leader authentique ?

Il peut être aisé de ne pas considérer Steve Jobs comme un leader authentique, tant le personnage est sulfureux et clivant. Il a tellement marqué et incarné l'histoire de la Silicon Valley en innovant, mais aussi en brassant des millions de dollars, qu'on pourrait facilement le classer parmi les dirigeants froids et avides d'argent. Et pourtant, Steve Jobs incarne l'authenticité la plus brute et la plus totale. Intransigeant et implacable envers ses collaborateurs, il l'était d'abord envers lui-même. Un destin comme celui de Steve Jobs ne peut pas se réaliser dans la demi-mesure et la tiédeur. Dirigeant sans pitié, certes, mais toujours fidèle à lui-même. L'authenticité ne se joue pas uniquement dans la bienveillance et dans les bons sentiments. Être authentique, c'est aussi se révéler dans toutes ses zones d'ombre. Steve Jobs osait se montrer tel qu'il était, en faisant fi de ce que le monde pouvait penser de lui. Son seul moteur était sa vision du produit, son seul objectif : changer le monde. Dans la biographie « Steve Jobs » de Walter Isaacson, nous apprenons que Steve Jobs s'est fait renvoyer de sa propre entreprise en recrutant John Sculley, ancien dirigeant de Pepsi Cola, un homme qu'il admirait et qui pouvait contribuer à l'excellence d'Apple. Authentique dans sa démarche, il a perdu son poste, mais c'est toujours fidèle à lui-même qu'il a contribué à créer le studio d'animation le plus innovant de sa génération : Pixar. Et c'est grâce à Pixar qu'il est revenu à la tête d'Apple. Adulé ou détesté, Steve Jobs est resté lui-même toute sa vie, mais c'est en apprenant sa maladie incurable qu'il a vraiment déposé les armes. Son coach et ami Bill Campbell connaissait sa vulnérabilité autant que sa force. Il fait partie de ceux qui l'ont soutenu à son départ et applaudi à son retour à la tête d'Apple quelques années plus tard. Puis, c'est en se sachant malade qu'il a fait appel à Walter Isaacson pour rédiger ses mémoires. Il a tenu à ce qu'il le décrive tel qu'il était, dans le bon comme dans le mauvais. Il n'a jamais eu aucun contrôle sur le livre et n'a jamais lu aucune épreuve avant sa sortie. Steve Jobs a toujours cultivé une spiritualité débordante – voire psychédélique –, mais c'est à l'approche de sa mort qu'il s'est vraiment interrogé : existe-t-il vraiment un après ? Comment accepter que tout puisse disparaître d'un seul coup, comme, en appuyant sur un interrupteur on/off, tout s'éteint ? Cette perspective l'effrayait. C'est avec beaucoup de malice et une sensibilité désarmante que

Steve Jobs se répond à lui-même : « C'est sûrement pour cela que je n'ai jamais aimé les interrupteurs on/off sur les produits Apple ».

On ne déchaîne pas les passions en jouant un rôle, on les déchaîne en restant toujours « soi », pour le meilleur et pour le pire.

« Steve Jobs ». Walter Isaacson

Aucun chemin n'est parfait. Le leader authentique ne prétend pas l'être, car nous sommes tous des êtres imparfaits. N'est-ce pas ce qui nous rend plus humains ?

Vous, qui êtes des leaders à la recherche d'une plus grande authenticité, posez-vous la question : êtes-vous tenté par l'argent et la gloire ? En quoi votre histoire vous a-t-elle conduit à ce poste ? À quel point le titre que vous avez acquis fait-il de vous ce que vous êtes ?
Allez creuser loin au fond de vous-même, car la réponse ne peut pas être en surface. Impossible ! En surface, il y a votre titre, votre belle maison, votre belle voiture. En surface, il y a le faux ou le superflu. Le vrai est sous la première couche de l'épiderme. Tapi au fond de votre inconscient. Si vous l'interrogez, que vous dit cette petite voix intérieure ?
Qui êtes-vous vraiment ? Quel leader voulez-vous être ?
Quelle contribution pouvez-vous apporter au monde ?

LES BONNES QUESTIONS À SE POSER

- ✓ Savez-vous ce qui vous anime, au fond ? Est-ce la volonté d'aider votre prochain ? De changer le monde ? De vous épanouir et de jouir de la vie ? D'obtenir la reconnaissance et le respect dont vous avez peut-être manqué ?

- ✓ Qu'est-ce qui vous rend profondément joyeux ?

- ✓ À quel moment vous sentez-vous vibrer ?

- ✓ Lorsque vous ressentez cet état de « flow » qui vous procure bien-être et paix, avez-vous dans les mains la raison de votre motivation profonde dans la vie ?

- ✓ Quelle est votre zone de flow ? À quel moment vous êtes-vous senti vraiment en phase avec vous-même et pleinement satisfait de votre existence ?

- ✓ À quel moment avez-vous pensé : voilà pourquoi je suis en vie et ce qui fait sens pour moi ? Était-ce quand vous avez rendu service à quelqu'un qui était en difficulté et à qui vous avez permis d'avancer ? Ou lorsque vous êtes en famille ou entre amis et que vous partagez un moment simple et joyeux ? Est-ce plutôt quand vous êtes devant les projecteurs et que tous les yeux sont tournés vers vous et boivent vos paroles ?

- ✓ Pour qui avancez-vous ?

- ✓ D'où tirez-vous cette énergie qui vous fait lever le matin ?

CE QU'IL FAUT RETENIR

✓ Vous avez tous la capacité d'inspirer les autres et de les motiver.

✓ Vous devez être prêt à effectuer un travail d'introspection en tant que leader pour mieux vous connaître.

✓ Aucune étude sur le leadership n'a permis de dresser le profil du leader idéal.

✓ Inspirez-vous de vos mentors et de vos modèles pour créer votre propre leadership, mais ne les copiez pas.

✓ Le leader idéal dirige avec le cœur autant qu'avec la tête et met son action au service d'une vision qui suppose une bonne connaissance de soi.

ÉTAPE 2

Accepter sa vulnérabilité

« La vulnérabilité requiert le courage d'être soi et de le montrer »
Bréné Brown

ACCEPTEZ D'ÊTRE IMPARFAIT

Les dirigeants d'aujourd'hui peuvent perdre une énergie folle dans la quête effrénée de perfection. Et c'est parfaitement logique. Depuis le plus jeune âge, nous sommes conditionnés pour être parfaits : nous devons obtenir une meilleure note que nos camarades, nos erreurs sont sanctionnées par des ratures et des commentaires en rouge, nous sommes constamment évalués... L'erreur est depuis toujours largement diabolisée par le système scolaire. Notre cerveau engramme cette donnée, et à notre tour nous redoutons l'erreur et passons notre vie à vouloir être parfaits. Quête complètement illusoire, comme le rappelle le célèbre chef étoilé Alain Ducasse : « *la perfection n'est pas de ce monde et certainement pas dans mon métier. En tout cas, tous les jours on se remet en question, on essaie de s'améliorer, demain on sera meilleur qu'hier* ».

Le système scolaire nous pousse à atteindre la perfection et tue la créativité, comme nous l'expliquait Ken Robinson dans sa célèbre conférence TED en 2006, et rien n'a vraiment changé aujourd'hui. J'ai pu accompagner certains dirigeants très intelligents et visionnaires qui étaient très vite sortis d'un système scolaire inadapté à leur fonctionnement et à leur créativité. L'intelligence ne se mesure pas à la hauteur des diplômes. Les études aident à se forger certaines aptitudes mais c'est un système très compétitif : pour rentrer dans les meilleures écoles, il faut sortir parmi les premiers dans les concours. Par la suite, occupant des postes à responsabilités, il faut toujours avoir les meilleurs résultats et écraser la concurrence. C'est en toute logique que le monde du travail se retrouve étouffé par cette quête inaccessible de perfection, nuisible au collectif et à l'entreprise elle-même. J'ai moi-même cultivé cette quête de perfection en volant de succès en succès, sans jamais rencontrer l'échec, jusqu'au jour où mon corps a dit « stop ! ». Stop à ce trop-plein d'énergie et de perfection. J'ai cédé à ma vulnérabilité et renoué avec un équilibre sain en acceptant d'être imparfaite en tant que maman, femme et cheffe d'entreprise. Et

je vais vous confier quelque chose : c'est à partir de ce moment-là que je me suis vraiment trouvée, que j'ai donné du sens à ma vie professionnelle et personnelle, et que j'ai vraiment réussi à trouver mon équilibre. Au sein même de nos familles et de notre éducation peut s'implanter ce désir de perfection. En voulant nous faire réussir notre vie, nos parents fustigent et éradiquent inconsciemment ce droit à l'erreur. Parfois ils n'y sont pour rien, et c'est notre propre exigence envers nous-mêmes qui nous pousse à nous infliger cette quête de perfection. En inculquant ce droit à l'erreur dans nos foyers et dans nos écoles, nous mettons en ordre de route un monde plus humain, aligné et donc performant. Mais pour l'heure, comment faire pour accepter son imperfection ?
Il est important de commencer par comprendre le bénéfice de ses erreurs. Échouer fait partie du processus de réalisation. Selon Elon Musk et Jeff Bezos, ceux qui n'échouent pas sont ceux qui n'innovent pas assez. Ces deux personnages, qui sont des symboles de réussite, plébiscitent l'échec, car ceux qui se trompent sont aussi ceux qui agissent et qui changent le monde. Accepter son imperfection, c'est aussi oser montrer sa vulnérabilité aux autres pour se rapprocher d'eux. À travers nos imperfections nous craignons d'être rejetés, alors que c'est en réalité tout le contraire : c'est à travers elles que nous nous connectons aux autres. Un dirigeant qui se montre dans toute sa vérité, qui reconnaît ses erreurs et qui confie ses craintes suscitera l'empathie de ses équipes, car elles se reconnaîtront en lui. Nul doute qu'il sera écouté et respecté en tant que leader.

Le perfectionnisme peut aussi amener les individus à une grande anxiété, à la dépression, à des troubles alimentaires – voire, à un stade dramatique, au suicide. Accepter son imperfection et sa vulnérabilité est nécessaire à notre bien-être mental et physique. Arrêtez le faux-self, soyez vous-même et vous vous sentirez plus léger dans votre esprit, mais aussi dans votre corps. Vous renverrez l'image d'une personne sûre d'elle et alignée, digne de diriger ses collaborateurs.

Accepter son imperfection, c'est aussi accepter le retour de ses collaborateurs sur ses actions sans s'en sentir affecté. Le feed-back est un processus essentiel dans le fonctionnement des entreprises. Il permet

de faire émerger des idées nouvelles et de faire progresser un projet. Une seule personne ne peut pas tout maîtriser, en revanche un ensemble de personnes qui échangent en bonne intelligence seront plus à même de créer et d'innover au service de l'entreprise.
Le perfectionnisme ne nous coupe pas uniquement des autres, il nous coupe aussi de nous-mêmes. Il nous empêche d'effectuer un travail d'introspection, d'évoluer et de progresser. Il nous maintient dans notre zone de confort sans aucune perspective de créativité ou d'innovation, notions pourtant essentielles au bon fonctionnement d'une entreprise.

Le leader authentique sait se montrer vulnérable dans tous les domaines de sa vie. Il a appris à ne plus céder au faux-self et a surtout compris que « *le travail n'est pas une quête de perfection, mais un chemin vers la réalisation de notre but personnel* ». (Hubert Joly dans « *L'entreprise, une affaire de cœur* »)

La « machine à mensonges » de Jean-Louis

Jean-Louis est cadre dirigeant dans un grand groupe. Depuis des années, il s'adapte en permanence à son entourage professionnel et personnel. Avec ingéniosité, il a mis en place un faux-self qui l'amène à croire qu'il vit en accord avec lui-même et que les désirs des autres sont aussi les siens. En l'occurrence, il est devenu directeur pour rendre fiers ses parents, puis il a suivi le désir de sa femme de se marier et d'avoir des enfants éduqués dans les règles du catholicisme. Aujourd'hui, à 50 ans, il réalise, meurtri, que plus rien n'est vrai ni juste chez cet homme père de trois enfants et manager d'une trentaine de personnes. En réunion, il endosse son costume et se lance dans un jeu de scène qu'il maîtrise sur le bout des doigts. Parfois, me dit-il, « il faut hausser le ton pour faire peur. Ça marche, car les gens sont prêts à tout pour éviter le conflit ». Mais, ajoute-t-il, « il faut à d'autres moments savoir user d'une voix douce pour renvoyer l'image d'un bon manager, humain et à l'écoute de ses employés ». Dans sa vie personnelle, rien n'est davantage authentique. Il parle peu et préfère écouter sa femme. Cette dernière est loin de se douter de sa vie extra-conjugale.

Jean-Louis m'explique qu'il a mis en place ce qu'il appelle une « machine à mensonges » qui l'a conduit à mentir et à tromper sa femme depuis des années, en prenant un soin tout particulier pour ne pas se faire prendre. Ce manager vit dans l'illusion et souffre d'une grande solitude, tellement son schéma de faux-self le coupe des autres et de lui-même. Ses relations extra-conjugales lui offrent une échappatoire dans laquelle il se réfugie un temps, avec l'espoir de sortir enfin de ce piège du faux semblant. Mais il finit toujours par renoncer à cette idée de libération, pour laisser sa « machine à mensonges » le broyer davantage à son insu.

Le faux-self est trop souvent présent chez les dirigeants, et même s'il ne prend pas toujours une forme excessive et immorale comme dans le cas de Jean-Louis, il témoigne d'un manque d'alignement de la personne avec elle-même. L'individu ment aux autres, manipule avec une aisance impressionnante, et surtout se ment à lui-même. Il faudra passer par un travail d'introspection avec un coach (ou un psychologue si le cas est pathologique), pour remettre la personne en adéquation avec sa vraie personnalité et faire enfin émerger le leader authentique qui se cache derrière le masque.

Ces personnalités conformistes et perfectionnistes ont pris l'habitude d'obéir à leur environnement et de suivre les règles en affichant une façade impeccable. Une tache sur la chemise blanche suffit à déclencher un profond malaise chez la personne, qui peut alors entrer dans une colère noire. Les émotions sont tellement enfermées qu'elles explosent à la moindre contrariété. Le psychanalyste britannique Donald W. Winnicott a décrit le concept de « faux-self » dans les années 1960, révélant cette personnalité de camouflage si utile au dirigeant pour faciliter son intégration sociale, mais un véritable piège le conduisant à vivre à côté de lui-même.

Le coaching de dirigeant est une voie qui permet à la personne de se découvrir et de lever le masque pour se sentir mieux et pouvoir accéder à son potentiel. Encore faut-il qu'il ait ensuite le courage de prendre certaines décisions pour mettre en accord ses idées et ses actes. Le travail d'introspection permet de reconsidérer ses choix de vie et de revoir son mode de management pour moins s'épuiser et préserver son énergie.

Le travail d'accompagnement peut entraîner un véritable vacillement identitaire de ce dirigeant, qui voit soudainement sa vie autrement. Qui suis-je ? Qu'ai-je vraiment décidé moi-même dans ma vie ? Ce poste de directeur est-il mon choix ou le fruit d'injonctions et d'attentes parentales ou maritales ?
L'accompagnement en coaching ne cherche pas à identifier les causes psychologiques de ce manque d'authenticité, mais propose au client un travail sur lui-même pour se reconnecter à ses vraies valeurs, ses besoins et sa vocation. Il en sort un leadership plus authentique, plus puissant, et un positionnement plus aligné. Le leader ainsi sorti de sa carapace adaptative a le sentiment de revivre et de profiter enfin de la vie en déployant son plein potentiel. Il ne cherche plus à être parfait (le parfait petit soldat, le père parfait/la mère parfaite, le patron parfait, le mari parfait ou la femme parfaite…). La personne s'autorise à être tout simplement elle-même et en ressent une grande sérénité. Il est intéressant de faire un parallèle entre le faux-self et le haut potentiel intellectuel qui cache parfois une grande souffrance. L'individu est particulièrement habile à duper son monde, et en est la première victime sans s'en rendre compte. La révélation de leur double vie peut être particulièrement traumatisante pour l'entourage, qui découvre alors le vrai personnage sans son masque. L'accompagnement permet de stabiliser cette phase de renouveau qui peut être particulièrement déroutante pour la personne. Le prix à payer pour ériger un écran entre soi et le monde est élevé, privant l'individu de liens authentiques avec les autres et atrophiant toute forme de créativité et de spontanéité.

Marie choisit sa liberté

Marie est quarantenaire et a suivi la route que ses parents lui avaient tracée : elle a fait ses études dans une grande école et occupe un poste à responsabilités dans une organisation internationale. Pour autant, ce poste ne la rend pas heureuse. Les séances de coaching ont mis le doigt sur l'incapacité de Marie à dire non, et sur sa tendance à se ranger derrière l'avis de l'autorité supérieure. Marie a réalisé qu'elle n'avait pas non plus

su dire non à ses parents et avait préféré se conformer à leurs attentes plutôt que risquer de leur déplaire. Choix douloureux, qui a installé chez elle un faux-self devenu insupportable. Marie désire plus que tout retrouver l'essence même de son désir et l'envie de créer sa réalité.
Marie choisira de démissionner et de changer de métier.
Le masque du faux-self peut se développer insidieusement.
Poussée par un fort désir de reconnaissance, la personne se suradapte et le schéma cognitif du mensonge devient une véritable aliénation. On assiste alors à une forme de servitude volontaire dans laquelle certains renoncent à être les acteurs de leur vie et de leur propre destinée pour ne pas décevoir ou entrer en conflit avec leurs proches. L'individu développe une frustration et un mal-être qui peuvent mener à un burn-out et avoir, par effet systémique, des répercussions sur les individus qu'il encadre au travail. Offrir à ces personnes la possibilité d'un réalignement, c'est aussi permettre à toutes les personnes qui sont placées sous son autorité d'être plus sereines et performantes au travail, et de ne pas craindre l'attitude changeante de leur supérieur en subissant les exigences excessives de son perfectionnisme et de son faux-self.

QUAND LE FAUX-SELF MÈNE AU BURN-OUT

Notre réalisation personnelle et notre quête de sens se reflètent dans notre carrière professionnelle. En soi, c'est assez sain de vouloir s'accomplir en ayant une activité professionnelle passionnante et valorisante. Là où le bât blesse, c'est quand le travail prend trop de place, et surtout quand il nuit à notre santé mentale et physique. On ne peut pas nier que le monde du travail actuel est un monde ultra-concurrentiel, quel que soit le domaine. Même dans mon domaine de prédilection qu'est le coaching, qui normalement prône l'authenticité, l'empathie et l'accomplissement personnel, il est fréquent de retrouver cette course effrénée vers le culte de soi, la compétitivité et la perfection.
Notre éducation, la société... notre monde s'est construit sur la quête absolue de la réussite et sur le « faire » en permanence. Pas de repos pour

les braves ! Il faut rentrer chez soi épuisé, avec la satisfaction du travail bien fait et de l'argent engrangé. Nous sommes conditionnés de cette manière depuis l'enfance. Au même titre que la perfection, la société et notre éducation nous martèlent en permanence qu'il faut être le meilleur pour accéder aux bonnes écoles, réussir aux concours prestigieux, obtenir le meilleur poste, etc. Mais c'est la même chose dans nos vies privées : être le meilleur enfant, le meilleur conjoint, le meilleur parent, le meilleur méditant, le meilleur de la salle de sport, le plus beau d'Instagram, le meilleur, le meilleur et toujours le meilleur...
Les réseaux sociaux et les médias sont, quant à eux, les super ambassadeurs du culte de la performance. Chacun affiche sa réussite, mais, bizarrement, jamais ses échecs... Chacun affiche sa mine resplendissante, mais jamais celle du matin, après une mauvaise nuit. Les personnalités célèbres se dévoilent sous l'angle de la beauté et de la réussite, très peu se dévoilent dans leurs moments de doute et sans être à leur avantage. C'est très dommageable pour les jeunes générations qui voient en elles des sources d'inspiration et qui poursuivent un idéal qui n'existe pas. Néanmoins, je citerais deux personnes célèbres qui osent se montrer authentiques et vulnérables : Florence Foresti qui, dans sa dernière série « Désordres », parle de sa dépression sans tabou et se montre sans maquillage et Lady Gaga qui, sur ses réseaux sociaux, parle de sa santé mentale, de sa maladie, la fibromyalgie, et qui incite ses followers à rester eux-mêmes. Message véhiculé dans sa chanson *Born this way*. Ces femmes sont vraies et vulnérables et pourtant elles sont adulées. Preuve en est que les gens continueront à vous aimer malgré vos imperfections.
Face à tant de perfection et d'injonctions à être le meilleur, comment ne pas arriver à céder au faux-self, pour donner au monde ce qu'il réclame et être enfin tranquille ?
Le faux-self, c'est se créer un personnage pour paraître et enfouir tout ce que nous sommes vraiment. C'est être conformiste, plaire à son entourage et faire ce que les autres et la société attendent de nous. Ce personnage créé de toutes pièces se garde bien de poser les bonnes questions et de nous faire progresser. C'est cette combinaison pernicieuse de quête de perfection et de réussite qui amène au faux-self pour donner naissance au burn-out. Le burn-out, cet épuisement professionnel qui se manifeste

d'abord par le corps, car la vérité, le vrai-self que nous sommes vraiment, ne peut plus cohabiter avec le faux-self. C'est en quelque sorte un instinct de survie pour faire émerger notre être authentique. Il est alors important de faire appel à un psychologue ou à un coach pour nous aider à devenir – ou à redevenir – celui que nous avons toujours été.

LE DIRIGEANT N'EST PAS UN SUPER HÉROS

Il est étonnant de constater combien les relations authentiques sont absentes au travail, a fortiori lorsqu'il existe une barrière hiérarchique entre les personnes. C'est comme s'il était inscrit dans l'inconscient collectif qu'il est préférable de garder ses distances dès lors où vous êtes au travail. Comme si le masque était de rigueur lorsqu'un patron s'adresse à ses salariés. Comme si le dirigeant se donnait pour mot d'ordre de renvoyer une image d'autorité froide, synonyme de confiance et de perfectionnisme. L'image du patron « super héros » a la vie dure !

Hubert Joly, ex-directeur général de plusieurs grandes entreprises, n'a pas fait ce choix. Ce dirigeant français aux idées atypiques est parti dans la direction totalement inverse, profondément convaincu que l'authenticité et la vulnérabilité sont les clés de la réussite. Son leitmotiv : remettre l'humain au cœur de l'entreprise. Dirigeant de grands groupes prestigieux à travers le monde, il devient le PDG de Best Buy en 2012. Best Buy est alors une société américaine en grande difficulté, et Hubert Joly va faire le choix de tout miser sur l'aspect humain pour la redresser. Depuis 2019, il accompagne des dirigeants et enseigne à Harvard pour former les leaders authentiques de demain. Hubert Joly est l'incarnation du leader authentique. Dans son livre « *L'entreprise, une affaire de cœur* », il nous invite à « rester transparents et à encourager la vulnérabilité ». Il nous explique comment, en 2012, il a préféré dévoiler un plan de sauvetage à ses collaborateurs, plutôt que de le cacher, comme le lui conseillait le Comité exécutif, craignant des fuites. Hubert Joly a fait le choix de la confiance, et c'est précisément cela qui a tout changé. Le retour d'information des collaborateurs fut précieux, aucune information n'a fuité. Dans ce cas de figure, les collaborateurs se sont sentis respectés, consultés et investis. Leur passion et leur énergie en ont été décuplées, les résultats ont été au rendez-vous et les ventes ont repris. Hubert Joly nous parle de la « magie humaine » qui naît de cette énergie à vouloir se dépasser dans des situations presque insolubles.

Ce grand dirigeant n'a pas hésité à s'appuyer sur un coach pour devenir un meilleur leader. Il demande aussi régulièrement le feed-back de ses équipes sur son travail et ce qu'il peut améliorer chez lui. Il est plus fréquent de rencontrer des dirigeants qui ne cessent de demander à leurs collaborateurs de s'améliorer, sans se demander d'abord ce que, eux, peuvent améliorer chez eux.

Le message d'Hubert Joly est fort, et détonant, dans le système français : « Ne pas avoir peur de la vulnérabilité. Ne pas craindre d'appeler au secours. Inutile de se prétendre invincible ou parfait, parce que nous sommes tous humains, parce que la vulnérabilité nous relie aux autres et libère la puissance du collectif ». C'est en créant une atmosphère de confiance, en valorisant les autres que peut jaillir l'étincelle indispensable au succès. La distance, le stress et la rigidité ne contribueront qu'à anesthésier les capacités et l'envie des individus. Et c'est un professeur de Harvard qui le dit…

FAUT-IL SE MONTRER VULNÉRABLE QUAND ON EST AU POUVOIR ?

Oser se montrer vulnérable suppose une sacrée dose de courage et de conscience de soi. Là où il est tentant pour de nombreux leaders de se montrer froids et distants, certains s'aventurent à montrer leurs incertitudes, au risque de perdre de leur superbe. La question mérite d'être soulevée et je suis certaine que vous vous la posez si vous êtes dirigeant. Comment trouver cet équilibre subtil entre certitude et doute, entre confiance en soi et sensibilité émotionnelle ?

Cette interrogation trouve sa place dans un monde incertain décrit comme VUCA : **V**ulnérable, **I**ncertain, **C**omplexe et **A**mbigu. Brené Brown, chercheuse américaine et conteuse extraordinaire, a fait l'éloge de la vulnérabilité dans un TEDx qui a recueilli des millions de vues. La première fois que j'ai visionné cette vidéo, je suis restée sous le choc, prise d'une émotion débordante tellement les mots résonnaient en moi avec force. Ce TED a constitué l'un des jalons de ma réflexion sur le leadership et m'a confortée dans ce projet de livre et de programme pour accompagner les dirigeants vers un leadership plus authentique. Brené Brown a interrogé des milliers de personnes sur la question du lien social, et sa découverte essentielle se résume en un mot : la vulnérabilité. En croisant les témoignages et en analysant les données recueillies pendant plusieurs mois, la chercheuse a découvert que la clé des liens profonds qui unissent les individus réside en un mot : la vulnérabilité. Attention ! Vous venez peut-être de penser que « vulnérable » veut dire « faible » (n'y avez-vous pas songé ?). C'est pourtant tout le contraire. Lorsque vous avez acquis une solide connaissance de soi, alors vous pouvez vous permettre de vous montrer vulnérable. C'est un acte de courage et de confiance en soi extraordinaire. Le leader qui se montre parfois vulnérable est celui ou celle qui ose dire « je ne sais pas », « j'ai un doute », « cette situation m'émeut ». Ce leader a acquis une telle dose de confiance en lui qu'il est capable, dans certaines circonstances, de lâcher la bride de la certitude pour oser douter et afficher sa faiblesse.

Vous sentez-vous prêt à faire cela ? Je vous invite à vous poser la question... Lorsqu'il vous est arrivé d'afficher votre doute ou votre faiblesse, comment vous êtes-vous senti ? Faible, maladroit, mal à l'aise ? Ou au contraire, courageux et conscient de cette exposition émotionnelle temporaire ? Vous allez me dire : « Je vous vois venir ; mais si, moi, en tant que leader je montre des doutes alors c'est fini, je n'entraîne plus personne » ! Réflexe logique d'un leader aguerri et habitué à afficher son optimisme permanent ou sa colère froide pour se montrer toujours plus parfait et plus solide.

Tout est encore une fois question de dosage et d'équilibre ; là où vous vous montrez toujours si sûr de vous et solide face aux obstacles à surmonter, vous pouvez vous montrer empathique et vulnérable dans certaines circonstances qui s'y prêtent : par exemple, appeler un employé pour prendre de ses nouvelles lorsque vous savez que son enfant est malade, ou encore demander de l'aide lorsque vous-même vous vous trouvez en difficulté.

Se montrer vulnérable, c'est aussi accepter de prendre la responsabilité de s'être trompé lorsque quelque chose a été mis en place et que cela n'a pas été une bonne idée, au final. Vulnérabilité et authenticité sont étroitement liées. Elles sont la clé des rapports humains, et les rapports entre dirigeants et employés n'échappent pas à cette règle. Trop souvent, les rapports humains véritables sont absents sur le lieu de travail, et il n'est pas rare de voir un patron passer sur un open-space sans même dire bonjour à ses équipes. Vision du patron d'un autre âge, celle où le boss était autoritaire et inaccessible... La question s'est déplacée aujourd'hui : le leader devient plus abordable, mais doit trouver le juste dosage entre accessibilité et gestion de son planning. Il n'est pas question de s'arrêter pour saluer chaque employé ni de discuter une heure avec chacun tous les matins, mais de trouver le juste dosage.

J'ai observé certains directeurs qui passaient la tête haute en snobant au passage tous les employés sur son chemin, d'autres qui s'arrêtaient et qui saluaient chaque employé d'une poignée de main, d'autres encore qui préféraient saluer de loin chaque employé avec un sourire ou un simple bonjour sincère et souriant. Quel est pour vous le juste dosage entre accessibilité et bonne gestion du temps ? Si vous avez cent cinquante employés, vous n'allez peut-être par serrer la main à chacun d'entre eux tous les matins ! En revanche, vous pouvez leur adresser un « bonjour à tous » qui est sincère et qui montre votre présence et votre respect pour eux. Certains dirigeants sont si peu à l'aise avec cette idée qu'ils préfèrent passer tête baissée devant leurs employés en feignant un appel urgent ou un air préoccupé. J'ai pu observer ce genre d'attitude dans certains grands groupes. Trouvez le juste dosage entre présence et distance, entre vulnérabilité et confiance en soi. C'est votre intelligence adaptative qui est mobilisée : savoir s'arrêter pour échanger quelques mots avec un collaborateur lorsque vous savez qu'il vient de perdre un proche, ce n'est pas se montrer faible, c'est tout simplement se montrer humain.

Je me souviens d'un dirigeant dans un grand groupe qui avait la réputation d'être froid et distant. Un jour, il participait à un séminaire où les équipes étaient amenées à travailler par deux. La proposition était de partager avec l'autre une expérience qui les avait marqués et touchés à un moment de leur vie professionnelle. L'un des salariés s'est retrouvé face à son patron, et a partagé avec lui une expérience qu'il l'avait ému par le passé. Le dirigeant me confiait qu'il avait eu beaucoup de mal à faire la même chose en retour, trop habitué à être dans le contrôle et résistant à l'idée de partager quelque chose d'intime avec l'un de ses employés, même s'il s'agissait d'un partage dans un contexte professionnel. C'était comme si l'émotion n'avait pas sa place au travail. Pourtant, la sincérité avec laquelle le salarié avait partagé cette anecdote avec son patron l'a touché et lui a donné une leçon d'humilité, le renvoyant à sa propre incapacité à faire la même chose. Il a aussi réalisé qu'il travaillait depuis quinze ans avec ce collaborateur et qu'il n'avait jamais pris le temps de comprendre ses motivations. Ce jour-là, le salarié s'est permis de se montrer vulnérable et son dirigeant a perçu l'intelligence et la profondeur de son raisonnement. Il me confia en séance : « c'est une personne vraie et sensible et je n'avais jamais pris le temps de percevoir cela. À l'inverse, je n'ai pas eu le courage de partager avec lui quelque chose d'aussi sincère, ma posture de DG m'en empêchant visiblement. L'émotion n'a pas sa place au travail ». Ce court temps d'échange authentique dans le cadre d'un séminaire d'entreprise aura renforcé le lien de confiance entre le DG et son salarié. Jamais ce lien n'aurait pu exister sans cet atelier.

TROUVER LE JUSTE DOSAGE ENTRE VULNÉRABILITÉ ET DISTANCE

La question du juste dosage entre vulnérabilité et distance est épineuse pour de nombreux dirigeants que j'accompagne. Ces hommes et ces femmes acceptent volontiers de se confier à leur coach et à leur conjoint, mais dressent une barrière infranchissable dès qu'il s'agit de leurs collaborateurs, préférant projeter une image de leader parfait : « je suis le roc puissant sur lequel vous pouvez tous vous appuyer ».

Quand les neurones miroirs vous démasquent

Tout serait parfait dans le meilleur des mondes si ce jeu des masques n'était pas perçu inconsciemment par les observateurs à qui ce jeu est destiné. Lorsque cette image de perfection est associée à un sentiment de supériorité et de dénigrement des employeurs, personne n'est dupe, surtout pas les employés, qui perçoivent très vite ce manque de confiance et d'estime de leur patron. Les études menées par des chercheurs en sciences sociales et en neurosciences montrent que des neurones miroirs, dans le cerveau, captent immédiatement le manque d'authenticité. N'avez-vous jamais eu cette sensation de « faux » en face d'une personne ? Lorsque la parole n'est pas en accord avec la pensée véritable, l'observateur le perçoit inconsciemment. Cela se traduit en général par une vague impression qui vous fait dire : « je ne le sens pas », « il est faux ». Ce manque d'authenticité est perçu lorsqu'il y a un décalage entre ce qui est dit et ce qui est pensé véritablement. En sachant que vous êtes d'emblée démasqué, et que votre interlocuteur n'est pas dupe, avez-vous toujours envie de feindre et de porter un masque ?

La question ne se pose pas seulement pour le dirigeant. Lorsque l'employé joue un jeu de rôle et croit que son manège n'est pas perçu, il se trompe aussi. Exemple de ce dirigeant qui m'expliquait que, la plupart du temps, il utilisait son intuition pour prendre la décision de licencier ou non un employé. Un jour, il avait mis fin à la période d'essai d'un salarié sans motif avéré, mais avec la sensation profonde que la personne n'était pas sincère et jouait un double jeu. Quelques jours plus tard, un client qui avait eu affaire à cet employé confiait au dirigeant : « cet employé était faux comme son sourire, je n'avais pas du tout confiance ». Il apprit également, plus tard, que l'employé licencié avait un double discours et critiquait son employeur dans son dos, tout comme il critiquait ses collègues en rejetant la faute sur eux si une erreur avait été commise.

La vulnérabilité nous renvoie à notre fragilité

Depuis la psychologie humaniste et l'avènement du développement personnel dans les années 60, les individus se sont rendu compte que se montrer et s'assumer tels que nous sommes est libérateur. Ce concept a donc été timidement repris par le monde de l'entreprise, pour se rendre compte que la vulnérabilité représentait le socle fondateur de l'empathie et des relations humaines.

Le mot « vulnérabilité » rappelons-le, vient du latin *vulnerare* qui signifie blesser. Basiquement, la vulnérabilité traduit un état de fragilité chez une personne qui « peut être facilement atteinte ». Qui peut prétendre qu'il n'a jamais été facilement atteint dans son parcours de vie ? Nous avons tous nos failles et nos points de rupture, qui façonnent aussi la personne et le dirigeant que nous sommes, alors pourquoi le cacher dans la sphère professionnelle ? L'assumer, c'est se dévoiler en tant qu'humain imparfait, l'assumer, c'est susciter l'empathie et la proximité avec ses collaborateurs. Posez-vous la question : quel leader, quel personnage politique allez-vous suivre avec passion : le leader froid et autoritaire qui ne pense qu'aux chiffres, ou le leader authentique qui partage ses craintes et ses doutes et qui se soucie de vous ? Car c'est là que réside le lien entre leadership et vulnérabilité : le rapport aux autres. C'est par votre vulnérabilité que vous tisserez des liens forts et durables et que vous contribuerez à créer une ambiance de travail sereine, propice à l'écoute, aux échanges et à la confiance.

Un dirigeant aura tout à gagner à reconnaître ses erreurs, à partager ses doutes et surtout à demander de l'aide, comme le mentionnait l'ex-DG Hubert Joly.

Alors à la question : « Est-ce qu'un dirigeant doit se montrer vulnérable ? » je vous pose une autre question : « Voulez-vous que votre entreprise prospère et soit pérenne ? » Je suppose que oui, alors vous allez devoir vous atteler à un travail d'introspection pour savoir doser cette vulnérabilité avec votre rôle de dirigeant, garant des bons résultats de votre entreprise. C'est tout ce travail qui est au cœur de mes coachings de dirigeants.

LE DIRIGEANT DOIT-IL SE MONTRER VULNÉRABLE ?

Le dirigeant d'aujourd'hui doit constamment s'adapter pour pérenniser son entreprise. Souvent porté sur les chiffres et la rentabilité, son plus grand défi, aujourd'hui, est de remettre l'**humain au cœur de son management**. Il y parviendra en se montrant **authentique** et parfois **vulnérable**. Il en sera d'autant plus humain et inspirera **respect** et **confiance** pour mener son équipe vers la réussite. Or, la vulnérabilité est souvent assimilée à de la faiblesse, et bien des dirigeants l'excluent totalement de leur style de management. Voilà pourtant l'une des clés d'un management plus humain, serein et authentique...

Et si la vulnérabilité d'un dirigeant pouvait être bénéfique à l'entreprise ?

Être vulnérable a longtemps été considéré comme une preuve de faiblesse et d'incompétence. Ce n'est que depuis l'avènement du développement personnel que les mentalités ont commencé à changer. **Se montrer et s'assumer tels que nous sommes** a libéré tellement de personnes que le concept s'est peu à peu immiscé dans la sphère professionnelle.

« La vulnérabilité, c'est avoir le courage de se présenter et d'être vu quand on sait qu'il n'y a aucune garantie ». Brené Brown a bouleversé des millions de gens dans sa vidéo sur le pouvoir de la vulnérabilité : cette vidéo m'a fait prendre conscience du véritable pouvoir de la vulnérabilité et de son impact sur le leadership. Le leadership autoritaire « à la papa » n'est plus. Il est remplacé par un leadership plus humain et authentique qui permet à chacun de libérer son potentiel et de trouver sa place. La vulnérabilité convient très bien dans ce nouveau paradigme. Le dirigeant a beaucoup à y gagner, en termes de sérénité, d'efficacité et de bien-être au travail.

Quel lien entre leadership et vulnérabilité ?

Quel genre de dirigeant allons-nous respecter et suivre les yeux fermés ? Un dirigeant froid et autoritaire qui ne pense qu'aux chiffres, ou un **leader authentique,** davantage dans l'**empathie** et qui sait reconnaître ses erreurs et ses faiblesses tout en tenant compte de la performance ? Un dirigeant qui sait **rester vrai** va tisser des **liens forts et durables** avec ses collaborateurs. Grâce à son authenticité, il va développer dans son entreprise :

→ Le plaisir de travailler en équipe ;
→ Un climat de travail serein ;
→ Un climat de confiance ;
→ Une communication libérée et efficace ;
→ Une envie de toujours faire mieux, etc.

Il va aussi contribuer à **donner du sens** à leur mission et maintenir leur motivation intacte. Assumer sa vulnérabilité, pour un leader, est la marque d'une grande confiance en soi : il sait que malgré ses faiblesses et ses erreurs, il reste légitime à diriger.

Comment développer un leadership authentique en acceptant d'être vulnérable ?

Trois pistes d'actions :

1. Reconnaissez vos erreurs

Un leader qui sait reconnaître ses erreurs et qui les assume va inspirer respect et confiance. C'est un comportement **responsable** et **fédérateur**. De plus, instaurer une culture de **droit à l'erreur** va stimuler la créativité. Quoi de mieux pour innover et valoriser son entreprise !

2. Partagez vos inquiétudes et vos doutes

Avoir des craintes et des doutes est parfaitement légitime pour un dirigeant. Les partager vous rendra **humain** et **accessible** aux yeux de vos équipes. Ils seront plus enclins à vous comprendre et à vous suivre dans vos différents projets. Partager ses peurs de temps à autre, c'est aussi amener une discussion pour faire face et **trouver des solutions** à plusieurs. Cela ne veut pas dire que vous deviez être constamment dans le doute... c'est une question de dosage entre contrôle et lâcher-prise.

3. Sachez demander de l'aide

Un dirigeant authentique connaît ses limites et saura demander de l'**aide auprès de ses collaborateurs** dans l'intérêt de l'entreprise. Exemple : vous n'êtes pas à l'aise pour communiquer et vous manquez de confiance en vous ? Sollicitez un coaching pour vous améliorer, ou permettez à l'un de vos collaborateurs de devenir la tête d'affiche de votre entreprise pour tous les aspects communication. Les leaders que j'accompagne ont accepté leur vulnérabilité et sollicitent mon accompagnement pour s'améliorer. Voilà une belle preuve d'humilité et d'intelligence humaine.

La vulnérabilité est désormais considérée comme un atout majeur pour un dirigeant. Elle est ancrée en chacun de nous, il faut juste savoir l'accueillir et la libérer, en sachant la doser habilement pour rester ferme dans ses décisions, mais à l'écoute des avis tiers quand vous avez des doutes ou des moments de faiblesse. Vos collaborateurs s'en sentiront d'autant plus valorisés et écoutés. Il s'agit de trouver le juste équilibre entre contrôle et confiance en l'autre, entre management par les chiffres et management par l'humain. Un équilibre qui suppose une très bonne connaissance de soi et donc un travail sur soi, qui est au cœur de mes coachings de dirigeants.

PHÉNOMÈNE DE RÉSONANCE

Ces expériences et ces données montrent le phénomène de « résonance » : nous percevons immédiatement la sincérité d'une personne rien qu'en l'observant agir et parler en face de nous. Cette perception subtile nous permet d'identifier ce qui se cache derrière le masque affiché, de façon immédiate et inconsciente. Sachant cela, vous n'aurez peut-être plus envie de croire que vous pouvez faire semblant et que l'autre est dupe de votre manège. Deux cerveaux en présence se connectent immédiatement et échangent une quantité d'informations colossale, qui nous renvoie une impression sur la personne que nous avons en face. Cette impression peut être bonne ou mauvaise. Cet employeur, qui a licencié ce jour-là son salarié, avait perçu ce manque de sincérité et avait préféré le licencier plutôt que de laisser perdurer ce manque d'authenticité dans son entreprise, trop loin de ses valeurs.

À l'inverse de cet exemple, lorsque l'employeur affiche lui-même un masque, il n'est pas étonnant que ses employés fassent de même, par effet de mimétisme, et pas étonnant non plus que les clients ressentent le manque de sincérité et d'authenticité dans la relation. Alors la question se pose, pour l'employeur, de changer ce mécanisme délétère en se changeant lui-même, pour mettre en place un schéma plus authentique. Cela suppose de la part du dirigeant une prise de conscience du schéma mis en place, et de son rôle clé pour changer la donne. Tout part de soi. Commencez par vous changer vous-même et par retirer votre masque, et vous attirerez des employés à votre image. Lorsque la clé de votre business est la relation client, au bout du compte c'est un schéma vertueux ou vicieux qui se met en place, puisque le client percevra à son tour l'authenticité ou le manque d'authenticité dans la relation et vous accordera ou non sa confiance. Vous pensez peut-être être plus malin qu'un autre et pouvoir manipuler par votre intelligence, mais la résonance ne trompe personne et vous serez vite découvert dans votre vérité. Ne vaut-il pas mieux lâcher prise et être soi-même, plutôt que s'encombrer d'un masque qui n'aura de toute façon pas l'effet de protection escompté ? Lorsque le masque tombe et que l'employeur lâche un peu son contrôle en osant être lui-même et imparfait, il est étonnant de voir l'effet libérateur que cela produit en lui.

J'ai un autre exemple en tête : celui de cette femme, dirigeante d'une PME, et dotée d'une très forte intuition doublée d'une hyper sensibilité, mais aussi d'un certain manque de confiance en elle. Dans nos séances de coaching, elle me confiait ressentir tout, et savoir, dès les premières minutes, si un salarié allait faire l'affaire ou non. Pour autant, elle ne faisait pas assez confiance à son intuition et préférait souvent laisser « pourrir » la situation plutôt que décider d'emblée de rompre une période d'essai. Le masque qu'elle affichait alors, en faisant « l'effort de faire comme si tout allait s'arranger », résonnait inconsciemment sur sa salariée, qui, elle-même, ressentait un certain malaise à rester. Situation de non-dits qui aboutit fatalement à la rupture dans un état de tension, alors qu'il aurait pu être géré tout autrement dans un rapport plus authentique. Plutôt que de laisser s'envenimer la situation, nous avons travaillé pour faire évoluer cette situation malaisée : ma cliente a finalement pris la décision de prendre son courage à deux mains et d'exprimer son ressenti à son employée avant que les choses ne s'enveniment. Voici quels furent plus ou moins ses mots : « Nous avons énormément de dossiers à gérer, c'est parfois stressant et tu es nouvelle, donc il est normal que tu apprennes, et là, pour l'instant, je n'ai pas l'impression que tu prends tes marques dans l'entreprise. Pour ma part, j'ai besoin de sentir que tu souhaites avancer et apprendre pour devenir rapidement autonome. Comment vis-tu cette période d'essai ? Comment pouvons-nous t'aider pour avancer plus vite vers l'autonomie ? »

Le simple fait d'avoir cet échange, court, mais vrai, a suffi à débloquer la situation et à délier la parole en laissant s'exprimer la personne. L'employeur avait bien perçu le malaise de sa salariée, qui lui a avoué ne pas se sentir à sa place. Ses temps de transport étaient trop longs et son projet n'était pas vraiment en phase avec l'entreprise. Ensemble, elles ont convenu d'un départ anticipé avant la fin de sa période d'essai. L'employeur a gagné du temps et n'a pas laissé pourrir la situation comme elle l'aurait fait avant, et l'employée a apprécié de pouvoir prendre un départ sans tension en allant vers une voie qui lui correspondait davantage. Elle a terminé proprement sa mission en partant sans ressentiment. L'employeur a éprouvé une certaine fierté d'avoir su rompre avec son schéma habituel, et d'avoir eu le courage de l'authenticité. Elle a néanmoins ressenti un sentiment d'échec, de n'avoir pas su choisir le bon employé adapté à son entreprise, mais s'est félicitée d'avoir pris une décision courageuse, de l'avoir gérée de façon professionnelle et calme, tout en ménageant son temps et son énergie. Il faut parfois savoir se séparer d'une personne qui ne convient pas, pour trouver, ensuite la personne qui va s'épanouir dans votre entreprise, le pire étant de laisser stagner la situation et de ne pas communiquer ni agir. C'est un contrat gagnant-gagnant où chacun trouve son compte et son avantage. L'employeur a besoin d'une personne motivée qui fasse avancer son entreprise, l'employé a besoin de trouver du sens et une motivation suffisante pour rester, au-delà de l'attractivité du salaire.

Depuis le Covid, les gens ont pris beaucoup de recul sur leur vie, et on remarque, notamment chez les jeunes générations, une quête de sens beaucoup plus forte. Pour gérer de telles situations, la « Communication Non Violente » est un outil précieux dont nous parlerons dans le chapitre 3. La CNV place au centre trois éléments : le ressenti, le besoin et sa communication authentique et claire.

SAVOIR ÉCHOUER POUR MIEUX AVANCER

Dans son livre *Les Vertus de l'*Échec, Charles Pépin nous invite à considérer les bienfaits de l'échec. Ce livre s'adresse surtout à la société française, qui a toujours du mal à valoriser les erreurs et les échecs. Aux États-Unis, celui-ci est encouragé et représente les prémices du succès. Des entrepreneurs célèbres comme Jeff Bezos et Elon Musk ne cessent d'encenser l'échec. C'est même un critère important de recrutement. Steve Jobs a dit, après son licenciement de chez Apple : *« Le fait d'avoir été renvoyé d'Apple a été la meilleure chose qui me soit arrivée »*. L'auteur nous explique qu'en France, l'échec est tabou, comme un secret honteux qu'il faut cacher. Il n'y a aucune fierté à échouer, alors qu'aux États-Unis, le mindset est de cultiver l'échec, de l'arborer, d'apprendre et d'avancer. Ce n'est sûrement pas pour rien que la Silicon Valley, qui est le berceau de la technologie et de l'innovation, se trouve aux États-Unis. S'ils ne sont pas des modèles en tout, les Américains ont du moins compris que l'échec était une formidable opportunité d'évoluer et surtout le meilleur moyen de comprendre comment atteindre son but. Le bon réflexe : au lieu de fustiger l'échec en le disséquant minutieusement, vous allez au contraire y puiser toutes les clés de votre réussite future. Les échecs vous donnent aussi l'occasion de forger votre caractère de dirigeant, de devenir plus solide et d'affûter votre esprit d'innovation. Une des qualités les plus précieuses pour un dirigeant est de savoir se réinventer constamment, de pouvoir toujours faire mieux pour servir ses clients et de contribuer à changer le monde.

J'ai croisé beaucoup d'entrepreneurs et de salariés meurtris à la suite d'un licenciement, un dépôt de bilan, un échec cuisant à remporter un gros contrat... Certains d'entre eux n'avaient jamais connu l'échec de leur vie, ils avaient traversé leur enfance, leur adolescence, leur vie professionnelle sans jamais échouer... jusqu'au jour où... c'est la chute... et la remontée est d'autant plus difficile qu'ils n'ont jamais eu l'expérience de l'échec. C'est aussi mon cas. Pendant longtemps, je n'ai jamais échoué... J'ai eu un parcours sans faute, d'abord dans ma vie scolaire et étudiante, puis, entrepreneure dans l'âme, j'ai créé ma première agence de communication. Ce fut un joli succès, assez fulgurant, je dois le dire. J'ai signé des contrats avec de prestigieux groupes et tout me souriait. Je travaillais en famille, ce qui donnait encore plus de sens à ma mission. Mais je travaillais énormément ; beaucoup trop ; mon corps et mon mental ont fini par lâcher. Ce fut une chute brutale, mais aussi une renaissance. J'ai réalisé un travail d'introspection profond, j'ai effectué des changements majeurs dans ma vie personnelle et pris un nouveau cap professionnel. Et comme le dit un célèbre chanteur, j'ai retrouvé « l'envie d'avoir envie... ». J'ai trouvé ma juste place en coachant des dirigeants pour qu'eux aussi puissent retrouver leur juste place et l'envie dévorante de se challenger. De nombreux managers perdent l'envie en cours de route ; c'est normal, et plutôt sain en réalité. La vie nous confronte à des difficultés et nous invite à un auto-questionnement : quelles sont nos valeurs fondamentales ? Quelles personnalités nous inspirent vraiment ? Avons-nous atteint tous nos objectifs ? Quels objectifs nous reste-t-il à atteindre ? C'est aussi un travail d'enquête à travers nous-mêmes : partir en quête de l'étincelle qui va raviver la flamme de notre envie. L'envie est toujours là, tapie quelque part au fond de nous, il nous suffit d'aller la chercher et de la ramener dans nos vies. Et dans cette quête, l'échec est notre meilleur allié.

« **Si vous n'échouez pas, vous n'innovez pas** ».

L'auteur de cette citation est Elon Musk, entrepreneur de génie, connu pour ses extravagances et son sens de l'innovation hors norme. Elon Musk est un chantre de l'erreur. La légende dit qu'il ne recrute que des gens qui ont échoué. Il attribue tous ses succès à ses erreurs qui ont fait avancer ses projets, mais aussi le monde par la même occasion : la conquête spatiale a pris un tournant décisif avec la création de SpaceX, première fusée privée à transporter des cosmonautes vers la station spatiale. Elon Musk le clame haut et fort : tout ceci ne serait jamais arrivé sans le droit à l'erreur. Cinq fusées ont explosé avant de pouvoir réussir le premier vol. Même si cette aventure est extrême et qu'elle a coûté des sommes colossales, cela reste très inspirant pour les entrepreneurs. Elon Musk avait – et a toujours – cette étincelle qui le pousse à persévérer, cette conviction profonde chevillée au corps qu'il est sur la bonne voie et que la réussite est au bout du chemin. À l'instar de cet entrepreneur chinois dont le palmarès prête à sourire : Il a échoué trois fois au test d'entrée au lycée, puis deux fois à celui de l'université ; il a été recalé à trente postes différents après l'université, recalé dix fois au concours d'entrée à Harvard et seul recalé à une offre de recrutement pour travailler chez KFC ! Cet entrepreneur chinois, c'est Jack Ma, le fondateur d'Alibaba et Ali Express, et l'un des hommes les plus riches de la planète. Lui aussi brandit ses échecs comme une fierté, le seul chemin vers la réussite.

Considérer l'échec comme une honte ne pourra que dresser un mur entre vous et la réussite. Vous allez installer un plafond de verre que vous n'allez jamais dépasser. Si les entrepreneurs les plus célèbres du monde ont cultivé l'échec, c'est bel et bien qu'il est un vecteur précieux de réussite. Si l'échec peut envoyer l'homme sur Mars, c'est qu'il peut aussi tous nous aider à atteindre nos buts personnels.

LA COMMUNICATION NON VIOLENTE AIDE À EXPRIMER SA VULNÉRABILITÉ

Dans un article du *Harvard Business Review*, l'auteure Emma Seppala pose la question de la vulnérabilité des dirigeants et prend comme exemple celui d'une directrice de start-up, Archana Patchirajan, qui a convoqué ses salariés pour leur annoncer qu'elle devait les licencier parce que la start-up était à court de fonds. Face à cette annonce, les salariés, des ingénieurs de haut niveau, auraient pu partir et trouver sans problème un autre poste, mais ils décidèrent de rester en proposant d'être payés la moitié de leur salaire. C'était pour eux un meilleur choix que de quitter cette dirigeante qui avait su se montrer aussi inspirante que vulnérable. Le pari fut gagnant, et tous les salariés redoublèrent d'énergie pour faire remonter l'entreprise, qui réussit à se vendre 14 millions de dollars quelques années plus tard. Ce récit, raconté par Emma Seppala, nous prouve qu'un leader peut se montrer vulnérable, à l'image de cette dirigeante.

Et vous, quand avez-vous vécu un moment de vulnérabilité ? Que feraient vos salariés si, demain, vous leur annonciez que vous devez les licencier, faute de quoi votre boîte mettrait la clé sous la porte ? Qu'avez-vous créé comme ciment entre les salariés, pour les amener à être solidaires au moment d'un coup dur ? Au moment où de nombreux salariés semblent être si détachés de l'entreprise, et où les dirigeants font face à un turn-over massif et une montée des burn-out, que vous inspire un tel récit ?

Certains leaders, tout comme certains coachs d'ailleurs, ont un tel dévouement et une telle sincérité dans leur engagement qu'ils arrivent à créer un attachement autour d'eux. Ils peuvent être des leaders forts et charismatiques, mais aussi s'autoriser à être faibles et vulnérables parce que ce qu'ils dégagent au fond d'eux-mêmes, c'est de la bonté et de la générosité, avec un esprit de responsabilité et de solidarité chevillé au corps. Ces leaders peuvent être vulnérables parce qu'ils sont aussi des personnes responsables et engagées. Ces leaders peuvent s'autoriser à être vulnérables parce qu'au quotidien ils sont là pour leurs employés, pour les saluer le matin et prendre de leurs nouvelles lorsqu'ils sont malades. Et parce qu'ils ne se mettent pas dans une colère noire contre un employé qui aurait commis une erreur. Ces leaders ne sont pas légion. J'en ai pourtant accompagné quelques-uns donc je sais qu'ils existent. Ce sont des perles rares que les employés n'ont pas envie de lâcher. Pour moi, ce sont des pépites, lorsque j'ai la chance d'accompagner ces personnalités puissantes, humbles et généreuses, je ressens une immense gratitude.

Patrice, le pari d'un management humain et empathique

C'est le cas de Patrice. Ce dirigeant d'une PME familiale dans le domaine de l'énergie a repris l'entreprise de son père fondée il y a plus de trente ans. Pas facile de reprendre les rênes quand le fondateur est son propre père. Pas facile non plus lorsque ce père est particulièrement charismatique et apprécié des salariés. Patrice m'a sollicité pour l'aider à trouver sa place de dirigeant et à se sentir plus légitime et à l'aise dans sa communication. En avançant dans le coaching, il a réalisé combien les salariés étaient attachés à leur dirigeant et unis par les mêmes valeurs d'intégrité, d'authenticité et de travail que les siennes. Ils savaient fort bien que leur patron travaillait dur et qu'il était passé par tous les échelons de l'entreprise avant de gagner le sommet pour succéder à son père. Il avait travaillé avec les équipes sur le terrain, il les connaissait tous par leur nom, il connaissait leur famille, leur histoire. Le travail d'accompagnement l'a aidé à regarder sa réalité en face et à se sentir enfin légitime pour porter l'entreprise et entraîner ses équipes. Trouver sa juste place est un défi pour le leader qui souhaite rester lui-même sans essayer de copier le père fondateur. Ce leader a grandi en quelques mois et j'ai pu assister à cette éclosion avec une grande satisfaction. J'aime particulièrement accompagner ces dirigeants d'entreprises familiales. Je constate que l'esprit de famille y occupe une place importante qui peut sembler d'un autre âge et refléter l'esprit paternaliste d'antan. Pourtant, les dirigeants que j'ai accompagnés me montrent qu'il perdure, mais qu'il s'est modernisé. Le dirigeant de quarante ou cinquante ans n'est plus le père de famille comme autrefois, avec un esprit de sauveur prêt à se sacrifier pour sauver son entreprise et ses salariés. Il l'est d'autant moins lorsque c'est une femme qui reprendre les rênes de l'entreprise familiale. Le dirigeant d'aujourd'hui saura se séparer d'un salarié s'il juge qu'il n'est pas compétent ou suffisamment engagé. En revanche, il a conservé les valeurs de solidarité et d'esprit de partage qui cimentent l'entreprise familiale, en y ajoutant un esprit de responsabilité et de justesse dans les prises de décisions et les choix d'embaucher ou de licencier ses collaborateurs. Patrice se décrit lui-même comme « un patron juste, qui sait dire non quand il le faut, mais qui sait également être à l'écoute de ses salariés et les comprendre pour les aider à évoluer et à grandir ». « Je suis un peu comme vous, me dit-il, je suis un patron-coach : j'aide mes salariés à "grandir" chaque jour pour aller vers le meilleur d'eux-mêmes ». Une autre dirigeante que j'ai accompagnée dira peu ou prou la même chose : « J'ai un énorme respect pour les gens qui forment le cœur de cette entreprise, et je sais aussi qu'il est important de savoir dire non et recadrer parfois des éléments perturbateurs ou qui ne sont plus en phase avec les valeurs de l'entreprise ». Cette dirigeante apprendra à mes côtés comment savoir dire non et s'affirmer dans une communication plus claire et authentique avec ses salariés. L'engagement et la motivation des équipes reposent grandement sur la capacité du leader à savoir communiquer (nous le verrons dans le prochain chapitre).

Sur le site « My Happy Job[4] », on apprend que **les salariés français figurent parmi les moins engagés d'Europe. Selon le nouveau rapport Gallup, intitulé *State of the Global Workplace*, leur engagement est tombé à 6 % en 2021.** Les choses semblent même empirer depuis le Covid, qui a amené pas mal de personnes à repenser leur relation au travail et à davantage chercher du sens dans leur engagement professionnel. Je vous invite à vous poser ces questions et à tenter d'y répondre :

→ Quelle relation entretenez-vous avec votre personnel ?
→ Adhérez-vous à l'idée d'une hiérarchie traditionnelle patron/employé ?
→ Traitez-vous vos collaborateurs comme les membres d'une famille ?
→ Connaissez-vous leurs noms et leurs prénoms ? Leur histoire personnelle ?

Effet systémique

Ces questions ne vous semblent peut-être pas pertinentes si vous gérez des milliers de personnes et que le management de proximité vous semble impossible et irréaliste. Pourtant, « tout est systémique », pour reprendre l'expression de mon ami Alain Cardon, excellent coach spécialisé dans l'approche systémique depuis des années. L'approche systémique est intéressante face au défi de l'engagement et de la motivation car il se pose à tous les niveaux de management de l'entreprise. En tant que DG, vous allez gérer la relation de proximité avec vos principaux managers qui, eux-mêmes, s'intéresseront à chaque membre de leur équipe, qui, eux-mêmes, s'intéresseront à leurs clients, dans un rapport de proximité et d'authenticité. Le patron montrant la voie, c'est à vous qu'il appartient de définir la tendance que vous souhaitez donner à votre entreprise. La raison d'être, c'est ce qui unit les individus dans un système complexe, ce sont ces valeurs qui soudent les unités pour faire tenir l'ensemble.

---

4 My happy job : www.myhappyjob.fr/seulement-6-des-salaries-francais-sont-engages-au-travail/

Vulnérabilité et authenticité sont étroitement imbriquées. Les deux notions sont au cœur des rapports humains. Ils sont aussi au cœur de mes coachings de dirigeants, telles les pièces centrales d'un puzzle du leadership à reconstituer le temps d'un coaching sur plusieurs mois.

Lorsque vous avez réglé la question de votre positionnement par rapport à cette notion d'authenticité et de vulnérabilité, vous avez fait un pas de géant pour gagner en leadership et en confiance.

Le leader puissant, confiant et empathique, semble être le nouveau héros des temps modernes, prenant le pas sur le leader paternaliste et autoritaire constamment dans le contrôle de ses ouailles.

Êtes-vous un patron souriant et accessible, ou au contraire distant et froid ? Dans le second cas, que se cache-t-il derrière cette image distante et froide ? Est-ce vous, ou bien l'image que vous voulez donner en collant à la croyance qu'un leader devrait forcément être ainsi ? Prenez le temps de réfléchir à ces questions, en tentant de regarder en face les croyances qui portent votre première réponse.
Est-ce que cela pourrait être autrement ?
Avez-vous tendance à vouloir être parfait, fort et intelligent face à vos employés ?
Que tentez-vous d'obtenir d'eux en adoptant cette attitude ? (Peut-être une légitimité, une quête du respect ?).
Sachant que faire semblant a souvent l'effet inverse de celui escompté, du fait du phénomène de résonance dans le cerveau, avez-vous envie de continuer à jouer les leaders parfaits ?

LE DIRIGEANT AUTHENTIQUE ET VULNÉRABLE RENFORCE LA CONFIANCE

Certains dirigeants font preuve d'empathie et savent se montrer à l'écoute de leurs employés, tout en gardant le cap de leur ambition pour l'entreprise. Ces leaders-là fondent leur positionnement sur l'attachement à des valeurs qu'ils partagent avec eux. Leur authenticité est appréciée par leurs collaborateurs, qui perçoivent en eux un leader fiable et sincère. Les employés se montrent alors plus engagés et enclins à soutenir un dirigeant dont le comportement est positif et le mode de pensée constructif à leur égard. La confiance qu'ils placent en leur dirigeant est à la mesure du respect et de la considération qu'il leur manifeste. Plus cette confiance est ancrée, plus la performance augmente, et c'est un cercle vertueux qui se met en place, entraînant les employés dans cette dynamique. La nature de la relation qui relie l'employé et son employeur est positive et les deux sont en connexion pour se mettre au service de la vision du dirigeant.

Avoir le bon « mindset » et trouver sa place

Éric dirige une entreprise dans le domaine agroalimentaire. Il respecte chacun de ses employés, son système de recrutement se base sur un critère essentiel : l'état d'esprit de l'employé et ses valeurs. « L'expérience est un plus, mais je mesure avant tout si la personne a le bon "mindset" et si elle adhère à nos valeurs. C'est essentiel pour moi. On peut toujours former une personne pour maîtriser la technique, mais c'est beaucoup plus dur de changer un état d'esprit ». Pour ce patron, le client est roi et l'entreprise et ses employés doivent être à son écoute et à son service, en l'accueillant toujours avec le sourire. « J'ai l'impression que c'est plus courant aux États-Unis qu'en France, mais pour moi c'est capital de placer le client au centre. Si le vendeur affiche un sourire feint, le client va le ressentir. Il est complètement illusoire de croire qu'on peut mentir aux clients et les prendre pour des imbéciles en forçant la vente, par exemple.

Dans mon entreprise, le service client n'est pas un vain mot et je fonde mes recrutements sur des valeurs de travail et d'authenticité dans la relation. J'essaie, en tant que manager, de montrer l'exemple en étant moi-même travailleur, serviable et juste ». Dans cette entreprise en plein essor, le turn-over est plutôt faible et les employés trouvent du sens dans leur société et se sentent respectés. « Chacun doit trouver sa place. Le turn-over est un phénomène normal, il faut l'accepter. Au début, j'avais du mal à licencier, j'ai fait appel à un coach pour m'améliorer sur ce point, et aujourd'hui je sais rapidement quand un employé entre ou non dans notre système de valeurs et je préfère m'en séparer quand il ne colle pas à notre état d'esprit. Il n'y a plus de colère en moi ni d'agacement, ce n'était pas le cas avant le coaching mais j'ai appris à mieux gérer mes émotions pour me préserver et aujourd'hui, je pense simplement que chacun doit trouver sa juste place », explique-t-il.

La vulnérabilité peut faire peur, surtout pour un patron. S'afficher avec ses failles est souvent perçu comme un comportement risqué, telle une arme qui pourrait se retourner contre nous lorsque le contexte change.

Nous craignons que l'autre se serve de cette vulnérabilité pour nous nuire ou nous faire chanter. Or, les managers que j'ai accompagnés, et qui se montraient les plus vrais et les plus justes avec leurs équipes, sont aussi les plus appréciés. Le dirigeant qui a le courage de reconnaître qu'il a commis une erreur, ou qu'il doit certainement revoir sa position, est au contraire perçu comme plus humain, car faillible. Les personnes se reconnaissent en lui et tenteront à leur tour d'adopter ce comportement en assumant leurs erreurs plutôt que rejeter la responsabilité sur quelqu'un d'autre.

Nous sommes dans une ère où le système hiérarchique vole en éclat, et les dirigeants doivent trouver leurs nouveaux repères dans un système beaucoup plus horizontal. Pas facile pour nombre d'entre eux. Le dirigeant authentique apporte un début de réponse en s'inscrivant dans ce nouveau système et en se rapprochant davantage de ses équipes.
Posez-vous la question et testez sur le terrain :

- → Quels avantages peut vous apporter une relation de proximité avec vos employés ?
- → À l'inverse, quels sont les avantages de se montrer froid et distant ?

Comparez les deux attitudes et vous verrez ce qui en découle. Trouvez votre équilibre ! C'est le défi de ce livre : trouver l'équilibre entre distance et proximité, force et vulnérabilité, raison et émotions, devoir et sens.

L'authenticité : une des clés pour combattre la solitude du dirigeant

Les dirigeants souffrent de solitude. Une étude menée par Bpi France Le Lab, intitulée « *Vaincre les solitudes du dirigeant* », montre que 45 % des dirigeants de PME et d'ETI se sentent isolés. Selon cette même étude, menée en 2016, 74 % des dirigeants ne se sentent pas particulièrement entourés. La raison de ce phénomène, souvent inavoué, voire tabou ?

- → La surcharge de travail.
- → Le poids des responsabilités.
- → L'impression d'être seul à décider.

Le dirigeant est souvent vu comme un individu performant et sûr de lui, mais ce n'est que la partie émergée de l'iceberg. Les dirigeants vivent une réalité plus complexe : la difficulté des embauches, la surcharge de travail, le stress lié aux tensions au quotidien, et la solitude, avec l'impression que personne ne peut vraiment comprendre leurs difficultés. Le dirigeant se sent seul dans sa tour d'ivoire et s'estime trop souvent mal entouré. Lorsqu'il devient un personnage public cité dans la presse, il apparaît comme un être confiant que rien n'arrête. Quand les lumières s'éteignent, le dirigeant est seul au sommet de sa pyramide et dans sa réflexion, seul face aux prises de décisions dont il doit assumer les conséquences, bonnes ou mauvaises. Le dirigeant n'a nulle envie d'afficher ses doutes devant ses collaborateurs de peur de paraître faible. Et pourtant, des craintes et des doutes, il en a ! Chaque jour ! Je les entends, en tant que coach d'entreprise et de dirigeants. Je les comprends d'autant plus que je suis moi-même entrepreneure et dirigeante d'une entreprise qui a connu une forte croissance sur une période courte, avec une trentaine de personnes à encadrer et un réseau de partenaires en France et à l'étranger. Le dirigeant trouve, dans mon cabinet de coaching, un lieu sécurisé où déposer sa réflexion et ses interrogations sans crainte d'un retour de bâton. Le coaching de dirigeant est libérateur pour beaucoup d'entre vous. Il vous permet de prendre du recul et de réfléchir sur votre positionnement et sur la stratégie de votre entreprise, mais aussi de mieux doser vos prises de décisions et votre communication. Entre vous et le coach, il n'y a pas d'ego ; vous êtes en confiance et vous pouvez exprimer sans crainte le fond de votre pensée. Tout est permis, même les silences, qui sont le siège de la réflexion et ont toute leur place dans une séance. Mais surtout, il y a cette écoute et cette permission d'exprimer ses pensées sans craindre d'être jugé.

Même dans sa sphère privée, le dirigeant n'a pas toujours l'écoute nécessaire pour déposer le poids de cette solitude. Lorsqu'il arrive chez lui, il préfère déposer les armes et penser à autre chose. Du moins c'est ce qu'il dit, car son esprit continue de cogiter pendant le repas et la nuit, même s'il cherche à masquer son inquiétude. La famille peut être à l'écoute, mais croit bien faire en lui demandant de « penser à autre chose » et de « lâcher un peu le travail ». Même contrarié, le dirigeant fait bonne figure et accepte d'être seul, car il ne veut inquiéter ni sa famille ni ses collaborateurs.

C'est l'image du canard : au-dessus de l'eau, il paraît calme et serein, il nage tranquillement dans des eaux parfois troubles, mais en dessous, il agite les jambes et laisse apparaître sa nervosité et son stress.

Posture du dirigeant : la métaphore du canard copyright ©Severine Ghys

La posture du dirigeant représentée sur ce dessin est loin d'être authentique. En apparence, tout va bien, mais en réalité c'est la panique. De nombreux dirigeants me confient être « usés », tant la posture de dirigeant leur coûte en énergie, à force de montrer une image confiante et forte, alors qu'ils sont en réalité au bord du gouffre. Le dirigeant paye cette imposture au prix d'une énorme dépense d'énergie. Les dirigeants sont soumis à un stress important et à une charge de travail énorme, mais ils estiment qu'ils n'ont pas le droit de se plaindre. Comme si c'était un aveu de faiblesse inacceptable.

La solitude du dirigeant est un gouffre dans lequel il est préférable de ne pas s'enfoncer. Les dirigeants qui ont un fort besoin de contrôle et de perfectionnisme la subissent plus que les autres. En coaching, on parle de « drivers » pour qualifier les comportements qui motivent les prises de décisions. Le perfectionniste possède un driver : « sois parfait », qui le pousse à vouloir toujours tout contrôler pour rendre les choses les plus parfaites possibles.

Quel est votre driver ?

Les drivers sont des tendances comportementales qui nous poussent à agir. Il y a cinq drivers comportementaux :

1. « Sois parfait »
2. « Fais plaisir »
3. « Fais un effort »
4. « Sois fort »
5. « Dépêche-toi ».

Ces drivers désignent des types de comportements que nous avons mis en place à partir de messages que nous avons entendus dans notre enfance : « Tu n'es pas faite pour les sciences », « Fais plaisir à ta mère et travaille à l'école », « Tu n'es pas gentil avec ta petite sœur », etc. Ces messages conditionnent notre manière de penser et d'agir et peuvent devenir contraignants quand ils produisent un comportement négatif. Voyons ces cinq drivers de plus près.

1. Le driver « Sois parfait »

Si vos parents vous demandaient souvent « Quelles notes a obtenues ton camarade ? Qui est le premier de la classe ? As-tu vraiment fait de ton mieux ?... », alors vous avez reçu le message et la croyance suivante : quand on fait quelque chose, il faut le faire parfaitement. Ce driver génère un comportement perfectionniste et contrôlant. Le « Sois parfait » est toujours dans l'insatisfaction ; il a du mal à accepter l'échec et se donne des objectifs difficilement atteignables. Assez intolérant, il peut devenir très rigide à l'égard des autres, mais aussi de lui-même. Cependant, il se révèle être un très bon élément au travail grâce à son exigence et à sa fiabilité.

2. Le driver « Fais plaisir »

« Sois gentil avec ta maman », « Va aider ta grand-mère », « Occupe-toi de ton petit frère ».

Vous avez reçu le message et la croyance suivante : il faut être gentil et s'occuper des autres pour mériter leur estime. Le « Fais plaisir » ne sait pas dire « non », car il craint toujours qu'on lui en veuille. Il oscille entre le besoin vital de plaire et la peur viscérale de décevoir. Il a tendance à s'effacer derrière le désir des autres et à s'excuser en permanence. Il évite la confrontation avec autrui et peut vite se retrouver en dépendance affective. Mais il est aussi facile à vivre, car il est toujours aux petits soins et c'est une personne très agréable. Il travaille facilement en équipe, mais n'en est pas le leader.

3. Le driver « Fais un effort »

« Tu auras une meilleure note la prochaine fois », « C'est bien, mais c'était trop facile », « Ne reste pas sur le canapé à rien faire », « Va faire tes devoirs ».
Vous avez reçu le message et la croyance suivante : qu'il faut toujours en faire plus et que la réussite s'obtient à force de travail et de persévérance. Le « Fais un effort » peut déployer une grande capacité de travail et de concentration. Ce qui importe pour lui, ce n'est pas tant le résultat obtenu que les difficultés traversées. Il aime bien compliquer les choses pour estimer mériter le succès. Il a du mal à accepter l'échec et peut avoir tendance à incriminer la situation ou les autres. Il est inflexible face à ceux qu'il considère comme fainéants, et très critique envers leur travail. Il sait aussi aider et accompagner ceux qui veulent progresser. Il est toujours dans l'action, rigoureux, et aime se surpasser.

4. Le driver « Sois fort »

« Arrête de pleurer ! », « Comporte-toi comme un homme », « Dans la vie il faut se battre pour réussir ».
Vous avez reçu le message et la croyance suivante : la vie est un combat de tous les jours. On ne peut avoir confiance qu'en soi-même et il faut se montrer fort. Le « Sois fort » cache ses émotions, qu'elles soient positives ou négatives. Pour lui, c'est un aveu de faiblesse. Il est très autonome et indépendant, estimant qu'il faut toujours se débrouiller seul. Il ne demande

jamais d'aide, fustigeant ceux qui le font. Intransigeant avec les autres et avec lui-même, il aime dominer, surtout pour dissimuler ses propres failles. Son exigence et son intolérance l'isolent tant au niveau émotionnel que relationnel. Sûr de lui, il se révèle être très efficace au travail, avec une grande capacité à gérer la pression et les situations difficiles.

5. Le driver « Dépêche-toi »

« On n'a pas que ça à faire », « Tu as vu l'heure qu'il est ? », « Dépêche-toi, on va être en retard ».

Vous avez reçu le message et la croyance suivante : le temps passe vite et il faut savoir tout faire rapidement. Prendre le temps n'est pas une option envisageable, c'est pour lui... une perte de temps ! Le « Dépêche-toi » est toujours pressé ; il aime aller droit au but sans s'embarrasser avec les détails. Il s'ennuie très vite et à tendance à se surcharger de travail et à se mettre la pression. Il a toujours besoin de se projeter, d'être dans l'action et d'avoir de nouveaux projets (qu'il ne termine pas toujours...). Il est impatient et ne supporte pas les gens trop mous qu'il laisse souvent sur le côté. Il sait fonctionner seul, ne trouvant personne qui aille au même rythme que lui. Il est efficace au travail, pragmatique et sait simplifier les procédures.

Vous êtes-vous reconnu dans l'un de ces drivers ? Il ne s'agit pas de vous enfermer dans une case, et vous pouvez vous retrouver dans plusieurs d'entre eux.

L'intérêt d'identifier votre profil dominant, c'est de reconnaître les injonctions auxquelles vous êtes soumis et de pouvoir changer votre comportement. Mais c'est aussi de pouvoir identifier le driver des autres pour améliorer vos relations sociales et professionnelles. C'est tout le travail du coach, de vous accompagner sur ce chemin et de faire émerger le meilleur de vous-même.

DÉPASSER LA SOLITUDE DU DIRIGEANT

Rares sont ceux qui avouent être en difficulté et qui font le choix d'impliquer leurs équipes pour les aider à dépasser les obstacles. J'ai accompagné une dirigeante qui allait à l'encontre de ce schéma : elle avait fait le choix d'être vraie et d'afficher son état d'esprit devant ses salariés, quel qu'il soit. Lorsqu'elle avait un gros souci, elle le partageait ouvertement en utilisant cette expression : « Là, je suis mal » ou « Je suis au bout de ma vie ! ». Étonnamment, au lieu d'effrayer ses équipes, son comportement la rendait plus humaine et ses salariés éprouvaient de l'empathie et se montraient solidaires, cherchant avec elle des solutions. En affichant ainsi son état d'esprit du moment, elle embarquait ses troupes avec elles et obtenait un soutien de leur part. Cette dirigeante, à l'opposé des modèles de super-women parfaites, fonctionnait à l'authenticité et n'hésitait pas à exprimer régulièrement sa gratitude à ses équipes et à leur confier plus de responsabilités. La dirigeante me confia un jour qu'elle avait multiplié par deux son chiffre d'affaires en seulement deux ans. Empathie, authenticité, gratitude : seraient-ce les clés pour avancer et être un bon dirigeant en préservant sa santé ? J'ai vu l'évolution de cette dirigeante pendant sept années, depuis le démarrage de son entreprise, jusqu'à son extension et son apogée. Jamais elle n'a changé son comportement. Elle s'est même « autorisée » à tomber enceinte deux fois en plein milieu de la croissance de son entreprise. Et il est étonnant de voir comment ses équipes ont pris le relais, gérant la boîte d'une main de fer en l'absence de sa dirigeante. Je ne sais pas si l'authenticité est la clé d'un bon leadership, je constate simplement que, dans son cas, cette attitude a été bénéfique et a produit des effets fulgurants en termes de performance et de motivation des équipes. Pour le reste, si la dirigeante a fait appel à moi, c'était plus pour l'aider à trouver les bons process pour avancer et gérer la croissance de son entreprise. Pour le reste, je trouve qu'elle a plutôt bien géré la solitude du dirigeant, en trouvant son équilibre, et en étant en phase avec sa personnalité, ses ambitions et ses valeurs.

« Seul, on va plus vite, ensemble on va plus loin » : l'intérêt de créer un collectif

Le capitaine ne conduit pas son navire sans ses coéquipiers, pas plus que le dirigeant ne conduit son entreprise sans ses équipes ou son collectif. Le dirigeant seul au pouvoir a besoin de s'appuyer sur une équipe de soutien qui l'accompagne et l'aide à maintenir sa trajectoire, notamment dans les moments difficiles.

Le collectif est composé de personnes en nombre restreint, mais qui accordent leur confiance au dirigeant et qui sont là pour le soutenir et le conseiller quand la barque prend l'eau ou en cas de doute. Ils sont là en soutien pour fêter un nouveau contrat, le lancement d'une nouvelle offre ou le rachat d'une entité externe. Ils sont là aussi pour rassurer et réconforter quand les chiffres ne sont pas au rendez-vous ou que la conjoncture semble peu porteuse pour l'entreprise. Ils sont là pour prendre du recul et offrir leurs regards extérieurs tout en restant critiques. Une critique constructive peut être un vecteur de progression précieux. Il est donc important que vous ayez, dans votre collectif de soutien, une personne qui va oser vous dire les choses, quand bien même elles ne sont pas agréables à entendre. En n'étant entouré que de personnes qui vont dans votre sens et qui n'osent pas vous contredire, vous ne pourrez pas évoluer et votre entreprise non plus. Voilà les personnes sur lesquelles le dirigeant peut compter et avec lesquelles il peut se montrer authentique en partageant ses doutes. Un leader authentique sait réunir autour de lui un collectif de soutien solide et bienveillant. Il est capable d'entretenir des rapports sains et bénéfiques, il ne craint pas de se montrer vulnérable et suscite la même chose chez ses collaborateurs. C'est un cercle vertueux au service du collectif et de l'entreprise.

Conjoints, mentors, associés, coachs et amis forment souvent ce collectif structurant pour le leader. Les relations entre le dirigeant et les membres de ce collectif sont bilatérales : c'est une relation de confiance à double sens, où l'un peut apporter son soutien à l'autre et inversement selon les circonstances. En tant que coach, je m'inclus assez naturellement dans le collectif de mes clients, avec qui je noue une vraie relation de confiance. Je crois en eux et le fait que je ne les juge pas leur permet d'être pleinement authentiques et d'exprimer leurs doutes s'ils en ont. Ils savent que mon regard extérieur sera bienveillant et que ma posture professionnelle leur permettra d'avancer en se posant les bonnes questions. Il est arrivé que le dirigeant me demande de participer à une réunion avec son collectif, en mode coach, pour amener les membres à s'interroger et à trouver des réponses ensemble.

Très souvent, le conjoint entre en jeu dans ce collectif. C'est l'homme ou la femme de l'ombre, celui ou celle qui guide avec bienveillance et apporte une écoute active à son partenaire de vie. Lorsque ce n'est pas le conjoint, il peut s'agir d'un ami proche ou d'un coach. Malgré la relation financière qui les unit, l'aide du coach est précieuse pour accélérer le développement du dirigeant et l'aider à faire le tri dans ses idées. Il est nécessaire que le dirigeant puisse avoir une personne à qui il peut vraiment tout dire, à qui il peut se dévoiler entièrement et qui se trouve en marge de son contexte professionnel. Cette personne peut avoir un regard plus décalé et plus objectif que ses collaborateurs. Ne pensez plus que la réussite s'obtient seul, élargissez votre vision, vous verrez que beaucoup de personnes gravitent autour de vous et contribuent à votre évolution. Et surtout, n'oubliez jamais d'être plein de gratitude pour votre collectif de soutien, ses membres ne vous en soutiendront que davantage.

Favoriser l'entreprise libérée

L'exemple de cette dirigeante est révélateur du modèle de l'entreprise libérée. Karine est une dirigeante de quarante ans. Elle a débuté son entreprise à trente-trois ans. Son approche très moderne du management est à l'opposé de la vision pyramidale chapeautée par un grand chef, et plus proche du modèle de « l'entreprise libérée » où chaque collaborateur prend ses responsabilités et s'autogère en autonomie. Ce niveau de management suppose que le dirigeant lâche la tentation du contrôle au profit de la responsabilisation de ses salariés, comme le fit Karine dans son entreprise. Lorsque l'entreprise grandit et organise son management d'équipes, ce sont les managers qui sont invités à trouver le juste équilibre entre contrôle et autonomie du collaborateur. Lorsqu'eux-mêmes sont rendus autonomes par leur supérieur, c'est l'effet systémique qui engendre un processus vertueux d'entreprise libérée. Si cette approche est de plus en plus envisagée – car elle correspond aux attentes des générations Y et Z –, bien des patrons issus des générations précédentes ne sont pas prêts à lâcher leur contrôle, au prix parfois de sévères désagréments et d'une incompréhension entre l'employeur et les employés. Lorsque le salarié annonce son départ soudain de l'entreprise parce qu'il a d'autres aspirations, l'employeur qui est dans le contrôle – voire dans le paternalisme – le vit mal et ne comprend pas une telle décision. On entend par exemple des réactions comme : « je l'ai formé, je l'ai soutenu, et voilà : il part. Il n'y a vraiment plus aucune reconnaissance ». Dans l'entreprise libérée au contraire, le manager est là pour aider le salarié à gagner le plus possible en autonomie, mais il sait que celui-ci reste libre de partir si l'entreprise ne lui donne pas suffisamment de sens, ou le patron suffisamment de clés pour être autonome. On entend, chez les jeunes générations, de nombreuses attentes pour exercer des missions intéressantes. Impossible pour le stagiaire de se contenter de servir le café... Les jeunes générations n'hésitent pas à partir, et sont confiantes, dans la recherche d'un autre poste, stage ou contrat d'alternance. Elles n'ont pas les scrupules que pouvaient avoir les générations précédentes qui ont entre quarante et cinquante ans aujourd'hui.

L'humain d'abord, les chiffres après

Dans ce contexte de transformation des relations au travail, le dirigeant est invité à repenser son management. Cela requiert le courage de voir les choses autrement et de changer de modèle pour se concentrer sur le sens et l'humain avant de raisonner chiffres. Un monde à l'envers pour beaucoup de dirigeants. Un DG que j'accompagne en ce moment m'expliquait, par exemple, que ses réunions de Codir ressemblaient à une valse des egos et à un tableau de bord géant. Le tour de table du début de réunion s'articulait

autour de l'analyse de la performance de chacun des membres. J'ai en tête cette grande entreprise française dans laquelle les « BR » (« Business Reviews ») sont des temps forts pour les dirigeants de Business Units qui viennent présenter leurs résultats à coup de présentations PowerPoint surchargées en informations. Où est l'humain dans ces présentations ? Comment sont les équipes ? Que pensent les clients de leurs services ? Ce type de questions n'est pas posé en séance et sera abordé ultérieurement, dans des séances d'audit ad hoc animées par des consultants externes. Vous allez me dire : « L'entreprise n'est pas philanthrope, son objectif est bien de faire du chiffre d'affaires ! ». La question n'est pas là. L'entreprise vise bien un résultat, tout comme le coaching vise l'atteinte d'un résultat d'amélioration de la personne par rapport à l'objectif qu'elle s'est fixé. La question est de savoir comment ce chiffre d'affaires est généré, et par quel cheminement. Dans les cas que j'ai pu rencontrer, les dirigeants – comme leurs managers – étaient fixés sur les chiffres et passaient des heures à passer au crible des documents Excel remplis de datas. J'ai souvenir d'un dirigeant de PME qui démarrait toujours sa journée en ouvrant son tableau de comptes et la terminait en consultant de nouveau son résultat sur le même tableau. La pratique était presque devenue obsessionnelle pour ce dirigeant amoureux des chiffres. Petit déjà, il comptait ses pièces et les rangeait soigneusement tous les soirs dans une boîte. Il faisait pareil avec sa collection de timbres. Quand le chiffre tourne à l'obsession, quelle est la place de l'humain dans la tête de ce dirigeant ? Une fois le classeur Excel fermé, il passait en mode communicant pour « faire le show » devant les clients et les salariés. « Je sais leur dire ce qu'ils ont besoin d'entendre ». La performance, oui, l'obsession des chiffres, non. Quand l'obsession des chiffres vire à l'excès, les équipes le sentent et se mettent à stresser, avec des départs en burn-out lorsqu'ils sont décevants. En sortant d'une réunion de CODIR, cette DRH me confiait sur un ton désespéré : « ces réunions sont truffées de chiffres, ne peut-on pas faire autrement et parler plus d'humain ? ». Remarquez que ma cliente avait déjà sa place dans ce CODIR, ce qui n'est malheureusement pas toujours le cas de tous les DRH et cela reflète assez bien la vision du dirigeant !
Est-ce la mission principale du dirigeant d'avoir constamment le nez dans les chiffres ? N'y a-t-il pas des commerciaux, des directeurs financiers et

des experts-comptables qui font le job ? Le directeur est là avant tout me semble-t-il pour fixer le cap, la trajectoire, et motiver ses équipes pour atteindre le but et donner du sens. Mais ce n'est pas vraiment ce qu'on enseigne dans les écoles de commerce. Certains dirigeants ressentent pourtant un malaise par rapport à ce style de management et souhaitent aller vers un leadership plus humain, à l'instar d'Hubert Joly, ex-DG de Best Buy et de Carlson. Souvent, ces dirigeants disruptifs (avant-gardistes ?) se heurtent rapidement à leur entourage : un « ancien » qui leur rappelle bien vite « qu'on n'est pas dans le monde des Bisounours », que « les salariés doivent être tenus en laisse ». J'ai entendu ces phrases ! Ceux qui s'interrogent sur un autre modèle sont ceux qui viennent me voir pour essayer de trouver leur modèle de leadership. Ce sont ceux qui se disent qu'un autre style de management est peut-être possible, mais qui n'osent pas y aller franchement de peur d'en faire les frais. Dixit ce patron d'une belle boîte dans le nord de la France : « Je suis un patron humain, mais je ne veux pas être faible, j'ai besoin de gagner en confiance et de trouver l'équilibre entre l'autorité et la bienveillance ».

Lorsque j'ai lu l'ouvrage *L'entreprise du cœur* de Hubert Joly, j'ai dévoré ses pages d'une seule traite tellement son contenu faisait écho en moi. Je rejoignais parfaitement sa vision du leadership : authentique, humain, équilibré, et performant. L'auteur y partage son vécu en tant qu'ancien PDG : « Quand j'étais le patron de Best Buy, nos business reviews mensuelles commençaient par faire le point sur le personnel, puis sur les clients, avant de parler des résultats financiers ». « Aujourd'hui, je sais que mon obsession pour les chiffres n'a pas servi à grand-chose, à part rendre mon équipe dingue » confie ce PDG qui a réussi le sauvetage in extremis de Best Buy alors qu'elle était promise à une chute face au monstre « Amazon ». Hubert Joly raconte qu'il a été accompagné, lui aussi, par un coach qui lui a permis de repenser complètement son management pour trouver le juste équilibre et remettre l'humain au cœur de son organisation. Son témoignage rappelle à tous que « l'humain, et non la finance, fait battre le cœur de l'entreprise ». Il démontre par l'exemple que les chiffres sont au rendez-vous, et même en forte hausse, quand on choisit l'humain pour redresser une entreprise qui, autrement, allait couler. C'est une réponse à tous ceux qui se disent (je

vous entends…) : « OK… ça a marché pour eux, mais ça ne marche pas dans mon domaine très concurrentiel. On ne fait pas le même métier ». « Moi, c'est différent, je dois d'abord faire du chiffre, et l'humain on verra après ». Phrases entendues dans mon bureau récemment de la part de dirigeants. Et pourtant, Best Buy traversait une mauvaise passe et a choisi l'humain et le service client comme axe premier de sa stratégie… Et pourtant, Best Buy était sur le point de se faire dévorer par Amazon… Et pourtant, son PDG a réussi à nouer un partenariat intelligent avec Jeff Bezos pour intégrer les produits Amazon dans sa plateforme plutôt que de les concurrencer… Quand la barque est sur le point de couler et que la panique guette, Hubert Joly nous dit qu'il est courageux de décider de ne pas licencier et de fermer des enseignes, mais plutôt de miser sur les personnes d'abord : augmenter les ventes, réduire les dépenses non salariales et optimiser les coûts liés aux avantages sociaux des salariés ont été les priorités du PDG de Best Buy, alors qu'il tentait de sortir la boîte du gouffre. Le courage, c'est d'avoir décidé de garder en tout dernier recours l'action de licencier et de fermer des boutiques. Toutes les conditions étaient réunies pour ne pas prendre le risque d'adhérer à un modèle de management différent.
Vous connaissez la célèbre citation de Mark Twain : « Ils ne savaient pas que c'était impossible, alors ils l'ont fait »… Je trouve qu'elle va bien à Hubert Joly et je le remercie au passage pour son audace et sa vision d'une entreprise à sens humain, qui a renforcé d'autant la mienne. Je suis coach et j'accompagne les dirigeants. Lui a été un grand dirigeant et a expérimenté sur le terrain cette vision, en étant accompagné par son coach qu'il cite à plusieurs reprises dans son ouvrage. Coachs et dirigeants, même combat ! Nous servons la même cause et témoignons, avec notre propre regard, de l'évolution du leadership vers un modèle plus authentique et plus humain. J'espère que ce thème pourra être au cœur des prochains sujets proposés par le think tank Le Cercle du Leadership car j'ai la conviction qu'il est la clé du leadership de demain et que nous pourrions tous ensemble rassembler nos idées pour mieux le circonscrire.

L'authenticité contre la solitude du dirigeant

Accepter de demander de l'aide n'est pas l'apanage de tous les dirigeants que j'ai rencontrés, loin de là !

Et pourtant, vous êtes nombreux à vous avouer fatigués, à la limite du burn-out !

Réfléchissez deux secondes à ce que vous pourriez changer dans votre posture pour arriver à un meilleur équilibre et éviter l'épuisement. Vous êtes le meilleur dans votre domaine, vous avez une vision, vous savez où vous voulez aller. Soit ! C'est bien pour cela que vous êtes le boss ! Pour autant, vous avez besoin de déléguer une partie de vos décisions pour pouvoir prendre le recul nécessaire qu'exige votre fonction.

En sortant de votre posture et en décidant d'aller explorer d'autres pistes, comme celle de l'entreprise libérée, vous pourriez changer de regard et mieux avancer. Car force est de constater que le pouvoir peut vite isoler et vous déconnecter de la réalité du terrain. Osez aller au-devant de vos troupes et intéressez-vous à ce qu'elles font et à ce qu'elles sont, pour créer du lien.

Plus vos collaborateurs se sentiront reconnus et valorisés, plus ils auront plaisir à travailler pour vous. Cela n'empêche absolument pas de dire « non » et de souligner le travail mal fait et les erreurs à corriger, bien au contraire. Si vous êtes généralement à l'écoute de leurs problèmes, ils seront d'autant plus à l'écoute de vos remarques et prompts à s'améliorer en identifiant plus clairement là où ils doivent progresser.

L'authenticité vaut pour les bons moments comme pour les mauvais : vous avez le droit d'être bienveillant, mais aussi d'être contrarié et en colère lorsqu'une erreur a été faite. Soyez juste. Si un comportement n'est pas adapté, dites-le sans attendre. Au moins, la personne saura à quoi s'en tenir avec vous. Être juste, c'est aussi savoir se séparer d'une personne lorsque son comportement n'est pas en adéquation avec l'esprit de l'entreprise, ou lorsqu'elle multiplie les retards et les erreurs, alors que vous aviez bien spécifié, auparavant, que la ponctualité était importante pour vous, et que vous avez consacré plusieurs heures à la former. Être juste, n'est-ce pas aussi de savoir pardonner une erreur, non par faiblesse, mais en acceptant l'idée de la progression de la personne ? « Vous avez commis une erreur. Ça arrive, et voici comment apprendre de cette erreur et ne plus la répéter ». Au bout du compte, c'est une démarche de progression et d'amélioration continue des personnes et des processus qui est en jeu, avec un turn-over moins important et une plus grande loyauté, car les salariés comprennent qu'ils sont dans une démarche de confiance et de respect mutuel qui les encourage à rester et à s'améliorer.

CONCLUSION

Le plus grand coach des entrepreneurs stars de la Silicon Valley en était convaincu : Bill Campbell a contribué au développement de quelques-unes des plus grandes entreprises de la tech américaine – notamment Google et Apple – en misant sur trois mots : respect, amitié et amour. Le coach de Steve Jobs, Larry Page et Éric Schmidt avait choisi l'humain d'abord. La plupart de ses clients se sont rendus à son enterrement en 2016 car ils étaient devenus ses amis. Ils lui ont rendu un vibrant hommage dans le livre « Bill Campbell : le trillion dollar coach ». Il était de ces coachs qui pointent directement vos qualités et vos faiblesses et vous font avancer en ayant une confiance absolue en votre capacité de réussir. Il est aujourd'hui l'un de mes mentors.

Les meilleures qualités pour être un bon dirigeant ne sont plus celles que l'on croit. L'autorité, la froideur, l'inflexibilité ne sont plus de mise. Il est capital pour les dirigeants de le comprendre : l'humain est la première pierre de l'édifice d'un management efficace et pérenne. Assumer sa vulnérabilité et être authentique sont les moyens les plus infaillibles de rentrer en contact avec ses collaborateurs pour tracer le chemin de la réussite. Être humain n'est pas une perte de temps, c'est une chance pour vous, vos collaborateurs et votre entreprise. Une chance pour vous de vous sentir aligné et de créer du lien, une chance pour vos collaborateurs de donner un sens à leur mission et d'y exceller, et une chance pour votre entreprise de progresser et d'atteindre ses objectifs.

L'EXEMPLE INSPIRANT

Arne Sorenson fut le PDG des hôtels Marriott pendant neuf ans, et le moins que l'on puisse dire de lui, c'est qu'il était un leader authentique et vulnérable. En mars 2020, il a diffusé une vidéo de six minutes à ses collaborateurs et aux clients des hôtels Marriott. En pleine épidémie de Covid, il a tenu à s'exprimer clairement sur la situation extrêmement douloureuse de l'entreprise. Mais ce n'était pas tout… Il a également voulu rassurer ses équipes. Traité pour un cancer, il a tenu à s'expliquer pour son nouveau look « chauve » – ce sont ses propres mots. Sincère, il n'a pas fait mystère de ses traitements médicaux, et réitéré son implication totale ainsi que celle de ses équipes dans la sortie de crise du Covid. Ensuite, il a parlé franchement des très grandes difficultés de l'entreprise, sans rien minimiser. Il a annoncé que Monsieur Marriott et lui-même ne toucheraient aucun salaire jusqu'à la fin de l'année, ainsi que la réduction de salaire de 50 % de son équipe dirigeante. À la fin de la vidéo, Arne Sorenson contient ses larmes pour dire ceci : « Je peux vous dire que je n'ai jamais eu de moment plus difficile que celui-ci. Il n'y a simplement rien de pire que de dire à des associés hautement qualifiés – des personnes qui sont le cœur même de cette entreprise – que leurs rôles sont affectés par des événements qui échappent totalement à leur contrôle ». L'émotion est brute, sincère, profondément humaine. Il termine quand même sur une note d'espoir : « Bien qu'il soit impossible de savoir combien de temps durera cette crise, je sais qu'en tant que communauté mondiale, nous sortirons de l'impasse. Et quand ce sera fait, nos invités auront hâte de parcourir à nouveau ce monde magnifique. Lorsque ce grand jour arrivera, nous serons là pour les accueillir avec toute la chaleur et l'attention possibles… Ensemble, nous pouvons et nous surmonterons cela, et nous prospérerons à nouveau ».

Certains membres de son équipe lui ont déconseillé de faire cette vidéo. L'histoire retiendra que la sincérité et la vulnérabilité si touchante de ce grand leader leur donneront tort. Il a touché ses collaborateurs en plein cœur, mais aussi les clients du Marriott, et, au-delà, le monde entier. Se montrer vulnérable est toujours le meilleur chemin vers les êtres humains que nous sommes tous. C'est la plus belle leçon qu'un grand dirigeant puisse donner.

C'est avec beaucoup de tristesse que Mariott International a annoncé le décès de son PDG, Arne Sorenson, le 15 février 2021, à l'âge de 62 ans. C'était un dirigeant d'une grande humanité qui aura fait chavirer les cœurs de ses collaborateurs, « un être humain exceptionnel » pour Monsieur Mariott, un leader authentique jusqu'au bout.

LES BONNES QUESTIONS À SE POSER

- ✓ Souffrez-vous de la solitude du dirigeant ?
- ✓ Avez-vous l'impression de ne pas pouvoir partager votre réflexion stratégique avec quelqu'un que vous jugez à la hauteur ?
- ✓ Faites-vous confiance à vos collaborateurs ?
- ✓ Comment êtes-vous entouré ?
- ✓ Avez-vous un collectif, des associés, des managers unis en Codir autour de vous ?
- ✓ Quel genre de leader voulez-vous être ?
- ✓ Vous sentez-vous capable de devenir un leader authentique ?
- ✓ Partagez-vous vos doutes et vos craintes avec vos collaborateurs ?
- ✓ Que pensez-vous de la vulnérabilité ?
- ✓ Quelles sont les valeurs les plus importantes pour vous ?
- ✓ Que faites-vous pour créer un climat de travail serein qui favorise l'échange, l'épanouissement et la progression ?
- ✓ Acceptez-vous vos erreurs ? Prenez-vous votre part de responsabilité dans les échecs de votre entreprise ?
- ✓ Prenez-vous soin de vos collaborateurs ? Leur bien-être vous importe-t-il ?
- ✓ Félicitez-vous vos collaborateurs pour leur implication et leurs succès ?

CE QU'IL FAUT RETENIR

- ✓ Acceptez d'être imparfait dans tous les domaines de votre vie ;
- ✓ Sortez des schémas conventionnels et devenez le leader authentique et vulnérable que vous souhaitez ;
- ✓ Considérez-vous comme un leader, non pas comme un super héros ;
- ✓ Ne jouez pas un rôle : le faux-self se démasque facilement ;
- ✓ Sachez échouer avec classe et apprenez pour avancer ;
- ✓ Un dirigeant authentique et vulnérable renforce la confiance de ses équipes et de ses clients ;
- ✓ Utilisez la communication non violente avec vos collaborateurs ;
- ✓ Faites toujours passer l'humain avant les résultats ;
- ✓ Créez une vraie équipe autour de vous, qui saura vous écouter, vous soutenir en vous acceptant tel que vous êtes.

ÉTAPE 3

Être pleinement acteur de sa communication

« La communication est la clé de toute relation »
Oprah Winfrey

Le pouvoir du siècle dernier reposait sur la propriété et l'argent. Notre siècle a changé la donne, et octroie le pouvoir à la communication, aux capacités relationnelles et au partage de l'information.

Le manager et le leader des temps modernes sont investis d'une mission simple et complexe à la fois : s'assurer que l'information redescend bien auprès de leurs équipes, et surtout qu'elle est bien comprise par chacun de leurs membres. Clarté de la communication et capacité de partage de l'information sont au cœur du management d'aujourd'hui et représentent le thème central de nos coachings d'entreprises et de dirigeants.

Pourquoi ?

Simplement parce que l'ère de la donnée n'est pas seulement informatique. Il ne s'agit pas de faire circuler une profusion d'informations au sein de l'entreprise, mais de favoriser des échanges authentiques entre les personnes, pour créer la connaissance et la cohésion de l'ensemble. Dans ce nouveau monde « VUCA » (Volatile, Incertain, Complexe et Ambigu), les situations sont de plus en plus complexes et il devient d'autant plus important pour le manager de les expliquer SIMPLEMENT.

La clarté de la communication devient le trésor des bons managers. À l'ère de la communication authentique, la « parole impeccable » de Don Miguel Ruiz dans le livre de référence *Les quatre accords toltèques* prend tout son sens. La qualité de cette communication repose également sur les capacités relationnelles de tout un chacun : lorsque j'aide les équipes et leurs dirigeants à développer une meilleure communication et à améliorer leurs prises de parole, nous travaillons sur des notions concrètes comme : améliorer le contenu et la clarté de leurs discours et de leurs présentations, simplifier et donner du sens à leur gestuelle, ajuster le ton, mais aussi créer l'empathie avec leur public, faire tomber les masques du faux-self, renoncer au show à l'américaine et développer à la place un lien de confiance avec son auditoire. L'enjeu d'une bonne communication pour un leader tient pour moi en un mot : l'authenticité. Plusieurs clients à des postes de management m'ont confié en séance ne pas se sentir à leur place dans leur entreprise, et souffrir du manque de communication et d'écoute de leur manager. Les burn-out et les *bore-out* se multiplient dans les grands groupes, aux côtés de phénomènes de stress amplifiés par le manque de partage, de cohésion et surtout d'authenticité.

LA COMMUNICATION, QUALITÉ ESSENTIELLE DU MANAGER

C'est en principe au manager de donner l'exemple. Les équipes, comme les clients, sont un miroir de ce manager, qui crée soit la confusion, soit la cohésion. L'atmosphère est générée par son attitude et sa capacité à communiquer avec son équipe et à faire circuler l'énergie au sein du groupe. Lorsque la communication opère bien, l'équipe est confiante et motivée. Le bonheur existe aussi au travail. À l'inverse, si le responsable respire le manque d'authenticité et use de la manipulation, laissant aux collaborateurs le soin de régler leurs problèmes entre eux, il ne faut pas s'étonner de voir ses collaborateurs agir à son image... Une cliente dirigeante d'entreprise a pris conscience lors d'une séance de coaching que son inconfort dans ses relations avec ses salariés se reflétait directement sur eux, en entraînant une certaine gêne à son contact. Lorsqu'elle a travaillé sur elle en développant une posture et une communication plus confiante et sereine, cela s'est immédiatement ressenti dans les équipes qui sont devenues plus sereines et heureuses de venir au travail. C'est l'effet miroir : tout part de soi et rejaillit sur les autres. On pense souvent à tort que les autres sont responsables de notre attitude mais cette posture de victime nous empêche d'avancer et de devenir acteurs de notre vie en nous rendant dépendants du regard de l'autre.
Avez-vous déjà remarqué comment une ambiance de travail peut changer du tout au tout selon le manager ? Vous réalisez exactement les mêmes tâches, et pourtant vous pouvez être soit productif et serein, soit stressé et paralysé. Le seul élément qui a changé, c'est votre manager.

L'authenticité et la communication deviennent des atouts majeurs pour favoriser l'énergie du groupe et la vitalité des équipes, mais, c'est aussi un formidable moteur pour l'entreprise dans son ensemble, qui a tout à gagner d'une communication fondée sur le partage et l'authenticité de ses acteurs.

Pour mettre en place cette intelligence collective de la communication authentique, il faut aller au cœur des hommes et des femmes et leur permettre d'affiner leur connaissance d'eux-mêmes pour dégager une confiance en eux et une énergie motrice pour les autres. Toutes les personnes que j'accompagne débutent le coaching avec un certain manque de confiance en elles et le terminent en étant plus sûres d'elles, confiantes et sereines. Elles seules en portent tout le mérite, ayant eu le courage de dépasser leur peur et de faire appel à un coach dont la place doit rester dans l'ombre pour soutenir l'avancée de son client et sa mise en lumière. Chacun est responsable de sa réalité et de la qualité de sa relation aux autres. Attentif, le leader devra lui aussi accepter ce retour à soi et la remise en question de ses schémas et de ses habitudes pour trouver un nouvel équilibre.
Le bon leader est l'inverse du leader manipulateur, autoritaire et à l'ego démesuré, qu'on peut encore rencontrer dans certaines entreprises. Au contraire, le bon leader ou le bon manager se reconnaît immédiatement, car il donne envie aux autres de le suivre et d'avancer à ses côtés. Il est aligné, centré, fait preuve d'une grande humilité et d'une belle ouverture aux autres, loin de l'ego du « petit chef ». Il sait faire preuve de transparence et d'honnêteté dans la manière de donner des feedbacks à ses employés. Il peut faire des retours sévères sur la prestation de quelqu'un et sur ses performances tout en conservant son respect parce qu'il le fait avec sincérité et bienveillance. Il ne mettra jamais quelqu'un dans l'embarras en public, même s'il est en colère contre la personne et qu'il n'hésitera pas à lui donner un feedback constructif et critique en privé.

Développer une parole impeccable

Dans son ouvrage *Les Quatre Accords toltèques*, vendu à des millions d'exemplaires à travers le monde, Don Miguel Ruiz décrit le premier accord, et le plus important des quatre, mais aussi le plus difficile à mettre en pratique selon lui : « Que votre parole soit impeccable ». Que signifie cet accord, pour un leader à la recherche d'un positionnement authentique ? Derrière l'apparente simplicité de cette phrase se cache un principe d'une grande puissance. Nous touchons directement à la communication, qui entre en jeu dans tous les rapports humains. Maîtrisez la communication et vous obtiendrez toutes les clés des bonnes relations avec votre entourage. Pour un leader en quête d'authenticité, ce principe de la parole impeccable renvoie au pouvoir créateur des mots : vos mots reflètent votre pensée et votre pensée crée votre monde. Pour créer ou recréer votre monde, modifiez vos pensées et ajustez vos mots pour que vos paroles et vos actes soient en harmonie. Cette idée selon laquelle nous sommes les créateurs de notre propre réalité, et que notre parole porte la puissance de cette création, est au cœur du reportage que j'ai réalisé en 2021 *Le pouvoir de la pensée*, diffusé sur YouTube et vu par près d'un million de spectateurs. Soignez votre parole en tant que dirigeant ou manager Soignez votre parole en tant qu'homme ou en tant que femme. Vos mots sont des cadeaux qui diffusent une énergie créatrice de votre réalité. À l'inverse, ils peuvent être un poison qui se diffuse dans les veines de votre réalité. Prononcez des insultes et des insanités, et le monde vous renverra à l'énergie qui reflète ces mots et ces pensées. La parole est un outil puissant qui vous permet de maîtriser votre avenir. Or, bien souvent, vous n'avez pas vraiment conscience de ce pouvoir créateur qui est entre vos mains. Votre façon de parler à vos collaborateurs et à vos proches traduit votre intention et produit des effets. En avez-vous vraiment conscience ?

Lorsque je prépare une prise de parole avec un dirigeant ou un manager, j'évalue dans un premier temps jusqu'à quel point la personne est consciente de la portée de ses mots. Bien souvent, la parole est maladroite et non maîtrisée et elle entraîne des situations malheureuses qui amènent les dirigeants à me rencontrer pour retravailler leur système de communication. La parole est une force, une arme à double tranchant et donc un outil à manipuler avec précaution. Pour moi, c'est un art qu'il convient de pratiquer pour finir par mieux le maîtriser. Il n'est pas question ici d'apprendre l'art de la manipulation, mais bien de faire en sorte que vos paroles reflètent au mieux vos pensées. Nous autres humains nous avons ce pouvoir de la parole, que les animaux n'ont pas. C'est bien ce qui nous distingue d'eux, non ? Ce pouvoir magique des mots est entre vos mains. Qu'avez-vous envie de dire au monde, à vos proches, à vos équipes ? Comment votre prochaine conversation va-t-elle impacter votre interlocuteur ? Qu'avez-vous l'intention de faire de ce pouvoir créateur ? Vous pouvez construire, détruire, rallier ou diviser, motiver ou entraîner dans la dépression...

Je le répète : peu de personnes ont conscience de ce pouvoir de la parole. Le leader authentique porteur de valeurs se doit de la maîtriser s'il veut réussir à changer le monde et à le rendre meilleur. Ne laissez pas ce pouvoir aux autres, qui peuvent l'utiliser pour manipuler, diviser et détruire. Certains profils de dirigeants introvertis ou peu à l'aise avec la communication ont tendance à baisser les bras devant des communicants bien plus sûrs d'eux, qui vont prendre la place et accéder au pouvoir. Mais si je suis bien convaincue d'une chose, c'est que tout le monde peut maîtriser les clés de la communication et que les plus introvertis ont toute leur place dans ce terrain de jeu, pour peu qu'ils osent s'y aventurer.

Imaginez la communication comme un grand sac vide à remplir de mots : vous pouvez y mettre tous les mots que vous souhaitez : des mots gentils, des mots intelligents, des mots bienveillants, des mots encourageants, des mots positifs, des mots justes... ou bien des mots violents, des mots négatifs, déprimants, décourageants, déconcertants... Choisissez ce que vous allez mettre dans votre sac, vous le porterez sur votre dos et il fera germer votre réalité.
Comment seront vos paroles, la prochaine fois que vous déverserez le contenu de votre sac ? Imaginez votre sac rempli de gros mots, de

critiques, de pensées négatives. Quel effet aura ce sac, une fois déversé sur votre entourage, vos salariés, vos proches ? Qu'allez-vous créer ? Imaginez maintenant un sac rempli de mots justes, bienveillants et chargés d'intentions positives. Quel effet aura ce sac, une fois son contenu déversé sur vos salariés ou sur toute une assemblée de citoyens ? Il y a fort à parier que vous allez encourager, motiver, redonner de l'énergie, et en recevoir autant en retour.

Vous êtes le créateur de votre parole et de votre pensée. En tant que dirigeant, vous en êtes responsable. Soyez-en conscient, pour ensuite en maîtriser l'essence et la puissance. Commencez doucement. Avancez pas à pas et récoltez les graines du succès de votre démarche pour créer votre monde et le leadership qui vous ressemble. Ne laissez pas les éléments extérieurs prendre le dessus et venir plomber votre moral et votre système de pensée. Gardez le cap de votre communication.

Comment vous dire ?

Julien est dirigeant d'une entreprise de deux mille cinq cents personnes. Il m'explique dans notre première séance qu'il n'est pas le fondateur : c'est son père qui a créé l'entreprise dont il a repris la direction il y a quelques années. Le défi n'a pas été évident à relever pour cet homme courageux aux valeurs humaines fortes. Le père est encore dans le Conseil d'Administration, et Julien a du mal à trouver sa place face à ce père aux idées bien arrêtées qui a du mal à lâcher les rênes de l'entreprise. Il se rend compte qu'il ne partage pas la même vision que son père, mais ne se sent pas assez confiant et légitime pour le lui exprimer. Il n'a pas plus le même mode de communication que lui. Julien est empathique, dans l'écoute et le partage, il n'aime pas le conflit. Son père utilise un langage direct et frontal, n'hésitant pas à aller au conflit si c'est nécessaire. Je lui propose de tester son profil MBTI (voir chapitre 1). Il est INFJ : c'est un idéaliste qui veut changer le monde et qui n'est pas forcément à l'aise avec la communication, les mots et l'expression des sentiments. Il se retrouve confronté à l'épineuse question de savoir s'il doit rester dans l'entreprise, ou partir, tellement il lui paraît difficile de trouver sa place et de faire entendre sa voix face à ce père intransigeant avec qui la communication n'est pas aisée. À chaque fois qu'il engage la conversation avec lui, il sent bien que le malaise est présent. Deux visions de l'entreprise les opposent : Julien porte la vision d'une entreprise humaine, plaçant les équipes au centre pour grandir ensemble. Son père croit à l'autorité et la fermeté d'une entreprise construite sur un modèle paternaliste. Il m'apparaît que deux générations s'opposent, ainsi que deux visions du monde de l'entreprise et du management. Pour Julien, le Codir est trop détaché du terrain et trop axé sur les chiffres. À mesure que notre travail avance, Julien conforte sa vision et définit le style de leader qu'il a envie d'être. Il souhaite à présent entrer en action et apprendre à mieux communiquer pour faire entendre sa voix. Il doit s'armer de courage pour affronter son père, dans une prise de parole qui risque de l'amener au conflit, ce dont il a horreur. Il est pourtant essentiel que cette confrontation ait lieu, pour échanger sur les rôles de chacun et la vision de l'entreprise, sans quoi il restera enfermé dans sa frustration et ne gagnera jamais sa liberté. La parole est un acte de courage pour cet introverti de nature. Nous préparons ensemble cette rencontre. Sans cette confrontation au père, Julien aura beau travailler sur lui pour savoir ce qu'il veut vraiment, et comment il veut incarner le leadership de son entreprise, jamais il n'aura les coudées franches pour avancer concrètement et sereinement. La communication, c'est oser aller vers l'autre et entrer en interaction avec lui, même s'il ne partage pas la même vision. Julien doit affronter sa peur de déplaire à son père et sa crainte d'entrer en conflit avec lui. Ce sera le prix de sa liberté ! La rencontre aura lieu de manière très pacifique et sera finalement libératrice pour les deux.

Quand les non-dits sont dépassés et que la parole devient claire et limpide, il en ressort des choses fructueuses qui vont avancer. Le cas de Julien n'est pas isolé. J'ai rencontré plusieurs cas similaires au cours de mes accompagnements, des entreprises familiales avec une passation difficile du père au fils ou la fille. S'il y a des similitudes, la réponse adaptée n'est jamais la même et dépend des individus. J'ai par exemple accompagné un autre dirigeant qui reprenait la boite de son père, nous avions peu ou prou le même cas de figure avec un décalage entre le père fondateur et la vision du fils. J'ai constaté que la confrontation entre les deux n'était pas toujours nécessaire ni utile. Mon client en l'occurrence avait fait avec moi un vrai travail sur son positionnement et son style de leadership, au point qu'il n'a même plus eu besoin de se confronter à son père, sa posture de dirigeant était devenue évidente, claire et confiante. La question de la légitimité est centrale dans ces accompagnements : suis-je légitime pour prendre la suite ? Comment gérer l'héritage d'un père fondateur et le regard des anciens salariés imprégnés par le leadership du père fondateur ? Comment trouver sa propre communication avec les salariés ?

Le chemin d'évolution de la personne passe par l'acceptation du changement générationnel pour faire entrer l'entreprise dans une ère nouvelle, tout en tenant compte de l'histoire de l'entreprise et de l'empreinte de son fondateur. La communication est l'une des clés de la réussite de ce changement : le fils qui devient chef d'entreprise doit travailler sur sa vision, et la communiquer aussi clairement que possible à tout son entourage : à son père, ses salariés, ses partenaires, et à tout l'écosystème de l'entreprise qui comprend également les médias et les réseaux sociaux. Le travail en coaching permet au nouveau dirigeant de trouver et d'assumer pleinement sa posture de chef en se détachant du père fondateur. Bien accompagnée, cette transition génère des impacts très positifs pour l'entreprise et ses salariés, qui bénéficient d'une communication claire sur la direction que souhaite prendre le nouveau dirigeant. À l'inverse, si cette période demeure longtemps dans le flou et l'incertitude, avec un nouveau dirigeant mal à l'aise dans sa posture de DG, et manquant de confiance et de légitimité, la transition peut devenir périlleuse pour tous et susciter des rivalités de pouvoir et un malaise global au sein des équipes.

L'importance de la préparation

J'ai constaté aussi à quel point la préparation était importante. Bien souvent, le seul fait de bien préparer une rencontre décisive suffit à vous armer d'une confiance nouvelle qui portera ses fruits lors de la rencontre, que ce soit avec un salarié lors d'un entretien individuel, avec un partenaire pour une négociation commerciale, ou avec le Président de la République lui-même comme c'est arrivé à l'une de mes clientes. Une bonne communication se prépare. Recruter ou licencier une personne se prépare. Lorsque vous licenciez une personne, c'est un échec pour le management et il est important de préparer ce départ pour s'assurer que la personne partira dans de bonnes conditions et sera traitée avec respect. N'oubliez pas de la remercier pour le travail qu'elle a accompli pour vous et de lui rappeler ses qualités. Même si vous n'avez pas à regretter votre décision ni à vous excuser, la personne licenciée attache énormément d'importance à la manière dont elle a été remerciée et aux arguments qui lui ont été avancés. Lorsque vous préparez vos entretiens individuels annuels, la préparation est un signe de respect pour la personne que vous évaluez. De même, lorsque vous parlez en public devant vos équipes, la préparation fera toujours la différence pour vous assurer d'être entendu et écouté.

Tous les grands leaders et les meilleurs communicants savent que la préparation est la clé de la réussite. L'auteur Carmine Gallo rappelle dans son ouvrage *Les secrets de présentation de Steve Jobs*, que le co-fondateur d'Apple s'entraînait pendant des heures avec minutie jusqu'à atteindre la perfection pour présenter son légendaire keynote.

Cultiver le respect de soi et la pensée positive

Selon Don Miguel Ruiz, avoir une « parole impeccable », c'est se garder de tout jugement et critique envers soi. C'est donc se respecter soi-même et s'envoyer des pensées positives. Les situations qui nous arrivent et les personnes qui nous entourent étant le reflet de notre conception de la réalité, si j'envoie des pensées positives, j'attire des pensées positives. Si vous envoyez de bonnes énergies autour de vous, vous recevrez de bonnes énergies en retour. Envoyez de la haine et des critiques, et vous recevrez de la haine et des critiques. La parole impeccable s'obtient lorsque vous avez acquis une solide connaissance de vous-même et un respect de soi suffisant. C'est une bonne gestion de votre propre énergie, qui se manifeste par les mots que vous verbalisez. Commencez par vous aimer vous-même et à aimer la vision que vous construisez de vous-même en tant que dirigeant, et les autres auront une vision claire de vous et une image aimante en retour. Plaignez-vous tout le temps, et ne vous étonnez pas, alors, d'attirer à vous des profils de sauveurs qui veulent se donner de l'importance en vous secourant. Manifestez votre souhait de sauver tout le monde et vous fabriquerez autant de profils de victimes qui ne demandent qu'à vous faire plaisir ! Mon film *Le pouvoir de la pensée* a fait 600 000 vues en deux mois en 2021 ! J'étais la première étonnée par ce succès et j'y ai vu un signe très encourageant : le fonctionnement par la pensée positive est stimulant et inspirant pour nombre d'entre nous. Parfois, il faut simplement nous rappeler qu'on peut muscler son cerveau comme on muscle notre corps, en prenant de bonnes habitudes pour devenir plus forts et construire la réalité qui nous plait.

Maîtriser sa parole et sa communication, c'est décider d'être authentique et refuser le mensonge. C'est être vrai et avoir le courage de dire une vérité lorsque c'est nécessaire. Une vérité n'est pas un jugement, c'est un fait rapporté en l'état et qui peut pointer du doigt quelque chose de déplaisant pour la personne qui l'entend. Exemple : « Les chiffres du mois ne sont pas à la hauteur de nos attentes. Nous pouvons mieux faire. Nous devons mieux faire ». Ce n'est pas la même chose que de dire « Vous n'êtes pas à la hauteur, vous êtes tous nuls, c'est du grand n'importe quoi ! ». Partez des faits, et vous pourrez tout affirmer en exprimant des attentes claires par rapport à ce qui est attendu. J'ai à cœur de vous préparer à maîtriser cet art de la communication authentique, faite de vérité avec soi et avec les autres, et mise au service de vos objectifs.

En tant que dirigeant, vous devez mesurer la portée de votre parole. Don Miguel Ruiz utilise le mot « magicien » pour parler de celui qui s'exprime. Du fait de votre position à la tête d'une entreprise, vos mots ont une portée non négligeable et vous êtes les responsables de ses effets sur les individus que vous gérez.

Vous êtes un magicien

La parole impeccable, c'est donc d'accepter de se regarder en face et de prendre la responsabilité de ses actions et de ses mots, sans se juger ni se critiquer. C'est accepter d'être pleinement et entièrement soi, en traduisant en mots et en actes les valeurs et la vision du monde qui vous portent en tant que dirigeant.

Or, il est difficile, au quotidien, d'être en congruence avec ses valeurs, et bien souvent les mots dépassent notre pensée et ne reflètent pas nos sentiments véritables. Observez-vous et observez ceux qui vous entourent : avez-vous remarqué à quel point les individus jugent, critiquent, se critiquent eux-mêmes, et envoient ainsi constamment des énergies négatives dont l'entourage subit les effets tout autant qu'eux-mêmes ? Quand vous prenez la responsabilité de lancer une parole ou de prononcer un discours, vous pouvez être un magicien ou être un sorcier. Soignez votre parole, car elle peut jeter un sort heureux ou malheureux à celle ou celui qui la reçoit. Observez l'intention derrière les mots. Avez-vous l'intention de rendre heureux votre interlocuteur, de l'encourager, de le motiver, de le faire avancer ? Derrière vos paroles, mesurez votre intention et ancrez vos paroles pour être en congruence et ne pas avoir de regrets.

Quelle est votre intention ?
Quelle énergie souhaitez-vous envoyer ?

Voilà une question clé que j'invite toujours mes clients à se poser avant une prise de parole : quelle est votre intention ? Que voulez-vous obtenir à l'issue de cette rencontre ?

Lorsque vous voyez une personne en critiquer une autre devant vous, imaginez, visualisez l'énergie négative qui sort de sa bouche et qui voyage jusqu'à la personne incriminée. Même si la personne auteure de la critique ne s'en rend pas compte sur le moment, et croit qu'elle pourra duper son monde et sortir triomphante de cette envolée verbale, l'énergie qu'elle renvoie est négative, et ce n'est pas non plus en falsifiant son propos de façon hypocrite qu'elle gagnera la confiance de son interlocuteur. C'est un leurre de croire qu'on peut duper son monde aussi facilement. Pourtant, tellement de personnes semblent convaincues qu'elles peuvent tromper leur monde en le manipulant par des paroles de complaisance et de flatterie, alors que tout leur corps exprime le contraire ! Les neurosciences nous révèlent que les neurones miroirs permettent à l'interlocuteur de capter intuitivement une dissonance entre ce qui est dit par la personne et ce qu'elle pense vraiment. Cela crée comme un malaise, une impression de faux. Pour peu que vous soyez à l'écoute de votre intuition, vous saurez vite décrypter cette dissonance cognitive.

Le pire, je crois, est de rester convaincu que la pensée négative et malsaine rapproche les personnes les unes des autres. D'une certaine façon, c'est vrai : vous allez vous sentir plus proche d'une personne qui aura tendance à critiquer comme vous. De la même manière, lorsque vous affichez une posture de victime, vous vous sentirez sur la même longueur d'onde avec une personne qui se plaint sans cesse. Mais c'est un rapprochement temporaire, malsain et illusoire. J'ai en tête un dirigeant qui avait pour habitude de juger et de rabaisser ses équipes en pensant ainsi les pousser à s'améliorer. Il faisait en sorte de s'entourer de managers comme lui, instaurant un climat de défiance dans l'entreprise. Conséquence de ce système pervers : dès qu'il embauchait quelqu'un d'un peu trop conciliant, son verdict était radical : avertissement et licenciement immédiat ! Le système pernicieux mis en place était fondé sur la peur de déplaire au dirigeant et d'être licencié. C'est un cercle vicieux qui peut fonctionner sur une courte durée, en faisant bien des dégâts psychologiques, et dont il est préférable de sortir au plus vite pour se libérer du système d'emprise mis en place inconsciemment. Dommage que ce genre de personnes refuse en général de se laisser coacher…

La communication est une arme à double tranchant

Imaginez le cercle vicieux qui se met en place dans un cerveau à partir d'une simple parole : votre collaborateur vous glisse l'idée que ce nouveau partenaire est peu fiable. Tel un virus qui s'introduit dans votre cerveau, l'idée va cheminer et vous mettre le doute. Si vous prenez cette pique pour argent comptant, la prochaine fois que vous allez parler avec votre partenaire, vous allez traduire ce doute et tout votre comportement va

transpirer cela. Pour éviter l'engrenage, posez toujours des questions factuelles à celui ou celle qui émet une critique :
Qu'est-ce qui vous fait penser cela ? À quoi cela se voit-il ? Avez-vous un exemple concret à donner pour illustrer ce propos ?

Entendez les réponses et jugez vous-même si elles tiennent la route ou si elles sont purement arbitraires. Vous éviterez de nuire à des relations qui auraient pu être épanouissantes sans l'introduction de ces paroles toxiques. À vous de choisir si vous souhaitez leur laisser un pouvoir ou non. Vous êtes autant responsable de propager la critique et de laisser s'immiscer le doute en vous que l'auteur de la critique lui-même. Doutez, questionnez, et faites-vous votre propre opinion avant de prendre une parole pour acquise. Et soignez votre propre parole en étant conscient du pouvoir qu'elle représente. En doutant, vous interrompez le cercle vicieux et vous arrêtez la propagation de la rumeur. En tant que dirigeant, vous baignez dans un monde où les critiques sont monnaie courante, et il en va de votre responsabilité de fixer les règles du jeu dans votre Codir. Vous éviterez, par effet systémique, la diffusion d'un mode de pensée négatif à l'échelle de tout le groupe.

En comprenant la portée de votre parole, vous maîtrisez ce que vous voulez faire passer comme énergie autour de vous. Être au pouvoir, c'est prendre la mesure de cette responsabilité et en être digne.

L'attitude des « petits chefs » va à l'encontre de la sagesse du grand dirigeant qui diffuse une énergie pour tous en inspirant et en donnant l'exemple. Le petit chef casse, détruit, critique et écrase ses collaborateurs, car il a tellement peu foi en lui-même qu'il ne peut pas avoir foi en la vie et en les hommes et les femmes qu'il a sous sa responsabilité. Ces petits chefs mènent les individus qui les subissent à des burn-out et à des dépressions, voire des suicides. Il est temps de dénoncer ces systèmes pervers et d'exclure ces personnes toxiques, ou, s'ils acceptent, de les accompagner pour changer et mettre en place un système plus vertueux. Je précise « s'ils acceptent », parce qu'on ne peut pas accompagner des personnes qui ne sont pas conscientes du problème qu'elles posent et qui n'ont aucune envie d'agir différemment ni de changer leur rapport aux autres. Certains coachings sont commandés par la direction pour inciter ces personnes toxiques à se remettre en cause, ou, sinon, à quitter l'entreprise. Ce qu'elles font souvent, dans la mesure où un coaching bouleverse, et il peut être insupportable pour l'individu qui prend conscience du système pervers qu'il a mis en place, de continuer à travailler dans le même environnement avec les mêmes personnes qu'il a maltraitées auparavant. Elles considèrent qu'il sera plus facile de repartir à zéro et de se racheter une conduite en redémarrant ailleurs. Si cela est souhaitable et profitable pour tout le monde, alors soit, le coaching aura été bénéfique pour faire avancer les équipes.

La parole est une énergie

La parole impeccable commence par soi-même. Si vous avez tendance à vous dire que vous n'êtes pas à la hauteur de la tâche qui vous attend, votre cerveau l'entend et renvoie une énergie négative qui s'inscrit dans votre système neuronal et dans tout votre corps. Imaginez que vous envoyiez un poison qui se diffuse dans tout votre corps. Le poison, ce sont vos mots et les pensées adressées à vous-même. Commencez donc par changer vos pensées et à rehausser votre estime de vous-même et vous transformerez pas à pas le poison en une poussière dorée bénéfique pour vous. J'aime utiliser cette métaphore dans les techniques de préparation mentale et de visualisation que je propose parfois à mes clients : imaginez que vos pensées négatives sont une fumée noire, et visualisez que cette fumée est remplacée par une poussière d'or qui se diffuse à l'intérieur de tout votre corps, de la tête aux pieds. Vous pouvez accompagner cette méditation par de grandes inspirations pour visualiser la fumée noire qui s'échappe de votre corps par la bouche à l'expiration, et la poussière dorée qui entre par la bouche et se répand dans chaque partie de votre corps à l'inspiration. Vos pensées positives vont donc amener à la parole impeccable et à une communication de grande qualité qui se doit aussi d'être non violente.

LE DÉFI DE LA PRISE DE PAROLE : CONSTRUIRE DES DISCOURS CONVAINCANTS ET SINCÈRES

Dans mon ouvrage *Coaching en Communication* : de l'art du pitch à la confiance en soi, j'ai eu à cœur d'aider les coachs professionnels qui accompagnent des leaders dans leur prise de parole. Je leur livre des techniques pour les aider à construire des discours convaincants et sincères. Dans ce nouveau livre, c'est à mes clients que je souhaitais d'abord m'adresser pour les guider dans leurs prises de parole.

Retenez d'abord ce conseil : un discours incarné et authentique commence toujours par le travail sur le fond. Il est très important d'écrire votre discours en amont, et de préférence à la main dans un premier temps. Une étude menée par Audrey Van der Meer, neuroscientifique à l'Université norvégienne des sciences et des technologies, montre que l'écriture à la main stimule le développement des connexions cérébrales et favorise l'apprentissage. Il n'est pas question de rejeter le numérique, mais de pouvoir jongler entre les deux. En écrivant d'abord votre discours à la main, vous allez l'implémenter dans votre cerveau, il vous sera donc plus simple de l'apprendre et de le déclamer devant un public. Vous pourrez le reprendre et l'enrichir ensuite à l'aide de votre ordinateur.

Mais avant de passer à l'écriture de votre pitch, mettez-vous à la place de votre interlocuteur. C'est la meilleure méthode pour comprendre et toucher votre public. Posez-vous ces quelques questions :

→ Quelles sont ses préoccupations au moment du discours ?
→ À quelles difficultés est-il confronté en ce moment ?
→ Pourquoi est-il venu écouter votre discours ?
→ Quels sont ses besoins ?
→ Qu'attend-il de vous ?
→ Qu'a-t-il envie d'entendre dans votre discours ?

Cet exercice est une véritable prise de conscience qui va vous amener à ne plus faire qu'un avec votre public. Il va aussi vous éviter de tomber dans le piège de l'ego et de ne parler que de vous et de vos solutions. Votre public va vous écouter si vous êtes capable de lui parler... de lui, et non de vous ! C'est ainsi que vous allez le captiver, c'est en lui parlant de ses préoccupations que vous pourrez susciter sincèrement l'empathie.

Lorsque vous aurez pris le temps de vous mettre dans la peau de votre public, vous pourrez revenir à votre position d'orateur et commencer l'écriture. À cette étape, je vous invite à vous poser encore quelques questions :

→ Maintenant que vous connaissez bien votre public, qu'avez-vous envie de dire ?
→ Maintenant que vous connaissez ses besoins, quels sont les premiers mots que vous souhaitez prononcer ?

À ce stade du travail, vous avez pu recueillir les informations précieuses qui vont constituer la matière première de votre pitch. Cependant, il est temps de mettre en musique cette matière pour la faire résonner dans l'esprit et le cœur de vos auditeurs.

Vous pouvez avoir les meilleures informations du monde, des études scientifiques pertinentes et un savoir inégalé, si vous ne savez pas en faire un récit passionnant et convaincant, votre discours n'aura aucun effet. Rien de pire qu'un auditoire qui s'ennuie profondément devant vous... C'est une expérience désagréable pour lui, mais surtout pour vous : vous allez perdre confiance, votre cerveau va engrammer cette mauvaise expérience et vous aurez toutes les peines du monde à reprendre la parole en public.

L'art du storytelling

Quel que soit le sujet, il est important de raconter une bonne histoire qui va parler de votre public et qui va susciter émotions et empathie. La meilleure des techniques pour y parvenir est le storytelling. Le storytelling, c'est l'art de manier les mots et les émotions pour raconter une histoire qui va captiver votre public tout en lui faisant passer un message. Largement reprise et utilisée par le milieu politique, commercial et managérial, cette technique sert à promouvoir un produit, une image de marque, une personne.

Les neurosciences nous apprennent que le fait de raconter une histoire mobilise toutes les aires du cerveau, et plus particulièrement la zone des émotions qui se trouve dans le cortex cérébral. Une présentation basique sur PowerPoint ne sollicitera que la zone du langage, et vous risquez de plonger votre public dans un ennui abyssal. En revanche, plus les émotions sont intenses, plus le cerveau les conserve en mémoire.
Une étude réalisée au Canada en 2018 par un groupe d'entreprises a montré l'impact du storytelling sur un auditoire :

→ L'attention des individus est plus mobilisée au travers d'une histoire : entre 65 et 70 % d'une histoire est retenue, contre 5 à 10 % lors d'une transmission classique.
→ 65 % de la communication orale chez les humains se fait en racontant des histoires.

À votre avis, comment des millions de personnes à travers le monde, venues d'horizons différents, peuvent-elles attendre des journées entières devant les magasins pour acheter un nouvel iPhone qui coûte une fortune ? Grâce au storytelling mis en place par Steve Jobs lui-même ! Il a su déchaîner les passions autour de sa marque en donnant vie à son produit sous la forme d'une histoire. Parce qu'au fond, il ne s'agit là que d'un... téléphone ! Et pourtant, après avoir lu la biographie hors du commun de Steve Jobs, la première chose que j'avais envie de faire après avoir tourné la dernière page, c'était bel et bien de m'acheter un iPhone ! Et c'est exactement dans cet état d'esprit que vous devez laisser votre public à la fin de votre discours.

Le « Voyage du Héros », ou comment raconter votre histoire

Dans son livre *Le héros aux mille visages*, le mythologue et écrivain Joseph Campbell a su démontrer que tous les mythes, toutes les histoires et autres légendes les plus célèbres du monde sont pourvus de la même structure narrative :

- → Le héros évolue dans un monde ordinaire où il est appelé par l'aventure ;
- → Puis vient le temps des épreuves et des difficultés ;
- → Le héros sort vainqueur des épreuves grâce à un mentor et en revient grandi ;
- → Retour du héros dans son monde ordinaire ;
- → Changement du monde ordinaire grâce aux enseignements acquis durant sa quête.

Christophe Vogler, écrivain et analyste de scénarios pour les studios d'Hollywood, s'est largement inspiré des travaux de Joseph Campbell, mais aussi de ceux réalisés en psychologie par Carl G. Jung pour écrire son *Le guide du scénariste.*

> « *L'individuation exprime le processus biologique, tantôt simple, tantôt complexe, par lequel toute créature vivante devient ce qu'elle est d'emblée destinée à devenir* ».
>
> Carl G. Jung

Cette vision du célèbre psychiatre et penseur influent du XXe siècle s'apparente tout à fait au voyage du héros : c'est le voyage d'un individu en quête de la réalisation de soi.
Dans son livre *Le guide du scénariste*, Christopher Vogler nous livre la véritable raison qui fait que le *Voyage du Héros* résonne tellement en chacun de nous. Au-delà d'une méthode narrative, c'est surtout « un ensemble de préceptes de vie », une sorte de modèle universel ancré dans la conscience humaine.

Notre vie durant, ne sommes-nous pas appelés par l'aventure et la quête de soi ? Ne devons-nous pas affronter les épreuves et les difficultés pour grandir ? Ne sommes-nous pas tous les héros de notre propre histoire ? En y regardant de plus près, toutes les grandes productions hollywoodiennes – les plus marquantes – sont basées sur le *Voyage du Héros* : Star Wars, E.T, Le Seigneur des Anneaux, Harry Potter, etc. Du jeune Jedi fermier sur la planète Tatooine au petit sorcier orphelin dormant sous l'escalier, ils sont tous sortis de leur monde ordinaire pour vivre l'extraordinaire et ont conquis le monde entier.

À la lumière de toutes ces informations, vous savez maintenant pourquoi vous aurez tout à gagner à appliquer le *Voyage du Héros* dans vos discours. J'ai pu expérimenter cette méthode dans le monde de l'entreprise, et l'adapter pour en faire une méthode de construction des discours des dirigeants que j'accompagne. Même si nous ne sommes pas à Hollywood, je constate que la méthode se prête aux exigences du monde de l'entreprise, pour peu qu'on l'adapte en tenant compte du contexte. Lorsque j'aide un client à préparer son discours, nous l'écrivons à deux mains, en nous appuyant sur le voyage du héros et en prenant soin d'y ajouter d'autres techniques indispensables à une communication réussie. Lorsque je guide mes clients dans la rédaction de leurs discours stratégiques, je veille à respecter leurs valeurs et à intégrer leur vision pour parvenir à une communication authentique qui leur ressemble. Je suis un guide à leurs côtés, qui les aide à mettre en lumière et en mots leur vision et leur intention.

Le héros de l'histoire est l'auditoire

En appliquant cette méthode du « *Voyage du Héros* », vous mettez toutes les chances de votre côté de captiver votre auditoire. Cependant, vous allez devoir adapter cette méthode et surtout ne pas vous tromper de héros.

Le héros de l'histoire ce n'est pas vous, c'est votre public. En tant qu'orateur, vous êtes le mentor qui guide le héros vers la réussite. Votre histoire va donc comporter trois parties :

1. Un héros sympathique (le public) est appelé à régler un problème.
2. Il rencontre des obstacles qui menacent sa sécurité et celle de sa communauté (son équipe/son entreprise).
3. Il émerge et se transforme, grâce à l'aide du guide (l'orateur).

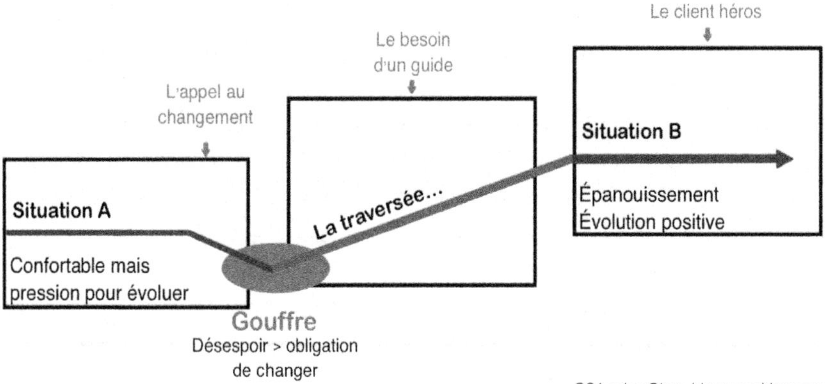

Technique de storytelling : le voyage du héros

Avant de rédiger votre pitch, et afin de susciter des émotions chez votre public, posez-vous ces quelques questions :

→ Qu'est-ce qui vous passionne ?
→ Qu'est-ce qui fait sens pour vous ?
→ Comment faire le lien entre cette passion et le sujet de votre pitch ?
→ Pouvez-vous intégrer cette passion dans votre métier ?
→ Avez-vous une anecdote à raconter en lien avec votre discours ?
→ Apportez-vous des éléments nouveaux qui vont susciter l'intérêt de votre public ? Lesquels ?
→ Comment pourriez-vous créer la surprise ou l'étonnement ?

Utilisez aussi des métaphores, des citations ou des vidéos amusantes pour illustrer vos propos et susciter l'engagement de votre public. En revanche, je vous conseille de manier l'humour avec habileté : en n'étant pas un humoriste aguerri, vous pouvez vite faire... un flop...
Soyez authentique et visualisez votre intervention comme une quête, à l'image du *Voyage du Héros,* et vous ferez chavirer les cœurs.

Voici quelques discours inspirants qui reflètent le *Voyage du Héros* et que vous pouvez retrouver sur internet :
→ Discours de Steve Jobs à Stanford en 2005[5]
→ Discours de J.K Rowling Harvard en 2008[6]
→ Discours d'Oprah Winfrey, cérémonie des Golden Globes en 2018.[7]

Travaillez votre posture orale

Votre posture, lors de votre discours, communique de nombreuses informations quant à votre état d'esprit et peut aussi contribuer à faire passer un message fort. Votre posture et le contenu de votre discours doivent être alignés.

Imaginez que vous souhaitiez parler à vos équipes pour les rassurer sur l'avenir de l'entreprise et susciter la confiance. Si vous avez des mots positifs, mais que tout votre langage non verbal est négatif : vous ne souriez pas, vous avez des gestes fermés et étriqués, vous avez le regard fuyant, etc., vos équipes vont vite s'apercevoir qu'il y a quelque chose qui cloche, elles ne vous feront pas confiance et seront en proie à la démotivation.

Dans la *Harvard Business Review*, Kasia Wesowski, coach et fondatrice du Center Body of Language, livre un article très intéressant sur une étude qu'elle a menée lors d'un concours de pitch de start-up. Avec ses

[5] Discours de Steve Jobs www.youtube.com/watch?v=PL93J3ojc3M
[6] Discours de JK Rowling www.youtube.com/watch?v=wHGqp8lz36c
[7] Discours de Oprah Winfrey www.youtube.com/watch?v=F9W3JSto8VE

collègues, elle a pu évaluer les participants selon des signes positifs : sourire, contact visuel franc, gestuelle persuasive, et des signes négatifs : crispation des mains, agitation, regard fuyant...

Il s'est avéré que les huit premiers gagnants faisaient partie de ceux qui avaient le plus manifesté un langage non verbal positif. Kasia Wesowski et son équipe ont également trouvé des similitudes en politique lors d'une étude menée en 2012 pendant la campagne américaine : 1000 participants démocrates et républicains ont regardé des clips vidéo des campagnes de Barack Obama et de Mitt Romney. Cette étude a montré que Barack Obama suscitait plus d'émotions fortes et moins de réactions négatives que son concurrent. En analysant le langage corporel de Barack Obama, il s'est avéré qu'il ressemblait à celui des gagnants de notre concours de pitch : postures ouvertes, positives et assurées, en harmonie avec son discours. Mitt Romney, lui, avait un langage corporel négatif, avec des expressions faciales et des mouvements contradictoires et gênés.

En étudiant les discours de leaders accomplis dans leur domaine, le *Center Body for Language* a pu identifier six postures qui incarnent un langage corporel efficace et convaincant :

→ **La boîte :** contenir ses mouvements de mains comme dans une boîte, à hauteur de torse. Vous inspirerez confiance et fiabilité.
→ **Tenir le ballon :** bouger comme si vous aviez un ballon de basket entre les mains. Les faits sont à portée de main, vous êtes confiant et vous avez le contrôle de la situation.
→ **Les mains en pyramide :** un leader sûr de lui laisse ses mains tranquilles en les joignant en une pyramide souple. Vous êtes calme et détendu.
→ **Les pieds écartés dans l'alignement des épaules :** cette posture est stable et solide. Cela indique que vous avez le sentiment de maîtriser la situation.
→ **Les paumes vers le ciel :** c'est une posture d'ouverture et d'honnêteté. Cela indique que vous souhaitez sincèrement entrer en contact avec votre public.

→ **Les paumes vers le sol :** cette posture inverse est aussi positive, car elle montre votre autorité et votre assertivité. Elle est aussi utilisée pour apaiser le public après des émotions intenses.

Nul besoin d'être un grand orateur rompu à l'exercice pour toucher les cœurs. Soyez authentique, passionnant et aligné et vous obtiendrez toute l'attention du monde.

Communiquez votre « why »

Simon Sinek s'est rendu célèbre par sa vidéo Tedx (*How great leaders inspire*) en 2009, puis par son livre *Start with Why*. Le chercheur et orateur a marqué par son concept de leadership, plaçant la question du « pourquoi » au centre du business d'une entreprise. J'ai découvert cette vidéo en 2009, à sa sortie. J'étais déjà dirigeante de mon agence de communication et j'accompagnais les entreprises dans l'élaboration de leur storytelling de marque. Cette vidéo de Simon Sinek fut pour moi une révélation. Je me souviens l'avoir partagée à beaucoup de monde, avec l'enthousiasme d'une gamine qui découvre un nouveau jouet fabuleux ! J'étais consciente que ce concept allait capter une large audience et recharger les cartouches d'encre sur le management.

Voici, en résumé, le concept du « why » de Simon Sinek :

Pour inspirer, vous ne devez pas seulement vendre un produit, mais communiquer en allant chercher la raison profonde pour laquelle vous faites ce produit : qu'est-ce qui vous pousse à le vendre ? À quoi croyez-vous quand vous argumentez auprès des clients ? Au fond, quelle est votre motivation à faire tout ça ? Qu'allez-vous changer dans votre vie et dans la vie de vos clients ? Mieux : pourquoi vous levez-vous le matin ? Et en quoi cela peut-il être utile ou avoir du sens pour vos clients ? Qu'allez-vous changer dans leur vie ?

L'auteur prend l'exemple de Steve Jobs, avec Apple. Si Steve Jobs avait communiqué de manière basique en vantant les mérites de ses ordinateurs, cela aurait donné ça :
« Nous fabriquons des ordinateurs géniaux. Ils sont magnifiquement conçus, simples à utiliser et conviviaux. Voulez-vous en acheter un ? ».

Est-ce que cet argument vous a convaincu ? Non !
Pour convaincre, vous allez devoir repenser votre phrase en intégrant la question « pourquoi ».

Voici ce que cela donne avec Apple :

« Dans tout ce que nous faisons, nous croyons au fait de sortir des sentiers battus. Nous croyons qu'on peut penser différemment. Nous remettons en cause le statu quo via des produits merveilleusement bien conçus, simples à utiliser et conviviaux. Voulez-vous en acheter un ? ».
Voilà comment Apple a réussi à créer toute une communauté de fans réunis autour des mêmes valeurs et du même « why », qu'on appelle aujourd'hui « raison d'être ».

Comment allez-vous décliner votre WHY ? Prenez le temps d'y réfléchir et d'écrire la phrase qui reflète votre raison d'être. Elle est au cœur de vous-même. Elle reflète votre objectif, la cause que vous défendez depuis toujours, votre conviction profonde et votre vision des êtres humains et de la vie. Elle n'a rien à voir avec vos produits eux-mêmes. C'est là tout le propos du concept du « why » de Simon Sinek : les gens n'achètent pas CE que vous faites, ils achètent ce POURQUOI vous le faites.

Nous sommes attirés par les dirigeants capables de communiquer ce qu'ils croient et ce qui les motive profondément.
→ Qu'est-ce qui vous motive profondément dans la vie ?
→ Quelle est votre raison de vivre ?

→ Comment allez-vous porter cette raison d'être au cœur de la raison d'être de votre entreprise et dans vos discours ?

C'est un travail passionnant pour la coach et l'experte en communication que je suis, que de construire avec vous des discours qui inspirent, en allant chercher ce qui est à l'intérieur de vous-même.

Avant de construire une prise de parole, quels que soient le contexte et le public à qui elle va s'adresser, je pose toujours au client que j'accompagne ces questions clés :

1. À qui allez-vous adresser ce discours ?
2. Pourquoi allez-vous faire ce discours ? Quelle est votre intention ?
3. Quel message voulez-vous porter dans ce discours ?
4. En quoi ce message reflète-t-il votre vision ? (En quoi est-ce important pour vous ?)

Vous connaissez maintenant les questions importantes à vous poser pour construire un pitch, et comment construire un pitch. Vous êtes désormais sensibilisé à la communication non verbale et au langage à adopter pour transmettre votre message. Il existe un autre type de langage pour communiquer, tout aussi essentiel : celui du corps.

ÉCOUTER LE LANGAGE DU CORPS *(EMBODIMENT)*

Dans la vie quotidienne, nous utilisons tous la communication non verbale. Nos gestes et nos expressions révèlent aux autres ce que nous ressentons. Le langage corporel fait partie intégrante du fait d'être vivant. Vos gestes peuvent en dire bien plus que vos mots. Il vous arrive même de joindre le geste à la parole, alors même que vous êtes au téléphone et que votre interlocuteur ne vous entend pas. Nos corps communiquent en permanence. Vous n'avez nul besoin d'une brillante présentation PowerPoint, ni d'un projecteur et d'une scène pour vous faire entendre. Vous pouvez montrer ce que vous ressentez vraiment à tout moment et partout où vous vous trouvez. Les émotions sont étroitement liées à certains gestes et expressions corporelles, et inversement. Ces correspondances sont inscrites en nous. Le corps ne ment pas. Le leadership authentique consiste à mettre en cohérence les expressions corporelles et le ressenti réel de la personne. Vous pouvez croire qu'il est possible de manipuler votre entourage, mais l'entourage ne s'y trompe pas. À moins d'être un acteur de théâtre exceptionnel – et ils sont rares –, la plupart des leaders qui ont délibérément menti ont été trahis par leur langage corporel. Songez à Bill Clinton affirmant, face à la caméra, haut et fort : « I did not have sexual relations with that woman, Miss Lewinski ». Regardez la vidéo et observez comment sa main assène cette phrase comme une vérité, pointant son index droit devant pour marteler son affirmation et tenter de convaincre.

Comprendre la communication non verbale est devenu un outil précieux pour les recruteurs, les managers, les politiques et le système judiciaire, mais aussi pour le personnel chargé de la sécurité dans les zones accueillant du public comme les gares, les aéroports ou les lieux d'événements majeurs. Le monde du marketing s'est emparé de cet outil pour affiner la relation client et s'adapter aux attentes et aux réactions du spectateur face à une publicité par exemple. Nos expressions faciales sont connectées à notre cerveau. Plusieurs équipes de chercheurs, notamment au Canada, analysent ces données et affinent notre connaissance de la communication non verbale. Nos visages manifestent la peur, la colère, la surprise ou la joie de façon automatique et non contrôlée. Dans l'expression de peur, par exemple, vous écarquillez les yeux comme pour élargir votre champ de vision (de là vient l'expression : je n'en crois pas mes yeux !). Si vous êtes en colère, vous froncez les sourcils en les abaissant de façon automatique, comme pour réduire votre champ de vision et mieux viser votre cible. Vos expressions corporelles expriment vos réels besoins et sont difficiles à cacher. Parmi ces gestes qui nous trahissent, le plus évident est celui de la position des pieds. Imaginez : vous croisez un collaborateur qui vous dit bonjour et vous sourit. Spontanément vous lui souriez en retour et vous lui dites bonjour. Mais si vous n'appréciez pas vraiment cette personne, vos pieds auront tendance à dévier de leur trajectoire comme pour éviter de se trouver dans le champ de cette personne. Les pieds ne se plient pas aux conventions sociales ! La direction de vos pieds, ou de l'un des deux pieds, indique la direction que vous souhaitez vraiment prendre. Observez ce langage du corps et soyez attentifs à ces détails pour affiner votre perception.

Lorsque je rencontre un client pour la première fois, je l'observe dans son entier : son langage verbal, mais aussi sa façon de bouger, d'utiliser ses mains, ses pieds et sa tête. C'est tout son corps qui me parle et me renseigne sur ce qu'il est et souhaite vraiment. Plus tard, lorsque nous commençons à travailler ensemble, je lui transmets ces connaissances pour lui apprendre à observer les autres et décrypter leur langage corporel. C'est une compétence clé dans l'art de la communication et du leadership. Elle est très utile pour apprendre à repérer les personnalités toxiques qui se complaisent dans le faux-self, le mensonge et la manipulation. On appelle cela « la calibration » : calibrer quelqu'un, c'est apprendre à décoder les messages cachés derrière ses gestes. Au début, la calibration se fait de manière très méthodique, puis avec l'expérience, elle devient automatique. Prenez les personnalités politiques par exemple : celui ou celle qui vous ment trahit inconsciemment par ses gestes ses véritables intentions. Le spectateur n'est pas dupe, et il n'est pas rare qu'il proclame : « Je ne peux pas le sentir, il ment comme il respire ». Pour être authentique, il faut être soi. Donald Trump est un excellent communicant. Qu'on aime ou non ses opinions, ses gestes sont en accord avec ses idées, et c'est précisément ce qui fait de lui un leader qui a réussi à remporter l'élection américaine. La fausseté tellement utilisée par nos leaders politiques n'apparaît pas chez Trump. Ses positions sont radicales, mais il ne ment pas. D'un point de vue électoral, il marque des points par rapport au politicien lisse qui va chercher à manipuler et à faire le pitch parfaitement hypocrite pour embarquer le plus de monde possible. Notre instinct nous aide à interpréter le langage corporel depuis des temps immémoriaux. Ce décryptage est lié à un instinct de survie qui nous pousse à fuir un danger en exprimant la peur, à refuser d'ingérer un aliment en exprimant le dégoût, ou encore à rallier les autres en affichant un visage enjoué et souriant. Lorsqu'une pensée arrive dans votre esprit, le cerveau interprète cette pensée en provoquant une réaction du corps immédiate, à commencer par vos mains. Quand vous commencez à parler, vos mains se mettent en mouvement automatiquement. Il n'y a pas que les Italiens qui parlent avec les mains… tout le monde le fait inconsciemment, de façon plus ou moins prononcée. Ces mouvements des mains vous aident à organiser votre pensée pour produire une communication verbale, raison pour laquelle vous utilisez aussi vos mains quand vous parlez au téléphone avec quelqu'un. Ensuite, vos gestes accompagnent votre dialogue et ponctuent vos communications en traduisant l'émotion associée au verbe.

Le visage, miroir des émotions

Les chercheurs ont identifié sept expressions reconnues universellement et associées à des émotions : la peur, la joie, la colère, la surprise, le mépris, le dégoût et la tristesse. Autant d'expressions du visage qui sont innées et utilisées de façon identique partout dans le monde. Beaucoup de personnes cherchent à dissimuler leurs émotions pour être polies ou pour cacher quelque chose à quelqu'un. Les experts en langage corporel parviennent à détecter les tromperies assez facilement. Le langage du corps indique, par exemple, si une personne est à l'aise et en confiance, ou mal à l'aise et en difficulté dans une situation donnée. En situation de stress, par exemple, vous pouvez remarquer une personne en train de remonter ses chaussettes, frotter ses mains l'une contre l'autre, tordre ses doigts ou creuser ses joues pour former des trous au niveau des mâchoires comme pour marquer la pression ressentie de l'intérieur. Une personne dans une position inconfortable va froncer les sourcils, se mordre la lèvre, faire bouger sa mâchoire ou frotter ses mains sur ses cuisses par exemple, ou encore balayer sa chevelure vers l'arrière ou réajuster son col. Autant de gestes qui traduisent un inconfort visible de la personne.

Le fait est que la plupart des gens sont incapables de déceler un mensonge. Quelqu'un qui regarde en haut à droite, ou dont le regard est fuyant, ou qui se touche le nez, n'est pas forcément un menteur. Ces interprétations hâtives sont un mythe, tout comme le raccourci qui consiste à penser que quelqu'un de nerveux qui s'agite sur sa chaise est forcément quelqu'un qui ment et cherche à vous duper. Certains sont très doués dans l'art du mensonge et parviennent facilement à vous tromper.

La posture est un langage

Il n'y a pas que le visage qui traduit votre pensée et vos émotions. La façon de vous déplacer est également révélatrice. J'aime observer l'allure et la démarche des personnes qui passent à côté de moi lorsque je suis dans un open-space. Je finis par reconnaître assez bien leur pas, il peut être lourd, léger, joyeux ou inquiet. Notre démarche peut révéler beaucoup de choses : notre intention, notre forme physique et notre état d'esprit. Amusez-vous à reconnaître un pas lourd et marqué, exprimant la tristesse ou l'inquiétude, d'un pas léger et sautillant exprimant la joie. Sans même le regarder, entendre le pas d'un collaborateur qui passe à côté de vous vous suffit à détecter son état d'esprit. Lorsque vous avancez le corps droit, en balançant vos bras au rythme de vos pas, avec de grandes enjambées, vous traduisez une confiance en vous et un élan positif.

J'ai toujours été fascinée par la quantité d'informations véhiculées par le mouvement et les gestes d'une personne. Observer devient un jeu très intéressant, qui en dit long, avant même d'engager la conversation. C'est une source inépuisable d'informations pour un responsable RH ou un manager en train de faire passer des entretiens d'embauche ou des entretiens individuels de fin d'année par exemple.

L'une des conférences TED les plus regardées de tous les temps est celle d'Amy Cuddy, psychologue sociale américaine, et professeur à la Harvard Business School, avec trente-six millions de vues. Son travail sur les postures du pouvoir est tout à fait intéressant, par rapport à notre sujet sur le leadership authentique. D'après la chercheuse, la façon dont nous nous tenons peut augmenter l'estime de soi et le sentiment de puissance. Autant vous dire que ses enseignements précieux ont été largement intégrés à ma méthode de coaching pour les dirigeants sur le leadership et la communication. Votre corps mène une véritable conversation avec votre esprit. Changez votre posture, et vous changerez votre état d'esprit et le regard des autres. Soyez ce que vous voulez être. Par exemple, lorsque vous adoptez une posture droite, épaules dressées en arrière, regard droit et visage souriant, vous adressez comme message à votre cerveau : je suis fort, je suis doué, je suis un winner. À l'inverse, lorsque votre posture est basse, épaules rentrées, votre cerveau intègre la pensée contraire : je suis triste, je suis faible, je ne suis pas à l'aise. Ce que la chercheuse Amy Cuddy a noté, c'est que votre posture change votre état d'esprit, et le fait, par exemple, de marcher d'un bon pas, le torse droit et les bras se balançant de chaque côté provoque de la joie. Vous êtes heureux, vous ressentez de la joie et une belle énergie, sans même savoir pourquoi. Je l'expérimente chaque jour en marchant dans la forêt. Je marche à un bon rythme et je note qu'au bout de vingt minutes à peu près, je développe une énergie plus grande et une joie de vivre, mes pensées fusent et mon envie d'avancer est renforcée. Ma posture influe sur mon état d'esprit !

On peut donc commencer par contrôler sa posture pour ressentir des émotions positives. Le travail sur le corps, associé au leadership, s'appelle le ***leadership embodiment***. C'est une spécialité que j'ai souhaité développer en m'inspirant des enseignements de Wendy Palmer, maître d'aïkido.

Le *leadership embodiment* a pour but d'améliorer son leadership en se connaissant mieux, mais surtout en travaillant sur son corps. Le corps est le miroir du mental. C'est par le corps que se traduisent les pensées. Mais le mental peut aussi être influencé par le corps : ils sont interdépendants.

Wendy Palmer a développé, avec le *leadership embodiment*, une approche somatique de l'accompagnement afin d'aider les personnes à devenir des leaders charismatiques toujours centrés sur l'humain. Ceinture noire et 6ème dan d'aïkido, Wendy Palmer a su adapter cet art martial ancestral au monde de l'entreprise pour travailler sur le corps et cultiver un leadership plus incarné. Elle s'inspire également de l'attention consciente issue de la méditation de pleine conscience. Cette pratique est efficace, car elle utilise à la fois l'intelligence de l'esprit, mais aussi celle du corps. En identifiant vos comportements et vos réactions limitantes, vous pourrez retrouver une posture et un état d'esprit qui vous donneront accès à votre plein potentiel.

Cette spécialisation sur le *leadership embodiment* m'a permis d'accompagner mes clients encore plus loin en travaillant sur le corps dans la communication. Je trouve fascinant de comprendre qu'avant même de changer son état d'esprit, on peut modifier sa posture corporelle et en ressentir des bienfaits psychologiques immédiats. Le pouvoir du corps et le pouvoir de la pensée forment un duo extraordinaire pour devenir un leader authentique et puissant.

Le travail sur la posture peut vous transformer

Lorsqu'on travaille le corps et l'esprit dans un coaching, on assiste souvent à une transformation de la personne. C'est ainsi que j'ai pu voir une personne timide et réservée se transformer en animateur vedette d'un podcast d'entreprise. À force de travailler sur sa posture, son langage, sa voix et sa gestuelle, la personne a gagné en confiance et s'est mise à apprécier le son de sa voix et à découvrir ses talents cachés de communicante. Cette transformation n'est pas passée inaperçue dans l'entreprise : certains avaient l'impression de redécouvrir une nouvelle personne en écoutant cette voix assurée et chantante qu'ils ne lui connaissaient pas.

Le langage corporel exprime votre état d'esprit et qui vous souhaitez être. À vous de le dominer pour devenir réellement celui ou celle que vous avez toujours rêvé de devenir. Corps et esprit sont liés. Nous sommes ce que nous pensons. Nos pensées et notre corps traduisent en symbiose notre réalité. Autrement dit, vous avez le pouvoir de changer les choses si la façon dont vous agissez ne vous convient pas. Les applications dans le domaine du *leadership embodiment* sont prometteuses, les recherches et expérimentations n'en sont qu'au début.

PRATIQUEZ LA COMMUNICATION NON VIOLENTE (CNV)

La CNV, ou Communication Non Violente, est une méthode de communication utilisée pour faciliter les relations entre les êtres humains. Elle engage et permet de développer des qualités telles que l'empathie, la compassion et le respect de soi et des autres. Elle permet d'obtenir des relations plus apaisées avec ses interlocuteurs dans n'importe quelle situation.

En tant que coach de dirigeants, je l'utilise pour aider mes clients à résoudre certains conflits entre deux personnes ou au sein de groupes de collaborateurs.

Sa pratique suppose un travail sur soi : l'usage de la non-violence dans les mots commence par un plus grand respect de soi et une compréhension de vos besoins profonds.

Nous avons là une technique de communication bienveillante qui repose sur plusieurs règles :

Étape 1 : exprimez votre ressenti, avec le plus d'objectivité possible :
Je ressens... /je suis... (tristesse, peur, joie, honte, colère...)

Étape 2 : exprimez votre besoin :
J'ai besoin de.../que tu...

Étape 3 : formulez votre demande à l'autre personne :
Pourrais-tu... /Est-il possible pour toi de.../Que dis-tu de... ?

Vous êtes parti de vous et de votre ressenti sans accuser l'autre. Vous lui exprimez votre besoin en lui adressant une demande sous la forme d'une question, voire d'une suggestion.

Les principes de la Communication Non Violente

Marshall Rosenberg, psychologue américain, est le créateur de la **C**ommunication **N**on **V**iolente. L'objectif de cette méthode est de communiquer avec les autres et avec soi sans violence. Elle permet de maintenir et d'améliorer nos relations dans tous les domaines de notre vie : le couple, la famille, le travail, les amis, la personne devant nous dans une file d'attente, etc.

Cette méthode repose sur quatre grands principes fondamentaux (OSBD) :

Observez la situation

Prenez le temps de la réflexion avant de réagir. Ne soyez pas dans le jugement et faites preuve d'empathie. Ne perdez pas de vue que c'est la situation qui vous irrite, pas l'autre. Exemple : vous rentrez tard du travail, votre conjoint n'a pas préparé le dîner. C'est une simple observation sans jugement.

Identifiez vos émotions

Prenez le temps d'identifier les émotions qui vous assaillent à la suite de cette situation irritante pour vous. Ne réagissez pas encore tout de suite. Exemple : j'ai vraiment le sentiment que mon conjoint ne me considère pas en ne me préparant pas à dîner lorsque je rentre tard du travail.
Ne refoulez pas vos émotions, au risque de les accumuler et de finir par exploser.

Identifiez vos besoins

Prenez le temps d'identifier vos besoins en effectuant un travail d'introspection. Ce n'est pas l'étape la plus simple, tant nous pouvons avoir tendance à accuser l'autre. Mais notre énervement vient du fait que l'autre n'a pas répondu à notre besoin. Exemple : j'ai besoin de considération et de respect de la part de mon conjoint en trouvant mon repas prêt quand je rentre du travail tard.

Formulez une demande claire

Vous avez identifié vos besoins, il est maintenant temps de les formuler. À vous d'exprimer clairement votre demande avec bienveillance et compassion. Votre requête doit induire des actions concrètes. Exemple : j'aimerais que tu prépares mon dîner quand je rentre tard du travail, je me sentirais considérée et accueillie.

J'utilise ici un exemple concret du quotidien, qui est assez emblématique en termes de communication non violente, mais le principe reste le même au sein de l'entreprise et des équipes. C'est une gymnastique au quotidien, de pratiquer la CNV jusqu'à ce qu'elle devienne un réflexe chez vous. Plus vous l'appliquerez régulièrement, plus elle prendra place naturellement dans votre communication.

Vous atteignez alors un état de compassion qui vous permet de mieux gérer n'importe quelle situation émotionnelle ou de stress. En cas de crise, la CNV permet d'ajuster votre communication de dirigeant pour résoudre certains conflits.

L'idée est de permettre à chaque partie de sortir grandie du conflit de départ en autorisant chacun à exprimer son besoin dans un esprit de cocréation et de collaboration. C'est le principe du *Win Win* : gagnant-gagnant. Il suppose que vous l'appliquiez sans faux semblants, en étant honnête, sincère, authentique, dans un esprit bienveillant.

Que vous soyez chef ne change rien ! Au contraire, la CNV vous permet, en tant que leader, d'exprimer avec précision et respect chacune de vos demandes, sans que l'autre se sente blessé dans son ego. La CNV n'empêche pas la fermeté, mais elle évite la bêtise et le débordement émotionnel qui génèrent souvent des situations que l'on regrette ensuite.

Si vos collaborateurs ne partagent pas cette vision, montrez l'exemple en étant ferme et bienveillant dans votre façon de vous exprimer avec eux. Ils comprendront et seront tentés de répondre de la même façon, par l'effet miroir qui s'opère quand deux cerveaux se connectent l'un à l'autre. C'est vous qui donnez le ton en choisissant volontairement de sortir du conflit par le haut, et en créant un terrain de discussion plus harmonieux et tout aussi, sinon plus, efficace.

Qui ne souhaite pas éviter les conflits et communiquer avec plus de calme tout en restant ferme ? Qui ne souhaite pas être capable de contrôler ses émotions ? Bien peu de personnes ! La plupart des dirigeants que j'ai connus expriment ce souhait d'arriver à trouver le juste milieu dans leur communication, en cas de désaccord, et ils se montrent souvent très intéressés par la communication non violente. C'est une source d'apaisement pour eux avant tout, et pour les autres par ricochet.

La CNV permet aux dirigeants de garder la tête froide tout en se connectant à leurs émotions. Hors de question de chasser toute émotion et de faire comme si tout allait bien, quand tout va mal à l'intérieur. Hors de question de sortir sa colère avec agressivité et de partir en claquant la porte. Vous méritez mieux comme comportement, non ? Vous êtes capable de mieux. Et la bonne nouvelle, c'est qu'un peu de pratique peut vous permettre d'y arriver. Comme toute chose, cela s'apprend et se travaille.

Je donne souvent à mes clients cette astuce au moment où ils naviguent en eau trouble avec de fortes tensions. Posez-vous cette question en silence avant de sortir la moindre réponse :

→ « Qu'est-ce que je veux obtenir, là, maintenant ? »
→ « Qu'est-ce qui est vraiment important pour moi en cet instant ? »

La plupart du temps, cela permet de prendre une certaine distance immédiatement, et de poser les choses pour revenir à l'essentiel. Sortir en claquant la porte ne vous emmènera vers aucune piste favorable. En revanche, vous pouvez avoir besoin de prendre du recul et de sortir de la pièce pour réfléchir quelques minutes, ou plus, avant de donner une réponse à l'interlocuteur qui vient de vous énerver profondément.

→ Qu'est-ce qui est vraiment important pour vous ?
→ Que voulez-vous vraiment ?

Il n'y a pas que les dirigeants qui se servent de la CNV : elle est utile dans les relations parents/enfants à bien des égards, par exemple. Vous êtes peut-être un dirigeant, mais aussi peut-être un papa ou une maman.

Pour le dirigeant, identifier ses besoins et ceux de ses équipes permet de relier la noble cause portée par l'entreprise et les aspirations personnelles de son dirigeant et de ses salariés. Lorsque le dirigeant se préoccupe de mieux se connaître et d'identifier ses propres besoins, il peut mieux adapter son fonctionnement et définir ses limites. « J'ai besoin de » revient aussi à dire « c'est important pour moi que... » et donc à s'exprimer en partant de soi pour formuler ses attentes aux autres. Vous direz par exemple : « J'ai besoin que ce dossier soit finalisé avant demain soir » pour informer votre collaborateur que vous attendez de lui que sa tâche soit terminée en un temps bien défini. En ajoutant la question : « Est-ce que tu me confirmes que tu pourras me rendre ce dossier dans les temps ? », vous allez jusqu'au bout de la communication (non violente) en vous adressant à l'autre et en tenant compte de ses propres besoins et de ses contraintes. Vous sécurisez également votre propre besoin en vous assurant que votre dossier sera bien bouclé à l'heure, ce qui vous enlèvera un certain stress d'ici là.

Dans bien des cas, ce n'est pas comme cela que cela se passe, mais plutôt : « On est en retard sur ce dossier, il faut vraiment que tu accélères sinon on va droit dans le mur ». Énervement, flot émotionnel, manque de précision dans l'expression du besoin, pression mise sur l'autre...

→ Quel modèle préférez-vous ?

Prenez le temps de tester les deux et voyez ce qui fonctionne le mieux. Vous serez surpris de l'efficacité de la communication non violente et de la faculté des personnes à se démener pour vous quand vous leur exprimerez avec courtoisie et respect une demande précise.

SAVOIR PRÉSENTER DES EXCUSES SINCÈRES

Imaginons que, lors d'une dispute, votre conjoint ait prononcé des paroles très blessantes à votre égard. Vous êtes profondément meurtri et vous espérez à juste titre des excuses de sa part. Ce qu'il fait, le sourire aux lèvres, satisfait de lui... Il est évident que ce type d'excuse ne va pas vous convaincre, voire vous blesser encore plus. C'est ancré en nous depuis la nuit des temps : les excuses doivent être accompagnées d'une attitude de circonstance : tristesse et humilité sont de mise.

Dans le monde du travail et des affaires, un leader authentique est celui qui a la sagesse et l'humilité de présenter ses excuses. Auparavant, le leader ne consentait pas à s'excuser, au risque de perdre en autorité et en crédibilité. Désormais, présenter ses excuses pour les entreprises fait partie de l'argumentation commerciale. Cela étant, il existe plusieurs façons de présenter ses excuses et toutes ne sont pas appréciées de la même manière.

S'excuser, c'est un bon début, mais encore faut-il y mettre du cœur !

Dans la revue *Harvard Business Review,* Sarah Green Carmichael nous explique à travers plusieurs études comment des chercheuses ont pu identifier la corrélation entre des excuses sans tristesse avérée et la chute de la valeur boursière de l'entreprise.

En effet, ces chercheuses ont utilisé le FACS (***F****acial* ***A****ction* ***C****oding* ***S****ystem*), une méthode de description des mouvements du visage, pour analyser les excuses formulées par certains dirigeants. Selon le site SQAN, cette méthode permet de déduire les émotions de notre visage en se basant sur deux piliers :

1. Les expressions émotionnelles du visage sont universelles.
2. Les expressions du visage proviennent spontanément de processus inconscients.

Le constat est sans appel : les dirigeants qui ont formulé des excuses avec le sourire, sans aucune manifestation de tristesse, ont vu la valeur boursière de leur entreprise s'effondrer. Il est évident que les investisseurs n'ont pas été convaincus par ce type d'excuse manquant cruellement de sincérité, d'empathie et d'humilité.

Les chercheuses ont pu remarquer que dans le cas d'excuses plus sincères, la valeur boursière des entreprises restait stable. Cependant, quand le dirigeant formule des excuses sincères et qu'il semble attristé, la valeur boursière peut vite remonter sur le long terme.

Admettre ses erreurs

Prenons l'exemple de votre collègue ou associé. Vous avez eu ensemble un conflit où il s'est emporté contre vous avec une réelle agressivité. Il s'est excusé ensuite pour ses propos blessants, mais a ajouté que ce n'était pas sa faute, car c'est vous qui l'avez poussé à être aussi agressif. Nous sommes d'accord : vous risquez de ne pas bien le prendre ! Présenter des excuses sincères et circonstanciées est un bon début, mais cela ne suffit pas. Il est aussi essentiel de savoir admettre sincèrement ses erreurs.
Une étude publiée dans le *Journal Corporate of Finance* montre qu'admettre ses erreurs représente une valeur ajoutée précieuse. Les chercheurs ont analysé 150 communiqués de presse entre 1993 et 2009, et ont pu constater : premièrement que les entreprises avaient tendance à pointer d'abord des causes externes, et que dans ce cas-là elles obtenaient des résultats financiers en baisse, et ensuite que les dirigeants qui assumaient entièrement leur part de responsabilité rassuraient les investisseurs et les clients et qu'ils voyaient leurs résultats financiers en nette hausse.

Revenons à notre exemple avec les excuses de votre collègue : si celui-ci s'excuse en assumant sa part de responsabilité, sans chercher la vôtre dans cette histoire, vous serez beaucoup plus prompte à lui pardonner pour aller de l'avant. Admettre ses erreurs est une preuve d'intelligence et d'humilité qui fait avancer une entreprise, mais aussi le couple, la famille, l'amitié et le monde dans sa globalité. Mais pourquoi est-ce si difficile d'accepter ses torts et de les reconnaître ? Cela revient à accepter sa vulnérabilité et ses failles. C'est aussi se heurter à une mauvaise image de soi, selon la psychologue Carole Tarvis. Dans un monde qui prône sans arrêt la perfection, que ce soit au travail ou sur les réseaux sociaux, reconnaître ses erreurs c'est montrer ses faiblesses.

La majorité d'entre nous, et des leaders d'aujourd'hui, ne perçoivent pas l'opportunité formidable qui se cache derrière la vulnérabilité d'admettre ses erreurs. Admettre ses erreurs c'est une chance d'apprendre, de s'améliorer et d'évoluer. C'est tout le défi passionnant du leader authentique.

Exemples d'excuses de dirigeants

« *Cette erreur est mon erreur et ma seule erreur. Car à la fin, c'est moi qui porte la responsabilité de tout, de par mon mandat. Je regrette profondément cette erreur et je demande pardon aux concitoyennes et concitoyens pour la confusion qu'elle a pu causer* ». (Angela Merkel – mars 2021 – à propos de sa gestion de la crise sanitaire et du durcissement des règles sanitaires à Pâques).

« *Nous n'avons pas assez écouté nos clients et pas assez répondu à leurs inquiétudes* » (Akio Toyoda – PDG de TOYOTA – 2010, après le rappel massif de véhicules).

« *Nous avons laissé certains d'entre vous sur le côté, et nous en sommes vraiment désolés* » (Rob Maruster PDG de JEtBlue – 2011 – après que des passagers de cinq vols aient été coincés huit heures dans un avion au sol sans avoir à boire ni à manger, à la suite d'une tempête de neige).

« *Nous sommes désolés* »
(Rupert Murdoch – PDG de News Corps – à la suite du scandale des écoutes par des journalistes).

« *Vous attendez mieux de nous. Et j'attends mieux de nous. Nous travaillons sans relâche pour restaurer la confiance que vous avez en nous* »
(Mike Lazaridis—PDG de Blackberry—2011—après la panne de messagerie et d'internet des utilisateurs BlackBerry pendant trois jours).

« *Je suis désolé* »
(Jamie Dimon, PDG de JP Morgan – 2011 – après la signature par la banque d'avis d'expulsion sans vérification de leur authenticité).

« *Je me suis planté. (...) De nombreux membres ont senti un manque de respect et d'humilité de notre part* »
(Reed Hasting, PDG de Netflix – 2011 – après l'augmentation brutale de 60 % des tarifs de la location des DVD et du visionnage des films en ligne).

Que valent des excuses ?

Fabrice Rousselot, directeur de publication du journal en ligne *The conversation*, a recueilli plus de 200 erreurs commises par des gestionnaires et des dirigeants.

Il dresse un constat : en politique, les excuses restent rares. Angela Merkel s'était nettement démarquée de ses homologues étrangers en présentant ses excuses pour la gestion de sa crise sanitaire liée au Covid19.

À l'opposé, le Premier ministre François Legault s'est blanchi de toute erreur dans sa gestion de la pandémie de la Covid-19 au Québec. À la question d'un journaliste « Avez-vous fait une erreur ? Quelque chose que vous aimeriez faire différemment ? », le Premier ministre a répondu : « Non, je n'en vois pas ».

Quant au Président français, Emmanuel Macron, dans une allusion aux critiques sur la gestion de la crise sanitaire par le gouvernement, le chef de l'État a estimé que « celui qui ne fait pas d'erreur, c'est celui qui ne cherche pas, qui ne fait rien ou qui mécaniquement fait la même chose que la veille », lors d'un discours sur le plateau de Saclay.

Historiquement, les déclarations de dirigeants politiques présentant leurs excuses restent rares. Au moment du Watergate, dans les années 1970, le président Nixon avait minimisé sa responsabilité en admettant simplement : « *des erreurs ont été faites* », sans assumer directement sa responsabilité dans l'affaire.

Dans le même esprit, le président américain Henry Kissinger avait répondu à des accusations à son égard en prenant ses distances « *Des erreurs ont probablement été commises par l'administration dans laquelle j'ai servi* ».

Parmi tous les aveux de faiblesses, lesquels sont authentiques et sincères et lesquels ne le sont pas, et relèvent plus d'une communication stratégique ? Difficile à dire, d'autant plus quand la communication du leader est assez bien travaillée pour être convaincante et sincère. Les excuses d'Angela Merkel sonnent vraies, elles semblent sincères et spontanées. À l'inverse, l'excuse trop courte et le simple « *je suis désolé* » peut sembler quelque peu forcé.

La question n'est pas tant de savoir qui est sincère et qui ne l'est pas. Vous savez bien que le public n'est pas dupe et que l'effet de résonance dans le cerveau permet à chacun de percevoir le décalage entre les mots prononcés et la pensée véritable. La question est plutôt de savoir comment vous comptez vous positionner en cas de crise et d'erreur commise.

Allez-vous chercher des excuses pour minimiser votre responsabilité et rejeter la faute sur quelqu'un d'autre ?
Serez-vous tenté de fuir pour ne pas affronter la presse et vos employés ?
Serez-vous laconique, en lâchant un simple « *désolé* », qui traduit que vous n'en êtes pas vraiment convaincu ? Ou allez-vous vous épancher longuement sur la faute commise en surjouant et en vous faisant passer pour une victime comme le fit Tiger Woods accusé d'adultère : « *Je suis désolé, je me sens si mal, je n'en dors plus de la nuit…* ». « *J'ai laissé tomber ma*

famille, et je regrette ces transgressions de tout mon cœur. Je n'ai pas été fidèle à mes valeurs et au comportement que ma famille mérite. Je ne suis pas sans fautes et je suis loin d'être parfait ».

Avez-vous l'intention d'être sincère et de faire votre autocritique sans tomber dans la victimisation ? Où serait votre juste équilibre en cas d'erreur commise dans votre fonction de DG ?

Peut-être faut-il rappeler à quoi servent l'expression d'excuses et le pardon. Comme l'explique Nicolas Tavuchis dans son livre *Mea culpa* (Stanford University Press), les excuses répondent à une attente de la part des personnes qui ont été victimes de la faute commise. Les excuses permettent de désamorcer leur colère et surtout de rappeler que l'auteur de la faute, comme la victime, font partie d'une même communauté d'appartenance : l'humanité.

Lorsque vous exprimez sincèrement vos regrets, vous envoyez un message fort à l'autre, avec une intention de continuer le chemin et de chercher à progresser et faire mieux la prochaine fois. « L'erreur est humaine », et on apprend en effet de ses erreurs. Les reconnaître et s'excuser est un premier pas pour mieux les corriger et s'améliorer.

L'excuse prononcée sincèrement soulage la victime comme l'auteur, qui dépose le poids de la charge mentale portée par la faute. Les chercheurs Byrne, A., Barling, J., Dupré, K. E. (2014), *Leader apologies and employee and leader well-being, Journal of Business Ethics* ont montré que les excuses permettent d'augmenter l'estime de soi et la fierté d'avoir eu le courage d'avouer la faute et de les présenter.

Dans toute communication de crise, il y a deux temps : celui de la réaction à chaud, et celui de l'analyse. La réaction à chaud fait ressortir votre émotion (la peur, la honte, la colère, la tristesse) tandis que l'analyse à froid permet de poser les faits et de construire une réponse.

La fuite et le rejet de la faute sont des mécanismes de défense qui s'éloignent du courage. Assumer sa responsabilité, même lorsque la faute a été commise par l'un de vos collaborateurs, vous permet d'assumer pleinement votre rôle de leader et votre fonction de dirigeant.

Savoir reconnaître une erreur est un signe évident de maturité. En revanche, gardez à l'esprit la suite : présenter ses excuses suppose que vous devrez agir différemment désormais, et que vous serez regardé et surveillé. Avouer une faute, et la responsabilité de l'entreprise et de son dirigeant, a un poids et une valeur qui engagent, politiquement, humainement, et juridiquement.

Voilà pourquoi elles ne doivent pas être formulées à la légère dans une communication trop portée par l'émotion. Les mots vous engagent à apporter des changements pour entraîner une amélioration à votre service client, votre politique ou votre bonne gestion des affaires et des êtres humains. Voilà pourquoi j'invite les dirigeants que j'accompagne à bien choisir leurs mots lorsque nous travaillons ensemble sur la préparation d'une déclaration devant la presse ou le public.

Si vous vous excusez sincèrement, mais que vous continuez derrière à reproduire les mêmes erreurs, votre crédibilité va sérieusement s'éroder et vous ne serez plus jamais pris au sérieux. L'authenticité des paroles et des actes est au cœur d'une communication de crise et vous engage. La réponse ne doit jamais être faite à chaud. En coaching, j'aide mon client à peser ses mots, sa réflexion, ses émotions, pour accoucher d'une réponse sincère, équilibrée, et engageante.

L'EXEMPLE INSPIRANT

Winston Churchill, un illustre homme politique, peintre, écrivain et orateur

Homme de talent, il fut le Premier ministre du Royaume-Uni de mai 1940 à juillet 1945, pendant la Seconde Guerre mondiale. Sa détermination sans faille à combattre l'Allemagne nazie a joué un rôle décisif dans la victoire des Alliés. Le discours qu'il prononça devant la Chambre des Communes en mai 1940 marquera l'histoire et deviendra l'emblème de la résilience et du courage :

« J'espère que ceux de mes amis ou collègues, ou anciens collègues qui sont touchés par la reconstruction gouvernementale me pardonneront si d'aventure j'ai, dans la nécessité d'agir, failli aux usages. Enfin, qu'il me soit permis de tenir à la Chambre le même langage qu'à mes collègues du gouvernement : "Je n'ai rien à offrir que du sang, du labeur, des larmes et de la sueur". Nous avons devant nous une épreuve de première grandeur. Nous avons devant nous de très longs mois de lutte et de souffrances. Vous me demandez quelle est notre politique ? Je vous réponds : faire la guerre sur mer, sur terre et dans les airs, avec toute notre puissance et toute la force que Dieu peut nous donner; faire la guerre contre une tyrannie monstrueuse, qui n'a jamais eu d'égale dans le sombre et lamentable catalogue des crimes humains. Voilà notre politique. Vous me demandez quel est notre but. Je vous réponds en deux mots : la victoire, la victoire à tout prix, la victoire malgré toutes les terreurs, la victoire, quelque longue et dure que puisse être la route : car, en dehors de la victoire, il n'est point de salut. Comprenez-le bien : point de salut pour l'Empire britannique, point de salut pour tout ce qu'illustre l'Empire britannique, point de salut pour l'immémorial effort vers les buts supérieurs de l'humanité. Mais c'est plein d'espoir et d'entrain que j'assume ma tâche, assuré qu'il ne sera pas infligé à notre cause de faillir devant les hommes. Conjonctures qui m'autorisent – je pense – à réclamer l'aide de tous, et à dire "Allons! Réunissons nos forces et avançons ensemble" ».

À sa nomination, Churchill était loin de faire l'unanimité, mais c'est grâce à ses talents d'orateur passionné et à un discours brillamment écrit qu'il galvanisa toute l'Angleterre pour combattre la barbarie nazie. Alors qu'il prédisait la guerre, la douleur et le sang, tout le peuple britannique s'est reconnu en lui et l'a suivi. Churchill a livré ce jour-là un discours d'une vérité absolue en restant fidèle à lui-même. C'est toujours dans l'authenticité que les plus grands orateurs ont pu toucher les cœurs et emporter l'adhésion des foules, même en annonçant les heures les plus sombres de l'Histoire. Au-delà de la portée historique de ce discours, Churchill nous invite à communiquer avec vérité et conviction, sans jamais oublier de toujours garder espoir et foi en l'humanité.

LES BONNES QUESTIONS À SE POSER

- ✓ Quel est votre mécanisme de communication ?
- ✓ Comment préparez-vous vos prises de parole ?
- ✓ En cas de tension, avez-vous tendance à hurler, hausser le ton, accuser, faire des reproches, vous replier sur vous-même ?
- ✓ Les émotions ont-elles tendance à prendre le dessus sur la raison ? Vous emportez-vous facilement, pour ensuite regretter vos paroles ?
- ✓ Reconnaissez-vous facilement vos erreurs, sans mauvaise foi ?
- ✓ Avez-vous conscience de l'engagement que vous prenez lorsque vous présentez des excuses, et de votre valeur ?
- ✓ Comment gérez-vous les conflits ?
- ✓ Accusez-vous facilement l'autre ?
- ✓ Prenez-vous votre part de responsabilité dans le conflit ?
- ✓ Puisez-vous dans votre expérience personnelle pour argumenter vos discours ?
- ✓ Faites-vous preuve d'humilité et d'empathie ?
- ✓ Savez-vous pourquoi vous souhaitez communiquer ? Quel est le message que vous souhaitez transmettre ?
- ✓ Êtes-vous en accord avec ce message ?

CE QU'IL FAUT RETENIR

- ✓ Une communication sincère et de qualité est essentielle au leader authentique.
- ✓ La parole doit être impeccable.
- ✓ Le langage corporel et la communication non verbale doivent être alignés avec le message du discours.
- ✓ Admettre ses erreurs est une opportunité d'amélioration et d'évolution.
- ✓ Soyez passionné et passionnant grâce à la technique de storytelling Le *Voyage du héros*.
- ✓ Le cerveau retient mieux les informations en ressentant des émotions intenses.
- ✓ Identifiez pourquoi vous souhaitez transmettre votre message.
- ✓ Privilégiez une communication non violente.

ÉTAPE 4

Trouver sa raison d'être

« Prenez soin de vos employés, ils prendront soin de votre entreprise ».

Richard Branson

COMMENT DÉFINIR LA RAISON D'ÊTRE ?

La raison d'être s'inscrit dans une réflexion personnelle forte pour en dégager un principe fondateur qui va vous guider en tant que leader, mais aussi en tant qu'être humain.

La raison d'être concerne aussi la mission de l'entreprise et le rôle qu'elle peut jouer au sein de la société pour la faire évoluer. Elle nous invite à sortir de la sphère purement économique du monde du travail pour nous recentrer sur l'humain et ses aspirations.

Depuis 2019, la raison d'être fait partie du Code civil, avec l'article 1835 de la loi Pacte, dans lequel a été insérée la disposition suivante : « *les statuts peuvent préciser une raison d*'être, constituée des principes dont la société se dote et pour le respect desquels elle entend affecter des moyens dans *la réalisation de son activité* ».

Faire passer l'humain d'abord n'est pas un vœu pieux, c'est une nécessité pour que les entreprises prospèrent. Selon une étude Harvard/MIT réalisée en 2018, les salariés heureux sont :

- → 2 fois moins malades ;
- → 6 fois moins absents ;
- → 9 fois plus loyaux ;
- → 31 % plus productifs ;
- → 55 % plus créatifs.

Le bien-être des salariés n'est donc plus une douce utopie, mais au contraire un véritable levier de performance. Les salariés sont responsables de leur bonheur au quotidien, ainsi que de leur quête de sens. Il est important qu'ils puissent identifier leurs valeurs personnelles dont va découler cette précieuse raison d'être qui va les faire avancer dans leur vie. Mais l'entreprise a aussi son rôle à jouer pour fédérer ses équipes, créer une ambiance de travail sereine, et tendre vers l'excellence. Déterminer sa raison d'être en tant qu'entreprise, dirigeant, manager et salarié est essentiel pour performer, car c'est l'adéquation des trois qui va y contribuer.

Dans un article de blog, Benjamin Chaminade, entrepreneur et conférencier, nous cite *100 exemples de valeurs d'entreprise les plus inspirantes du monde.*

Prenons l'exemple de la plateforme de vente Etsy : sa raison d'être, c'est de privilégier « *une plateforme de vente humaine et authentique qui s'ancre dans le local et vise le mondial* ». Etsy met en lumière des articles faits main ou vintage et les propose à la vente au monde entier tout en réduisant l'impact écologique sur la planète. Il y a également un lien fort entre les vendeurs, les acheteurs et les employés, qui est largement cultivé par la culture d'entreprise de la plateforme. Etsy est à ce jour leader de son marché. La raison d'être d'un individu ou d'une entreprise n'est pas une donnée absolue ; l'une n'est pas meilleure que l'autre, seulement elle doit être commune à toute une organisation pour allumer l'étincelle du succès. Un leader authentique connaît sa raison d'être, il est en adéquation avec celle de son entreprise et sait constituer une équipe qui la partage. Nous avons tous une raison d'être. Parfois elle est évidente et parfois moins. Ce n'est pas grave, il suffit d'aller à sa rencontre. Tout le travail du coaching de dirigeant est de vous accompagner pour déceler votre raison d'être, afin que vous deveniez un leader authentique et parfaitement aligné.

RECHERCHEZ VOTRE MOTIVATION PROFONDE EN TANT QUE DIRIGEANT

8 salariés sur 10 ne s'impliquent pas au-delà de leur simple présence physique au travail, d'après l'étude ADP Research Institute, réalisée en sondant 19 000 salariés dans dix-neuf pays différents en 2019. Un chiffre que j'ai eu du mal à croire la première fois que je l'ai lu. On apprend, dans la même étude, que seulement 16 % des salariés sont complètement investis dans leur travail. À l'heure de l'épidémie de Covid, ces chiffres ont

tendance à être confortés par la prise de conscience, de la part de nombreux salariés, du décalage entre leurs motivations profondes et leur place au travail. Au cœur de ce décalage se trouve le constat d'un fossé entre les valeurs de la personne et sa situation au travail. Le Covid a amené les salariés comme les dirigeants à s'interroger sur le sens de leur travail et sur ce qui était vraiment important pour eux. Or, la motivation profonde d'un individu ne saurait être liée au seul besoin de satisfaction matérielle. La motivation intrinsèque d'un individu est davantage liée au sens qu'il accorde à son travail, a fortiori depuis le Covid. Et comme le travail occupe 80 % de notre temps en moyenne, un salarié sera démotivé si l'employeur ne s'efforce pas de l'aider à donner du sens à son labeur et à mieux exploiter ses compétences et ses talents.

Nous avons besoin d'être motivés dans notre travail, et pour ce faire, nous recherchons du sens dans ce que nous faisons. Je vois des dirigeants dépités parce que leurs salariés ne mettent pas de cœur à l'ouvrage. J'entends certains d'entre eux se lamenter de les trouver « nuls », « décevants », « fainéants ». Dans ce cas, je leur propose l'exercice suivant : se mettre à la place de l'autre en lui posant la série de questions suivantes :
Quelle est votre motivation en tant qu'employeur ?
Les réponses à cette première interrogation sont hétérogènes : « Je veux faire un maximum d'argent », « Je veux créer un empire » ou encore « Je veux changer le monde ».

Je leur demande ensuite :
Si vous vous mettez dans le corps et la tête de votre salarié, quelle est sa motivation à travailler dans votre entreprise ?
La plupart des dirigeants ou managers me répondent, perplexes : « Je ne sais pas... Comment savoir ce qui les motive ? ».
Ces réponses laconiques me donnent la main pour poursuivre mon questionnement :
« Avez-vous pris le temps d'interroger vos salariés sur leurs motivations à travailler avec vous ? ».
« Savez-vous comment leur projet de vie peut trouver du sens dans votre entreprise ? ».

Mes questions peuvent paraître dérangeantes pour certains clients, j'en conviens, mais je ne suis pas là pour faire plaisir, bien au contraire ; je suis là pour bousculer les idées reçues. Ces questions mettent mes clients face à leur propre responsabilité et les amènent à approfondir leur vision du management. Plusieurs d'entre eux conviendront qu'ils ne se préoccupent pas vraiment de la motivation de leurs employés, et encore moins du lien avec leurs projets de vie. Pour certains, ce moment de réflexion peut être une vraie prise de conscience et l'occasion d'une vraie remise en question.

En allant fouiller en profondeur dans les aspirations de chacun, vous pourrez peut-être découvrir qu'un de vos employés aspire à monter sa propre boîte, et que son expérience chez vous sera un tremplin en l'aidant à acquérir les compétences nécessaires pour le faire.

La question d'après est la suivante :
En sachant cela, comment pouvez-vous faire le lien entre son projet et votre intérêt ? Autrement dit, comment allez-vous l'aider à effectuer ce tremplin vers sa création d'entreprise ? Mettre ses qualités de prise d'initiative et d'indépendance au service de votre entreprise apporterait une valeur ajoutée précieuse. Un tel profil pourrait, par exemple, devenir un bon chef de projet ou un bon commercial, alors que vous l'embauchiez jusqu'à présent à un poste technique.

Prenons un autre exemple : en questionnant votre employé sur ses vraies aspirations, vous découvrez qu'il sort d'un burn-out parce que son précédent travail l'a usé et n'avait plus de sens pour lui. Ce qu'il souhaite à présent, c'est effectuer un travail qui a du sens au sein d'une équipe chaleureuse et dans une entreprise à taille humaine.

Continuons l'exploration. Vous allez découvrir ensuite que cette cadre supérieure ambitieuse, chargée de l'événementiel dans votre entreprise, souhaiterait diriger une équipe, et il se trouve qu'elle possède un certain leadership et une capacité à rassembler les autres. Comment allez-vous utiliser ses qualités pour les mettre au service de son projet et du vôtre,

réduisant ainsi le risque de frustration éprouvée par une personne qui n'est pas utilisée pour son vrai potentiel ?
Plus globalement, comment allez-vous exploiter positivement tous ces talents et ces aspirations hétérogènes, et les mettre au service de votre projet ? L'enjeu est de mettre en adéquation les talents et les motivations de chacun au service des besoins de votre entreprise, dans un équilibre gagnant-gagnant. C'est le travail des Ressources Humaines, me direz-vous ? Tout à fait. Ça l'est, dès lors que votre entreprise possède la taille suffisante pour intégrer un service RH en son sein. Lorsque le service RH est créé, la question se pose autrement : le DRH fait-il partie du Codir ? Quelle relation de proximité entretenez-vous avec lui/elle ? Partagez-vous la même vision par rapport à la stratégie de recrutement ? Un travail a-t-il été fait pour identifier, d'un côté, les valeurs et les besoins de l'entreprise, et de l'autre, ceux des salariés ? Lorsque ce travail de partage et de recherche de cohérence n'est pas fait, ne vous étonnez pas de trouver chez vous des salariés démotivés, qui ne se sentent pas à leur place et qui n'utilisent pas au mieux toutes leurs capacités. L'humain d'abord, c'est avant tout un projet de management qui part de l'idée que l'entreprise se met au service des autres. L'équilibre et la performance sont atteints lorsqu'il y a adéquation entre les valeurs des individus et celles de l'entreprise, mais aussi entre les projets et les motivations des salariés et vos propres besoins et attentes en tant que dirigeant. Le but étant de valoriser et de faire grandir votre entreprise. Cela suppose de bien vous connaître et d'avoir identifié quelles sont vos aspirations profondes et vos valeurs. Les avez-vous définies ? Que voulez-vous vraiment ? À quoi êtes-vous prêt à renoncer pour faire avancer votre entreprise ? À quoi n'êtes-vous pas prêt à renoncer ?

En tant que dirigeant, votre première aspiration, quand vous avez décidé de lancer votre entreprise, était peut-être de vous enrichir, de vous acheter une belle voiture et d'avoir votre villa en bord de mer. Ces données purement matérielles sont-elles solides sur le long terme ? Au plus profond de vous, quelque chose d'autre vous pousse à agir et à être chef d'entreprise, leader politique ou dirigeant. Je parle de quelque chose de plus grand que l'argent ou la réussite matérielle, comme un besoin de reconnaissance et de notoriété, ou l'envie de changer le monde et de le rendre meilleur, ou bien l'envie d'être libre. Quand vous aurez trouvé et identifié clairement le sens qui vous drive dans votre action, vous pourrez trouver un équilibre satisfaisant dans votre vie : entre la réussite financière et le désir profond qui vous anime, vous saurez faire le lien entre les deux en lui donnant du sens.

Tous les dirigeants que j'accompagne ont ce désir profond vissé au corps. Le travail pour devenir un leader authentique passe par l'identification de ce sens profond et la définition de cet équilibre entre le matériel et l'immatériel, entre les objectifs apparents et les aspirations profondes qui poussent l'individu à être tel qu'il est et à se comporter d'une certaine manière dans la vie.

RAISON D'ÊTRE ET LEADERSHIP AUTHENTIQUE

« Un leader est celui qui est au service de ses équipes. »
John C. Maxwell.

Cette citation est une bonne définition du leadership humaniste : ce leader-là va faire du bien-être de ses équipes sa préoccupation majeure. Il va les accompagner dans leur évolution et dans leur progression pour créer une symbiose et atteindre une performance optimale. Le leader humaniste cultive :
L'écoute et la capacité à faire preuve de patience pour pouvoir encourager et aider ses collaborateurs à s'améliorer ;
Une communication efficace et bienveillante ;
L'authenticité et la confiance de sa part et celle des autres, pour créer un climat de travail serein propice à la créativité et aux échanges constructifs.

Vous l'avez compris, le leadership humaniste repose sur l'humain, et surtout sur le lien à l'autre. C'est ce que développe Nathalie Delmas dans son livre *Leadership humaniste et performant.* Consultante coach, Nathalie Delmas nous explique au fil des pages que la réussite d'une entreprise ne peut passer que par l'humain. C'est en plaçant l'humain au cœur de toute stratégie qu'émerge la performance. D'ailleurs, dans ce même livre, l'auteur nous livre une définition moderne et percutante de la performance : « *l'expérience et la réalisation d'une cocréation qui aura émergé dans la connexion authentique des individus avec eux-mêmes, entre eux et avec le monde* ». Il est plus fréquent de parler de productivité, de chiffres, de résultats plutôt que de connexion. Au-delà de la simple définition, Nathalie Delmas nous parle de raison d'être : la conviction profonde que la performance ne peut passer que par un leadership connecté et centré sur l'humain. Cette vision que je partage largement ne me semble pas déconnectée de la réalité. En affirmant que la performance reste vitale pour la survie et la pérennité d'une entreprise, nous intégrons l'humain dans une vision plus équilibrée des choses. La performance protège les emplois et maintient un recrutement régulier. C'est un cercle vertueux pour les salariés, pour l'entreprise, et dans une vision plus globale, pour le monde. Si vous souhaitez obtenir d'excellents résultats financiers, en tant que leader authentique, vous devez d'abord privilégier l'humain et la connexion. En France, nous observons une curieuse dichotomie. D'un côté, performer et gagner de l'argent n'a jamais été aussi important, surtout depuis la pandémie de Covid qui a laissé de nombreuses entreprises exsangues. D'un autre côté, le leadership humaniste et authentique a toujours du mal à se faire une place de choix dans nos entreprises. De nombreux experts et coachs de dirigeants se font de plus en plus les porte-parole de ce type de leadership, assurant que c'est la seule voie possible de performance et de succès. De nombreux leaders humanistes à la réussite insolente – comme Charles Bronson – démontrent l'efficacité de privilégier le bien-être des employés.

Mal-être au travail

D'après un sondage Opinion Way pour le cabinet « Empreinte Humaine » effectué en mars 2022, la détresse psychologique au travail est plus forte que jamais :

- → 34 % des salariés, soit 2,5 millions de personnes, sont en burn-out sévère ;

- → 25 % de hausse des burn-out sévères entre mai et octobre 2021 ;
- → 4 managers sur 10 sont victimes de burn-out sévères ;
- → 3 salariés sur 10 étaient en détresse psychologique en octobre 2021.

Les entreprises subissent toujours les effets néfastes du confinement. L'inflation guette, et les perspectives économiques sont moroses en raison des répercussions de la Guerre en Ukraine sur les entreprises et les ménages français. Il est plus que jamais temps de resserrer les liens dans les entreprises, de placer l'humain au cœur des stratégies pour performer.

Pourquoi est-ce si difficile en France ? Justement parce que les entreprises et les dirigeants n'ont pas l'habitude de définir leur raison d'être. Cette habitude est beaucoup plus ancrée dans la culture anglo-saxonne. En revanche, lorsque les entreprises françaises définissent leur raison d'être, deux valeurs de marque sortent du lot : la performance et la popularité.

Prenons l'exemple de Decathlon, célèbre enseigne de sport française que j'ai eu la chance d'avoir comme client dans ma première entreprise. Decathlon porte une raison d'être forte : la passion du sport. L'ambition première de Decathlon : rendre le sport accessible à tous. Leur culture d'entreprise : le travail d'équipe, en cultivant la différence et le partage. Un mindset comme celui-ci fédère les employés et touche les clients en plein cœur. Je me rappelle une petite vidéo postée sur YouTube par le magasin Decathlon de Martinique, pour marquer la réouverture après la fin du confinement : tous les « coéquipiers » (c'est le terme employé chez Decathlon) étaient réunis en rangs serrés sur le parking du magasin pour faire le clapping dans un silence absolu. Pour rappel, le clapping c'est ce type d'applaudissement particulier avant un événement sportif, comme le haka chez les rugbymen. Rendu célèbre par les Islandais lors de la coupe d'Europe en 2016, le clapping est un rituel de communion entre les joueurs et les supporters. Les coéquipiers de Decathlon Martinique souhaitaient communier entre eux, mais aussi avec leurs clients, pour manifester leur envie sincère de les revoir dans leurs magasins et le plaisir intense qu'ils ressentaient de travailler ensemble. Un beau moment d'émotion. Dans un contexte économique instable, Decathlon France a terminé l'année 2021 avec une progression de 22 %. La raison d'être ne peut naître que dans le giron d'un leadership authentique et humaniste. C'est elle qui fait chavirer les cœurs et soude vos équipes en les préparant à relever tous les défis. Finalement, ce ne sont pas les entreprises elles-mêmes qui impactent le monde, mais bel et bien leur raison d'être.

TROUVER SA MISSION DE VIE

Quand l'entreprise, le dirigeant, les managers et les employés parviennent à mettre en adéquation leurs missions de vie et l'objectif de l'entreprise, alors la performance est assurée. Je dirais même que le succès est inévitable.

Dans son livre *L'entreprise, une affaire de cœur,* Hubert Joly continue de nous partager son expérience : l'ancien PDG de Best Buy effectuait des visites surprises dans les magasins qui affichaient les meilleurs résultats afin d'identifier ce qui fonctionnait, pour s'en inspirer et l'appliquer aux autres magasins. Une initiative en elle-même porteuse de sens, tant c'est souvent le contraire qui se produit. En effet, il est plus fréquent de mettre en lumière les mauvais résultats pour réprimander plutôt que de passer du temps à identifier un processus de réussite qui a fait ses preuves. Un directeur de magasin aux excellents résultats a retenu toute l'attention d'Hubert Joly. Ce directeur demandait à ses collaborateurs de noter leurs rêves sur un tableau blanc. Ensuite, ils travaillaient tous ensemble pour relier chaque rêve à la mission de l'entreprise. Une idée de génie ! D'abord parce qu'en faisant de la place aux rêves de ses collaborateurs, le directeur créait une vraie relation humaine authentique, ensuite parce qu'il décuplait leur motivation en mêlant la raison d'être du salarié à celle de l'entreprise.

Imaginons que vous soyez ingénieur dans une start-up basée à Paris. Vous travaillez sur une application pour faciliter la vie des personnes à mobilité réduite. Vous avez une mission pleine de sens, mais vous avez aussi une activité de bureau plutôt sédentaire alors que vous rêvez de liberté et d'évasion. Votre rêve : pouvoir travailler de n'importe où dans le monde pour pouvoir passer plus de temps à le parcourir. La mission de votre start-up est d'innover toujours plus avec des esprits brillants. Si votre responsable vous fait confiance et vous accorde la possibilité d'être en télétravail, tout en étant très cadré, avec des objectifs bien précis, il est fort probable qu'en réalisant votre rêve, vous serez beaucoup plus créatif et productif. Vous serez épanoui, l'entreprise sera de plus en plus innovante et performante, vous contribuerez à aider des millions de personnes, mais aussi à changer le monde. Cette stratégie est déclinable à l'infini. Vous pouvez vous dire que de se préoccuper de chaque collaborateur représente une charge de travail importante, et c'est exact.

Gérald Karsenti, PDG de SAP France et professeur à HEC, précise cette pensée dans son livre *L'art de bâtir une équipe* : « Bâtir une équipe est sans doute l'acte le plus complexe que doit accomplir un dirigeant ». Il ajoute « *Une fois l'équipe constituée, encore faut-il être capable de faire travailler ses membres ensemble pour atteindre des objectifs communs* ». C'est là que réside le défi ultime du dirigeant. Avoir des diplômes et de l'expérience dans un domaine est utile, mais cela ne va pas créer la magie d'une entreprise florissante. Ce qui va créer la magie, c'est un dirigeant ou un manager authentique, porté par une raison d'être et tourné vers l'humain. Gérald Karsenti ajoute dans son ouvrage : « *Lorsque chacun joue le jeu, lorsque chacun est prêt à des sacrifices pour le bien de tous, alors, vous le savez, vous disposez d'une équipe* ». Seul un leader authentique sera capable de constituer une telle équipe. Alors oui, en effet, c'est beaucoup de travail et d'implication, mais de la magie à la performance il n'y a qu'un pas, le seul qui compte, celui qui vous fera franchir tous les obstacles vers le succès.

Trouvez votre mission de vie

L'« ikigaï » est une méthode japonaise qui permet de trouver ce qui a vraiment du sens pour vous, votre raison d'être sur cette terre.

« Ikigai » est donc un mot japonais qui veut dire « raison d'être/raison de vivre ». Ce concept est né dans une communauté, sur l'île d'Okinawa au Japon. Cette communauté est connue pour avoir l'espérance de vie la plus élevée au monde, mais aussi pour partager la philosophie de réaliser au quotidien sa mission de vie, ce pour quoi nous sommes faits : l'ikigai.

L'ikigai est un outil puissant de découverte de soi et de ses aspirations, afin de déceler ce qui nous anime au quotidien. Il nous permet d'explorer et d'exploiter tout notre potentiel tant dans notre vie professionnelle que dans notre vie personnelle.

Comme je le mentionnais plus haut, certains connaissent leur raison d'être depuis toujours, mais d'autres ont plus de difficultés à la faire émerger. L'ikigai est donc un formidable moyen de découvrir ce qui vous porte et vous anime pour débusquer votre mission de vie. Il est important de savoir que votre raison d'être n'est jamais définitive : la vie est longue et la personne que vous êtes à trente ans n'est pas la même que celle que vous serez à cinquante ans. Nous mûrissons, nos objectifs de vie d'hier ne sont plus ceux d'aujourd'hui et encore moins ceux de demain. Même s'il persiste une base, un état d'être et de pensée qui nous accompagne au fil de notre vie, notre raison d'être peut évoluer. Par exemple, une jeune manager peut être animée à trente ans par l'envie de gravir les échelons de son entreprise et de prouver qu'elle est capable de manager une équipe : c'est sa raison d'être à ce moment précis de sa vie. En revanche, à cinquante ans elle sera plus apaisée, elle n'aura plus rien à prouver et sa mission de vie pourrait évoluer vers le mentorat et l'accompagnement de jeunes femmes à diriger des équipes. Toutes les étapes de vie sont nécessaires pour découvrir sa raison d'être dans cette quête de soi qui ne se termine jamais.

Le concept de l'ikigai repose sur un travail d'introspection profond et sur quatre piliers :

1. **Ce que vous aimez faire :** réfléchissez à ce qui vous donne de la satisfaction dans votre quotidien, identifiez ce que vous enviez chez les autres pour l'intégrer dans votre vie.

2. **Ce pour quoi vous êtes doué :** quels sont vos talents et vos compétences naturels ? Quelles sont vos qualités humaines ? Faites l'inventaire de vos points forts.
3. **Ce dont le monde a besoin :** quelles sont les thématiques qui vous tiennent à cœur ? Quelles sont les causes auxquelles vous pourriez dédier votre temps ? Trouver son ikigai c'est se sentir en accord avec soi-même, mais aussi avec le monde qui nous entoure.
4. **Ce pour quoi vous pourriez être payé :** il est essentiel d'être rémunéré pour pouvoir subvenir à ses besoins et avoir une vie confortable. Posez-vous la question : pour quoi pourrais-je percevoir un salaire ?

Notre raison d'être résulte d'un juste équilibre entre ces quatre piliers. En remplissant les cercles de votre ikigaï, vous pourrez mieux déceler ce que vous aimez faire, ce pour quoi vous êtes doué, ce qui a du sens et qui pourrait faire avancer le monde, et enfin, ce pour quoi vous pourriez être payé.

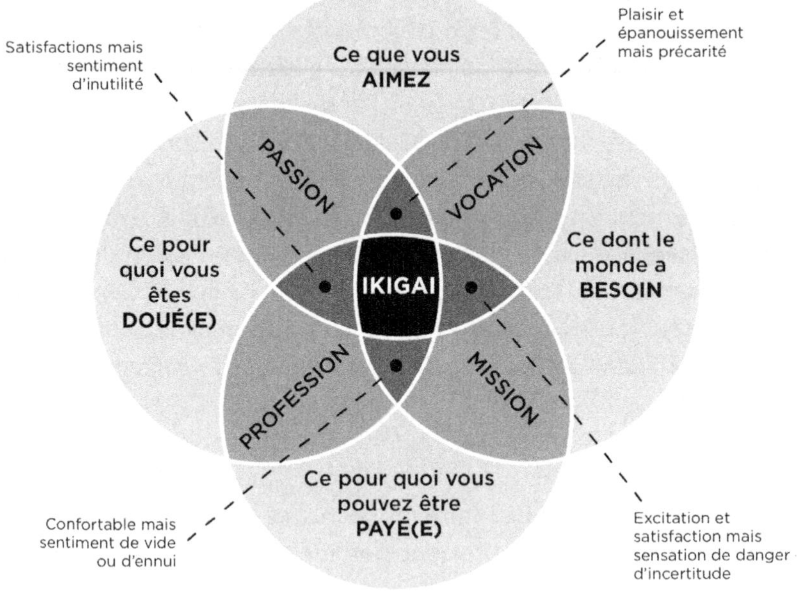

L'ikigaï : trouver sa raison d'être

Le croisement entre ces quatre données vous aide à découvrir, tel un trésor, l'évidence de votre potentiel. Vous pouvez le faire seul en toute autonomie, ou demander à votre coach de vous accompagner dans cette découverte si riche de sens. Prenez le temps de le réaliser en suivant chaque étape et en ayant l'intention d'aller au fond des choses. Rester en surface n'a aucun sens et ne vous apportera qu'un piètre éclairage sur votre mission de vie. En revanche, si vous vous attelez à le faire avec sérieux et passion, vous serez surpris du résultat et vous sortirez grandi de cette expérience, comme si, soudainement, les pièces de votre puzzle intérieur prenaient place et vous amenaient à découvrir l'image de vous-même.

- → Qu'aimez-vous ?
- → Quels sont vos talents ?
- → Pour quoi pouvez-vous être payé ?
- → De quoi le monde a-t-il besoin ?

Répondez à ces quatre questions. Faites-en l'analyse et croisez les réponses en identifiant les intersections, interactions, croisements et zones de convergence pour donner du sens à votre action. L'ikigai est un outil extraordinaire pour identifier votre mission de vie, mais aussi vos talents, vos sources de motivation et vos moteurs pour avancer au quotidien.

Cet exercice vous permet ensuite d'aligner vos paroles et vos actes et de mieux avancer en ayant conscience de ce qui fait profondément sens pour vous. Pourquoi ne pas le proposer également à vos managers et vos salariés, en les aidant à trouver leur place et à définir leur raison de travailler dans votre entreprise ? L'idée est de réussir à croiser leurs aspirations profondes et la manière dont ils pourraient trouver une réponse en travaillant chez vous. Cherchez comment relier ce que vous aimez et ce que vous faites, ce que vous faites avec talent et ce pour quoi vous êtes payé. Trouvez à la fin votre « Graal » : ce qui fait sens pour vous, votre mission de vie. Cela fonctionne pour tous les types de postes, quels que soient le secteur et le rang hiérarchique. La mission de vie n'est pas forcément quelque chose d'incroyable et de fantastique : vous n'êtes pas obligé de devenir astronaute ou président de la République pour être heureux et trouver du sens à votre voyage sur cette terre. Votre Graal peut être de rendre la vie des autres meilleure, de contribuer à faire évoluer la société par votre action, de vous améliorer pour être quelqu'un de meilleur, plus équilibré, plus heureux... Chacun son Graal !

TROIS DIRIGEANTS TROUVENT LEUR RAISON D'ÊTRE GRÂCE À L'IKIGAI

Voici trois exemples de dirigeants que j'ai accompagnés et qui ont trouvé leur raison d'être au moyen de l'ikigai :

Premier exemple

Mon client Paul, 49 ans, exerce la profession de notaire. Après avoir exercé avec passion pendant des années, ce métier ne lui convient plus. Il fait appel à moi pour retrouver du sens et décider de la direction à suivre. Il n'a plus cette petite étincelle qui le faisait vibrer au début de sa carrière. Il éprouve une grande frustration au quotidien, et envisage éventuellement de changer de voie. En l'amenant à se questionner sur ses passions, sur ce qui le fait « vibrer », il me confie trouver du réconfort au contact de la nature et de ses amis. Le travail sur ses valeurs fait émerger celles qui comptent le plus pour lui : la famille, le partage et la gentillesse. En utilisant l'ikigai, Paul a réussi à trouver le point de jonction entre sa raison d'être et sa profession de notaire : protéger, aider et rassurer des familles et des individus à des étapes cruciales de leur vie. Il prend soudain conscience que son métier actuel peut lui permettre de cultiver et d'honorer sa raison d'être en accompagnant des familles endeuillées lors d'une succession, ou bien en aidant un tout jeune primo-accédant lors de son premier achat de bien immobilier. En mettant du sens dans sa mission, et en honorant ses valeurs profondes, ce dirigeant a retrouvé le plaisir d'exercer. En se rendant compte aussi que la nature lui manquait terriblement, il a décidé de s'accorder plus de temps et d'aménager son agenda pour partir se ressourcer régulièrement au bord de la mer. C'est en redonnant du sens à son métier, grâce à sa raison d'être, et en cultivant son bien-être grâce à la nature qu'il a pu repartir sur de bonnes bases, rempli d'une nouvelle énergie et d'objectifs nouveaux.

Deuxième exemple

J'accompagne ici le dirigeant d'une belle PME industrielle. À l'orée de la cinquantaine, ce dirigeant s'interroge sur la possibilité de quitter sa fonction de Directeur Général, qui ne semble plus en adéquation avec ses aspirations profondes. Attaché aux valeurs humaines et doté d'une grande conscience écologique, ce leader humaniste et inspirant souhaiterait contribuer d'une manière ou d'une autre à protéger la planète et trouver sa juste posture de leader pour éviter le faux-self et les jeux de pouvoir dans lesquels il ne se reconnaît plus. Grâce à l'ikigai, ce dirigeant va redonner du sens à sa mission en replaçant ses valeurs de justice et d'authenticité au centre de son management d'entreprise. À l'issue de ce travail en profondeur sur sa raison d'être, il a retrouvé l'envie d'avancer et de reprendre sa place de leader avec une toute nouvelle posture, plus en équilibre et plus proche de son style et de ses convictions.

Troisième exemple

Parlons de cette dirigeante, à la tête d'une entreprise de gestion des déchets. Elle aime et respecte profondément la mission de son entreprise, qu'elle estime d'utilité publique. Elle y met toute sa passion de dirigeante et de leader authentique depuis plusieurs années, cependant, elle est à un moment de sa vie où elle se questionne sur sa place de leader et sur le sens de son action. La raison d'être de cette dirigeante est de contribuer à rendre le monde plus digne et respectable. Au fil de nos séances, elle se rend compte qu'elle est exactement au bon endroit pour combler son aspiration la plus profonde. Son entreprise contribue à nettoyer les villes, mais aussi à améliorer les conditions de vie de ses habitants. La propreté favorise la dignité et la respectabilité des lieux et des personnes qui y évoluent. Galvanisée par ce pont entre la mission de son entreprise et la sienne, elle renoue avec l'envie d'avancer et d'innover dans la propreté et la gestion des déchets pour contribuer à un monde plus agréable et respectable.

Ces trois exemples issus de mon expérience de coach nous montrent qu'il est parfois juste nécessaire de regarder les événements sous un angle différent pour redonner du sens à sa vie et à son projet professionnel. Il est important de comprendre que retrouver sa juste place n'implique pas nécessairement de changer radicalement de vie et de métier. Vous pouvez passer votre vie à tout recommencer, si vous ne savez pas ce qui vous anime, le résultat sera toujours le même. Que vous soyez un grand patron du Cac 40 ou agriculteur dans une exploitation biologique, que vous travailliez à Wall Street ou au fin fond du Larzac, sans raison d'être vous aurez toujours cette sensation de vide. Le changement ne se situe pas en premier lieu dans vos actions, mais bel et bien à l'intérieur de vous : « *Les changements* extérieurs *commencent toujours par un changement intérieur d'attitude* ». Albert Einstein.

Tout est déjà en vous et tout part de vous. Un coach expérimenté est un formidable allié pour vous accompagner sur ce chemin d'introspection, tellement précieux pour un dirigeant ou un manager, un chemin vers vous-même et votre raison d'être pour plus de sens et de performance.

TROUVER VOTRE « WHY »

Observez comment les grands leaders positifs ont motivé et élevé des populations, à l'image de Martin Luther King, Steve Jobs ou Oprah Winfrey. À l'inverse, regardez comment des leaders négatifs tout puissants ont détruit, divisé et créé le chaos, à l'image de Hitler ou de Staline. Les mots ont un pouvoir. Le président américain Donald Trump a divisé l'Amérique en insufflant des paroles de haine pour soulever une partie de la population et l'amener à attaquer le Capitole, afin de reprendre par la force le pouvoir perdu par les urnes démocratiques. Ces leaders laissent des traces en bien ou en mal, selon les valeurs qu'ils soutiennent. Plusieurs dirigeants que j'ai accompagnés avaient pour modèle Steve Jobs : as de la communication, leader inspirant, il a su rassembler toute une communauté autour d'une vision commune de la technologie et du progrès. Avec les shows Apple, il a su susciter l'envie de milliers de geeks passionnés, et par la suite de millions d'utilisateurs désireux d'acquérir ce qu'incarnent les produits Apple : une vie plus simple grâce à la technologie, une vie plus belle grâce à des produits bien conçus et agréables à regarder et à utiliser. Derrière le produit, les mots ont véhiculé tout un système de valeurs et une vision du monde. Les mots de Jobs se sont déversés comme un fleuve qui coule et inonde le monde de pensées positives pour vous inciter à grandir, à devenir meilleurs, plus efficaces et plus confiants. Voilà tout l'univers sémantique et symbolique que contiennent les produits Apple. Depuis, de nombreuses marques se sont inspirées de Jobs, et l'idée de raconter une histoire pour parler d'une marque (storytelling) s'est imposée. Simon Sinek en a fait une théorie qui a eu un succès immense : avec son concept du « Why », il a su résumer ce que Steve Jobs et d'autres grands leaders avaient en commun dans la façon de vendre leurs produits : aucun d'eux ne parle de ses produits. Ce n'est pas le sujet. Le sujet, c'est l'histoire qui va avec, les valeurs qui sont portées par le produit et incarnées par le dirigeant : le « pourquoi » vaut de l'or à l'heure des réseaux sociaux et du storytelling. Les marques sont invitées à se raconter sans parler directement de leurs produits.

Vous êtes également invités à raconter votre histoire, votre vision, votre Why. Certains publicitaires vous ont peut-être laissé penser que cela revenait à raconter des balivernes pour vendre. Je soutiens le contraire. Si vous venez me voir pour me demander de vous aider à raconter une belle histoire qui sonnera faux juste dans l'intention de vendre vos produits, je ne vous suivrai pas dans l'aventure. Le client choisit son coach, l'inverse est vrai aussi, question de valeurs. En revanche, je pourrai vous aider à faire ressortir ce qui est profondément inscrit à l'intérieur de vous, votre vision du monde et comment la faire porter par votre marque. Vous seul savez ce qui fait sens et vous motive au fond de vous : rendre le monde plus humain ? Plus écologique ? Plus performant ? Plus solidaire ? J'ai à cœur, dans mon métier de coach, spécialisée dans la communication et le leadership, de vous aider à préparer votre posture et votre communication, jusqu'à la rédaction à deux mains de vos discours, pour traduire en mots votre vision authentique en fonction de votre projet, de votre histoire et de votre conception de la vie.

J'ai rarement vu des leaders qui souhaitent construire une entreprise pour créer un monde malsain, plus pauvre, plus sournois. En tout cas ceux-là ne viennent pas à moi ! En revanche, beaucoup sont tentés de monter une entreprise uniquement pour devenir riches. Il n'y a aucun mal à ça ! Après tout, qui n'a pas envie de s'enrichir ? La question est : si c'est là votre seule motivation en vous levant le matin, comment voulez-vous motiver des foules en portant cette vision ? La question est : que voulez-vous apporter à vos clients en leur proposant vos services ? Quel sens donnez-vous à ces profits générés par l'entreprise ? Pour certains, il s'agit d'acquérir la liberté. « Si je suis riche, je ne suis plus dépendant d'un patron, donc je suis libre ». Si votre entreprise vous enrichit, va-t-elle permettre aussi à vos clients de le faire ? Dans ce cas, vous avez tout intérêt à relier ces deux idées en mettant au cœur de votre communication l'idée de l'argent menant à la liberté. En faisant cela, vous mettez en place un langage cohérent entre votre mission de vie et le projet de votre entreprise.

RAISON D'ÊTRE ET ÉTHIQUE

Nous avons déjà défini la raison d'être, mais qu'en est-il de l'éthique ? L'éthique est définie comme un ensemble de concepts moraux respectant certaines valeurs. L'éthique est aussi une réflexion personnelle de chacun afin d'établir ses normes, ses limites et ses devoirs. La raison d'être reste quand même plus intime, comme une boussole intérieure, alors que l'éthique est plutôt normative, bien que toujours centrée sur les valeurs humaines. Votre raison d'être sera toujours obsolète si elle ne respecte pas une certaine éthique.

Prenons un exemple extrême, le cas de l'ONG « L'Arche de Zoé ». Cette association française prétendait avoir pour objectif l'aide humanitaire centrée sur des enfants orphelins. Sa raison d'être était de porter secours et assistance aux enfants orphelins en territoires de guerre. Comment ne pas louer cette mission noble et tellement humaine, de sauver des enfants innocents livrés à eux-mêmes au milieu de l'horreur et du chaos ? Cependant, bien que louable, la raison d'être de cette ONG ne respectait aucune éthique, elle était basée sur le mensonge. En 2007, les responsables de l'Arche de Zoé sont arrêtés au Tchad, soupçonnés de vouloir enlever cent trois enfants pour les faire adopter par des familles françaises. Ces enfants vivaient certes dans des régions où sévissait la guerre, mais n'étaient pas des orphelins sans aucune attache. Sous couvert de protection de l'enfance, cette ONG a enlevé ces enfants à leurs familles, violant ainsi toutes règles morales et humaines. Mais ce n'est pas tout : en France, des couples fragiles, désireux de pouvoir enfin devenir parents, verront leurs espoirs anéantis et leur douleur ravivée. Ces couples avaient versé d'importantes sommes d'argent pour réaliser leur rêve. Les responsables de cette ONG ont été reconnus coupables par la justice française, et condamnés. Cette sordide affaire, basée sur une raison d'être louable et nécessaire qui était de protéger les enfants du chaos et de l'abandon, ne respectait aucune éthique. Les responsables ont bafoué l'intégrité physique et morale de ces enfants, ainsi que de leurs familles, mais aussi celle de ces couples en attente d'adoption. Ils ont trompé leurs bénévoles, ils ont utilisé la douleur des uns et des autres, ils ont terni l'image des ONG avec l'appât du gain. Mais peut-être étaient-ils profondément convaincus de sauver ces enfants... L'absence d'éthique a détruit le sens même de leur mission. Cet exemple est extrême, j'en conviens, mais il démontre la nécessité impérieuse d'avoir une raison d'être et une éthique qui soient complètement alignées. Il ne suffit pas d'afficher une raison d'être et un beau programme RSE (Responsabilité Sociétale des Entreprises), encore faut-il les honorer dans les faits et les actes. Si votre raison d'être personnelle ou celle de votre entreprise n'est pas dotée d'une éthique, l'échec est assuré à plus ou moins long terme.

Revenons sur l'exemple de Decathlon. Sa raison d'être est la passion du sport et le désir de le rendre accessible à tous. L'objectif est donc d'avoir une gamme de prix abordables pour pouvoir pratiquer le sport de son choix. Si Decathlon proposait principalement des articles très chers, l'entreprise ne respecterait pas la règle morale de ne pas abuser financièrement de ses clients. Le problème n'est pas le prix de l'article, le problème c'est l'inadéquation entre la raison d'être et l'éthique. La marque de luxe Hermès vend ses articles à des prix très élevés, mais sa raison d'être, c'est de produire des articles uniques, d'une qualité rare pour satisfaire chaque client. Son éthique, c'est le respect absolu du client, de son personnel et de ses fournisseurs. Le « made in France », l'exigence de qualité, un savoir-faire unique, tout ceci a un coût, mais la raison d'être et l'éthique de la marque sont alignées.

ÉTHIQUE ET RAISON D'ÊTRE AU CŒUR DU COACHING

Évoquons maintenant l'éthique au cœur même d'une démarche de coaching. Un coach professionnel est formé pour vous aider à faire émerger votre mission de vie, en congruence avec une éthique et des valeurs. Mais qu'en est-il de l'éthique du coach qui vous accompagne ? Distinguons d'abord deux notions : l'éthique et la déontologie.

Le dictionnaire Larousse définit la déontologie comme « *un ensemble de règles et de devoirs qui régissent une profession, la conduite de ceux qui l'exercent, les rapports entre ceux-ci et leurs clients* ». La déontologie est donc un cadre moral légal imposé au coach. Par exemple, en France, il existe trois grandes déontologies différentes, avec trois principales fédérations de coaching professionnel :
L'EMMC (*European Mentoring and Coaching Council*).

L'ICF (*International Coaching Fédération*).
SFCoach (Société française de Coaching).

Chacune de ces fédérations dispose d'un code de déontologie qui lui est propre, ainsi que des règles de conduite que chaque membre se doit de respecter dans le cadre de sa mission de coach. Ce n'est pas une obligation pour un coach de faire partie de ces organismes, mais c'est un gage de professionnalisme et de qualité indéniable. Personnellement, j'ai décidé d'adhérer à *l'International Coach Federation* (ICF) et de passer la certification *Professional Certified Coach* (PCC) : une reconnaissance de mon parcours de coach attestant plus de 500 heures de pratique, et un engagement de respecter le code déontologique du coaching et notamment des règles d'éthique et de confidentialité. Si l'éthique personnelle est propre à chaque coach, l'ICF pose des règles assez strictes sur l'éthique du coach professionnel qui se réclame de cette fédération.

L'éthique fait partie intégrante des huit compétences clés du coach professionnel ICF :

① Faire preuve d'éthique dans sa pratique
② Incarner l'état d'esprit coaching
③ Définir et maintenir les contrats
④ Développer un espace de confiance et de sécurité
⑤ Rester en présence
⑥ Écouter attentivement
⑦ Susciter des prises de conscience
⑧ Faciliter la croissance du client

(Source : Référentiel des compétences clés de coaching de l'ICF.)

Le coach est un professionnel formé, soumis à une certaine déontologie, mais il reste un être humain avec ses propres valeurs, sa raison d'être et son éthique. Afin d'accompagner au mieux ses clients, il se doit aussi d'être clair avec sa raison d'être et son éthique. Lors d'un accompagnement de coaching, le coach sait prendre du recul, être bienveillant et n'est surtout pas dans le jugement de son client. Lorsque j'accompagne une personne qui va à l'encontre de mes valeurs personnelles, je peux être heurtée dans mon éthique et préférer renoncer au coaching plutôt que d'être en porte-à-faux et dans un jugement de valeur vis-à-vis de mon client. Prenons quelques exemples qui interrogent l'éthique et la responsabilité du coach : un coach, enfant de l'immigration, profondément attaché à la valeur d'ouverture d'esprit et de tolérance, peut-il accompagner le cadre d'un parti d'extrême droite ? Une femme coach sensible à la cause des femmes, qui lutte contre les inégalités hommes-femmes, peut-elle accompagner un dirigeant résolument misogyne ? Un coach très sensible à la cause écologique doit-il accompagner le dirigeant d'une entreprise polluante et destructrice pour la planète ?

Il est possible qu'un coach puisse contribuer à faire évoluer les mentalités sur ces sujets, et qu'il se sente capable d'accompagner des personnes qui ne respectent pas son éthique, mais il doit s'interroger et mettre en place sa propre éthique professionnelle et personnelle pour établir des limites et pouvoir rester performant et utile à son client. L'éthique du coach pose bien d'autres questions passionnantes, mais ce livre n'est pas destiné à en discuter en détail.

COMMENT RELIER VOTRE RAISON D'ÊTRE ET CELLE DE VOTRE ENTREPRISE

Depuis la loi Pacte adoptée en 2019, les entreprises sont invitées juridiquement à déterminer une raison d'être respectant, entre autres, les enjeux sociétaux et environnementaux. Dans la continuité de la loi Pacte, la France dispose d'un arsenal de statuts pour dépasser les obligations légales et faire évoluer les entreprises françaises vers une dimension toujours plus sociétale, solidaire et environnementale :

- → L'Économie sociale et solidaire (ESS) a pour objectif la solidarité et l'utilité sociale ;
- → La Responsabilité sociale des sntreprises (RSE) porte plus particulièrement sur les enjeux environnementaux et sociétaux ;

→ L'Entreprise à Mission s'adresse aux entreprises qui désirent se mettre au service d'une mission sociétale en particulier.

Tout ceci est en chemin, mais la théorie se heurte encore à la pratique. Comment dépasser les simples statuts pour en faire une démarche bien réelle, éthique et pleine de sens ?

Concernant la mission d'entreprise, il est important de la déclarer en des termes simples et authentiques, en ayant pour seule boussole le but de votre mission. La mission d'entreprise est une démarche tournée vers l'action qui explique l'objectif ultime de votre entreprise. Une mission d'entreprise qui a du sens prend en compte ses clients, ses employés et l'impact qu'elle peut avoir sur la société.

Comme nous l'avons vu précédemment, un dirigeant qui a une raison d'être reliée à celle de son entreprise sera plus performant, mais ce n'est pas tout. Si vous parvenez à relier les aspirations de vos collaborateurs avec la mission d'entreprise, alors vous avez toutes les chances d'atteindre tous vos objectifs et de pérenniser celle-ci. Votre mission, en tant que leader authentique et performant, est de trouver ces liens, ces connexions entre tous qui vont faire naître la « magie ». Voilà un beau sujet à accompagner en coaching !

Exemple

Soyons concrets : imaginons que votre raison d'être est de redonner l'envie aux gens de lire des livres plutôt que de passer leur temps sur les réseaux sociaux. Vous créez une petite maison d'édition, dont la raison d'être est de retrouver la vibration du papier et des belles histoires. Vous souhaitez redonner le goût de la lecture en fabriquant des livres reliés de qualité, de véritables objets de collection. Vous constituez une équipe passionnée de littérature, mais surtout de l'objet « livre » par lui-même. Vous vous intéressez à chacun de vos collaborateurs et les incitez à dévoiler leurs aspirations personnelles pour les faire corréler avec la mission de votre maison d'édition. L'un veut devenir écrivain, l'autre veut partir faire le tour du monde... il y a toujours un moyen de trouver un lien entre leurs aspirations et la mission de votre entreprise. Dans cette belle dynamique, votre entreprise se développe, vos clients sont heureux d'acheter des livres magnifiques, ils lisent de plus en plus et font lire les gens autour d'eux. Une population grandissante de lecteurs ne peut que contribuer au bien-être du monde. Vous êtes amenés à embaucher beaucoup plus de personnel, ainsi que des managers que vous formez pour qu'ils puissent être, à leur tour, des leaders authentiques et bienveillants. Le secret de la performance est, je crois, de relier les humains, leurs aspirations et celles de leur entreprise pour faire jaillir cette fameuse étincelle du succès. Et même si vous ne percevez pas encore l'intérêt de faire passer l'humain avant tout le reste, vous finirez par vous en rendre compte un jour, pour le meilleur, mais peut-être aussi à vos dépens. L'exemple de cette petite maison d'édition est imaginaire et vise à illustrer l'intérêt de relier sa raison d'être avec celle de l'entreprise, mais de nombreuses enseignes très célèbres se sont déjà emparées de cette stratégie. Citons-en quelques-unes :

Starbucks

« *Inspirer et nourrir l'esprit humain – une personne, une tasse et un quartier à la fois* ».
La mission de Starbucks, c'est de privilégier les rapports humains autour d'un café, quartier par quartier. Cet établissement est le seul à vous demander votre prénom lors de votre commande. Cette proximité est leur raison d'être et la garante de leur immense succès à travers le monde.

Apple

Comment ne pas évoquer cette marque, tant son histoire a dépassé le produit lui-même. Steve Jobs a été le premier à ne pas vouloir parler de son produit, mais plutôt de la mission de son produit et de ce qu'il allait apporter au monde. Il ne parlait pas d'un simple téléphone ou d'un simple ordinateur, mais d'un outil au design révolutionnaire qui allait améliorer la qualité de vie de l'humanité entière.

Ikea

« Proposer une vaste gamme d'articles d'ameublement, esthétiques et fonctionnels, à si bas prix que le plus grand nombre pourra les acheter ». Cette raison d'être reste universelle, touche à l'intimité d'un intérieur ainsi qu'à un thème fondamental : le pouvoir d'achat. Tout est réuni pour convaincre les clients de rester fidèles à cette marque.

Air France

Face aux défis écologiques de notre temps, Air France a dû s'adapter et faire évoluer sa raison d'être. En plus de sa mission première – qui est de rapprocher les peuples en mettant le monde entier à la portée de tous –, elle prône désormais une aviation plus durable et responsable. Après l'impact dévastateur du confinement sur le tourisme et le transport aérien, Air France a su rester fidèle à ses valeurs, pour accueillir à nouveau ses passagers, et toujours « *Faire du ciel le plus bel endroit de la terre* ».

Toutes ces entreprises ont des raisons d'être fortes et dans l'air du temps. Elles ont su s'adapter aux enjeux de notre époque en se penchant sur des défis écologiques et humains. Cependant, il est nécessaire de rester vigilant et lucide : certaines entreprises peuvent vouloir surfer sur la vague de la raison d'être, valoriser leur image grâce à des valeurs fortes, et ne rien entreprendre concrètement sur le terrain. Finalement, cela peut se révéler être juste une opération de communication, autrement dit ce que l'on appelle du « greenwashing ». Un leader authentique saura au contraire mettre en place avec ses équipes une raison d'être qui aura un réel impact sur le terrain. Avec de tels leaders, la question du greenwashing ne se pose même pas, tant il leur tient à cœur d'évoluer dans l'honnêteté et la sincérité.

CES LEADERS INSPIRÉS P BAR LEUR RAISON D'ÊTRE

Un leader inspirant est une personne qui se connaît bien et qui sait rester elle-même envers et contre tout. Il a des valeurs solides, une vision et une volonté farouche de les affirmer. Le leader inspirant porte des convictions fortes qui vont forger sa raison d'être. De nombreux leaders inspirés par leur raison d'être émaillent l'histoire du monde depuis la nuit des temps. C'est cette raison d'être qui les a galvanisés pour en faire des leaders de premier plan, des leaders qui ont marqué l'histoire :

Nelson Mandela

Cette figure politique est un symbole de lutte, de courage et de résilience. Il incarne à lui seul tout ce que la raison d'être est capable de devenir et d'obtenir. Car la raison d'être de Nelson Mandela a évolué au fil des années et de la douleur immense qui lui a été infligée. D'abord jeune avocat, militant armé contre l'Apartheid, il est devenu le prisonnier politique le plus célèbre du monde. Emprisonné pendant vingt-sept ans, à sa sortie de prison il a tendu la main à ceux qui l'avaient enfermé et torturé, car il était convaincu que c'était la seule chose à faire pour réconcilier les deux peuples d'Afrique du Sud. Nelson Mandela était un leader authentique, inspiré par une mission encore plus grande que lui, une véritable icône de la réconciliation des peuples pour l'éternité.

Simone Veil

En lisant la biographie de Simone Veil, sa raison d'être est flagrante et tient en trois mots : « Plus jamais ça ». Survivante des camps de déportation de Drancy, puis d'Auschwitz pendant la Seconde Guerre mondiale, Simone Veil passera sa vie à se battre pour que les horreurs du passé ne se répètent plus. Elle se positionnera pour la réconciliation des peuples en devenant la première femme présidente du Parlement européen en 1979. Simone Veil est aussi le symbole de la lutte pour le droit des femmes. Le 26 novembre 1974, elle prononce l'un des discours politiques les plus marquants de l'Histoire de France. Avec intensité, justesse et persévérance, elle défend la légalisation de l'IVG face à une Assemblée nationale composée exclusivement d'hommes. Comme j'aurais aimé avoir la chance de l'aider à préparer son discours ! S'ensuivront des attaques d'une violence inouïe, mais l'ancienne ministre de la Santé portera courageusement cette loi jusqu'au vote, marquant ainsi un tournant décisif dans la vie des femmes. L'histoire de Simone Veil est merveilleusement racontée dans le film *Simone, le voyage du siècle*, réalisé par Olivier Dahan en 2022.

Jeff Bezos

Célèbre fondateur de la plateforme de vente en ligne « Amazon », Jeff Bezos a toujours été un leader inspiré par l'innovation, en plaçant au centre de ses préoccupations la satisfaction de ses clients. C'est en voulant ne pas rater le tournant qu'offrait internet en 1994, qu'il s'est risqué dans l'aventure en lançant Amazon. La suite, nous la connaissons. Il révolutionne la vente en ligne et en devient le leader incontesté. Cette volonté d'innover le propulse ensuite dans l'espace, lorsqu'il crée *Blue Origin*, une société permettant d'abaisser le coût d'accès aux voyages spatiaux. Aujourd'hui, la question posée à Jeff Bezos est de savoir si l'entreprise place le bien-être et la satisfaction de ses salariés au même niveau de priorité que celle de ses clients, mais ça c'est un autre débat...

Angela Merkel

Angela Merkel a été la première femme chancelière en Allemagne, pays qu'elle a dirigé pendant seize ans. Femme la plus puissante du monde pendant dix ans, selon le magazine Forbes, elle a su s'imposer grâce à sa rigueur et à sa simplicité. Angela Merkel remplissait ses fonctions sans ostentation ni éclat, elle avait juste l'envie profonde de servir son pays.

La chancelière, régulièrement vue dans les magasins en train de faire ses courses comme tout le monde, est néanmoins devenue une leader incontestée en Europe et dans le monde entier.

Rafaël Nadal

Un des joueurs de tennis les plus doués de tous les temps, il règne en véritable leader sur cette discipline depuis dix-sept ans. Il a gagné son quatorzième Roland-Garros en 2022, à 36 ans. Au-delà du tennis, Rafaël Nadal est adulé et respecté. Il est une véritable source d'inspiration, non seulement pour les amateurs de tennis, mais aussi pour tous ceux qui poursuivent un rêve. Novak Djokovic, joueur ultratalentueux et charismatique, ne jouit pourtant pas de la même aura. Rafaël Nadal a toujours été guidé par trois valeurs : le travail, l'humilité et une attitude irréprochable sur les courts de tennis. Travailler, faire de son mieux, respecter son adversaire et son public a fait de lui l'un des sportifs les plus inspirants de tous les temps.

Michelle Obama

Michelle Obama est une des femmes les plus admirées et les plus influentes du monde. Elle n'a jamais eu aucune fonction politique, et pourtant elle a fortement contribué au succès de son mari en formant avec lui une véritable équipe à la tête du pays le plus puissant de la planète. Pourquoi est-elle si inspirante ? Michelle Obama a toujours défendu la cause des plus défavorisés. Étant une femme noire issue d'une famille modeste de Chicago, elle impose le respect en devenant avocate, et la première « First Lady noire » dans un pays marqué par son passé ségrégationniste. Cependant, elle a toujours gardé une forme de simplicité et d'authenticité qui séduisent le public. Dotée d'un humour et d'une certaine autodérision, elle ne cesse de charmer et d'inspirer sur son passage. Elle a largement imposé son leadership à la Maison-Blanche et a renversé les codes de la First Lady. L'écrivaine Rebecca Walker dit à son propos : « Elle n'a pas laissé le rôle la *définir, elle a défini le rôle* ».

Mary Kay Ash

En 1963, cette femme d'affaires américaine, vendeuse de génie, a fondé sa propre entreprise de cosmétique dans la vente à domicile : Mary Kay Inc. Sa raison d'être était claire : elle voulait traiter ses clients comme elle aurait aimé qu'on la traite, et donner la possibilité aux femmes de réussir et de gagner de l'argent par elles-mêmes. Elle avait déjà bien compris que la réussite de son entreprise passerait par la réussite de ses employés. Fan absolue de la couleur rose, elle offrait une Cadillac rose flambant neuve à ses meilleurs vendeurs. Aujourd'hui, plus de 1,6 million de vendeurs travaillent pour Mary Kay Inc. dans le monde entier, pour un chiffre d'affaires annuel de 4 milliards de dollars.

L'histoire regorge de leaders plus inspirants les uns que les autres. À vous d'étudier leurs parcours et de retenir ceux qui vous font vibrer. Il est important pour un dirigeant ou un manager d'avoir des rôles-modèles et des sources d'inspiration qui le guident vers le leader authentique qu'il veut devenir. Le but n'est certainement pas de copier ou d'imiter, mais de vous nourrir de vos héros pour donner naissance à votre propre style de leadership.

CONCLUSION : UNE ÉPOQUE EN TRANSITION VERS UN AUTRE MONDE

Il me paraît évident que nous vivons une époque de transition entre l'ancien monde et le nouveau. L'Histoire est jalonnée de renouveau et de recommencements, et nous sommes au cœur d'un changement de paradigme, tant au niveau professionnel que personnel.

L'épidémie de Covid-19 a mis le monde à l'arrêt, et a étrillé certains modèles économiques pour en faire émerger d'autres. Nous avons dû nous interroger sur ce qui était essentiel et ce qui ne l'était pas, nous avons dû nous adapter et nous raccrocher à ce qui est essentiel pour nous, ce qui nous donne du sens, notre raison d'être. Confinés pendant cette période, nous sommes, pour beaucoup, revenus à ce qui nous fait vraiment vibrer pour la traverser. La raison d'être, cette étincelle d'authenticité, est le socle de toute réussite, qu'elle soit personnelle ou professionnelle. Les leaders les plus inspirés, ceux qui ont réussi au-delà de l'imaginable, avaient tous une raison d'être puissante et chevillée au corps. Alors pourquoi pas vous ? Ma raison d'être est de contribuer à rendre ce monde meilleur, et c'est en accompagnant les dirigeants et les managers dans leur posture de leader et leur communication que j'ai choisi de mettre en action cette vision. Chacun souhaite devenir meilleur, mais il n'est pas toujours facile de trouver le bon chemin. Le coach joue le rôle d'accélérateur tout en restant dans l'ombre de son client. Ce rôle et cette position me plaisent ! Et vous, prenez le temps de vous interroger sur ce qui vous anime en tant que leader, et sur la mission de votre entreprise. Invitez vos équipes à faire de même ; travaillez en symbiose pour créer du lien et des ponts entre vos aspirations, celles de vos collaborateurs et celles du monde moderne. Toutes les réussites les plus insolentes viennent d'une raison d'être, d'un rêve, d'un idéal, sans exception. Mais vous vous devez d'être dans une démarche sincère : ne le faites pas juste pour inscrire un statut sur le papier pour faire bonne figure... C'est dans le manque d'authenticité et d'alignement que vont naître les dérives, la manipulation et le mensonge. Si vous décidez de bâtir une raison d'être basée sur l'apparence et le profit, faites-moi confiance, vous n'obtiendrez rien, et tôt ou tard vous en subirez les conséquences. N'envisagez pas la raison d'être comme une utopie, eu égard à Steve Jobs, Jeff Bezos, Richard Branson, Angela Merkel et tous ceux pour qui la raison d'être a forgé leur réussite. Envisagez-la comme l'unique clé qui vous permettra d'accéder au succès, à la reconnaissance et au leader authentique que vous aspirez à devenir.

L'EXEMPLE INSPIRANT

Oprah Winfrey, une survivante devenue la reine incontestée des médias

« Qu'importe d'où tu viens et qui tu es, tu peux réussir ».
Oprah Winfrey

La raison d'être d'Oprah Winfrey tient dans ces quelques mots. Oprah a toujours eu la conviction profonde que chaque personne, quel que soit son milieu, pouvait réaliser ses rêves, s'épanouir et impacter le monde. Reine des médias, actrice, éditrice, femme d'affaires de génie et philanthrope, Oprah ne cesse de diffuser ce message, surtout aux petites filles venant de milieux défavorisés. Cette mission de vie trouve naissance dans son enfance difficile et précaire, aux confins du delta du Mississippi. Partie de rien, elle a développé un empire. Personne mieux qu'elle ne peut être persuadée que chaque personne est capable de littéralement changer le cours de sa vie. Oprah est née dans un quartier pauvre, fut élevée par une grand-mère très pieuse et stricte. Elle rejoint sa mère, une domestique souvent absente, à l'âge de neuf ans. Elle grandit dans une atmosphère d'insécurité et de violence permanentes, entre les coups de sa grand-mère, et, plus tard, les agressions sexuelles perpétrées par les propres membres de sa famille. Elle subira des viols répétés jusqu'à l'âge de quatorze ans, où elle tombera enceinte d'un de ses agresseurs. Sa mère la chasse du domicile à cause de sa grossesse ; elle ira vivre chez son père, qui fera de son éducation la priorité absolue. C'est à partir de ce moment qu'elle décide de prendre un nouveau départ et de commencer son ascension fulgurante. Oprah suit une scolarité irréprochable. En parallèle, elle commence à intégrer le milieu des médias, d'abord dans la communauté noire, et plus largement dans différentes chaînes de radio et de télévision. Elle est très douée et cette carrière prend vite le pas sur ses études. En 1985, elle s'impose comme l'animatrice vedette du talk-show : *AM Chicago*. L'année d'après, l'émission change de nom et s'appelle désormais : *The Oprah Winfrey Show*. L'ascension dans le monde des médias et l'influence grandissante d'Oprah ne font que commencer. Elle va se battre contre les inégalités hommes-femmes dans le monde des médias, exigeant des salaires similaires à ceux des hommes, menaçant de démissionner. En plus d'être une animatrice de talent, elle devient une femme d'affaires hors pair en étant la première femme propriétaire et productrice de son propre show. Oprah Winfrey devient une marque et un véritable symbole de résilience et de réussite. Elle ne s'arrête pas là, et devient actrice à Hollywood, mais pas dans n'importe quel rôle. Elle est désarmante de vérité et d'émotion dans le film de Steven Spielberg, *La Couleur pourpre*, où elle interprète le rôle d'une jeune femme révoltée, prise dans l'engrenage infernal de la violence masculine dans le sud de l'Amérique des années 1900. Elle obtient sa première nomination aux Oscars dans un second rôle.

The Oprah Winfrey Show est le talk-show le plus regardé de l'histoire de la télévision. Toutes les stars les plus célèbres de la planète se bousculent pour se confier à son micro. La proximité qu'elle installe avec ses invités, qu'ils soient célèbres ou non, et l'empathie dont elle fait preuve font qu'ils se livrent facilement avec sincérité et émotion. Voilà une autre facette de sa raison d'être : donner l'occasion aux gens de raconter leur vérité. Oprah arrive toujours à créer des moments uniques d'intense émotion sur le plateau. Je pense notamment à ce moment où elle invita un jeune chanteur, gagnant d'un télécrochet, à venir chanter dans son show une chanson de son idole absolue, *Isn't she lovely* de Stevie Wonder. Il commence à chanter, mais derrière un rideau, sur le plateau, se dessine une silhouette familière... des notes d'harmonica résonnent... le rideau tombe et Stevie Wonder reprend le refrain avec le jeune fan, médusé et fou de joie ! Dans sa carrière d'animatrice, elle n'a eu de cesse de se raconter dans toute son authenticité et d'inviter les autres à se raconter aussi. Elle a amené des stars planétaires à se livrer sur son plateau, à montrer au monde qu'elles aussi avaient leurs failles, et qu'elles en ont fait une force : par exemple, Michael Jackson, qui, en 1993, se confie sur les violences subies par son père, mais aussi Lady Gaga qui, en 2020, révèle avoir été violée à plusieurs reprises, étant plus jeune. La vérité est une énergie vertueuse qui se propage, s'intensifie et soigne le monde. Rien ne prédestinait Oprah au destin incroyable qui l'attendait. Rien, à part sa détermination, son authenticité et son désir ardent de dire au monde que tout est toujours possible, surtout aux toutes jeunes femmes noires venant de milieux défavorisés. En 2007, Oprah crée avec Nelson Mandela la *Leadership Academy For Girls* en Afrique du Sud. Cette école est réservée aux jeunes filles issues des foyers les plus modestes, pour leur donner accès à l'éducation et à un avenir brillant. Elle déclare : « Notre travail, c'est de fabriquer des leaders, de créer des outils pour que les filles puissent, pas simplement, utiliser leur corps ici-bas, mais aussi leur cerveau ». C'est en s'inspirant de ses forces et de ses drames, qu'elle a forgé la leader authentique et charismatique qu'elle est devenue, une leader qui a livré un des discours les plus incarnés et les plus forts de ces dernières années à la cérémonie des Golden Globes en 2018, en pleine vague *Me too*. Ce soir-là, elle devient la première femme noire à recevoir le prestigieux prix Cecil B. DeMille pour l'ensemble de sa carrière. Au-delà d'un discours féministe, puissant et fédérateur, elle reste fidèle à sa mission de vie et martèle que la vérité est la seule issue et que les rêves sont toujours à portée de mains, même de celles d'une petite fille noire pauvre du fin fond du Mississippi. Elle termine son discours par ces phrases : « Je veux que toutes les filles qui me regardent actuellement sachent qu'un nouveau jour est à l'horizon. Et quand ce jour nouveau apparaîtra enfin, ce sera grâce à beaucoup de femmes magnifiques, dont beaucoup sont dans cette pièce ce soir, et de certains hommes assez phénoménaux, qui se battent pour s'assurer qu'ils deviendront les leaders d'un temps où plus personne ne dira Me too ».

LES BONNES QUESTIONS À SE POSER

- ✓ Quelles sont vos aspirations profondes ?
- ✓ Connaissez-vous votre raison d'être ?
- ✓ Qu'est-ce qui vous fait vibrer ?
- ✓ Avez-vous défini vos propres valeurs ?
- ✓ Savez-vous ce qui motive vos collaborateurs ?
- ✓ Connaissez-vous la raison d'être de vos collaborateurs ?
- ✓ Quelle est la mission de votre entreprise ?
- ✓ Que peut apporter votre entreprise au monde ?
- ✓ Votre raison d'être est-elle reliée à la mission de votre entreprise ?
- ✓ La raison d'être de vos collaborateurs s'accorde-t-elle avec la mission de votre entreprise ?
- ✓ Comment travaillez-vous avec vos collaborateurs pour faire le lien entre la mission de l'entreprise et leurs projets de vie ?
- ✓ Que voulez-vous apporter au monde en tant que citoyen et dirigeant ?
- ✓ Quels sont les leaders qui vous inspirent le plus ?

CE QU'IL FAUT RETENIR

- ✓ La raison d'être représente ce qui vous fait vibrer en tant qu'individu et en tant que dirigeant.
- ✓ La raison d'être d'une entreprise représente sa mission, ce qu'elle souhaite apporter aux individus et au monde en général.
- ✓ L'humain doit être placé au cœur de toute stratégie de performance.
- ✓ Trouvez votre mission de vie grâce à l'ikigai.
- ✓ Trouvez votre why et bâtissez l'histoire de votre produit.
- ✓ Mettez en place votre éthique personnelle.
- ✓ Reliez votre raison d'être à celle de votre entreprise.
- ✓ Contribuez à relier la raison d'être de vos collaborateurs à la mission de votre entreprise.
- ✓ Inspirez-vous de la raison d'être des plus grands leaders de l'histoire.

ÉTAPE 5

Développer son intuition

« Ayez le courage de suivre votre cœur et votre intuition. L'un et l'autre savent ce que vous voulez réellement devenir. Le reste est secondaire ».

Steve Jobs.

COMMENT DÉFINIR L'INTUITION ET LA RELIER AU MONDE DE L'ENTREPRISE

Le mot « intuition » vient du latin *intuitio* : « acte de voir d'un seul coup d'œil ». Petite voix intérieure, pressentiment, impression de déjà-vu, conviction intime venue d'ailleurs, toutes ces manifestations peuvent prendre la forme de l'intuition et nous les vivons assez régulièrement dans nos vies. Cependant, nous sommes parfois démunis face à ces phénomènes, nous ne savons pas comment les accueillir, quelle importance leur donner, ni comment nous en servir au quotidien. L'intuition est une notion qui paraît souvent floue et qui relève de la spiritualité, elle est donc souvent remise en question, surtout dans un monde aussi cartésien que le monde occidental, et, a fortiori, celui de l'entreprise. Et pourtant, depuis la nuit des temps, l'intuition guide l'humanité et l'accompagne dans son évolution. Au début de l'humanité, l'homme ne pouvait se fier qu'à ses intuitions pour le guider dans sa survie, au milieu d'un environnement hostile. Dans son livre *Le manager intuitif*, Meryem Le Saget nous parle de l'intuition comme étant « *le mode de connaissance le plus naturel de l'homme* », mais elle nous rappelle également que le rationalisme « *a permis d'accéder à la science et à la maîtrise de l'univers par le progrès technique* ». Tout est toujours une question d'équilibre entre les différentes notions essentielles à notre évolution.

L'intuition : « La seule chose qui vaille »

La rationalisation et l'intuition peuvent absolument fonctionner ensemble. C'est d'ailleurs ce qui a toujours fait avancer nos civilisations. Un esprit cartésien qui laisse place à l'intuition fera toujours avancer le monde plus vite, et c'est ce que l'histoire a déjà montré. Prenons l'exemple d'Albert Einstein, l'un des scientifiques les plus influents de tous les temps, un pilier de la physique moderne qui nous a permis de mieux comprendre l'univers et la gravité. Albert Einstein a toujours laissé une grande place à l'intuition dans ses travaux :

« L'esprit intuitif est un don sacré et l'esprit rationnel est un serviteur fidèle. Nous avons créé une société qui honore le serviteur et a oublié le don ».

Tout est dit dans cette citation ! L'esprit cartésien doit être mis au service de l'intuition. Einstein qualifiait même l'intuition comme : « La seule chose qui vaille ». Venant de la part du physicien qui a découvert la théorie de la relativité, cette réflexion mérite qu'on s'y attarde. La mémoire collective s'est aussi emparée de ce phénomène de l'intuition en érigeant des légendes comme celle du célèbre « Eurêka » d'Archimède, au moment où il comprend l'effet de son poids sur le niveau d'eau de sa baignoire, ou bien celle de la pomme que reçoit Isaac Newton sur la tête avant d'élaborer la loi de la gravitation universelle. Nous évoquons ici des légendes célèbres, mais qui ont tellement marqué l'histoire de l'humanité que l'on peut se demander si elles n'ont pas pris naissance dans un fond de vérité.

Dans un contexte économique et mondial aussi troublé, avec l'effondrement de nos modèles économiques, l'épuisement de nos ressources, des conflits géopolitiques meurtriers et des leaders enivrés de pouvoir, n'est-il pas temps pour l'être humain de revenir *« à sa dimension intérieure »*, comme l'appelle de ses vœux Meryem Le Saget dans son ouvrage ? En d'autres termes, ne devons-nous pas nous faire un peu plus confiance et écouter cette petite voix qui vient nous conseiller à certains moments de nos vies ?

Isabelle Fontaine, auteure et thérapeute, a beaucoup étudié l'intuition et a écrit plusieurs livres à ce sujet. Dans son intervention au Cercle du Leadership, elle définit l'intuition comme la capacité à capter une information sans passer ni par la logique ni par la raison. Elle nous précise aussi que chaque personne est capable d'avoir des intuitions, il suffit de leur laisser un peu plus de place. Ces intuitions naissent dans notre intériorité, elles transitent surtout par des sensations corporelles, mais aussi par des ressentis subtils et l'apparition d'images. Pour nous aider à mieux comprendre, Isabelle Fontaine évoque quatre catégories d'intuitions :

L'intuition impression c'est une information qui nous arrive de manière subite et subtile, comme avoir une mauvaise impression au sujet d'une personne.

L'intuition action : c'est la nécessité impérieuse de faire une action sans trop savoir pourquoi. Par exemple, prendre un chemin que nous ne prenons jamais et voir se produire des hasards heureux, comme rencontrer la bonne personne au bon moment.

L'intuition message : c'est une information qui arrive comme un message très précis dans notre esprit. Elle se manifeste par les sens, comme, par exemple, refuser catégoriquement d'acheter un bien immobilier à cause d'une intuition.

L'intuition insight c'est l'intuition de type « Eurêka » : une idée lumineuse qui surgit comme celle de la poussée d'Archimède ou de la gravité d'Isaac Newton. C'est une certitude absolue qui vient aussi avec beaucoup d'émotion. Ce type d'intuition est très présent chez les scientifiques, mais peut aussi être à l'origine d'un changement radical dans une vie.

La méditation peut être une source puissante et génératrice de ce type d'intuition. Étant pratiquante depuis plusieurs années, j'en fais régulièrement l'expérience à titre personnel.

Isabelle Fontaine nous parle aussi de deux autres types d'intuition. D'abord, celle qui revient toujours dans votre vie à intervalles réguliers : l'intuition de ne pas être à sa place dans son travail et de devoir en changer, ou alors de devoir quitter son conjoint. Et puis un type d'intuition, plus tabou, qui relève de la télépathie : celle d'être fortement connecté à une autre personne. Cette intuition naît entre des personnes très proches ; par exemple quand une maman ressent que son enfant ne va pas bien, alors qu'il vit à des centaines de kilomètres d'elle.

Ce que disent les neurosciences à propos de l'intuition

Qu'en est-il de l'intuition pour les neurosciences? Dans le magazine *Psychologie*, de nombreux neuroscientifiques affirment que l'intuition n'est pas un don, mais une faculté à la portée de tous. Le cerveau comporte deux parties : l'une est rationnelle et gère nos apprentissages, et l'autre est plus émotionnelle. Elle s'adapte davantage et possède la capacité de sortir d'une certaine logique. En résumé, notre cerveau aurait la capacité de capter des informations sensorielles avant notre conscience, et d'apporter la solution la plus adaptée grâce à notre banque de données sensorielles. Les neuroscientifiques parlent de l'intuition comme d'un « inconscient d'adaptation ». Les émotions jouent donc un rôle primordial dans la capacité intuitive, et ceux qui y sont les plus connectés seront les plus intuitifs et les plus sensibles.

Vous vous reconnaissez sûrement dans l'une de ces manifestations de l'intuition, voire dans plusieurs. Le fait est que nous ne l'assumons pas toujours. Dans le monde de l'entreprise, à l'image des scientifiques, bon nombre de dirigeants se fient à leur intuition pour prendre des décisions majeures. Le but d'un dirigeant étant d'innover toujours plus, il se doit de faire appel à sa créativité et à celle de ses collaborateurs.

Suivez cette petite voix qui vous dit où aller

La créativité ne peut naître que dans la dimension intérieure des êtres, en suivant cette petite voix qui vous dit où aller. À l'instar des scientifiques, les dirigeants d'entreprise contribuent à changer le monde grâce à leurs intuitions : Jeff Bezos a créé Amazon en 1994, car il avait remarqué le potentiel énorme de la bulle internet, et était persuadé que ce serait une révolution pour la vente en ligne. Son modèle d'entreprise est basé sur l'anticipation des désirs des clients et la connaissance de leurs besoins avant même qu'ils en prennent conscience. Pour ce faire, il est impératif d'avoir une bonne dose d'intuition et surtout d'y accorder de l'importance.

Dans son discours aux étudiants de Stanford, en 2005, Steve Jobs célèbre l'intuition en nous apprenant qu'étant jeune il a abandonné un cursus classique à l'université pour se former à la calligraphie, en dépit de tout bon sens. Cependant, c'est cette formation artistique qui, des années plus tard, lui permit de créer l'identité graphique design qui contribua au succès planétaire d'Apple.

Comment ne pas croire à l'intuition quand on est persuadé qu'une entreprise privée peut envoyer des fusées dans l'espace et contribuer à la conquête spatiale ! Elon Musk n'a jamais abandonné cette idée – qui paraissait inconcevable, mais qui est rentrée dans les mœurs aujourd'hui.

L'intuition, c'est ce petit truc en plus, cette étincelle qui fait jaillir le succès inévitable d'une entreprise. L'intuition, c'est ce qui relie les grandes idées au monde d'aujourd'hui.

Ces icônes de l'entrepreneuriat et de la technologie ont toujours complètement assumé le pouvoir de leurs intuitions. Cependant, en 1994, une étude de la Harvard Business School nous révèle que, sur 1300 managers, 80 % expliquent leurs succès grâce à la prise de décision intuitive, et 75 % affirment utiliser autant leur intuition que leur logique. Mais la moitié d'entre eux ne veulent pas l'admettre publiquement. Cette étude, relatée dans un article des *Échos Business* en 2019, date d'il y a presque trente ans. Que peut-on dire des dirigeants et des managers d'aujourd'hui ? Même si les plus grands dirigeants du monde prônent l'importance de l'intuition, est-elle quand même plébiscitée au quotidien dans le monde de l'entreprise ? Qu'en est-il du dirigeant ou du manager intuitif de notre époque ?

LE MANAGER INTUITIF

Comme nous l'avons vu précédemment, l'intuition est expliquée par les neurosciences. Cependant, elle reste tout de même un phénomène mystérieux et de l'ordre de l'intime. Que nous soyons cartésiens ou non, nous sommes tous des êtres intuitifs, eu égard à ce que nous avons tous déjà vécu dans notre vie, que nous l'admettions ou pas. Il est donc parfois difficile, dans le monde cartésien de l'entreprise, de parler d'intuition et de lui laisser de la place dans un processus de décision privilégiant plutôt la raison. Et pourtant, l'intuition et la raison peuvent être de très bonnes alliées pour prendre les meilleures décisions. Je dirais même plus : l'intuition et la raison sont indissociables pour mener à bien des projets d'envergure. Henri Poincaré, mathématicien français, affirmait : « *C'est avec la logique que nous prouvons et avec l'intuition que nous trouvons* ». Le manager intuitif est une personne qui est à l'aise avec ses émotions, qui sait les écouter et qui laisse la place à cette fameuse étincelle, ce petit truc en plus qui fera toute la différence : son intuition. Il peut jongler entre l'analyse rationnelle et l'intuition, mélanger les deux, se fier à l'intuition de ses collaborateurs, approfondir ses recherches et ses réflexions. Rien n'est figé : chaque manager fixe ses propres règles et limites en la matière. Une chose est sûre, c'est que l'humanité survit, se perpétue et évolue depuis des millions d'années grâce à la raison et l'intuition ; c'est un processus naturel ancré dans l'inconscient collectif, alors pourquoi ne pas l'utiliser dans le monde de l'entreprise ?

Le monde du travail est en perpétuelle mutation. Les leaders doivent toujours s'adapter pour rendre leur entreprise pérenne et performante. La crise du Covid et son impact psychologique, le changement de modèle économique, la normalisation du télétravail, la technologie toujours plus innovante, etc., tous ces facteurs contribuent à changer le monde du travail, mais ne le rendent pas plus performant pour autant. C'est aux dirigeants et aux managers qu'il va revenir de porter ces changements et d'amener leur organisation à s'adapter pour faire face à une concurrence de plus en plus féroce. Et c'est exactement là que le manager intuitif entre en scène : il devra développer des capacités plus subtiles et plus humaines pour faire la différence :

- → Fédérer et motiver ses collaborateurs autour d'une vision commune et pleine de sens.
- → Se positionner comme un leader authentique et inspirant pour marquer une vraie rupture avec le leader autoritaire traditionnel.
- → Soigner une communication claire, sincère et efficace.
- → Bâtir autour de lui une équipe solidaire, motivée, et toujours soucieuse de s'améliorer et de progresser.
- → S'appuyer sur son intelligence émotionnelle et ses qualités humaines comme l'empathie, la patience, la pédagogie, la souplesse, l'ouverture d'esprit et bien sûr l'intuition.

Le manager intuitif dispose de plusieurs pouvoirs qui font de lui un leader authentique, charismatique et performant. Il est expert en relation avec les autres, mais aussi avec lui-même. Il sait rester à l'écoute de ses collaborateurs pour mieux les cerner et percevoir des choses au-delà de leur simple personnalité. Il prend en compte leur état émotionnel et sait extraire le meilleur de chacun d'eux pour le bien de l'entreprise. Le leader intuitif sait tisser des liens solides et sincères avec ses collaborateurs, mais contribue aussi à bâtir une équipe cohérente, avec une belle dynamique de groupe, une équipe qui saura être efficace et toujours autonome. Il est aussi important d'interagir avec chaque individu, afin de personnaliser la motivation, puisque chaque individu est unique et fonctionne à sa manière. Le manager intuitif connaît chacun de ses collaborateurs et sait ce qu'il doit mettre en place pour qu'ils puissent développer leur plein potentiel au service du collectif et de l'entreprise. La confiance est un élément crucial et fondateur entre les collaborateurs et leur dirigeant. Elle doit être entière et réciproque, pour insuffler cet esprit d'équipe si nécessaire au bon fonctionnement d'une entreprise. Avant de penser chiffres et résultats financiers, le manager intuitif se soucie des humains qui composent son équipe, et il lui tient à cœur de vivre une vraie aventure humaine. C'est pour cette raison qu'il est passionné et passionnant, désireux de transmettre sa vision et d'aider ses collaborateurs à progresser et surtout à se révéler. Un salarié qui travaille à sa juste place et qui utilise tous ses talents trouve du sens dans sa mission et se donne à 100 % pour son entreprise, l'humain étant la clé de la performance et du succès. Il sait aussi résoudre des problèmes complexes et prendre des décisions importantes dans n'importe quelle situation. Le manager intuitif ne tergiverse pas : il prend en compte l'avis de ses collaborateurs ainsi que le sien, mais sait aussi écouter sa petite voix intérieure qui l'aide à trancher.

Les capacités intuitives ne relèvent pas de la magie. Encore une fois, nous sommes tous des êtres intuitifs depuis la nuit des temps. Il suffit d'apprendre à laisser de la place à l'intuition et à l'écouter. Dans ma vie, j'ai appris à écouter et à suivre mes intuitions, tant au niveau professionnel que personnel : j'ai trouvé ma voie en accompagnant des dirigeants pour qu'ils se révèlent et deviennent des managers plus épanouis, alignés et performants. Je me suis aussi beaucoup apaisée, car je suis aujourd'hui convaincue que toutes les solutions se trouvent en nous, et tout mon travail de coach est de vous guider vers elles.

DU MANAGER RATIONNEL AU MANAGER INTUITIF

L'intuition est donc une manifestation subite qui ne naît pas d'une émotion, mais peut se traduire par elle. Par exemple : vous rencontrez votre nouveau manager pour la première fois et vous avez cette intuition que votre relation ne va pas fonctionner. Cette information est subite, sans raisonnement logique, en revanche elle vient à vous par des sensations corporelles et des émotions comme la peur, le dégoût, la colère, etc. Intuition et émotions sont très liées. Cependant, bon nombre d'entreprises peuvent se targuer de privilégier la raison et la logique en laissant l'émotion de côté. Et pourtant, comme l'affirme Meryem Le Saget dans son ouvrage *Le manager intuitif*, « l'irrationnel et l'affectif ont fait irruption dans ces temples de la pensée contrôlée que sont nos organisations ». Notre exemple précédent, sur la sensation immédiate de ne pas « sentir » une personne, arrive tous les jours dans les entreprises. Vous-même qui êtes en train de lire ces lignes, avez déjà sûrement fait cette expérience ; c'est de l'ordre de l'irrationnel et cela relève de l'intuition. Une entreprise est comme une scène de théâtre où se jouent des scènes de vie permanentes, entre drame et comédie, amour et haine. Je prends l'exemple de cette secrétaire de direction qui est terrorisée par son patron et qui n'ose pas lui en parler. Elle finit par se persuader qu'il la déteste et qu'elle va se faire licencier tôt ou tard. Elle construit son petit scénario, jusqu'au jour où l'un de ses proches l'exhorte à aller parler à son patron. Elle explose en sanglots devant un homme complètement abasourdi, qui n'a jamais éprouvé pour elle et son travail qu'un profond respect... Mais étant tellement surmené et stressé, il n'a donné que l'image d'un dirigeant mécontent et froid. Après une longue discussion constructive, sa collaboratrice est rassurée et ils conviennent de mieux communiquer pour ne pas reproduire cette situation de tension. Drame, comédie et happy end... l'entreprise est le lieu de toutes les passions, de tous les quiproquos et de toutes les réconciliations. Sans parler des relations d'amitié et d'amour qui peuvent se faire et se défaire. Affirmer qu'une entreprise ne navigue qu'entre logique et raison est donc une aberration vérifiable au quotidien.

Le manager qui se veut intuitif et authentique ne dirige plus simplement un individu qui produit, mais un individu dans sa globalité, avec sa sensibilité, sa personnalité, ses qualités et ses objectifs. Diriger autrement, à l'ancienne et de manière autoritaire, est devenu obsolète et ne fera qu'amorcer le déclin de l'entreprise. En tenant les émotions à distance, vous ne ferez que vous éloigner de vos collaborateurs et, à terme, la performance de votre entreprise en sera affectée. Il est important de comprendre que les deux moteurs les plus puissants de la performance d'une entreprise sont l'efficacité et la motivation. Ces deux notions sont interdépendantes et ne reposent que sur l'émotionnel.

Le manager intuitif et authentique

Le manager intuitif et authentique a compris l'importance de l'humain dans son organisation. Il est conscient de la montée en puissance des aspects émotionnels et irrationnels, car il a appris lui-même à utiliser son intuition. Son intelligence émotionnelle lui permet de cerner les aspirations de ses collaborateurs pour les faire résonner avec celles de l'entreprise. Il est primordial de préciser que le dirigeant intuitif agit de manière sincère et écologique pour ses collaborateurs et son entreprise, il n'est absolument pas dans la manipulation. Comme mentionné précédemment, les êtres humains savent repérer les faux semblants et les attitudes mensongères. Ce genre de procédé n'a aucune chance de réussite, ni à court ni à long terme.

L'époque actuelle contribue à une montée en puissance de l'émotionnel dans nos vies personnelles, mais aussi dans l'entreprise. Ajoutés à leurs lots d'expériences émotionnelles quotidiennes, la crise du Covid et les conflits géopolitiques ont fortement impacté notre état psychologique.

La crise du Covid a généré un stress et une peur intense chez les salariés : la peur de perdre son emploi et de ne pas être payé, sans compter la peur pour sa santé et celle de ses proches. Cette crise nous a aussi éloignés les uns des autres et a maintenu certaines personnes dans une solitude extrême. On ne peut pas nier un impact psychologique énorme, qui a automatiquement rejailli dans le milieu de l'entreprise. Le conflit en Ukraine et ses répercussions sur nos vies ont encore plus enfoncé le clou de la peur et de l'incertitude. Les salariés ont souvent dû faire des concessions en reprenant le travail, avec une charge de travail augmentée, et parfois des salaires diminués pour faire face à l'ampleur de la crise. Conscients de la gravité de la situation, cela n'empêche pas une certaine désillusion et résignation des salariés pour aboutir à une perte totale de sens et de motivation. Ces réactions émotionnelles en chaîne sont humaines et proportionnelles à l'ampleur de la crise. Cela étant, il est capital pour une entreprise de ne pas se laisser submerger et de redresser la barre pour redonner un cap. Pour ce faire, il faut des managers et des dirigeants doués d'une grande intelligence émotionnelle afin de savoir appréhender et gérer la situation. Les managers humains, authentiques, passionnés et intuitifs, seront les héros des entreprises de demain. Pour cela, ces managers devront cultiver une vraie force intérieure, mais aussi se faire confiance pour développer leur intuition.

L'intuition naît du silence et de l'imagination créatrice

L'intuition est une expérience intime qui se travaille dans le silence et la solitude. Vous n'entendrez jamais rien dans le bruit ambiant de la vie. Il est nécessaire de trouver sa « chambre à soi », comme le précisait Virginia Woolf, son moment de tranquillité à l'écart de la société. En voulant capter ces intuitions, vous devrez accepter votre vulnérabilité et votre droit à l'erreur. En effet, il est très fréquent de reconnaître son intuition quand on ne l'a pas suivie et qu'on en subit les conséquences. Pour développer votre intuition, vous devez accepter de travailler assidument, jusqu'à en reconnaître les signes et finir par la reconnaitre avec précision. C'est un véritable chemin d'apprentissage. Sachez confronter vos intuitions avec la réalité pour en percevoir le bien-fondé et ce qu'elles peuvent apporter de bénéfique dans votre vie et dans votre entreprise. Nous sommes toujours dans notre juste équilibre, entre logique et intuition ; il ne s'agit pas non plus de rester coincé dans une réalité parallèle, mais bel et bien d'en tirer des bénéfices et d'améliorer ses capacités intuitives.

L'intuition permet de capter des choses bien au-delà des apparences, des informations précieuses pour progresser, mais elle nécessite que votre esprit et votre cœur soient ouverts. Développer ses capacités intuitives, c'est d'abord être en paix avec soi-même et savoir écouter sa petite voix intérieure.

L'intuition désigne ce sixième sens qui nous pousse à prendre une décision plutôt qu'une autre sans raison apparente. L'auteur et inspirateur Napoléon Hill parle de cette « imagination créatrice » que possèdent la plupart des gens, sans jamais l'utiliser. L'intuition constitue le pont direct vers une forme d'intelligence infinie, qu'on atteint en élevant sa conscience pour voir la réalité de plus haut. Les génies possèdent cette faculté, qui leur permet d'avoir des révélations et de s'élever au-dessus de la masse. Cette intuition est à la portée de tous, et pourtant bien peu l'écoutent et s'en servent comme d'une arme utile de prise de décision.

La méditation, une voie vers l'intuition

L'intuition s'aiguise et s'affine à force de la travailler. Vous pouvez, par exemple, atteindre des niveaux de conscience plus élevés et vivre des intuitions fortes lorsque vous pratiquez régulièrement la méditation. Les idées vous viennent alors à l'esprit et semblent s'imbriquer comme un puzzle avec une évidence manifeste. Elles émanent d'une sorte d'intelligence supérieure qui provient de votre inconscient, et qui dépasse tout raisonnement logique et conscient. Vous savez, mais vous ne savez pas pourquoi vous savez. Les grands génies et les surdoués ont souvent la réponse sans passer par un raisonnement méthodique. Lorsqu'il s'agit de jeunes élèves brillants, cette situation les met en difficulté quand il s'agit d'expliquer au professeur le « pourquoi » et le « comment » de la bonne réponse. Ils savent et sont tentés de le dire, sans épiloguer ni argumenter. Voilà pourquoi les prodiges ont souvent été de piètres élèves à l'école. Ils sont hors norme et possèdent une intuition et une énergie créatrice très développées et innées qui s'imposent à eux. Si vous pratiquez la méditation, n'avez-vous jamais eu cette impression de « planer » au-dessus de vous-même ? C'est alors que les réponses vous viennent comme si les pièces du puzzle s'imbriquaient les unes aux autres en une fraction de seconde, comme par magie, alors que vous cogitiez sur le problème depuis des jours sans trouver la solution. Étant une pratiquante chevronnée et assidue depuis de nombreuses années, j'ai souvent ces intuitions en méditant. Elles sont d'ailleurs très précieuses pour mon métier de coach, quand elles m'apportent des réponses sur un plateau pour mieux guider mon client. À force de pratiquer chaque jour, mon intuition s'est affinée et ma pensée s'est clarifiée. Chaque méditation de trente minutes est pour moi un temps de pause et un moment privilégié pour me recentrer. Vingt minutes suffisent pour vous amener à un niveau de conscience supérieur qui vous met en relation directe avec cette petite voix intérieure qui émane de votre inconscient, et qui possède souvent les bonnes réponses. J'aime utiliser la métaphore de l'aigle : lorsque vous élevez votre conscience, vous planez au-dessus de votre réalité pour mieux en percevoir toutes les dimensions et les secrets cachés. Les problèmes superficiels disparaissent et vous êtes amenés à l'essence de vous-même, avec une acuité plus grande. Alors que tout vous semblait flou et problématique, tout devient soudainement clair et limpide. Je parle souvent d'une évidence qui s'impose à moi, et me met devant les yeux les bonnes idées et la solution à un problème. Tout un chacun possède cette faculté créatrice et cette intuition, mais bien peu l'utilisent et l'exercent. Le jeu en vaut pourtant la chandelle : dans cet état d'exaltation, vous êtes libre. Les portes s'ouvrent. Votre intuition vous guide et vous montre le chemin là où aucun raisonnement mathématico-logique n'aurait pu vous le montrer avec autant de transparence et de clarté. Plus vous exercez cette faculté intuitive, plus elle s'affine et se révèle fiable. Un peu comme un muscle que vous avez à cœur de travailler. Exercez votre intuition en vous accordant un temps de pause, par exemple sous la forme d'une méditation. Le voyage vers l'inconscient vous guide vers votre petite voix intérieure qui sait qu'elle est dans le vrai. Tous les grands artistes utilisent cette intuition pour créer et accéder à leur inconscient. Leur création est souvent le fruit d'un état de conscience modifié, qu'il est possible à tous d'atteindre, dès lors que l'idée même de l'intuition créatrice est acceptée comme une réalité. Ensuite, il ne reste plus qu'à vous faire confiance. Les grands patrons notamment chez Google commencent sérieusement à s'y intéresser, en accordant des temps de méditation à leurs managers pour prendre du recul et mieux décider.

L'INTUITION ET LES SYNCHRONICITÉS SELON CARL GUSTAV JUNG

« Ce qu'on ne veut pas savoir de soi-même
finit par arriver de l'extérieur comme un destin »
Carl Gustav Jung

Carl Gustav Jung était un médecin psychiatre contemporain de Freud. Il fut d'abord passionné par les travaux de celui-ci sur l'interprétation des rêves, mais s'en est vite éloigné, trouvant ce dernier trop rigide. Il est l'un des pionniers du développement personnel, dans le sens où il a inventé la psychologie analytique comme moyen de parvenir à la connaissance de soi. Une des principales différences entre la psychanalyse de Freud et la psychologie analytique, c'est que cette dernière s'inscrit *« dans une démarche d'analyse de l'inconscient individuel, mais aussi collectif »*. Carl Gustav Jung considère donc qu'il y a une conscience collective qui relie les individus grâce à des mythes et des symboles universels. Joseph Campbell s'est largement inspiré de ses travaux pour nous expliquer les différents archétypes à travers le célèbre « *voyage du héros* » relaté dans son livre *Le Héros aux mille et un visages.* À l'inverse de Freud, Jung pensait que notre inconscient ne recelait pas que des refoulements, mais aussi des messages, comme les rêves prémonitoires, qui pouvaient nous donner des indications pour progresser, s'accomplir et réussir notre vie. Carl Gustav Jung laissait donc une très grande place dans ses travaux à l'irrationnel, au subtil et aux fameuses synchronicités dont il s'est souvent fait le chantre. Une synchronicité, c'est la relation entre deux événements qui n'ont aucun lien de causalité, mais dont l'association des deux prend tout son sens pour la personne qui les perçoit. Jung a souvent cité en exemple celui du « scarabée d'or », dans l'une de ses séances : alors qu'il était en analyse avec une patiente qui lui parlait de la présence d'un scarabée d'or dans l'un de ses rêves, un scarabée d'or est venu taper contre la vitre de son cabinet, les troublant tous les deux et relançant la séance de la patiente sur un nouveau chemin. Jung explique ce phénomène par l'existence d'un inconscient collectif situé dans une autre dimension, une sorte de mémoire de l'humanité à laquelle nous serions tous reliés. Nous pouvons constater que les phénomènes de synchronicité et d'intuition sont liés, ils sont tous les deux très soudains, sans explication rationnelle, et pourtant ils nous guident dans la réalité bien tangible de nos vies. Dans son ouvrage fondateur *Types psychologiques,* Carl Gustav Jung présente une structure schématique de la pensée fondée sur les quatre fonctions psychiques de chaque individu à des degrés différents :

- → le type **Pensée** ;
- → le type **Intuition** ;
- → le type **Sentiment** ;
- → le type **Sensation**.

Pour Jung, l'intuition représente la capacité à projeter tous les possibles au-delà de la situation présente. Ses travaux sur les types psychologiques ont été ensuite repris par les psychologues américaines Isabel Briggs Myers et sa mère Katherine Cook Briggs, qui ont créé, en 1962, le très célèbre questionnaire de personnalité : le *MBTI* ou *Test des 16 personnalités*. C'est à ce jour l'un des outils de connaissance de personnalité le plus abouti et le plus utilisé dans le recrutement, et l'intuition y occupe une place importante.

LES ÉTATS DE CONSCIENCE MODIFIÉS : MÉDITATION, INTUITION ET TRANSE

De nombreux chercheurs s'intéressent aujourd'hui aux états de conscience modifiés.

La méditation : ce que démontre la recherche sur le sujet

En 2019, le neurologue belge Steven Laureys a mené plusieurs expériences sur les bienfaits de la méditation sur le cerveau. Il a pu bénéficier d'un cobaye de choix en la personne du célèbre moine bouddhiste Matthieu Ricard, qui cumule plus de 60 000 heures de méditation à son actif. Il est important de préciser que Matthieu Ricard est aussi un scientifique, titulaire d'un doctorat en génétique, et qu'il a travaillé à l'Institut Pasteur avant de partir vivre et méditer dans l'Himalaya.
Dans un article du journal Les Échos publié en 2019, Steven Laureys nous explique que la méditation agit à trois niveaux :

→ La structure même du cerveau. La méditation agit sur l'épaississement de la matière grise dans des zones déterminantes pour l'attention, la régulation des émotions et la mémoire.
→ La connectivité du cerveau. La matière blanche qui interconnecte les neurones formant la matière grise est, elle aussi, renforcée par la pratique de la méditation. Le neurologue précise d'ailleurs que les deux hémisphères du cerveau de Matthieu Ricard sont beaucoup mieux connectés entre eux que ce qui est le cas d'habitude pour un homme de soixante-dix ans.
→ L'activité cérébrale, qui est beaucoup plus intense, avec une capacité très développée à ressentir des affects positifs.

À la suite de ces séries d'expériences sur Matthieu Ricard, le neurologue et son équipe ont pu constater pour la première fois dans l'histoire de la neurobiologie qu'un individu pouvait contrôler son esprit. Steven Laureys conclut l'article en insistant sur les effets bénéfiques de la méditation sur tout type de méditant, du débutant au plus chevronné. Il rappelle que le cerveau est doué d'une formidable propriété, qui est la plasticité. Toutes les formes de méditation vont contribuer à muscler son cerveau et vont avoir des bénéfices précieux sur le long terme.
Christophe André est un psychiatre reconnu pour avoir été l'un des premiers à avoir intégré la méditation de pleine conscience dans la psychothérapie. La méditation de pleine conscience, « mindfulness » en anglais, a été développée par le professeur émérite de médecine Jon-Kabat-Zinn en

1979. Issue du bouddhisme, la méditation de pleine conscience est une pratique laïque visant, dans un premier temps, à réduire le stress et les états d'angoisse. Cette technique a été ensuite utilisée dans le cadre du bien-être et du développement personnel. Elle consiste à se concentrer sur le moment présent et sur ses sensations. Il ne s'agit pas de ne penser à rien, mais de s'observer avec calme et bienveillance pour calmer son mental et le flot de ses ruminations. Les pensées négatives sont celles qui nous font le plus de mal quand on les ressasse en boucle ; les calmer nous rend forcément plus apaisés.
Nous pouvons constater que, de plus en plus au fil des années, les scientifiques s'intéressent et plébiscitent les capacités humaines subtiles comme l'intuition et la méditation. L'objectif n'est pas d'abandonner la rationalité, mais de savoir faire appel à des capacités plus intuitives pour trouver un juste équilibre, ce qui va contribuer au bien-être des individus en tant que salariés d'une entreprise, mais surtout en tant qu'êtres humains dignes de trouver le bonheur et l'épanouissement.

Les recherches de Corine Sombrun sur la transe

Corine Sombrun grandit en Afrique. À son arrivée en France, elle étudie la musicologie, le piano et la composition. En 1999, elle s'installe à Londres pour travailler comme compositrice et part faire des reportages pour BBC World Service dans le cadre d'un programme sur les religions. C'est lors d'un de ces reportages en Mongolie qu'elle assiste à une cérémonie chamanique. Le son du tambour déclenche en elle une transe lui faisant perdre complètement le contrôle de ses mouvements. Elle éprouve la sensation d'une transformation, de devenir autre chose. Dans le cas présent, elle se sent pénétrée par l'esprit d'une louve. La chamane qui préside la cérémonie reconnaît en elle des prédispositions pour devenir chamane et lui conseille de développer son don. Corine Sombrun va partager son temps pendant huit ans entre la Mongolie et l'Europe, pour suivre un enseignement chamanique. Convaincue, selon ses propres mots, « *de ne pas être dingue* », elle remarque qu'elle sort de ses états de transe toujours plus forte et moins sensible à la douleur. Son expérience dans la pratique

de la transe et son travail personnel lui permettent petit à petit d'induire la transe par sa seule volonté, sans plus avoir besoin du son du tambour. À partir de là, elle souhaite comprendre tous les mécanismes cérébraux de l'état de transe, et collabore avec des chercheurs et des neurologues de renommée mondiale pour démontrer que la transe est un potentiel du cerveau humain, et qu'il est aussi possible de la déclencher par sa seule volonté. En 2006, elle met en place avec le neuropsychiatre Pierre-Flor-Henry, de L'Alberta Hospital, au Canada, un protocole de recherche, et c'est au bout de dix ans qu'ils pourront présenter leurs résultats dans une publication scientifique : *Flor-Henry et al. 2017*. Ces résultats prouvent bien que la transe modifie les circuits du fonctionnement cérébral. Corine Sombrun ne cesse d'améliorer sa technique pour déclencher la transe par sa seule volonté, afin de pouvoir effectuer toutes les batteries de test en laboratoire. Cette forme de transe, qui sort de la tradition chamanique, se nomme désormais la Transe Cognitive Auto-Induite. En 2019, elle crée avec le professeur Francis Taulelle, directeur de recherche émérite au CNRS, le *Trance Science Research Institute*. C'est une structure qui travaille, entre autres, avec le neurologue spécialiste de la conscience Steven Laureys, sur des protocoles impliquant plusieurs « transeurs » afin d'étudier les effets de la transe sur le cerveau. Il est donc admis que la transe est un potentiel du cerveau au même titre que la méditation ou l'hypnose.
La continuité logique et précieuse de tout ce travail d'étude est d'observer précisément quels peuvent être les bénéfices thérapeutiques de la transe auto-induite sur l'individu. Le *Trance Science Research Institute* étudie ses effets sur la gestion émotionnelle, la douleur et la fatigue, notamment chez les patients atteints d'un cancer. L'une des priorités de cette structure est aussi de former des soignants pour qu'ils puissent faire bénéficier leurs patients des applications thérapeutiques de la transe adaptée à leur spécialité. Il existe, depuis septembre 2021, à l'Université Paris 8, un diplôme universitaire autour de la transe. Nous voyons bien ici l'application scientifique concrète du phénomène de transe dans le monde rationnel. Corine Sombrun évoque aussi s'être confrontée à de nombreuses réticences de la part du monde scientifique, mais elle a suivi son intuition, étant convaincue que la transe chamanique pouvait s'intégrer dans un monde rationnel pour pouvoir aider des gens et l'humanité tout entière.

Les artistes utilisent depuis longtemps cet accès à la transe, qui les plonge dans un état de conscience modifié et leur permet d'ouvrir un autre champ des possibles et de créer. Jackson Pollock, un des plus grands peintres expressionnistes abstraits, celui qui a inventé la technique du Dripping – qui consiste à projeter de la peinture sur une toile –, se serait inspiré du chamanisme amérindien et des peintures de guérison des Navajos. La transe est aussi un outil précieux pour voir le monde différemment et avoir accès à des canaux plus subtils. Dans une époque résolument tournée vers l'écologie, appréhender le vivant différemment peut être un atout pour la planète. C'est aussi un merveilleux moyen de voir plus loin, sans crainte, et d'accepter avec plus de sérénité notre finitude.

L'INTUITION AU CŒUR DE MES COACHINGS D'ENTREPRISE

Lorsque j'accompagne des dirigeants dans leur prise de parole, je leur propose de prendre un temps pour eux, pour visualiser leur succès, avant d'entrer sur scène. Lorsqu'ils ont une décision importante à prendre, je leur conseille de quitter la pièce le temps de se retrouver avec eux-mêmes et d'écouter leur petite voix intérieure qui « sait ». Certains m'appellent, et nous faisons ensemble le chemin qui les mènera à prendre la bonne décision pour eux. Cette conversation a lieu dans le calme, malgré l'agitation et la tension qui règnent autour. Il s'agit de renouer avec soi et d'écouter la réponse déjà gravée dans le silence de notre échange. Je les invite alors à écouter leur respiration, à calmer leur rythme cardiaque et à chercher dans leur cœur la décision à prendre. Lorsque le client quitte son mental pour revenir à sa petite voix intérieure, il se produit souvent un déclic : il sait. La séance aura duré les quelques minutes suffisantes pour porter ses fruits. Je n'ai rien fait d'autre qu'apporter à mon client une écoute active et une totale confiance en sa faculté de trouver la réponse à sa question, et la bonne posture à adopter dans telle ou telle circonstance. Cette foi en ses capacités agit comme un effet de levier, pour lui permettre de trouver seul la bonne posture et la bonne réponse. L'un de mes clients avait pris pour habitude de se mettre à l'écart de tout le monde pendant cinq minutes, et de pratiquer, yeux fermés, cinq grandes respirations en conscience, avant d'entrer en scène pour s'exprimer devant des milliers de personnes. Ce moment était pour lui un moment d'ancrage et de retour à soi. Nous avions mis en place cet ancrage lors d'une séance où je l'invitais à penser à un moment où il se trouvait particulièrement bien et en confiance. Je lui avais proposé d'associer à toutes les sensations liées à ce moment un geste de son choix, qu'il reproduirait chaque fois qu'il en aurait besoin. Mon client a su mettre à profit le fruit de cette séance pour s'en servir avant chacune de ses prises de parole et dans les moments stratégiques de sa vie de dirigeant. Nous sommes dans l'ordre du subtil et du spirituel, qui nous conduit à dépasser le stade de l'intelligence rationnelle pour accéder à un niveau supérieur de conscience et à écouter notre intuition en laissant de côté nos peurs et nos doutes. Cela suppose d'aller puiser dans nos forces intérieures profondes et de nous faire confiance. Les résultats sont là, le chemin est à la portée de tous et pas seulement des grands génies et des médiums dotés d'un don pour cela. N'ignorez pas la faculté que vous avez en vous d'utiliser cette intuition pour créer la réalité qui vous plaît. Vous l'avez en vous. Je l'ai en moi. Je l'utilise chaque jour. Pourquoi pas vous ?

Protocole pour développer son intuition

Voici un exemple de protocole pour vous mettre dans les conditions idéales pour recevoir de bonnes intuitions :

- → Prenez du temps pour vous, au calme, sans être dérangé.
- → Prenez une position confortable, assis.
- → Inspirez calmement pour ramener votre rythme cardiaque à un niveau normal.
- → Vous pouvez fermer les yeux.
- → Vous allez maintenant poser une intention : que voulez-vous obtenir dans les minutes qui vont suivre ?

Si vous souhaitez obtenir un état particulier, décrivez-le précisément ; par exemple : « Je me vois confiant, serein, et convaincant devant cette audience ».

Si vous souhaitez obtenir une réponse, formulez clairement la question dans votre tête ou à voix haute. Par exemple : « Quelle est la meilleure décision pour moi : partir ou rester ? »
Puis laissez faire l'inconscient sans rien faire d'autre.

Je préconise vingt minutes par jour de méditation pour exercer votre pratique. Commencez par cinq minutes, puis augmentez progressivement en appliquant mon protocole.
Une fois entraîné, vous pourrez mobiliser votre intuition beaucoup plus rapidement et accéder à votre état de conscience modifié en quelques minutes seulement.

Personnellement, j'essaie d'inclure dans mon agenda trente minutes de méditation quotidiennes et une marche en forêt trois fois par semaine. Au bout de vingt minutes, j'ai pu constater que je parvenais à un « état modifié de conscience », que ce soit en marchant en forêt ou en méditant assise. Là, dans cet état, les idées affluent, ma pensée est claire, les réponses défilent comme une évidence. Je me sens connectée et pleine de gratitude d'éprouver cet état. Je vous le partage en toute humilité, car cela n'a rien d'exceptionnel et c'est à la portée de tous, pour peu qu'on décide de s'appliquer une certaine discipline. Vous pouvez déclencher un état de sérénité, changer votre état d'esprit, trouver une réponse à une question qui vous taraude et éclaircir vos idées lorsqu'elles sont embrumées. Mieux : vous pouvez en avoir de nouvelles et mobiliser pleinement votre énergie créatrice.

Vous êtes créateur de votre réalité.

Ces séances m'aident à préparer mes coachings et à mobiliser mon intuition pour aider au mieux mon client à trouver son chemin. Il est important pour moi d'avoir ce temps d'introspection avant d'entrer en séance, je sais qu'il fera la différence. Aussi, je n'aime pas enchaîner les séances les unes après les autres. Mes clients savent que je fonctionne ainsi et me font confiance. J'ai eu l'expérience d'une journée très intense, avec quatre séances d'une heure trente qui s'enchaînaient. Idéalement, je me donne comme principe de mener deux séances individuelles par jour, et pas plus, mais il se trouve que ce jour-là, deux clients de longue date m'avaient sollicitée pour un coaching d'urgence : le premier était un dirigeant qui devait prendre une décision stratégique dans la journée, l'autre était une manager qui se trouvait au bord du burn-out et s'apprêtait à donner sa démission sur un coup de tête. Certains clients que j'accompagne depuis des années savent qu'ils peuvent me solliciter quand ils en ont besoin, et il peut m'arriver d'avoir des appels inopinés qui arrivent au même moment ! J'en suis ravie, mais il faut bien avouer que cette journée marathon n'a pas été satisfaisante pour moi. Je crois – j'espère - qu'elle aura été bénéfique pour mes clients. La personne à la limite du burn-out a pu prendre du recul et reprendre en main son poste avec plus de sérénité et de confiance. Le dirigeant a pu éclaircir ses idées pour prendre, ce jour-là, la bonne décision, en se connectant à son intuition et en prenant suffisamment de distance. Néanmoins, je suis restée insatisfaite car je pense que j'aurais pu mieux faire en étant davantage connectée, si j'avais pris le temps de recharger mes batteries entre ces séances, et d'aller à la source de mon intuition. Il en va de même pour vous : lorsque vous avez une décision importante à prendre, évitez de l'intercaler entre deux autres réunions et essayez de vous accorder un moment avant cette réunion stratégique. Je sais que votre planning est chargé, mais toutes les réunions ne se valent pas et n'ont pas la même portée stratégique. Vous êtes d'accord avec moi sur ce point, n'est-ce pas ? Est-il judicieux d'enchaîner dix réunions dans la même journée, lorsque celle du milieu concerne la décision d'embaucher votre futur bras droit, d'engager un plan de licenciement ou de négocier le rachat d'une entreprise ?

Certains managers, dans de grandes entreprises, enchaînent les réunions tel un marathon quotidien. Leur planning est entièrement géré par leur assistant de direction ou leur directeur de cabinet et ils ne contrôlent plus rien eux-mêmes.

Tout ça n'a pas de sens ! Vous n'êtes pas un robot. Pas plus que vous n'êtes indispensable dans chacune de ces réunions, n'est-ce pas ?
En laissant la « « réunionite » s'installer et vous ronger chaque jour et chaque semaine, vous laissez la pression s'accumuler et vous ne vous accordez plus le temps de respirer pour mieux décider et agir ensuite. L'intuition et l'imagination créatrice ne peuvent émerger que si vous leur laissez de la place. Réfléchissez à cela.

SACHEZ ÉCOUTER LES MESSAGES ET LES SIGNES

En 2021, suite à une conversation avec ma fille au sujet de mon métier de coach, j'ai eu comme une illumination : l'envie profonde de changer la perception que les Français avaient de mon métier en général. J'ai suivi cette précieuse intuition et j'ai réalisé, avec mon complice Stefan Meyer, le film *Le coaching, voie de transformation.* Ce film qui me tenait tant à cœur, je n'allais pas le faire toute seule, je souhaitais trouver quatre coachs certifiés, tous différents, pour vivre cette aventure, et je m'en suis, là aussi, remise à ma fidèle intuition et à mon feeling. Le premier nom qui me vint naturellement en tête fut celui de Cécile Nogueira. Je connaissais déjà Cécile depuis quelques années, j'appréciais ses qualités professionnelles de coach formatrice, mais aussi ses qualités humaines. Cécile fut complètement emballée par mon projet et devint la première coach à rejoindre le film. Un jour, je suis à mon bureau, et à côté de mon ordinateur est posé le dernier livre de coaching que j'ai acheté sur la supervision. Un des auteurs est Florence Lamy, qui a une approche atypique et novatrice du coaching : le coaching énergétique. Je contacte Florence, qui me dit ressentir de bonnes énergies à propos de mon projet. Voici mon deuxième coach qui rejoint l'aventure. Je tenais à respecter la parité, et je me mis en quête de deux hommes pour compléter mon équipe. Je me souvins alors d'une vidéo YouTube qui m'avait beaucoup marquée, celle d'un coaching en direct par un master coach. J'avais trouvé cette démarche très audacieuse. Je contacte donc Alain Cardon, et après deux heures de conversation passionnante, je lui demande s'il fonctionne, lui aussi, au

feeling. Il faut croire que oui ! Alain devint le troisième coach à adhérer au projet. Pour mon dernier coach, je voulais sortir de ma zone de confort. Je ne voulais pas faire appel à une personne que je connaissais. Je vais donc sur LinkedIn à la recherche de ma pépite, et je tape « coach certifié » dans le moteur de recherche. Une liste impressionnante de noms défile, alors je me connecte à mon intuition et je m'arrête sur un nom : Pierre-Alain Boyer. Neuroscientifique, artiste-peintre, coach certifié, le profil de Pierre-Alain me séduit tout de suite. Je l'appelle, et le feeling s'installe rapidement, à tel point que Pierre-Alain me dit avoir l'impression de me connaître et que ce projet devait nous réunir. J'ai trouvé ma dernière pépite, et c'est de cette manière, en écoutant mon intuition et avec simplicité, que j'ai réuni cette formidable équipe de coachs pour m'accompagner sur mon film *Le coaching, voie de transformation.*
Voilà comment j'utilise mon intuition.

Suivre les signes

Un midi, je déjeunais avec une amie coach, Fatima Sarhane, alors Présidente de l'International Coaching Federation d'Île-de-France. Nous venons à parler de nos parcours, et je lui révèle que mon chiffre porte-bonheur est le 27. Ce chiffre me suit depuis toujours : je suis née un 27 février, j'habite au numéro 27 de ma rue, le 27 est aussi le jour de ma fête, et il se trouve que j'ai eu jusqu'à 27 salariés dans ma première entreprise. 27 est donc un chiffre qui me sourit. En bonne coach, mon amie me pose une question accompagnée d'un sourire complice : « et quel sera ton prochain 27 alors ? ». Silence… un moment pour soi. « Je ne sais pas, nous verrons ! ».
Le soir même, en rentrant chez moi, je m'installe dans mon fauteuil préféré pour réfléchir, comme je le fais souvent. Je ressens un certain découragement, car la journée a été longue et chargée, et je mesure l'immensité du travail qui m'attend dans les mois à venir. Je me suis engagée à accompagner plusieurs clients qui sont à des postes de direction importants, tout en maintenant mon activité de conseil en communication dans un grand compte, et en ayant la ferme volonté de terminer ce nouveau livre sur le leadership authentique. Ce livre me tient à cœur, j'ai envie de coucher sur le papier ce que j'ai appris en accompagnant tous ces dirigeants et

managers, et même si ma carrière est loin d'être terminée et que j'ai encore beaucoup à apprendre, je pourrais peut-être être utile à d'autres coachs et mettre sur la voie d'autres dirigeants qui souhaitent devenir des leaders authentiques ?

Ce soir-là, en faisant défiler ma journée, je me mets à craindre de manquer de temps et d'avoir été trop optimiste. J'ai l'impression que la charge à la rentrée sera trop importante... Prise en flagrant délit en train de faire défiler des pensées anxiogènes dans mon esprit, je décide aussitôt de les chasser en faisant complètement autre chose. Je saisis devant moi le livre que j'ai laissé là la veille au soir, pour me replonger dedans et me changer les idées. Ce livre s'intitule *Les Énergies essentielles*. Il a été écrit par les membres du Cercle du Leadership, *think tank* fondé par Philippe Wattier auquel j'ai adhéré pour prendre part à la réflexion autour du leadership. Le chapitre 12 intitulé *Vitalité, incarnée par Nelson Mandela*, raconte que Mandela a passé « 27 » années en prison avant de devenir le Président de la République de l'Afrique du Sud. 27 ! Je retrouve ce chiffre qui marque mon identité de son empreinte et semble tracer ma route. Je repense à la question qui m'a été posée ce midi par Fatima : « Quand sera ton prochain 27 ? ». Le voici, il est sous mes yeux ! Je souris en remarquant cet heureux « hasard » et je m'arrête quelques instants pour réfléchir au message qui pourrait se cacher derrière l'histoire de Mandela. Quel est le message qui pourrait m'être envoyé au travers de ce chiffre 27 ? Nelson Mandela, icône mondiale de l'Apartheid, aura consacré sa vie entière au service de sa vision. 27 années de souffrances dans sa prison de l'île de Robben Island n'auront pas eu raison de sa volonté ni de ses convictions. Cet illustre leader incarne le leader authentique de mon livre. Son histoire me rappelle que la persévérance est la clé de la réussite. Le chapitre se termine par une citation tirée du film *Invictus* : « Je suis maître de mon destin, je suis le capitaine de mon âme ». Nelson Mandela était « le » leader authentique par excellence, et l'un des hommes d'État les plus respectés au monde. 27 années sans lâcher. À mon humble niveau, je n'ai pas le droit de lâcher non plus. Je veux continuer à aider les leaders qui souhaitent contribuer à changer le monde à travers leur action politique ou économique. Je veux être là au moment où ils pourraient relâcher leur volonté, pour les aider à être plus forts. Je veux être là au moment où les sirènes du pouvoir pourraient les amener à ne plus être eux-mêmes et à se perdre. Guider ces leaders à fort potentiel est ma vocation. On ne tombe pas toujours sur des « pépites », mais quand on en a une entre les mains, on en prend soin et on a envie de l'emmener loin. Telle est ma raison d'être. Ce soir-là, en tombant sur ce « 27 » et l'histoire de Nelson Mandela, j'ai eu un regain d'énergie. J'ai pris ma plume et je n'ai plus cessé d'écrire.

Et vous, quel est votre « 27 » porte-bonheur ?

Savez-vous voir les signes qui sont sur votre chemin pour vous ouvrir la voie ? Avoir en soi cette croyance aidante que la vie nous envoie des messages à tout moment peut nous aider à franchir des obstacles. Encore faut-il accepter de les voir et s'arrêter quelques instants pour les comprendre. Ces signes, si bien décrits par Paolo Coelho dans *L'Alchimiste*, nous alertent et nous guident sur notre chemin. Savoir écouter ces signes, c'est aussi savoir écouter notre intuition et lâcher le mental. Que vous dit votre intuition en ce moment même ?

L'EXEMPLE INSPIRANT

Chesley Sullenberger, pilote d'avion de la compagnie aérienne US Airways.

Le 15 janvier 2009, il a sauvé la vie de cent cinquante-cinq passagers, ainsi que celles des membres de son équipage, après avoir perdu les deux moteurs de l'Airbus A320 qu'il pilotait. Vous avez sûrement entendu parler du « Miracle de l'Hudson ». Mais les psychologues préfèrent parler d'un acte de bravoure effectué par un grand professionnel, guidé par son intuition pertinente et son expertise. Voici l'histoire du capitaine Sully, devenu un héros de la nation.

Chesley Sullenberger est depuis toujours un passionné d'aviation. Il effectue son premier vol à seize ans, avant d'être incorporé à la United States Air Force Academy. Élément brillant, Chelsey intègre l'armée américaine en tant que pilote de chasse et devient capitaine de l'US Air Force. En 1980, c'est grâce à un CV impressionnant – puisqu'il est également expert en sécurité aérienne –, qu'il est engagé par l'US Airways. Le 15 janvier 2009, le commandant de bord Sullenberger a cinquante-sept ans et cumule plus de 20 000 heures de vol au compteur. Ce jour-là, il décolle de l'aéroport LaGuardia à New York avec cent cinquante-cinq passagers à bord, son copilote et trois membres d'équipage. Peu après le décollage, l'Airbus percute un banc d'oiseaux et perd ses deux moteurs. Après l'impact, l'avion perd de l'altitude. Il revient alors aux pilotes d'agir dans l'urgence et de prendre la bonne décision pour sauver des vies. La tour de contrôle leur ordonne d'abord de revenir à l'aéroport de LaGuardia. Le commandant Sully refuse, estimant qu'il ne pourra pas rejoindre LaGuardia sans moteur. Ensuite, la tour de contrôle leur demande de poser l'appareil à l'aéroport de Teterboro. Là aussi, le commandant Sully refuse, estimant que les pistes sont trop courtes pour l'Airbus. C'est avec une sérénité et une confiance absolue que le commandant décide de ne rejoindre aucun aéroport et d'amerrir sur le fleuve Hudson. Le commandant pose l'avion sans encombre sur l'eau et sauve les cent cinquante-cinq passagers, ainsi que tous les membres d'équipage. Cet événement incroyable a été qualifié de « miracle », mais nous apprenons dans un article du site *NosPensées* que, pour certains experts de l'intuition comme le sociologue et journaliste Malcolm Gladwell, ce n'est en aucun cas un miracle, mais une prouesse technique réalisée par un grand professionnel de l'aviation, doué et très expérimenté. Le capitaine Sully a eu trois minutes pour évaluer, analyser et prendre la décision la plus adaptée. Herbert Simon, expert en sciences sociales, nous apprend que des personnes hautement expérimentées dans un domaine développent un esprit très efficace et intuitif. Cependant, après cet événement, le capitaine Sully a dû affronter la suspicion et les doutes de ses pairs quant au bien-fondé de sa manœuvre. Il a fallu du temps et un examen rigoureux pour prouver que le commandant avait pris la meilleure des décisions pour éviter le crash de son appareil. Preuve s'il en est que cette petite étincelle intérieure, cette intuition experte et salutaire, n'est toujours pas acceptée d'emblée dans nos sociétés occidentales. Le capitaine Sully représente la quintessence du leader intuitif et rationnel, celui qui a su n'écouter que son intuition et son expérience pour sauver des vies.

LES BONNES QUESTIONS À SE POSER

- ✓ Avez-vous déjà eu des intuitions dans votre vie ?
- ✓ Avez-vous déjà regretté de ne pas avoir suivi vos intuitions ?
- ✓ La notion de contrôle est-elle importante pour vous ?
- ✓ Laissez-vous de la place à l'intuition dans votre vie professionnelle ?
- ✓ En tant que leader, avez-vous déjà pris des décisions dans votre entreprise en étant guidé par votre intuition ?
- ✓ Prenez-vous du temps pour vous retrouver seul et au calme ?
- ✓ Accordez-vous du temps à la méditation ou à certaines techniques de respiration et de relaxation ?
- ✓ Avez-vous déjà vécu des synchronicités ?
- ✓ Avez-vous déjà vécu des états de conscience modifiés ?
- ✓ Êtes-vous prêt à laisser plus de place à votre intuition dans vos prises de décisions ?

CE QU'IL FAUT RETENIR

- ✓ L'intuition est le mode de connaissance le plus naturel de l'être humain depuis le début de l'humanité.
- ✓ L'intuition représente la capacité à capter une information sans passer ni par la logique ni par la raison.
- ✓ La rationalisation et l'intuition sont des phénomènes complémentaires et nécessaires à l'évolution du monde.
- ✓ Les neurosciences parlent de l'intuition comme d'un « inconscient d'adaptation ».
- ✓ Tout individu est capable d'avoir de l'intuition, cela s'apprend et s'affine avec la pratique.
- ✓ L'intuition occupe une place de choix dans le test de personnalité MBTI, qui est l'un des outils les plus aboutis et les plus utilisés dans le cadre du recrutement.
- ✓ Les états modifiés de conscience, comme la méditation et la transe, favorisent l'intuition.
- ✓ Les moments de solitude et de calme sont propices à l'intuition.
- ✓ Ouvrez votre cœur et prenez le temps de voir les signes qui jalonnent votre vie.
- ✓ L'intuition est la ressource clé du leader authentique d'aujourd'hui et de demain.

ÉTAPE 6

Recharger et dompter son énergie

« Tout est énergie, et c'est là tout ce qu'il y a à comprendre dans la vie. Aligne-toi à la fréquence de la réalité que tu souhaites et cette réalité se manifestera. Il ne peut en être autrement. Ce n'est pas de la philosophie. C'est de la physique ».

Albert Einstein

AUX ORIGINES DE L'ÉNERGIE : HISTOIRE ET TRADITION

L'énergie, nous pouvons la puiser pour fonctionner chaque jour, la canaliser pour tenir le rythme, mais aussi la gaspiller dans des activités stériles et la brûler par passion dévorante. La notion d'énergie fait partie de notre langage quotidien : que ce soit au travail, dans notre vie familiale ou dans nos loisirs, il est important de garder la forme et d'avoir de l'énergie. Cette notion est liée à la puissance et à la vitalité, ce qui en fait une ressource indispensable à l'être humain. Mais que se cache-t-il vraiment derrière ce terme un peu galvaudé ? Quelle est son histoire au travers des âges, et à quels types d'énergie faisons-nous référence dans notre quotidien ?

Au sens étymologique du terme, le mot « énergie » vient du latin « *energia* », lui-même issu du grec ancien « *enérgia* » qui signifie « force en action ». La notion d'énergie est apparue dès l'antiquité, avec Aristote, un philosophe grec, qui commence à évoquer l'énergie comme une puissance qui amène au changement et à la transformation. Aujourd'hui, nous pouvons définir l'énergie comme une puissance, une force que l'être humain met en œuvre pour réaliser une action ou un projet, qu'il soit professionnel, familial, artistique, etc.

« L'énergie de l'esprit est l'essence de la vie ».
Aristote

L'énergie, c'est ce dont nous avons tous besoin pour nous lever le matin et commencer notre journée : travailler, diriger une équipe, pratiquer du sport, s'occuper de ses enfants. Être heureux, tout simplement, nécessite une bonne dose d'énergie. Le leadership, en particulier, demande une bonne connaissance et une bonne gestion de son énergie. Le leader authentique possède le don de déployer, de susciter et de maintenir l'énergie, la sienne comme celle des autres.

Les bons moments de la vie sont énergivores, mais les plus sombres aussi : lutter contre une maladie physique ou mentale, vivre un deuil, affronter un divorce, tout ce que la vie peut nous faire vivre de douloureux va également faire appel à notre énergie et contribuer à nous « vider ». En résumé, toute action humaine requiert de l'énergie.

Dans le livre collectif « *Nos énergies essentielles* », l'auteure et directrice de publication Raphaëlle Laubie nous apprend que « *l'énergie est souvent assimilée à la vitalité dans la plupart des cultures et nombre de traditions orientales* ».

Le chi

Dans la tradition orientale, plus particulièrement taoïste, le chi (ki ou qi) représente l'énergie universelle, le principe de vie fondamental qui régit tout. Le chi est une force supérieure, un souffle vital qui baigne l'univers et coule dans toute chose. À l'instar de l'univers, il régit également l'être humain, l'aboutissement étant l'unité spirituelle et cosmique. Développer et entretenir son chi passe par des exercices de respiration, de méditation, mais aussi par certaines techniques de mouvement comme le qi gong et le shiatsu. Certaines pratiques de la médecine chinoise, comme l'acupuncture, contribuent à favoriser la circulation du chi. Le Feng shui, qui est un art très ancien, a pour but d'harmoniser l'énergie d'un lieu en favorisant le bien-être et la santé de ses habitants. Ces pratiques ancestrales orientales se sont largement immiscées dans la culture occidentale, justement par désir de celle-ci de trouver d'autres vecteurs d'énergie plus spirituelle.

Le prāna

Le prāna est un terme sanskrit qui désigne l'énergie ou le souffle vital. Issu des principes anciens de l'Inde, c'est un concept similaire au chi. Le prāna est donc une énergie subtile qui se trouve tout autour de nous. C'est l'énergie du vivant qui circule en permanence. C'est quand le prāna ne circule plus, qu'il est bloqué, que l'être humain ne va pas bien. Il est au centre des exercices de méditation : il est présent dans l'air que nous respirons, dans la lumière que nous percevons, dans les aliments que nous mangeons et l'eau que nous buvons.

Le ka

Le ka représente la force vitale dans la mythologie égyptienne. Chaque être humain est doté du ka qu'il va puiser dans la nourriture. Le ka symbolise la partie invisible de l'être humain et le fait grandir spirituellement.

Toutes ces approches mêlent l'énergie à la santé physique, mentale et spirituelle.
En Occident, Freud évoque la notion d'énergie psychique qui permet la circulation de l'information à l'intérieur de l'organisme pour déclencher l'activité physique et psychique nécessaire à une action, quelle qu'elle soit. Cette énergie psychique est fondamentale pour satisfaire ses besoins et réagir aux agents stressants. Elle est utilisée par les trois composantes de la personnalité selon Freud : le ça, le *moi* et le *surmoi*. Cependant, le ça étant la composante la plus archaïque de l'être humain, celle qui répond au principe de plaisir, à l'envie de vivre et de jouir, c'est dans cette composante que l'on retrouve l'énergie psychique en premier.

Pour Freud, il existe aussi l'énergie sexuelle – la libido –, qu'il définit comme une énergie vitale contenant tous nos désirs, nos pulsions et, bien sûr, notre activité sexuelle. Selon Freud, cette énergie sexuelle est primordiale pour la nature humaine, et elle serait à l'origine de toutes nos névroses. Pour Jung, la libido a un sens plus large. Il y inclut toutes les formes d'énergies psychiques, même celles qui ne sont pas du ressort de la sexualité.

C'est évidemment une vision non exhaustive de la notion d'énergie dans l'histoire, mais nous pouvons tout de même constater des angles de compréhension très différents entre l'Orient et l'Occident : la spiritualité et le subtil versus la rationalité et l'étude du cerveau de Freud. Si l'Occident a eu un immense regain d'intérêt pour la spiritualité orientale, ainsi que pour ses pratiques, notamment de la part des grands leaders, c'est bien qu'il cherchait une autre source d'énergie et de bonheur pour évoluer. Là encore, il ne s'agit pas d'opposer l'Orient et l'Occident, mais d'être dans le juste équilibre et de puiser dans le meilleur des deux. De l'Orient à l'Occident, en passant par la psychanalyse de Freud, nous constatons qu'il n'existe pas qu'une seule forme d'énergie, mais plusieurs :

→ l'énergie physique ;
→ l'énergie mentale ;
→ l'énergie émotionnelle ;
→ l'énergie spirituelle.

Nos émotions, nos actions, notre mental et notre spiritualité contribuent à recharger nos batteries ou bien à les vider. Toutes ces formes d'énergies sont essentielles au bien-être et à l'équilibre de chaque individu. Mais l'énergie peut être un cercle vertueux autant qu'un cercle vicieux.

« La vie engendre la vie. L'énergie produit l'énergie. C'est en se dépensant soi-même que l'on devient riche ».

Sarah Bernhardt.

Le leader authentique a compris l'importance de prendre soin de toutes ses énergies. Il s'observe et sait s'écouter pour déterminer les moments où il est le plus en énergie. Se connaître, comprendre son rythme biologique permet d'accéder à l'efficacité et à la performance. Inutile de travailler le soir à 20 heures si votre pic d'énergie est au plus bas, ce sera contre-productif. Prendre des pauses régulières, pratiquer du sport, prendre du temps pour soi, avoir une alimentation saine et un sommeil de qualité paraît être une perte de temps, alors que, bien au contraire, c'est un gain de temps précieux. Il faut savoir prendre le temps d'en gagner, surtout pour un leader authentique qui ne pourra qu'en être plus efficace, plus performant et plus inspirant pour ses équipes. Gardez à l'esprit que chaque individu est unique. La clé du succès des uns n'est pas forcément celle des autres, le but étant de s'inspirer et de trouver celle qui sera la plus pertinente : la vôtre.

QUATRE DIMENSIONS D'ÉNERGIE ESSENTIELLES

Énergie physique

L'énergie physique est la plus évidente et celle à laquelle on pense en premier. Sans un physique solide et un corps en bonne santé, il est toujours plus compliqué d'accéder à son plein potentiel. Le corps et l'esprit fonctionnent en binôme. Un corps fatigué perturbera fortement vos autres énergies. Votre corps, c'est votre maison, votre vaisseau durant toute votre vie, vous vous devez de l'entretenir pour faire bonne route et voyager loin. Sans perdre de vue que chaque individu est unique, les trois éléments suivants sont cruciaux pour votre énergie physique :

→ la nutrition ;
→ le sommeil ;
→ l'activité physique.

La nutrition

Dans un article du JDN sur la relation entre le bien-manger en entreprise et la rentabilité, nous apprenons que, selon une étude CBRE néerlandaise, une bonne alimentation au travail, équilibrée, pas trop grasse ni trop sucrée ou trop salée, favoriserait la productivité de 20 %. Une alimentation saine et équilibrée représente votre première source d'énergie, le carburant essentiel à vos journées.

Elle permet également de réduire le risque de développer certaines maladies cardiaques, les accidents vasculaires cérébraux, le diabète, ainsi que certains cancers. En résumé, prendre soin de son alimentation nous permet de rester en forme, de gagner en vitalité et en espérance de vie. Il y a certains principes généraux, sur cette alimentation saine plébiscitée par les médecins nutritionnistes, cependant chaque individu étant unique, il est aussi important de s'écouter pour savoir ce qui nous fait du bien. Une alimentation variée est constituée de :

→ glucides et de graisses, principales sources d'énergie ;
→ de protéines, qui permettent de créer les cellules de notre corps et facilitent la croissance et la réparation ;
→ de vitamines et de minéraux qui renforcent notre système immunitaire ;
→ d'eau pour favoriser l'élimination des déchets de notre organisme, mais aussi pour garantir le bon fonctionnement de notre cerveau et de notre système cardiovasculaire et digestif.
→ Une bonne hydratation est essentielle pour faire circuler l'oxygène à travers nos organes afin de maintenir notre énergie et notre faculté de réflexion et d'analyse.

Le sommeil

Un sommeil de qualité représente un grand pouvoir réparateur pour le cerveau et le corps. En effet, un sommeil profond permet d'éliminer tous les déchets toxiques du cerveau et contribue à se protéger contre certaines maladies neuro-dégénératives.

Un manque de sommeil régulier, un sommeil perturbé, sont d'autant plus de facteurs qui nous empêchent de fonctionner correctement dans notre vie personnelle ainsi qu'au travail. Un dirigeant qui ne dort pas bien sera moins concentré, moins lucide, perdra en qualité d'analyse et de réflexion et risquera de prendre de mauvaises décisions pour son entreprise. Mais ce n'est pas tout, son humeur en sera affectée : il peut abîmer ses relations avec ses collaborateurs en étant fatigué et à fleur de peau, et à terme nuire à l'ambiance générale du travail. Les facteurs perturbateurs du sommeil sont :

→ le stress et l'anxiété ;
→ une mauvaise gestion de son temps ;
→ la charge mentale (plus fréquemment subie par les femmes) ;
→ les repas trop lourds avant le coucher ;
→ l'alcool ;
→ l'activité physique trop tardive ;

→ la lumière bleue des écrans de télévision, smartphones, tablettes, qui entravent la production de mélatonine (l'hormone du sommeil).

Au-delà de l'impact négatif du manque de sommeil sur notre santé et sur nos capacités cognitives, les individus devraient aussi faire de la qualité de leur sommeil une priorité. Bien trop souvent, le sommeil est négligé au détriment d'autre chose. Bien dormir, c'est gagner en performance, en efficacité et en sérénité.

L'activité physique

Les bénéfices précieux de la pratique sportive ne sont plus à démontrer. Elle est nécessaire pour prendre soin de sa santé et pour se recharger en énergie. Selon une étude menée par le Medef et le CNOSF (Comité national olympique et sportif français), la pratique régulière d'une activité sportive améliore de 14 % la productivité en entreprise.

La liste des bienfaits du sport est longue, mais il est toujours bon d'en rappeler les principaux :
→ meilleur fonctionnement du cœur;
→ augmentation de la masse musculaire;
→ entretien des articulations et des os;
→ diminution de la masse graisseuse;
→ diminution des risques de certains cancers;
→ meilleur fonctionnement du cerveau;
→ diminution du stress, etc.

C'est un euphémisme de dire qu'un dirigeant exerce beaucoup de responsabilités, qu'il doit prendre des décisions importantes, solutionner des problèmes, coordonner ses équipes et gérer beaucoup de pression. Le sport est aussi un formidable moyen de vous reconnecter à vous-même, avec votre corps et votre esprit. C'est l'occasion de prendre une pause et de chasser le stress pour revenir ressourcé et plein d'énergie. Lors d'une séance sportive, votre corps va sécréter des endorphines qui vont vous mettre dans un état de bien-être intense. Vous verrez vos soucis sous un angle nouveau, pour voir jaillir des solutions plus facilement que dans votre bureau.

Être en bonne santé, serein, heureux et doté d'un esprit affûté sont autant d'éléments qui rendent la vie d'un dirigeant plus facile et qui construisent des leaders forts, alignés et authentiques.

Énergie mentale

Vous voilà déjà bien rechargé en énergie physique grâce à une alimentation saine et équilibrée, un sommeil réparateur et une activité sportive régulière. Cette énergie physique est nécessaire pour pouvoir disposer au mieux de votre énergie mentale. Cette dernière est peut-être un peu plus difficile à évaluer que l'énergie physique : l'énergie mentale, c'est le carburant qui vous permet de réaliser vos tâches quotidiennes, d'être toujours motivé, concentré et efficace. Elle vous permet aussi d'affiner votre capacité d'analyse, d'être moins sensible au stress et de conserver un optimisme réaliste pour prendre les meilleures décisions possibles et atteindre vos objectifs. Un déficit en énergie mentale amène à une sensation d'épuisement, de stress et à cette impression d'être dépassé et de ne plus pouvoir avancer. Le meilleur exemple en est la charge mentale, le plus souvent subie par les femmes.

La charge mentale

C'est ce « travail de gestion, d'organisation et de planification qui est à la fois intangible, incontournable et constant, et qui a pour objectif la satisfaction des besoins de chacun et la bonne marche de la résidence », selon la chercheuse Nicole Brais. En résumé, ce ne sont pas tant les actions à réaliser que le fait de devoir penser à tout, tout le temps, pour assurer le bon fonctionnement du foyer. La charge mentale va dévorer toute votre énergie, tant mentale que physique et émotionnelle, et vous laisser exsangue de toute envie d'avancer. Il est donc important de savoir la dépister et surtout d'en prendre conscience. Ensuite, il est nécessaire de déconstruire ses croyances et ses habitudes, de dialoguer et de déléguer.

Le burn-out

C'est « un syndrome d'épuisement qui affecte également toutes vos énergies physiques, mentales et émotionnelles suite à un investissement prolongé dans votre vie professionnelle ». Il vient avec son cortège de frustrations, de perte de sens, de stress, etc. Là aussi, il est crucial de savoir détecter les symptômes du burn-out pour pouvoir le traiter dans les meilleurs délais et prendre rapidement le dessus.

Les signes d'un manque d'énergie mentale peuvent être mentaux, mais aussi physiques, émotionnels et comportementaux :

- → anxiété ;
- → dépression ;
- → perte de motivation ;
- → colère ;
- → tristesse ;
- → manque de concentration ;
- → douleurs corporelles ;
- → perte ou prise de poids ;
- → santé plus fragile ;
- → augmentation des arrêts de travail ;
- → mauvaise performance au travail ;
- → solitude, etc.

Il est évident que nous ne pouvons pas contrôler les événements extérieurs qui vont venir perturber notre énergie mentale, cependant, il nous appartient de savoir comment y réagir pour pouvoir anticiper. Avoir un sommeil de qualité, bien manger et pratiquer du sport sont des actions basiques à adopter absolument pour booster votre énergie en général, et votre mental ne fait pas exception. Au-delà de ces actions basiques, d'autres solutions s'offrent à vous en complément :

Prendre du temps pour vous

Dans le monde du business, il faut prendre des décisions très souvent et rapidement. Même s'il n'y a pas de réponse parfaite, le dirigeant doit trancher, et ce ne sera pas toujours la meilleure des décisions. La prise de recul est alors salutaire. Il est très fréquent que nous trouvions des solutions à nos problèmes, ou que nous prenions une décision capitale sous la douche, en nous baladant dans la nature, ou bien en lisant un livre. Je suis une adepte des balades en forêt ; cela me procure un bien-être intense et une énergie débordante. D'ailleurs, très souvent c'est dans ces moments-là que je vois émerger les solutions et les évidences.

« Sachez vous éloigner, car lorsque vous reviendrez à votre travail,
votre jugement sera plus sûr ».

Léonard de Vinci.

Oxygéner son cerveau, prendre du recul et du plaisir grâce à des activités épanouissantes recharge notre mental et nous permet d'avoir les idées plus claires lors de nos tâches quotidiennes.

Entraînez votre cerveau

En pratiquant une activité sportive, nous entretenons et nous musclons notre corps. Nous pouvons faire la même chose avec notre énergie mentale et muscler notre cerveau. Ces trente dernières années, les neurosciences ont démontré la plasticité neuronale qui permet au cerveau de récupérer, de s'adapter et de se restructurer. En apprenant de nouvelles compétences, en lisant, en effectuant des exercices cérébraux, en vous socialisant un peu plus, vous allez renforcer votre énergie mentale.

Méditez

Nous l'avons déjà évoqué, la méditation sous toutes ses formes va améliorer vos fonctions cérébrales et procurer un repos précieux à votre cerveau. Cinq minutes par jour peuvent suffire. L'important, c'est la régularité. À l'instar du sport, la méditation libère des endorphines (hormones du plaisir) et améliore le flux sanguin vers votre cerveau.

Énergie émotionnelle

Notre énergie émotionnelle est étroitement liée à notre intelligence émotionnelle, c'est-à-dire à notre faculté de gérer nos émotions et celles des autres. Les émotions représentent un ensemble de sensations qui ont été perçues par un ou plusieurs de nos sens. Une émotion est créée par un facteur externe, et déclenche des mouvements neurovégétatifs, comme un pouls qui s'accélère, des palpitations, des rougeurs, etc. Les émotions sont biologiques, pulsionnelles, et durent quelques secondes. De plus, le mot « émotion » vient du latin « *ex-movere* » qui signifie « faire mouvement à partir de ». Certaines émotions comme la joie, l'amour, la fierté nous donnent de l'énergie, alors que la colère, la tristesse, la frustration nous vident.

Pour être performant, un leader authentique devra cultiver des émotions agréables et positives, pour le motiver et le guider vers toujours plus de créativité, de nouveaux défis, de défis et d'aventures. Il aura aussi à gérer ses émotions négatives grâce à son intelligence émotionnelle, pour maintenir son niveau d'énergie et d'implication. Ressentir des émotions négatives est humain, et c'est le lot de tous les leaders de ce monde. En revanche, ce que le leader doit éviter, c'est de se laisser submerger par elles.

Daniel Goleman organise l'intelligence émotionnelle en cinq composantes clés :

L'auto-analyse

C'est le socle de l'intelligence émotionnelle : avoir conscience de soi-même, de son humeur et de ses pensées automatiques à un moment donné. Dans le cas d'un leader, cela lui permet de comprendre ses propres mécanismes, ses déclencheurs, et de pouvoir gérer et minimiser l'impact négatif de ses émotions sur lui-même et sur les autres.

La maîtrise de soi

C'est la capacité à contrôler et à canaliser ses impulsions et ses émotions. Le sang-froid permet de rester calme et de gérer la pression sans se faire submerger par elles. Avoir une bonne maîtrise de soi permet aussi de rester concentré, lucide et performant en dépit du stress.

La motivation personnelle

Les deux premières composantes vous permettent d'acquérir une formidable capacité à vous motiver. En effet, en sachant vous observer pour cultiver des émotions positives et en maîtrisant vos impulsions, vous aurez toutes les cartes en main pour croire en vous et persévérer dans tous vos projets. Vous serez aussi fortement guidé par la recherche de sens qui vous rechargera en énergie pour affronter tous les obstacles.

L'empathie

L'empathie, c'est la capacité à se mettre à la place de l'autre et de comprendre ses émotions. Un leader empathique va savoir décoder les sentiments, les problèmes et les besoins de ses collaborateurs. En plus de pouvoir anticiper et faciliter leur travail, il va entretenir des relations sincères, solides et durables avec eux.

La sociabilité

Pour pouvoir bâtir une équipe compétente et soudée autour de lui, le leader aura besoin d'entretenir de bonnes relations avec ses collaborateurs. Cela nécessite de précieuses compétences sociales et de pouvoir analyser et comprendre ce qui se joue entre les êtres humains.

Ressentir des émotions positives dans sa vie professionnelle est un puissant accélérateur de performance et d'efficacité. Selon le rapport *State of the Global Workplace* de Gallup pour 2022, l'engagement des travailleurs européens n'est que de 14 %, contre 33 % en Amérique du Nord et 21 % dans le monde. Selon les auteurs de cette étude de Gallup, la cause de ce désengagement se trouverait chez les dirigeants et les managers qui ne tiendraient pas assez compte du bien-être des salariés. Ils ne prendraient pas assez le temps de nouer des liens avec leurs collaborateurs, de favoriser une ambiance de travail agréable et d'insuffler des émotions positives.

Néanmoins, selon les auteurs, ils pourraient renverser la tendance en tenant compte de six critères clés :

1. L'environnement de travail

Un manager qui se soucie de l'ambiance qui règne au sein de ses équipes, en prenant le temps de connaître ses collaborateurs ainsi que leurs ressentis individuels, va insuffler respect et positivité. L'organisation d'événements conviviaux sera un vecteur de bonne humeur et de motivation qui viendra renforcer les liens entre les collaborateurs.

2. La communication entre les équipes et avec le manager

Le manager est aussi garant de la qualité de la communication au sein de ses équipes : une communication de qualité, efficace et régulière, va maintenir l'énergie et la motivation à son niveau le plus haut. Il est important que la communication soit descendante et ascendante, sans aucune difficulté à communiquer avec son supérieur direct.

3. La confiance entre les collaborateurs

La confiance est nécessaire à la performance et aux émotions positives. Sans confiance au sein d'une équipe, l'énergie sera en berne et l'ambiance morose. Le manager se doit de faire confiance à ses collaborateurs, autant que ces derniers doivent faire confiance à leur manager.

4. L'autonomie des salariés

Avec la confiance vient l'autonomie des salariés. Un salarié qui se sent valorisé, non surveillé et qui peut prendre des décisions importantes est porteur d'une énergie forte et vertueuse.

5. La stimulation des équipes

Un travail et des actions routinières vont venir entraver le niveau d'énergie d'une équipe. Il appartient au dirigeant ou au manager de stimuler les capacités intellectuelles et la motivation de ses collaborateurs, en initiant de nouveaux projets, des défis à relever, des obstacles à surmonter. En revanche, il est toujours important de féliciter et de récompenser les réussites pour parachever la stimulation.

6. Des retours positifs et des compliments

On n'imagine pas à quel point les retours positifs et les compliments sur nos réussites sont précieux, motivants et salutaires. Avoir un manager qui met régulièrement en lumière notre travail, nos progrès et nos succès est une source puissante d'énergie vertueuse. Une estime de soi reboostée va décupler le désir de toujours faire mieux au service du collectif et de l'entreprise.

Énergie spirituelle

L'énergie spirituelle est plus complexe, dans le sens où elle est plus subtile et fait partie de la dimension intérieure de chaque individu. Elle peut être assimilée au chi ou au prāna des cultures orientales, en se rapprochant du souffle de vie qui régit tout l'univers. Dans *l'Énergie spirituelle, Essais et Conférences*, Henri Bergson propose la réflexion suivante : notre conscience est une énergie spirituelle qui traverse la matière. Le philosophe refusait de réduire la conscience au seul fonctionnement du cerveau et lui conférait le statut d'énergie spirituelle. Howard Gardner, neurologue et psychologue, inventeur de la théorie des intelligences multiples, qualifie l'intelligence spirituelle ou existentielle de « huitième et demie » dans sa théorie. En tentant de donner une définition non exhaustive, l'énergie spirituelle nous permet de rechercher le sens de notre vie et notre connexion avec l'univers. Les états de conscience modifiée comme la méditation, la transe, l'hypnose, nécessitent une énergie spirituelle élevée. Elle favorise aussi l'apparition de l'intuition dans nos vies. Nous avons largement développé ces idées dans le chapitre sur l'intuition.

La spiritualité peut se vivre indépendamment de toutes religions. Une personne peut être spirituelle et n'être attachée à aucun dogme. La spiritualité est tout à fait compatible avec notre société laïque. Chaque être humain, à sa manière, peut être spirituel. Nous cherchons à peu près tous la même chose : trouver un sens à notre existence et vivre en harmonie avec ce qui nous entoure. Selon un sondage mené auprès de 2 754 étudiants et employés du Réseau de l'Université du Québec au printemps 2020 : « le spirituel vient améliorer notre bien-être de manière très marquée ». Le spirituel représente, dans nos vies, cette ouverture du cœur, ce petit supplément d'âme qui nous permet de prendre de la hauteur, de voir les choses différemment et de percevoir les signes subtils de la vie qui peuvent nous guider.

Lorsque le psychologue et scientifique Paul Ekman au Dalaï-Lama, ce grand spécialiste des émotions a pu constater la joie et le bonheur purs et intenses vécus par les moines qu'il a rencontrés. Il a pu identifier quatre caractéristiques communes aux personnes ayant une forte énergie spirituelle :
- → une bonté sincère et tangible ;
- → un altruisme pur ;
- → une énergie débordante et contagieuse ;
- → une capacité d'attention à l'autre très importante.

Le monde occidental est venu en masse puiser de l'énergie dans la spiritualité orientale. Force est de constater qu'il lui manquait bien quelque chose de précieux !

Mais qu'en est-il de la spiritualité pour notre leader authentique ?

Le leader authentique et spirituel

Il évolue au même rythme que la société, et ce petit supplément d'âme est crucial pour faire la différence dans le monde de l'entreprise d'aujourd'hui. Le leader authentique et spirituel a besoin de sens dans sa mission, et d'en donner aussi à ses collaborateurs. Il a compris que la performance passe d'abord par l'humain et ses valeurs, ainsi que par une conduite morale et éthique. Le leader authentique et spirituel veut que son entreprise rentre en connexion avec le monde d'aujourd'hui. En tant qu'expert en son domaine, il est hautement qualifié, mais sait aussi se fier à son intuition pour prendre des décisions importantes et affiner sa vision. Pour résumer, le leader spirituel est doté d'une vision forte, il est rempli d'espoir et d'optimisme pour atteindre cette vision et sait faire preuve d'altruisme pour évoluer en harmonie avec ses collaborateurs, avec lui-même, mais aussi avec le monde.

Pour se recharger en énergie spirituelle, il est nécessaire de se retrouver seul avec soi-même pour se reposer et y voir plus clair.

L'énergie du leader authentique

Chaque leader est unique. Cependant, s'il y a bien une chose en commun entre tous, c'est la nécessité d'avoir de l'énergie à revendre pour fédérer leurs collaborateurs et atteindre les objectifs de l'entreprise. Comme nous l'avons évoqué dans cet ouvrage, la mission du leader authentique est multiple : il est amené à effectuer un profond travail sur lui, pour se connaître mieux et être performant, mais il est aussi garant de la cohésion de ses équipes, de la qualité de la communication et de la bonne ambiance de travail.

Il va retrouver cette énergie dans les quatre dimensions que nous avons déjà évoquées. Il y puisera autant de ressources pour recharger ses batteries, afin d'être performant et efficace. Cependant, l'énergie du leader ne doit pas être statique. Le propre de l'énergie, c'est de circuler. Faire circuler l'énergie est une des missions phares du leader authentique. Il doit être en mesure de créer une dynamique, de faire évoluer les mentalités et de modifier l'état d'esprit de ses équipes. Une entreprise vit souvent des moments de crise, avec des salariés épuisés psychologiquement, frustrés, et qui perdent en motivation. Il appartient au dirigeant ou au manager d'insuffler son énergie positive pour pouvoir la communiquer à ses collaborateurs et faire renaître la motivation.

Cette énergie, il va aller la puiser dans certains traits de caractère :

Le courage. C'est cette force de caractère qui va permettre au leader d'affronter les moments difficiles, les échecs, et de rester toujours motivé.

La volonté. C'est cette faculté à prendre des décisions rationnelles sans trembler, et ce, malgré les obstacles.

La proactivité. C'est manifester son énergie par l'action et être capable de produire des résultats.

L'énergie est contagieuse. Elle se transmet à ses équipes en suscitant motivation, ambition et enthousiasme. C'est une ressource précieuse si le leader sait l'utiliser et l'adapter à chaque situation. En revanche, mal canalisée, elle peut se révéler anxiogène, voire délétère, pour une équipe. En effet, un leader hyperactif, toujours en surrégime, peut être en complet décalage avec ses collaborateurs, n'arrivant pas à interagir avec eux. L'énergie, ce n'est pas être tout le temps en mouvement. Elle se canalise et s'économise pour être utilisée à des moments opportuns, comme lors de la négociation d'un contrat important ou d'une conférence de presse. Si le leader passe son temps à dépenser son énergie pour des tâches qui ne le méritent pas, s'il ne sait pas la répartir, il va s'épuiser inutilement, et lors de moments cruciaux pour l'entreprise, il sera vidé et inefficace. Canaliser son énergie est une des clés de la performance d'un leader. Inspirons-nous des sportifs de haut niveau. Que ce soit dans le tennis, le football, l'athlétisme, ils ne donnent pas tout dès le début de leur compétition. Ils savent doser leur énergie pour être performants et gagner, mais anticipent et se réservent pour la suite. Prenons l'exemple d'un match de Coupe du Monde de football. Les joueurs ne donnent pas la même énergie lors d'une rencontre de poule – qui n'est pas éliminatoire – que lors de la finale, qui est la dernière marche avant la victoire. Le coach et les joueurs savent s'adapter pour aller au bout de la compétition et la remporter. Les artistes qui chantent et dansent pendant deux heures devant des milliers de personnes s'astreignent aussi à une préparation de grand sportif, et gèrent leur énergie pour tout donner à leur public. Un dirigeant d'entreprise a tout à gagner en prenant exemple sur les sportifs de haut niveau. Ce sont des modèles pertinents et terriblement efficaces pour canaliser leur énergie.

Mais alors, comment canaliser son énergie, pour un dirigeant ?

Canaliser cette formidable énergie

Il y a autant de façons de canaliser son énergie que de dirigeants. Vous devez vous faire confiance et être intuitif, et vous saurez identifier ce qui vous apaise et vous booste. Mais disons qu'il existe quand même quelques bases incontournables :

→ Programmez-vous régulièrement des pauses et faites-en un rituel. Même si vous vous sentez submergé par le travail, astreignez-vous à des rendez-vous avec vous-même. Annuleriez-vous un rendez-vous avec un client important ? Alors donnez-vous la même importance. L'être humain ne peut pas être tout le temps dans l'action, le cerveau doit s'aérer et s'oxygéner pour être efficace et repartir de plus belle. À vous de choisir comment vous allez passer ce moment : une promenade, un temps de méditation, une activité sportive, une séance « prise de recul » avec votre coach ? Vous pouvez aussi rester seul à votre bureau, en levant le nez de vos dossiers et prendre quinze minutes de pause...

→ Une meilleure gestion de vos émotions va vous aider à ne pas épuiser votre énergie dans la colère, la tristesse, la peur, etc. Ces émotions sont humaines et normales, mais en étant trop présentes elles vont conduire à du stress et à des pensées négatives qui vont vous épuiser. Les émotions positives sont des sources inépuisables d'énergie, et apprendre à les cultiver va vous rendre plus serein.

→ La pratique sportive est une alliée de poids pour canaliser l'énergie. La dépense énergétique, l'accélération du cœur, l'effort physique et la concentration sont de puissants moyens de réguler votre énergie et de la conserver. À vous de choisir votre sport de prédilection. Si vous le faites avec enthousiasme et régularité, les bénéfices seront infinis.

→ La cohérence cardiaque est une technique de respiration qui consiste à ralentir le rythme de notre cœur en se basant sur un simple exercice de respiration consciente. Cette technique permet d'équilibrer notre système sympathique, qui génère les phénomènes de stress et d'inconfort, et notre système parasympathique qui est centré sur la détente, le repos et la récupération. En la pratiquant deux fois par jour, à raison de six respirations par minute pendant cinq minutes, elle contribuera à canaliser et à augmenter votre énergie au moment opportun.

→ Un sommeil de qualité et réparateur vous permettra de récupérer, d'être de bonne humeur et d'avoir les idées claires. C'est de cette manière que vous pourrez avoir une vision pertinente de vos journées, et d'avoir l'énergie nécessaire pour fonctionner et l'acuité de bien la répartir.

La transmutation de l'énergie sexuelle

Avant de refermer ce paragraphe sur l'énergie du leader authentique, je voulais évoquer une théorie intéressante : celle de Napoléon Hill, qui a consacré un chapitre entier à la transmutation de l'énergie sexuelle dans son livre « *Réfléchissez et devenez riche* ». Ce livre est le fruit de vingt-cinq ans de recherches et d'interviews de plus de cinq cents hommes et femmes ayant réussi. Ses rencontres et ses études sur les leaders de son temps lui ont fait remarquer que ceux qui réussissaient étaient ceux qui canalisaient et dirigeaient leur énergie sexuelle dans leur travail. Il est nécessaire de prendre un peu de recul sur cet ouvrage, qui a été écrit en 1937. Napoléon Hill ne parlait donc que de l'énergie sexuelle et du pouvoir...

des hommes ! Heureusement, du chemin a été parcouru depuis, et les femmes ont pu accéder à des postes de leaders et assumer leurs envies et leurs pulsions sexuelles. Cette théorie peut donc s'appliquer aussi à elles. Napoléon Hill écrit dans son ouvrage « *L'esprit humain vibre et répond aux stimulants ! Le plus puissant demeure la sollicitation sexuelle. Transmutée, c'est-à-dire transformée et dirigée, elle est capable de porter l'homme vers les plus hautes sphères de la pensée où il maîtrisera les soucis et les complications qui le submergent lorsqu'il demeure sur un plan inférieur* ». Lorsque vous êtes excité sexuellement, vous éprouvez une forte envie de passer à l'action ; cela devient obsessionnel ; vos hormones prennent le dessus et vous n'avez en tête que l'objet de votre désir et sa mise en œuvre. Napoléon Hill soutient qu'en transformant cette énergie débordante et stimulante en ressource pour votre mission de leadership, elle peut vous aider à concrétiser de grandes choses. Par contre, la pulsion sexuelle seule ne suffit pas, il faut savoir l'utiliser et la rediriger : « *Si vous réussissez à sublimer ainsi le désir sexuel, une carrière géniale vous attend* ». Mais comment transmuter son énergie sexuelle à notre époque ? D'abord en vous en servant de carburant. En effet, quand vous êtes en train de vivre une passion amoureuse et sexuelle, vous êtes prêt à affronter le monde, à entreprendre tous les projets les plus fous avec une vitalité débordante. L'énergie est fortement dispersée. En la canalisant, elle devient un atout précieux pour réaliser de grandes choses. Cela étant, la pulsion seule et son assouvissement ne suffisent pas à cette énergie créatrice ; elle doit être accompagnée d'amour et de sentiments véritables. C'est la douce combinaison des deux qui font émerger la puissance de l'énergie sexuelle. Ensuite, inspirez-vous du mécanisme de l'énergie sexuelle pour l'appliquer dans votre vie de leader : découvrez ce qui vous excite vraiment, dans quel domaine vous éprouvez une profonde alchimie, fixez-vous des objectifs en lien avec votre passion et rendez vos objectifs actuels plus stimulants.

Au-delà du bien-fondé de la théorie de Napoléon Hill, demandez-vous si elle est pertinente pour vous. Elle peut vraiment, soit vous aider dans votre vie de dirigeant, soit vous laisser insensible. C'est aussi le cas pour tout ce que nous avons déjà évoqué : inspirez-vous, faites-vous confiance, soyez curieux et ne retenez que le meilleur pour vous, vos équipes, votre entreprise et le monde.

LA PANNE D'ENVIE : UNE PERTE D'ÉNERGIE QUI PEUT CACHER UN BURN-OUT

« *Tout est énergie* » disait Albert Einstein.

Alors que se passe-t-il quand vous n'avez plus d'envie et plus d'énergie ? Comment gérer la panne d'envie quand on est un leader au pouvoir ? Comment savoir si votre panne d'envie ne cache pas un burn-out ou une dépression ?

J'ai été invitée en 2022 à apporter mon regard de coach professionnelle sur ce phénomène de la panne d'envie en entreprise, dans une conférence du Cercle du Leadership à Paris. Par la suite, j'ai contribué à l'ouvrage collectif *Envier ou avoir envie* paru en 2023 aux éditions Dunod et dirigé par Raphaëlle Laubie qui signe la préface de ce livre. Cela m'a amené à poser ma réflexion sur ce sujet passionnant.

Selon mon expérience de coach et les personnes que j'ai pu accompagner jusqu'à présent, j'ai pu déceler quatre profils qui peuvent plus facilement être exposés à cette panne d'envie et d'énergie :

Ceux qui sont dans l'excès : les personnes qui sont sujettes aux montagnes russes émotionnelles et qui sont dans l'énergie du « trop ». Ce sont ces dirigeants et ces cadres qui partent sur un projet toujours très vite et très fort, mais qui peuvent vite s'épuiser, voire tomber dans le burn-out. Leur défi, c'est de canaliser leur énergie motrice pour l'équilibrer et rester performants sur le long terme.

Ceux qui sont dans le confort : ils restent enfermés dans une prison dorée, mais ils s'ennuient et ne trouvent plus aucun sens à leur mission. Le confinement a permis à certains d'entre eux de réaliser leur situation et de trouver l'énergie pour changer de travail et déménager.

Ceux qui n'ont jamais effectué un travail sur eux : ces personnes sont dans l'énergie de la performance. Elles travaillent énormément et peuvent être tournées beaucoup plus vers les autres que vers elles. Elles n'ont jamais entamé de travail d'introspection et peuvent réaliser vers la cinquantaine qu'elles ne sont plus du tout sur leur chemin de vie.

Ceux qui fonctionnent à l'objectif : un objectif, un but à atteindre, représentent leur moteur, sans lequel l'envie et l'énergie finissent par disparaître. Imaginez un hamster qui pédale dans sa roue sans jamais s'arrêter... Ils sont prisonniers de ce processus, qui les pousse toujours plus dans une certaine fuite en avant.

L'auteur Boris Vian disait : « Il y a deux façons de ne plus avoir envie de rien : avoir ce qu'on voulait ou être découragé parce qu'on ne l'a pas ».

Dans le premier cas, vous avez atteint votre objectif, votre Graal en quelque sorte, mais vous avez tellement déployé d'énergie que vous en sortez exsangue, vidé et ne désirant plus rien. Ce qui est notable, c'est que vous avez besoin d'un objectif pour avoir envie et vous sentir plein d'énergie. Pour illustrer ce cas lors de mon intervention dans cette conférence, j'ai pris l'exemple d'un dirigeant que j'ai accompagné, qui avait créé une multinationale prospère avec plus de 5000 employés. Après la revente de son entreprise, il était riche et avait atteint son Graal. Et pourtant il me disait se sentir vide, triste, en colère et en totale méconnaissance de lui-même à plus de cinquante ans. De plus, on venait de lui déceler une maladie liée au stress.

Dans le deuxième cas de la citation de Boris Vian, vous n'avez plus d'envie car vous n'avez pas atteint votre objectif, vous commencez à douter et à vous poser de nombreuses questions : suis-je à ma place ? Suis-je sur mon chemin de vie ? Suis-je en train d'utiliser tout mon potentiel ? Avec ces questions viennent leurs lots de frustration, de tristesse et de colère. Pour ramener toujours à ma pratique de coach, j'ai pris un autre exemple pour illustrer ce cas : j'avais accompagné cette dirigeante d'une entreprise d'État à l'étranger. Brillante, elle occupait ce poste depuis quelques années et n'avait pas encore atteint tous les objectifs qu'elle s'était fixés pour son entreprise. Cependant, elle ressentait depuis quelque temps un manque d'énergie, une panne d'envie récurrente qui revenait la tarauder et qui se manifestait sous forme de symptômes physiques. Cette dirigeante d'une grosse société commençait à culpabiliser et à se demander si elle était vraiment en train de mener la mission de vie qui lui convenait.

Dans ces deux cas que j'ai cités, on remarque que la panne d'envie représente une énergie qui n'est plus là. Cette énergie s'amenuise comme la flamme d'une bougie qui vacille et qui finit par s'éteindre complètement.

Avant de proposer une alternative à ces pannes d'énergie et d'envie, mon rôle de coach est de déceler le message caché derrière ce manque d'énergie : qu'est-ce qu'il vient dire de vous à ce moment précis de votre vie ?

Vous vous trouvez possiblement dans trois cas, et je vais faire une analogie avec le fonctionnement de votre... smartphone ! Lorsque votre smartphone ne fonctionne plus, il y a trois possibilités :
→ sa batterie est déchargée et vous devez simplement le recharger ;
→ il dysfonctionne et il a besoin d'être réparé ;
→ Il est cassé et il a besoin d'être remplacé.

C'est à peu près la même chose pour vous.

Dans le premier cas, vous vivez une panne d'envie ponctuelle. C'est la plus classique, et vous avez besoin de vous recharger en énergie. Pour retrouver l'envie d'avancer, vous devez vous mettre en mouvement, le risque étant de rester figé dans l'immobilisme et de ne plus pouvoir en sortir. Pour ce faire, pratiquez l'activité de votre choix, que ce soit votre sport préféré, du yoga, de la méditation... installez des rituels énergisants dans votre quotidien qui seront vos alliés pour venir redéclencher votre énergie.

Dans le deuxième cas, vous ne vous sentez plus à votre place ni aligné avec vous-même. Il y a un déséquilibre qu'il va falloir corriger. Cela passe par un travail d'introspection, pour vous permettre de revenir sur votre chemin de vie et d'identifier votre ikigai : quels sont vos besoins et vos valeurs ? Qu'est-ce qui fait le plus sens pour vous ?

C'est l'essence même de mon travail de coach, que d'accompagner mon client au plus proche de lui-même pour lui faire retrouver le fil de sa vocation et de sa vie.

Dans le troisième cas, vous n'êtes plus dans une panne d'énergie et d'envie ponctuelle. À l'instar du smartphone, il y a quelque chose de vraiment cassé en vous, qu'il va falloir changer. Nous évoluons ici dans la thématique du changement. Cette thématique appelle d'autres questions et d'autres réponses. Le changement doit être stimulé par une motivation forte pour pouvoir s'accomplir et surmonter tous les obstacles. Sinon, vous ne changerez rien, et la panne d'énergie reviendra, encore plus forte. Une fois le changement atteint et dépassé, l'important est de s'ancrer dans cette situation et de la stabiliser dans le temps, en définissant sa place et sa posture, mais aussi en acceptant le regard d'autrui sur ce changement. Ce travail est nécessaire pour ne pas retomber dans la spirale de la panne d'envie et de motivation.

Ces pannes d'énergie et d'envie paraissent un peu brutales, mais elles sont en réalité de merveilleuses opportunités pour se retrouver et se remettre sur son chemin de vie afin de vivre et de travailler en harmonie avec soi-même. La panne d'énergie et d'envie du dirigeant de la multinationale que j'ai accompagné, lui a permis de se poser, de prendre du temps pour lui et de se soigner. Ce fut un merveilleux cadeau de la vie pour lui faire retrouver le bonheur et la sérénité. La vraie question du leadership authentique se trouve dans la connaissance de soi-même. Comment guider les autres, si on ne se connaît pas soi-même ?

CHARGE MENTALE ET BURN-OUT : DÉVOREURS D'ÉNERGIE

La charge mentale

Selon L'Insee, en 2010, les femmes prenaient en charge 64 % des tâches domestiques et 71 % des tâches parentales. En 2018, O2 Care Services, leader des services à domicile en France, et Ipsos, dévoilent les résultats de la grande enquête sur « Les Français et la charge mentale ». Cette étude lève le voile sur un phénomène plus que jamais d'actualité, qui toucherait huit femmes sur dix. 19 % de la population déclare souffrir de charge mentale, dont 23 % de femmes et 14 % d'hommes. L'augmentation de la charge mentale reste stable pour les femmes (une femme sur deux), mais tend à augmenter pour les hommes (deux hommes sur trois). Ce qui diffère, c'est l'origine de la charge mentale qui reste l'arrivée d'un enfant pour les femmes et l'entrée dans la vie active pour les hommes.

La charge mentale, c'est cette impression de devoir tout gérer tout le temps et pour tout le monde. Devoir sans cesse penser à tout et avoir le cerveau en perpétuelle ébullition. Elle a été très longtemps ressentie par les femmes qui, en plus de travailler, conservaient la charge du foyer, des tâches domestiques et de l'éducation des enfants. En résultent des symptômes tels que :

- → la nervosité et l'irritabilité ;
- → une sensibilité à fleur de peau ;
- → une baisse de la concentration ;
- → un sommeil perturbé ;
- → des relations tendues avec sa famille, son conjoint et ses collègues ;
- → des troubles du comportement alimentaire ;
- → une surconsommation de médicaments, etc.

En tant que leader, vous pouvez être amené à subir une certaine charge mentale, que vous soyez un homme ou une femme. Un dirigeant ou un manager porte plusieurs responsabilités : celles qui lui incombent personnellement en termes d'objectifs et de résultats, mais aussi celles concernant la cohésion de ses équipes, étant garant de leurs conditions de travail et de leur unité. Il est donc important de rester vigilants envers certains signes, comme la panne d'énergie et d'envie, la baisse de la performance, la baisse de motivation, des tensions entre le manager et ses équipes, le repli sur soi.

La charge mentale est une vraie dévoreuse d'énergie, mais prise à temps vous pouvez la court-circuiter et rebondir : s'observer, savoir prendre du temps pour soi, se confier, entreprendre un coaching, remettre du sens dans votre vie privée et professionnelle vous aidera à vous alléger l'esprit. C'est un travail sur soi essentiel pour ne pas sombrer dans les affres du burn-out.

Le burn-out

Selon un sondage du cabinet « Empreinte Humaine » publié le 20 octobre 2022, l'état psychologique des Français se révèle alarmant :

- → plus de trois Français sur dix sont en détresse psychologique (38 % des sondés).
- → 2,55 millions de salariés sont touchés par un burn-out sévère en France.
- → Le nombre de burn-out graves a augmenté de 25 % par rapport à mai 2021.
- → 2 managers sur 10 seraient en épuisement professionnel (18 %).
- → 44 % des femmes sont en détresse psychologique, selon le sondage, contre 33 % des hommes.

Le burn-out se traduit par « un état d'épuisement professionnel intense qui passe par une perte de contrôle et d'incapacité à aboutir à des résultats concrets ». Le salarié éprouve un stress chronique qui l'amène à une grande souffrance au travail. Ce burn-out, qui concerne uniquement le travail, peut

être provoqué par une surcharge importante de tâches à effectuer, une perte de sens de sa mission, une grande fatigue, un sentiment d'échec et d'inutilité, etc. Il peut aussi découler de l'environnement du salarié :
→ les conditions de travail ;
→ les relations entre les collaborateurs, mais aussi avec les dirigeants et les managers ;
→ le relationnel client, etc.

Le burn-out va dévorer toute l'énergie du salarié et le laisser comme vide, complètement démotivé, et sans plus aucune envie. Au-delà de cette perte d'énergie, les symptômes suivants sont aussi récurrents dans les cas de burn-out :
→ stress chronique ;
→ repli sur soi ;
→ sensation d'être dépassé par la charge de travail ;
→ insomnie ;
→ irritabilité et sensibilité extrême ;
→ fatigue permanente.

Si vous ressentez ces symptômes de manière durable, ou que vous voyez l'un de vos collaborateurs concerné par ces symptômes, agissez rapidement, en commençant par en parler. Le danger du burn-out est de sombrer dans la dépression. Dans un premier temps, parlez-en à votre médecin traitant. Vous pouvez aussi vous renseigner et faire appel à des psychologues du travail pour vous accompagner. Entreprendre un coaching va vous permettre d'avoir un accompagnement sur mesure, avec une personne bienveillante qui saura vous guider pour vous sortir de cet état. Le but du coaching, c'est aussi de vous reconnecter à vos besoins, vos valeurs, votre mission de vie et vous aider à gérer votre stress. Le coach peut aussi vous faire percevoir des options que vous n'envisagiez pas avant.

Des personnalités en burn-out

Si vous traversez cette mauvaise passe, sachez que vous n'êtes pas seul et que cela peut arriver à tout le monde, notamment à des personnes riches, connues et célèbres :

Stromae

« Même si on vend du rêve, ça reste un métier, et comme dans n'importe quel métier, quand on travaille de trop, on arrive à un burn-out ». Stromae. Après l'énorme succès mondial de l'album *Racine carrée,* et plus de 200 concerts, le chanteur Stromae fait part de son épuisement mental et souhaite prendre une pause loin de la sphère médiatique, qui va durer sept ans. En 2022, il revient avec l'album *Multitude*, dont le titre *L'Enfer* évoque sa dépression et son immense mal-être suite à son burn-out. Aujourd'hui, il va beaucoup mieux, il est toujours créatif et passionné, mais il souhaite faire son métier à « *un rythme beaucoup plus sain et apaisé* ».

Christian Streiff

Christian Streiff était président du directoire de PSA Peugeot Citroën avant d'être victime d'un accident vasculaire cérébral en 2008. Souffrant de sérieux troubles de la mémoire et du langage, il décide quand même de revenir aux affaires. Il s'épuise pendant neuf mois à cacher son état, avant d'être remercié. C'est à partir de ce moment qu'il décide de se remettre en question et de s'en sortir. Cet AVC ne fut une surprise que pour lui, son entourage voyant très bien qu'il était épuisé et stressé. Comme le dit la psychologue du travail, Muriel Laurent, dans un article du site Capital : « ce divorce entre la tête et le corps est typique du burn-out ». C'est-à-dire que la tête veut continuer à faire, mais le corps dit stop. Christian Streiff dit de lui qu'il était « un homme pressé ». C'est d'ailleurs le titre de son ouvrage, adapté au cinéma et incarné par l'excellent Fabrice Luchini.

Marie-Josée Pérec

Triple médaillée d'or olympique, double championne du monde, Marie Josée Pérec est la plus brillante et la plus titrée des athlètes françaises de l'après-guerre. Au firmament de sa gloire, sportive et ultra favorite, elle craque et s'enfuit des jeux de Sydney en 2000, ne supportant plus la pression et la traque médiatique. Elle est ensuite admise dans une clinique et n'est jamais revenue au plus haut niveau. En 2016, elle confie au magazine « L'Obs » être très contente que le tourbillon s'arrête : « les choses allaient trop vite, elles m'échappaient, ça n'était pas moi ».

Le bore-out

Il existe également le phénomène inverse : le bore-out, qui se traduit par un épuisement professionnel provoqué par l'ennui, la sous-charge de travail et la perte d'utilité. Voici les situations qui favorisent le bore-out au travail :
- → l'absence de travail ;
- → des tâches ennuyeuses et répétitives ;
- → des tâches inutiles ;
- → la mise au placard ;
- → une carrière qui stagne sans aucune perspective d'évolution ;
- → la surqualification à un poste.

Comme dans le cas du burn-out, le danger est de s'isoler et de sombrer toujours un peu plus sans en parler à personne. Si vous vous ennuyez quotidiennement au travail, si vous y allez à reculons, si vous vous sentez dévalorisé et que vous appréhendez de n'avoir rien à faire, communiquez autour de vous et faites-vous accompagner pour vous en sortir ou prendre les décisions qui s'imposent.

PUISER SON ÉNERGIE VITALE DANS DES DÉMARCHES HUMAINES ET VERTUEUSES

Trouver sa raison d'être

Dans cet ouvrage, j'ai consacré un chapitre entier à la raison d'être. Elle est donc essentielle à plusieurs titres, mais elle est aussi un vecteur d'énergie. Imaginez encore une fois que vous trouviez votre ikigai, ce pour quoi vous êtes fait et qui fait vibrer votre âme. Imaginons que votre ikigai, c'est de faciliter l'accès à l'éducation des filles dans des pays en voie de développement, comme le fait l'association Toutes à l'école fondée par Tina Kieffer. Il est évident que cette mission de vie, noble de surcroît, et tournée vers les autres, va décupler votre énergie vitale. Vous serez porté par ce « quelque chose de plus grand » qui sera votre moteur et qui vous donnera la force, la passion et l'enthousiasme de toujours agir et avancer.

Améliorer ses relations aux autres et oser l'altruisme

Parler d'altruisme au sein de l'entreprise peut paraître naïf, ou bien au contraire être une récupération marketing pour tenter de véhiculer une bonne image. C'est le moine bouddhiste Matthieu Ricard qui a contribué à remettre en lumière les vertus de l'altruisme dans son livre *Plaidoyer pour l'altruisme*. Il nous explique, dans son ouvrage, que l'altruisme n'est pas une utopie ni un vœu pieux, mais une nécessité dans le monde actuel.
L'altruisme se traduit par :

→ de la disponibilité ;
→ de l'humilité ;
→ de l'empathie ;
→ de l'authenticité ;
→ de la compassion ;

→ de la collaboration ;
→ de la simplicité.

Un leader authentique est un leader altruiste et bienveillant, qui se soucie de ses collaborateurs à titre personnel, bien avant leurs performances. Un dirigeant sans cesse tourné vers les autres, qui œuvre pour leur bien-être, qui leur permet d'accéder à leur plein potentiel tout en respectant leur raison d'être, est une véritable usine à énergie vitale. Cette énergie ne fera que se régénérer dans un cercle vertueux et inondera toute l'entreprise, service après service, la seule issue étant l'épanouissement et la performance. Vous avez déjà remarqué comment une bonne ou une mauvaise énergie peut être presque palpable, à la limite de la matière ? Un manager chaleureux qui émet une énergie débordante et positive recevra la même chose en retour. Un manager froid, qui émet des ondes négatives et distille la tension, recevra aussi la même chose en retour. L'altruisme est donc un carburant, une énergie vertueuse qui a du sens.

Oser le changement

Pour pouvoir effectuer des changements importants dans sa vie, il est nécessaire d'avoir de l'énergie. Cependant, effectuer des changements réguliers, donner un sens différent à sa vie, la voir sous un angle nouveau représente aussi une source d'énergie précieuse. L'immobilité et la routine ne vont jamais contribuer à relever votre niveau d'énergie ; en revanche, vous remettre en question, relever des défis, changer de route va vous dynamiser et vous recharger. J'ai connu une jeune femme hôtesse de l'air, employée depuis de nombreuses années dans la même compagnie aérienne. Le contact avec la clientèle, la notion de service et de sécurité l'ont longtemps comblée, mais petit à petit l'envie et l'énergie se sont amenuisées et elle a éprouvé le besoin profond de changer. Il faut dire que son véritable rêve, depuis petite fille, avait toujours été de piloter des avions. Elle en rêvait secrètement. À chaque fois qu'elle en voyait un fendre le ciel, elle s'imaginait aux commandes, émerveillée, fière et puissante. La passion et le rêve d'une vie étant des sources d'énergie inépuisables, elle a passé tous ses brevets et diplômes pour devenir à son tour pilote de ligne. Dans son parcours, elle a emprunté des chemins de traverse, mais tous l'ont menée là où elle se devait d'être : aux commandes d'un avion. Le changement ne se fait pas toujours dans l'évidence et la douceur. Maman d'une petite fille, elle a dû s'éloigner d'elle de nombreux mois pour étudier, piloter et accéder à son rêve. Cependant, quel plus bel exemple de détermination et d'accomplissement, pour une petite fille, que de voir sa maman réaliser son rêve de voler. Elle est revenue gonflée à bloc dans les cockpits, grâce à une énergie débordante puisée dans ce changement. Épanouie, motivée et fière d'elle-même, elle contribue à faire circuler l'énergie dans son entreprise, dans sa vie privée, mais aussi à être un exemple pour d'autres femmes. Si de plus en plus de femmes deviennent pilotes de ligne, c'est aussi grâce à toutes celles qui ont eu l'énergie de persévérer, de tracer le chemin et de montrer, comme le dit très justement le réalisateur Xavier Dolan, que « *tout est possible à qui rêve, ose, travaille et n'abandonne jamais* ». La nouveauté est un vecteur d'énergie ; encore faut-il savoir l'ancrer et l'incarner pour ne pas tomber dans l'excès inverse et ne faire que papillonner au risque de s'épuiser. Le rôle du leader authentique est aussi de porter et d'incarner ce changement. C'est une de ses missions phares. Le monde de l'entreprise est en perpétuel changement et évolution. Les entreprises doivent s'adapter pour continuer à exister et être performantes. Cette énergie du changement, il faut savoir la dompter afin de faire évoluer les consciences et de fédérer ses équipes autour d'une vision commune. C'est l'un des défis les plus importants des leaders de ce siècle.

Développer sa créativité

La créativité, c'est la capacité des individus à se défaire des codes et des traditions pour développer de nouvelles idées et de nouveaux concepts. Être créatif, c'est aussi la meilleure des manières de laisser circuler l'énergie. La créativité, comme source d'énergie, est flagrante chez les artistes, tant ils peuvent s'adonner à leur art pendant des heures, des jours et des nuits. Ce qui a poussé Jackson Pollock à inventer le dripping, c'est cette envie chevillée au corps de vouloir innover et casser les codes de la peinture classique. La capacité de travail impressionnante déployée par des entrepreneurs comme Steve jobs, Bill Gates ou Richard Branson, ils la puisent dans la créativité et l'innovation. Les plus grands créatifs sont ceux qui ont changé le monde. La créativité, couplée à une raison d'être forte, produit une énergie quasi continue. Cela étant, il est crucial de savoir canaliser cette créativité pour qu'elle ne soit pas destructrice. Le chanteur Prince était obsédé par la musique et prisonnier de son besoin constant de créer. Il est mort épuisé dans son studio. C'est un exemple extrême, mais il montre la nécessité de dompter sa créativité et son énergie pour éviter de vivre les montagnes russes émotionnelles et de tomber dans les excès qui mènent au burn-out du dirigeant. La créativité n'est pas réservée aux artistes, chacun de nous peut être créatif, quel que soit son domaine d'expertise. Un leader créatif sera optimiste et saura motiver ses équipes pour trouver de nouvelles solutions et surmonter tous les défis existants. Il insufflera vitalité, renouveau, et proposera toujours de nouvelles opportunités à ses collaborateurs.

Résilience

Nous avons une capacité de résilience phénoménale ! La résilience, c'est l'aptitude d'un individu à pouvoir surmonter les obstacles, les événements désagréables ou les traumatismes, afin de garder son équilibre et de continuer à avancer dans la vie avec envie et optimisme. Une personne résiliente va prendre du recul sur la situation douloureuse qu'elle traverse, en l'analysant, en l'acceptant, en en tirant des enseignements pour rebondir et continuer à vivre.

La résilience n'est pas une qualité innée. Elle s'acquiert avec l'expérience, mais aussi par le travail. Devenir résilient, c'est d'abord et toujours entamer un profond travail d'introspection afin de se connaître et de s'accepter. Vous ne pourrez pas accepter les difficultés et les drames de l'existence si vous ne vous acceptez pas vous-même. Et ce n'est pas si simple de s'accepter tels que nous sommes ; cela demande du temps, de la patience et du travail. Ensuite, une bonne capacité à gérer son stress est un atout très précieux pour gagner en résilience.

Savoir être résilient au travail, c'est accepter les difficultés et les obstacles sans perdre son enthousiasme ni sa motivation, tout en continuant à accomplir ses tâches. C'est aussi savoir tirer des leçons de ses difficultés pour évoluer au sein de l'entreprise sans se laisser déstabiliser. La résilience va vous aider à mieux vous organiser au quotidien, car vous êtes conscient de vos capacités, des objectifs à atteindre et vous ne paniquez pas. En essayant de voir le positif dans les difficultés, vous aurez de nombreuses opportunités de vous améliorer et de progresser.

La résilience va préserver votre énergie en toute occasion. N'étant plus soumis au stress intense ni au découragement, vous pourrez conserver vos forces pour les concentrer dans des projets qui comptent, et dans votre ikigai. Vous ressentirez moins la colère, la tristesse et la peur qui sont aussi des dévoreuses d'énergie.

Prenons un exemple : un salarié se voit refuser une promotion qu'il attendait. S'il est résilient, il va analyser la situation, se demander ce qui lui manque pour être promu et va tout mettre en œuvre pour l'être la prochaine fois. S'il ne l'est pas, il va se laisser submerger par la colère et la frustration en délaissant ses tâches, en accusant autrui et en restant bloqué dans sa carrière, voire pire. Théo Curin est un jeune homme amputé de ses quatre membres suite à une méningite alors qu'il avait 6 ans. Véritable emblème de résilience, il a su transcender cet événement pour en faire une force : nageur, médaillé paralympique, acteur, mannequin, chroniqueur, ce jeune homme déborde d'énergie pour réaliser ses rêves et vivre une vie passionnante et épanouissante.

Se mettre en mouvement

L'énergie sous toutes ses formes nous aide à nous mettre en mouvement dans notre vie, que ce soit dans notre vie privée ou professionnelle. Sans énergie, aucune des plus belles inventions, aucun des plus beaux concepts n'auraient vu le jour : Thomas Edison n'aurait pas inventé l'ampoule électrique, Albert Einstein n'aurait pas élaboré la théorie de la relativité, l'être humain n'aurait jamais posé un pied sur la lune. L'énergie, c'est notre essence, le carburant qui nous emmène toujours plus loin. Au-delà de l'énergie physique, émotionnelle, mentale, sexuelle et spirituelle, l'énergie c'est aussi acquérir un état d'être qui la préserve et la régénère, le plus important étant de vous connaître parfaitement pour savoir où se trouvent vos réservoirs d'énergie, comment et quand la puiser. En tant que leader, votre énergie est constamment sollicitée. Vos missions et vos responsabilités nécessitent des batteries chargées à bloc, alors sachez vous écouter pour vous reposer. Prenez du temps pour vous, selon votre cœur et votre intuition, et votre énergie décuplée s'occupera du reste.

L'EXEMPLE INSPIRANT

Rafaël Nadal est né le 3 juin 1986 à Manacor, sur l'île de Majorque.

Il est l'un des plus grands joueurs de tennis de tous les temps : quatorze fois vainqueur du tournoi de Roland-Garros, il règne sur sa discipline depuis plus de quinze ans avec une énergie hors du commun. C'est cette même énergie qui lui fait encore gagner des titres du Grand Chelem à 36 ans. Outre la préparation physique et mentale rigoureuse dédiée à tous sportifs de haut niveau, Rafaël Nadal a ce petit supplément d'âme qui fait les grands champions. C'est un sportif humble, toujours très respectueux de son adversaire, honnête sur tous les points et d'un fair-play à toute épreuve. Il sait cultiver l'altruisme en respectant ses fans, en prenant du temps pour eux, mais aussi en accompagnant la nouvelle génération de joueurs et de joueuses. Très souvent blessé dans sa carrière, il est un véritable exemple de résilience. Il a toujours su apprendre, se soigner et revenir encore plus fort et toujours au plus haut niveau. Il faut dire que sa raison d'être, ce qui le fait vibrer depuis tout petit, c'est de jouer au tennis. Cette passion dévorante, l'amour de son sport, confine à une certaine spiritualité, tant ça le canalise et le transporte sur un autre plan. Il se révèle aussi très superstitieux, avec des rituels bien ancrés avant, pendant et après ses matchs. Rafaël Nadal est connu pour ne jamais s'énerver sur un court de tennis, il n'a jamais eu de mouvements d'humeur – encore moins celui de jeter sa raquette : il a bien trop de respect pour elle. Cette attitude préserve son énergie, la régénère et lui fait endurer et gagner des matchs de presque cinq heures. Il est souvent revenu de nulle part, dans des parties où il était largement mené au score. Un tournoi de tennis compte environ sept matchs, du premier tour jusqu'à la finale. Rafaël Nadal se connaît tellement bien qu'il sait parfaitement gérer ses efforts, pour gagner, mais aussi pour garder son énergie en vue de matchs plus compliqués. Cependant, en 2019, il a connu une grosse panne d'envie et d'énergie. Complètement débordé par des blessures à répétitions et des douleurs bien plus fortes qu'habituellement, Rafaël Nadal déclare au journal L'Équipe : « *C'était tout* simplement devenu trop compliqué de profiter de mon sport. Et si tu ne peux pas *"vivre" ton sport avec cette espèce de folie, ce supplément de passion, alors il perd son sens profond. J'avais perdu l'*énergie et l'*envie*». Ensuite, deux matchs compliqués viennent atteindre sérieusement son mental et il songe à arrêter sa saison pour se reposer. Mais Rafaël Nadal est un sportif hors norme. Le « taureau de Manacor » a de la ressource, et il va aller la chercher pour retrouver l'inspiration et gagner cette année-là son douzième Roland Garros. Il déclare alors : *« Ma plus grande satisfaction n'est pas d'avoir gagné mon douzième Roland Garros, mais d'avoir changé la dynamique, d'avoir changé mon état personnel. Avoir été plus fort que mes propres problèmes, ça, c'*était une sacrée émotion*!* ». Sa première raison d'être c'est le tennis, mais la deuxième c'est le tournoi de Roland Garros lui-même. Dans son immense carrière, il a gagné sur toutes les surfaces, mais à Paris il est comme transporté par une force intérieure qui transcende les blessures et lui donne l'énergie de gagner quoi qu'il en coûte. En cette fin d'année 2022, la saison de Rafa – comme on le surnomme –, est encore émaillée de ses blessures récurrentes, mais il revient sur les courts et le glas de sa carrière n'a pas encore sonné. La planète tennis n'attend qu'une seule chose, c'est que Rafa revienne jouer sur la terre ocre de Roland Garros pour remporter son quinzième sacre. Faisons confiance à ce joueur hors du commun pour savoir trouver, à 37 ans, l'énergie de réaliser un tel exploit, car la partie n'est jamais finie tant que Rafaël Nadal ne l'a pas décidé.

LES BONNES QUESTIONS À SE POSER

- ✓ Êtes-vous une personne débordante d'énergie ?
- ✓ Avez-vous souvent des coups de mou ?
- ✓ Êtes-vous souvent épuisé mentalement ?
- ✓ Vous sentez-vous dépassé par votre charge de travail ?
- ✓ Que faites-vous pour vous recharger en énergie ?
- ✓ Êtes-vous en bonne santé physique ?
- ✓ Pratiquez-vous une activité sportive régulière ?
- ✓ Avez-vous une alimentation saine et équilibrée ?
- ✓ Votre sommeil est-il réparateur ?
- ✓ Vous sentez-vous souvent submergé par vos émotions ?
- ✓ Avez-vous appris à les gérer ?
- ✓ Êtes-vous d'un naturel stressé ?
- ✓ Appliquez-vous des techniques de relaxation ?
- ✓ Êtes-vous porté par quelque chose de plus grand que vous ?
- ✓ Êtes-vous toujours un leader enthousiaste à l'idée de guider vos équipes et d'innover ?

CE QU'IL FAUT RETENIR

- ✓ Prenez soin de vos quatre énergies essentielles : l'énergie physique, l'énergie mentale, l'énergie émotionnelle et l'énergie spirituelle.
- ✓ Sachez prendre du temps pour vous.
- ✓ Faites la différence entre une panne d'énergie temporaire et une panne d'énergie plus profonde, pour pouvoir y apporter la solution la plus adaptée.
- ✓ Restez vigilant aux phénomènes de charge mentale, de burn-out et de bore-out.
- ✓ Identifiez vos réservoirs d'énergie.
- ✓ Apprenez à canaliser votre énergie.
- ✓ Cultivez de bonnes relations avec vos proches et vos collaborateurs.
- ✓ Osez être créatif et abordez le changement avec sérénité.
- ✓ Développez votre créativité. Quel que soit votre domaine, elle est source d'énergie.
- ✓ Cultivez la résilience, c'est le meilleur moyen de conserver et de dompter votre énergie.

CONCLUSION

Nous voilà arrivés au terme de ce voyage au cœur du leadership authentique, mais un autre voyage commence, un voyage plus personnel : le vôtre.

Au fil des pages et de ces six chapitres, je vous ai donné ma vision du leadership authentique, une vision forgée grâce à mon expérience de coach, mais surtout grâce au courage, à l'altruisme et à la détermination de ceux que j'accompagne au quotidien. Diriger des hommes et des femmes est une mission noble, mais complexe. Elle nécessite de grandes compétences, de la ténacité et de l'optimisme. Notre époque est celle des crises économiques, écologiques et géopolitiques. L'entreprise d'aujourd'hui et de demain exige des leaders nouveaux, des leaders authentiques. Il ne suffit plus d'être expert dans son domaine et de faire preuve uniquement d'autorité pour rendre son entreprise performante et pérenne ; c'est un type de management dépassé et obsolète. L'entreprise ne peut réussir aujourd'hui qu'avec des hommes et des femmes épris d'humanité et dotés d'une vision forte et pleine de sens. Des hommes et des femmes qui ont effectué un profond travail sur eux-mêmes pour pouvoir se connaître et guider les autres. Des leaders qui savent communiquer avec bienveillance et honnêteté, pour entretenir confiance, respect et sérénité au sein de leurs équipes.

Il est temps que les grands dirigeants et les managers, dans un management humaniste, assument leur part de vulnérabilité et fassent voler en éclats leurs carapaces de protection. Je ne parle pas d'un engagement naïf, mais d'une véritable volonté de diriger des individus en se montrant authentique et plein d'énergie, en assumant ses erreurs et en montrant ses émotions. Il est crucial que l'humain se replace au centre de l'entreprise. L'humain est la clé pour affronter les tempêtes à venir ; c'est lui qui fera toujours la différence.

Mon ambition, dans cet ouvrage était de vous donner des clés pour entamer le fabuleux voyage du leadership authentique en relevant le défi de l'équilibre : un leader aligné avec ses valeurs, puissant et vulnérable, humain, empathique, intuitif et capable de canaliser son énergie.

J'ai la conviction profonde et l'intuition que le leader authentique sera le nouveau héros de demain. Soyez de ceux-là !

À bientôt
Séverine GHYS

REMERCIEMENTS

Je tiens à remercier toutes les personnes qui m'ont aidée, soutenue et inspirée tout au long de ce projet de livre. Comme tout projet d'envergure, celui-ci est le fruit d'un travail d'équipe. Je tiens à remercier en particulier : Virginie Déridet, qui a joint sa plume à la mienne pour m'aider à finaliser ce livre, en y apportant toute son attention et sa créativité pour enrichir son contenu et sa bibliographie. Ce fut un grand plaisir de travailler avec toi Virginie et ce n'est que le début de l'aventure !

Anne Guervel mon éditrice partenaire des Essentiels Coaching, pour son travail minutieux de relecture et de mise en page de cet ouvrage, jusqu'à sa publication. C'est un travail de l'ombre qui mérite d'être reconnu car il exige une grande finesse et aucune pitié pour les fautes et les virgules superflues. Merci Anne pour cette heureuse collaboration promise à un bel avenir.

Raphaëlle Laubie, Présidente du Cercle du Leadership, qui m'a fait l'honneur de préfacer cet ouvrage après m'avoir accueillie chaleureusement au sein du Cercle du Leadership.

Tous les auteurs cités dans ce livre qui m'ont permis d'avancer dans ma réflexion et m'ont inspirée par leurs recherches et leurs publications. Vous pouvez les retrouver dans la bibliographie. Merci à eux !

Mes nombreux collaborateurs coachs professionnels, avec qui j'échange régulièrement pour enrichir ma pratique.

Ma famille et mes amis pour leur soutien et leurs encouragements lorsque j'ai dû travailler tard le soir et le week-end pour donner vie à cet ouvrage.

Et bien sûr, mes clients, que je remercie chaleureusement pour leur confiance. Vous le savez, j'ai à cœur de préserver la confidentialité de chacun ; mais j'aimerais un jour, sans doute dans un prochain livre, pouvoir vous citer en montrant la valeur de votre management et la force de votre posture qui place l'humain au cœur de l'organisation. Vous êtes pour moi le révélateur de ma vocation de coach de dirigeants, et une source d'inspiration et d'enrichissement permanents. Merci à vous !

À PROPOS DE L'AUTRICE

Avec plus de 20 ans d'expérience, diplômée de Sciences Po et de La Sorbonne et certifiée Coach, Séverine Ghys accompagne des leaders en France et à l'international dans leur communication et leur développement.

Auparavant, elle a dirigé sa propre agence de Communication et a exercé comme consultante auprès de plusieurs directions Marketing et Communication au sein de grands comptes et d'organismes publics.

Persuadée qu'un leader aligné, en équilibre, aura un impact positif sur ses équipes, améliorant ainsi l'équilibre de tous, elle a choisi pour mission, celle d'aider ces dirigeants à mieux se connaître, mieux communiquer et oser prendre toute leur dimension pour rayonner positivement sur leur entourage dans une intelligence collective.

Pour la contacter

Site web : www.bleaucoaching.com

Linkedin : www.linkedIn.com/in/severineghys

YouTube : www.YouTube.com/@bleaucoaching.com

BIBLIOGRAPHIE

Ouvrages - Études

- ✓ Mihaly Csikszentmihalyi, *Vivre – La psychologie du bonheur*
- ✓ Carmine Gallo *Les secrets de présentation de Steve Jobs*
- ✓ Nicolas Tavuchis dans son livre *Mea culpa* (Stanford University Press)
- ✓ Byrne, A., Barling, J., Dupré, K. E. (2014), *Leader apologies and employee and leader well-being. Journal of Business Ethics*
- ✓ Bill Campbell : *Le trillion dollar coach – Leçons de leadership par le coach des entrepreneurs de la Silicon Valley* – ouvrage collectif – 2020
- ✓ Harvard Business Review, *Leadership Authentic,* 2017
- ✓ Bill george, *Authentic Leadership : Rediscovering the secrets to creating lasting value,* Jossey-Bass, *2003*
- ✓ Raphaëlle Laubie, *Nos énergies essentielles,* Éditions Eyrolles, 2022
- ✓ Henri Bergson, *L'énergie spirituelle : Essais et Conférences, 1919*
- ✓ Matthieu Ricard, *Plaidoyer pour l'altruisme,* Éditions Nil, 2013
- ✓ Meryem Le Saget, *Le Manager intuitif,* Ed.Nil, 2013
- ✓ Nathalie Delmas, *Leadership humain et performant ?*, Mardaga, 2021
- ✓ Don Miguel Ruiz, *Les quatre accords toltèques,* Éditions Jouvence, *1997*
- ✓ Séverine Ghys, *Coaching en communication,* Les Essentiels Coaching, *2021*
- ✓ Hubert Joly, *L'Entreprise, une Affaire de Coeur,* Plon, 2022
- ✓ Gérald Karsenti, *L'art de bâtir une équipe,* Éditions Eyrolles, *2022*
- ✓ Napoleon Hill, *Réfléchissez et devenez riche, 1937*
- ✓ Walter Isaacson, *Steve Jobs, Le Livre de poche,* 2011
- ✓ Carl Gustav Jung, *Types Psychologiques,* 1921
- ✓ Daniel Goleman, *L'intelligence émotionnelle,* J'ai lu, 1995
- ✓ Howard Gardner, *Les intelligences multiples,* Retz, 1996

✓ Dalai Lama, *La Voie des émotions, Entretien avec Paul Eckman,* City Éditions, 2008
✓ Christian Streiff, *J'étais un homme pressé,* Le Cherche Midi, 2014
✓ Dr Jean-Paul Curtay, *Okinawa : Un programme global pour mieux vivre,* Anne Carrière, 2009
✓ Dominique Loreau, *L'art de la simplicité, simplifier sa vie, c'est l'enrichir,* Robert Laffont, 2005
✓ Christophe André, *Méditer, jour après jour,* L'iconoclaste, 2011
✓ Audrey Van Der Meer, Eva Ose Askvik, FR Van Der Weel, *The importance of cursive handwriting over typewriting for learning in the classroom : a high density EEG study,* 2020
✓ Kasia Wesowski, *6 ways to look more confident during a presentation,* Harvard Business Review, 2017
✓ Sarah Green Carmichael, *Pour exprimer des excuses convaincantes, un P-DG doit exprimer de la tristesse,* Harvard Business Review, 2020
✓ Craig E. Johnson and Paul Shelton, *Ethical Leadership in the Age of Apology,* George Fox University, 2014
✓ Pierre Flor-Henry, Yakov Shapiro, Corine Sombrun, *Brain changes during a shamanic trance : Altered modes of consciousness, hemispheric laterality, and systémic psychobiology, 2017*
✓ Corine Sombrun, *La Diagonale de la joie,* Éd. Pocket, 2022
✓ Kim Cameron, Carlos Mora, Trevor Leutscher, Margaret Calarco, *Effects of Positive Pratices on Organizational Effectiveness,* MIT/ Harvard, 2018
✓ Benjamin Chaminade, *100 exemples de valeurs d'entreprise les plus inspirantes du monde,* article blog, 2021
✓ Sondage Opinion Way, *Crise covid 19, pouvoir d'achat, incertitudes... Quel est l'état psychologique de salariés français,* Cabinet Empreinte Humaine, 2022
✓ ADP, *The Workforce View in Europe 2019*
✓ Étude réalisée par le MEDEF, le Ministère des Sports et l'Union sport et cycle, *Sport en Entreprise, 2017*
✓ Étude Gallup, *State of the Global Workplace Report 2022*
✓ O2 care Services et l'institut Ipsos, *Les Français et la charge mentale,* 2018

Vidéos YouTube - TEDx

1. *Le Coaching, voie de transformation.* Film avec S. Ghys, A. Cardon, C. Nogueira, F. Lamy, P. Boyer

2. *Le pouvoir de la pensée et de l'intention : recréez votre réalité !* Reportage de Séverine Ghys

3. *De la panne au réveil de l'envie.* Séverine Ghys

4. *Le pouvoir de la vulnérabilité* (sous-titré en français). Brené Brown

5. *Votre langage corporel forge qui vous êtes* | TED Talk Amy Cuddy

Printed in Great Britain
by Amazon

26058079R00175